大师徐鸿

郑理——著

图书在版编目(CIP)数据

大师徐悲鸿/郑理著. —2版. —北京：人民文学出版社，2019
ISBN 978-7-02-014741-0

Ⅰ.①大… Ⅱ.①郑… Ⅲ.①徐悲鸿(1895—1953)—传记 Ⅳ.①K825.72

中国版本图书馆CIP数据核字(2018)第278415号

责任编辑　杨新岚
装帧设计　崔欣晔
责任印制　任　祎

出版发行　人民文学出版社
社　　址　北京市朝内大街166号
邮政编码　100705
网　　址　http://www.rw-cn.com

印　　刷　三河市鑫金马印装有限公司
经　　销　全国新华书店等

字　　数　416千字
开　　本　680毫米×960毫米　1/16
印　　张　30.75　插页7
印　　数　1—4000
版　　次　1985年5月北京第1版
　　　　　2019年5月北京第2版
印　　次　2019年5月第1次印刷

书　　号　978-7-02-014741-0
定　　价　69.00元

如有印装质量问题，请与本社图书销售中心调换。电话：010-65233595

一九四五年二月五日,徐悲鸿在《陪都文化界对时局进言》上签名
韦启美 作

徐院长教勃舒画马

蔡 亮 素描

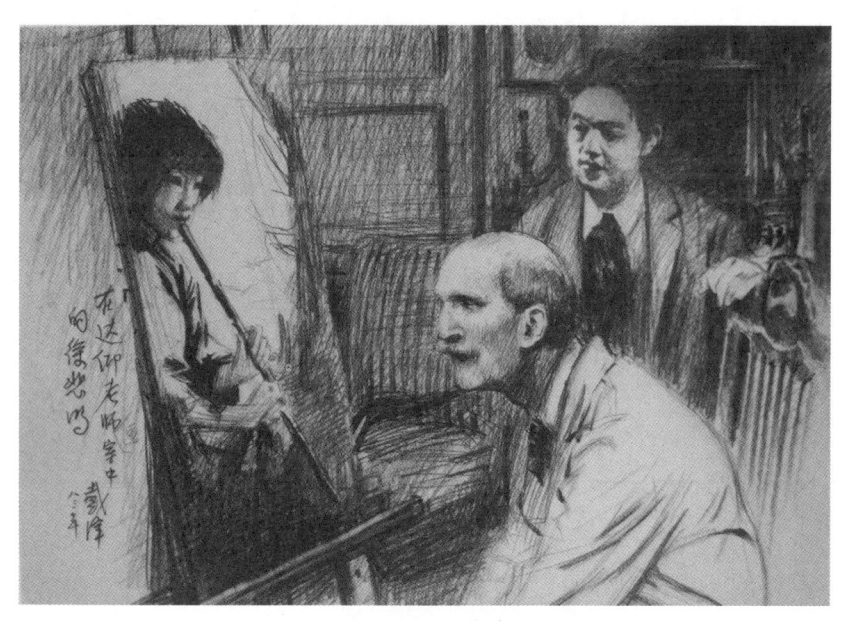

在达仰老师室中的徐悲鸿

戴 泽 作

徐悲鸿给老农民画像

梁玉龙 作

周总理与郭沫若、徐悲鸿在一起

韦江凡 作

一代宗师徐悲鸿的传记文学社出版了作家郑理先生撰写的一九八五年，人民文学出版

徐悲鸿在作《九方皋》
刘勃舒 作

八骏图

徐悲鸿 1938年作

逆风

徐悲鸿 1936 年作

目录

序一 ·················· 李苦禅 001
序二 ·················· 刘勃舒 003

引子 ························ 001

第一章　上海滩头 ············ 001
第二章　巧渡东瀛 ············ 051
第三章　北京初探 ············ 082
第四章　欧洲深造 ············ 114
第五章　革新中的旋涡 ········ 154
第六章　赴欧洲办画展 ········ 206
第七章　创伤在扩大 ·········· 220
第八章　南洋怀故国 ·········· 260
第九章　风雨重庆 ············ 284
第十章　艺苑伯乐 ············ 304
第十一章　慧眼识国宝 ········ 383
第十二章　绘画与钤印 ········ 405
第十三章　艺坛苦斗 ·········· 409
第十四章　解放北平 ·········· 426
第十五章　奋进不息 ·········· 450

增订本后记 ················ 474
第一版后记 ················ 481

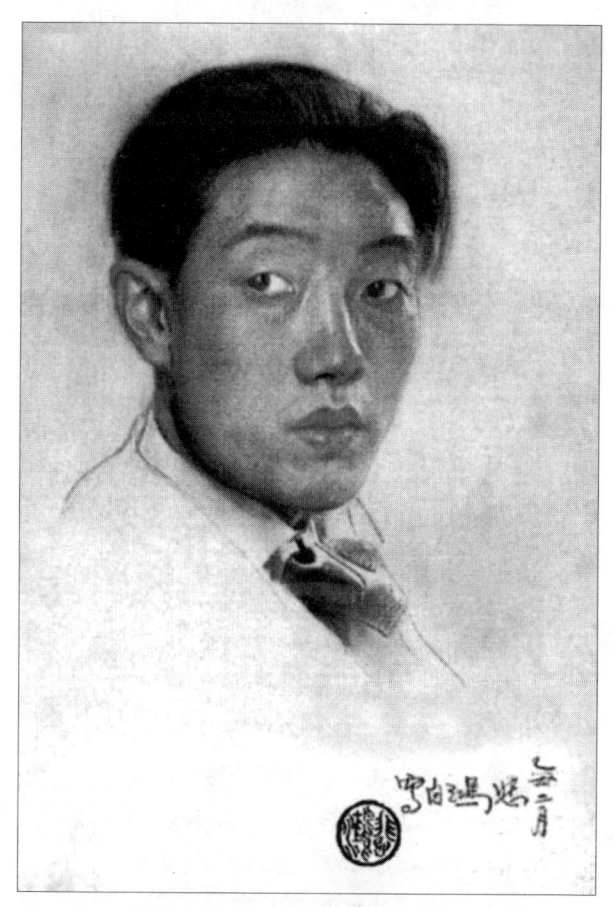

徐悲鸿自画像

李苦禅为《徐悲鸿传》作序言书法全文

序 一

徐氏悲鸿先生，江苏宜兴人也，少时家贫，攻读不殆，且人品高尚。曾于西湖偶遇康南海。南海闻其谈吐非凡，乃奇其才，援为少年挚友。尔后，悲鸿先生气度、书法颇近南海，且有六朝之风，诚非偶然也。

徐公文思博瞻，艺诣宏深，以整顿改造传统绘画并创立新派为己任。徐公避流俗，去陈腐，尝与余云："文至八股，画至四王，皆入衰途！"一生致力于将中西绘画精微融为一炉，而领异标新，直如昌黎文起八代之衰矣！先师齐白石翁敬其志，作《访徐熙图》亲赠徐公，称其为"近代徐熙"也！

徐公《九方皋》《愚公移山》《溪我后》等杰作，倾尽其爱祖国怜苍生之深情，为世人所共睹，足堪传诸千秋。

徐公雅好交游，齐白石、张大千、高剑父与赵少昂等先生皆其艺友也。

徐公一生，慷慨慈和，仁厚之至，且爱惜人才，谆谆善教，遂于画坛不负德高望重领袖群伦之名，身后亦不愧丹青巨擘与美术教育家之盛誉焉！

　　1919年，长余三岁之徐公乃余西画开蒙师也。数十年来，徐公事迹吾辈固铭于心，然后世能知否？近郑理同志撰徐公传记《笔下千骑》，闻之喜甚。自此，余积虑消矣！惜恩师艺友悲鸿先生鸿才未展，既逝于"知命"之年矣！然其音容笑貌时在心际，感慨所系，谨书如上，是为序。

八五叟苦禅
岁在壬戌中秋之月

序 二

徐悲鸿先生是近代驰名中外的杰出艺术家、教育家。在创作上，他融合中西、贯通古今，有独到的成就；在艺术教育事业上，他忠心耿耿，竭尽全力，更有伟大的建树。徐悲鸿先生对我国现代绘画的发展，有着重大的贡献，不愧是周恩来总理称颂的"艺术大师"。

遗憾的是，徐悲鸿先生因长年劳累成疾而早逝。我作为他最小的一个学生，未能更多地接受他的教诲，终生遗憾。尽管只有两三年的时间，我还是得到了他极其亲切的关心、指点，这对于我的成长是起了重大的作用的。

徐先生在艺术观点上主张革新、借鉴，反对照搬照抄，单纯模拟。他提出："古法之佳者守之，垂绝者继之，不佳者改之，未足者增之，而西方绘画之可采者融之……"他还认为古代画论总结的"形神兼备""以形写神"，就是要求中国画有准确的造型能力、反对单纯离开形象去追求笔墨趣味。小时候我把临摹徐先生的马寄给他求教，他来信却劝告我"不要以我为师，要拜生活为师……"。徐先生的创作，无论是生动准确的人物画，还是栩栩如生的奔马、鸡猫等动物画，都成功地体现了他独到的艺术观和对历史对现实的洞察力。

很多人认为，徐先生作为一个艺术教育家在中国现代艺术教育史上有着十分重要的地位。他善于发现人才，培养人才，为了美术事业的发展而无私地献出自己毕生的精力。今天我国那么多享有盛名的中老画家，有很多正是徐先生的学生，真可谓桃李满天下。

徐先生画马，名满天下。他笔下的马深沉浑厚，傲骨嶙峋，具有独创性和时代感。在技法上笔力峥嵘，设色明润，处处显露出健美的风采。这得力于素描功夫的深厚。我作为他的学生也曾按徐先生的教导，无数次地跟在马的后面留心观察，用心默记，掌握它的形体结构和运动变化规律，从而得到较为真切的理解，画了许多速写。我深深体会到，根深才能叶茂，源远才能流长，要开创艺术的新路，只有像徐先生告诫的那样，不断严肃认真地实践下去才行！

近几年，艾中信、廖静文先生等不负众望，写出了我们盼望已久的有关徐先生的重要著作；现在郑理同志的《笔下千骑》，又介绍了徐先生的生平、为人、艺术成就和治学态度等，对此，我感到十分欣慰。

刘勃舒

一九八二年十二月

引 子

1953年9月27日，刚刚出版的《人民日报》和其他首都各大报纸都在显著位置刊登了同一条消息：

【新华社北京二十六日电】著名画家、中央美术学院院长、中华全国美术工作者协会主席徐悲鸿先生，因脑溢血症复发，治疗无效，于九月二十六日晨二时五十二分在北京医院逝世。……

一辆黑色的轿车驶出中南海，车上坐着日理万机的总理周恩来，他眉头紧皱。

轿车驶进北京医院。

周总理眼里噙着泪水，肃立在徐悲鸿遗体前……

在北京，在巴黎，不同肤色的人们用不同的语言、不同的方式，悲伤地呼唤着："徐悲鸿！徐悲鸿！……"

徐悲鸿，一个来自穷乡僻壤的乡巴佬、上海街头的流浪汉。他自号"布衣贫侠"，从小具有悲天悯人的超凡情怀。他把祖国看得高于一切，爱画入骨髓，视艺术为生命，艺术救国的思想贯穿他整个人生；他凭着一身正气，竭尽全力为中华民族争光、为东方人争气；他凭着坚忍不拔的奋斗精神，闯过了一道又一道沟壑险阻，成为中华民族的绘画革新旗手，成为近现代美术教育的奠基人，成为20世纪中国最具影响力的绘画大师和美术教育大师。

　　徐悲鸿用短暂的生命为中华民族赢得了荣誉，为祖国和世界艺术宝库增光添彩。在绘画艺术上，徐悲鸿是古为今用、洋为中用的典范。他那融会中西、富有浓厚民族特色的绘画，为中国美术开辟了一条富有强大生命力的希望之路；他的一生有力地诠释了"人不可无傲骨，但不可有傲气"，他那一往无前、驰骋奋进不息的奔马精神，令人感动，催人奋进。

　　一代宗师徐悲鸿，一生充满着令人赞不绝口的传奇……

第一章 上海滩头

1

一位年轻人站立在黄浦江岸边。他头发蓬松,脸色苍白,默默地注视着波涛滚滚的江水。

天空,阴霾沉沉;江面,雾气蒙蒙。

"哗!哗!哗!"浑浊的江水,在不停地拍打着江堤,灰白色的泡沫在不间断地溅向这位年轻人。

突然,天空划过一道闪电,轰隆隆滚过一串瘆人的闷雷声。

闷雷声仿佛要撕碎这位十分瘦弱的年轻人。他把牙齿咬得咯咯作响,嘴唇咬出了鲜血。就在他要扑向黄浦江的那一瞬间,眼前突然闪现出老父亲严肃的面孔,耳边响起老人的临终遗言:"孩子,看来我活不了几天了,你一定要记住我的话:徐家人穷志不穷。你一定要做个有志气的人,好好做人,好好画画,不管遇到什么天灾人祸,都要挺直腰板,勇敢地活下去!孩子,一家人全靠你了。"

这时,一艘悬挂着太阳旗的日本轮船,汽笛肆无忌惮地尖叫着,从他眼前驶过……

"咦！为什么好人要走绝路？为什么洋鬼子能在中国的领土上任意横行霸道？难道我们中国政府就这样腐败，就这样无能？……"这位年轻人对着渐渐远去的日本轮船，摇晃着拳头，从内心发出愤怒的喊叫声："不！不！！不！！！"

这时，江面上隐隐约约出现一叶轻舟。只见那小船忽而爬到峰顶，忽而又跌入浪谷，仿佛一下子被浪涛吞噬掉了。然而，这位绝不向大浪屈服的船夫，仍在奋力搏斗着，跌下去，又冲上来，一个回合，又一个回合……

小船如同一盏航标灯，在青年人眼前闪动，使他一下子从思索中醒悟："是的，世界上，哪有不经过风吹雨打的苍松？哪有不经过风击浪颠的航船？"他激动地握紧拳头，举起双臂，对着浊浪浑涛大声呼喊："不，我不能死！我要活！我要勇敢地活下去！"

这呼喊声，冲破云层，回荡在天地之间，震撼着波涛翻滚的江水……

此刻，勇敢的船夫终于战胜了恶浪，胜利地划到岸边。这时，一个人沿着江堤，万分焦急地向这位年轻人奔跑过去……只见他突然伸出有力的双手，从背后一下抱住了年轻人，同时大声喊叫着："悲鸿，你这是要干什么呀？！"

徐悲鸿吃了一惊，回头一看：原来是他的同乡好友，商务印书馆发行所的黄警顽。黄警顽虽然还在上气不接下气地喘着粗气，但他找到了徐悲鸿，心中一块石头落了地。

徐悲鸿看到好朋友黄警顽那么热切地出现在眼前，不由得两行眼泪像是断了线的珍珠，一下子滚落下来。他哭了；黄警顽也为悲鸿的悲惨境遇伤心，鼻子一酸，也情不自禁地流出了一串热泪。

一对年轻人的抱头痛哭，引起了过路人的关切。当人们知道缘由后，有的摇头，有的搓手，有的叹气，无不同情地说："唉，这是什么世道呀！好人被生活逼得走投无路，投江自杀！"

"年纪轻轻的，来日方长，要想得开，要看到光明，千万不能走绝路啊！"

"自杀不是办法，要挺直腰板往前闯，世上没有闯不过去的火焰山！"

人们在非常感慨地劝说着……

黄警顽拉着徐悲鸿，果断地离开江岸。徐悲鸿这位年仅20岁的青年人，为什么要投江自杀呢？

晚上，饥寒交迫的徐悲鸿，早早地躺下睡了，可他翻来覆去睡不着。月光如水，映照床前，他头枕双手，睁得大大的眼睛看着房顶，往事历历在目，像放电影一样，一幕一幕地展现在眼前——

2

徐悲鸿，1895年7月19日生于太湖之西30里的宜兴县屺亭桥村。年长他26岁的父亲徐达章，为他取名寿康。徐达章是位自学成才、雅俗共赏的农民画家。用徐悲鸿的话来说，父亲"生有异禀，穆然而敬，温然而和，观察精微，会心造物。虽居穷乡僻壤，又生寒苦之家，独喜描写所见，如鸡、犬、牛、羊、村、猫、树、花，尤为好写人物"。徐达章的肖像画在宜兴小有名气。徐悲鸿还说："先君无所师承，一宗造物。故其所作鲜而特多真气。"显而易见，徐悲鸿的画风颇受父亲的影响，其特点就是表现现实，很接地气。

寿康从小喜欢画画。在学习绘画的道路上，第一位老师就是他的父亲徐达章。父亲作画时，他总喜欢站在旁边睁大眼睛，聚精会神地看。当父亲不在家的时候，他常偷偷抓起画笔，胡乱找一张破旧的纸，一个人学着父亲的样子，在上面横涂竖抹，什么马、牛、狗、猫、猪、羊，想到什么就画什么，想怎么画就怎么画。有时还学着父亲的腔调，摇头晃脑地念上几句"子曰诗云"，逗得老爷子捧腹大笑。

有一回，他把父亲最喜欢用的一支毛笔给弄坏了，这回父亲真的生气了，抄起家伙就要打他。小寿康很是机灵，一看父亲这架势真的要打他了，拔腿就跑。他在前边紧跑，父亲就在后面紧追。父亲边追边嚷："伢子，你这不听话的败家子，弄坏我那支最好用的画笔，你不长记性，这回我饶不了你，非打你不可……"小寿康的腿脚比老爷子的腿脚灵快得多，可他的步子没有老爷子的步子大，回头一看，老爷子快要追上来了，就一边跑一边大声嚷着："爸爸，爸爸，大人打小孩不合理；爸爸，爸爸，大人打小孩不合理……"父亲被儿子的话引逗得扑哧一声笑了，笑得他两手捧腹，连腰也直不起来，再也没力气追打儿子了。寿康回头一看，见父亲捧腹大笑走不了道了，停住脚步，也扑哧一声笑了，笑得他前俯后仰……

1901年，徐寿康六岁，开始跟着父亲读书；七岁开始执笔学书。他爱慕自由作画，时常思念学画。他告诉父亲想作画，父亲摇头说"不成"。父亲不在，寿康学书时兴趣盎然，便悄悄挥毫涂写。有时写字写厌倦了，他从口袋里掏出一本小儿书读。小儿书里提到卞庄子刺虎。一天，他问父亲："卞庄子何勇？"父亲说："卞庄子敢于刺老虎呀，孔夫子称赞。"于是，寿康悄悄地向父亲的画友求了一幅小老虎。他照着葫芦画瓢，很快照着描了一张老虎。寿康把画好的老虎，端端正正地挂在墙上，俨然像个大人似的，两手反背身后，踱着方步，来回看着自己画的老虎，嘴里好像还在念叨着什么。寿康从来没有见过老虎是个啥模样，父亲朋友给他画的那幅老虎，又让他一不小心弄脏了，虎头有些模糊不清。但他并没有因此放弃画虎。他加上自己天真的想象，终于画出一张他自认为还蛮不错的老虎。心想，老爸看了他画的虎，准会夸奖他一番！所以，等晚上爸爸出门回来，他就很得意地拉着老爸的手走进屋里，指着墙上自己画的那只老虎，扬扬自得地说："爸爸，爸爸，你看伢崽画的老虎威风吧？看，老虎正龇牙咧嘴地冲着您张开血盆大嘴……我看卞庄子敢不敢刺杀我画的老虎。"

寿康满以为爸爸会好好夸他呢，谁知爸爸看了他画的老虎，严肃地问曰："伢子，你画的是何物？"儿子寿康答曰："大老虎呀！"爸爸不但没夸奖他，恰恰相反，看着儿子摇摇头说："我看不是老虎，是条疯狗也。是一只惯于张牙舞爪的疯狗也！"

"嘿，你不是说我画的不是老虎，是只惯于张牙舞爪的疯狗嘛，画不成老虎，我不吃饭、不睡觉，我非把它画成老虎不可！"寿康把嘴一噘，很不服气地说："你不是对我说过，虎虎有生气，画虎得画出虎的生气。这回我不光要画得像只凶猛的大老虎，还要把老虎的那种气势全画出来。不信，就走着看！"

"伢子，成，有出息！看你这股子劲，像我徐达章的儿子。"父亲拍拍儿子的脑袋高兴地说，"就凭伢子这骨气，你将来不光老虎比老子画得好，什么动物、山水、花鸟，什么都会比老子画得好！"

"你说得不对，我本来就是你的儿子，怎么能说我像你徐达章的儿子呢？"

"对对，你本来就是我的儿子。"徐达章说，"爸爸说错了，以后不再那么说了。我绝对不说你像我的儿子了，你就是我徐达章的儿子嘛！"

"知错认错，老爸表现不错。"小寿康活像个大人似的一本正经地看着父亲说，"爸，以后我不论是说错话还是做错了事，只要你向我指出来，我都会马上认错改正，千万别打我，打伤了还不是你得花钱给我看病呀！那多不划算。老爸您看着吧，青出于蓝而胜于蓝。伢子我一定能胜于蓝的！"

"好伢子，你绕来绕去，你倒把老子给绕进去了。"

……

寿康学画的条件是很艰难的。家境清贫，母亲又不同意他学画。"画画有啥用！你是能画出米来，还是能画出柴来？不管你画什么，我们种田人还得靠种田吃饭。"这是他母亲经常挂在嘴边的几句话。小寿康想在晚间读书学画，可母亲舍不得花灯油钱，他便含泪乞求道："妈妈，让我每天少吃一碗饭，省下钱来买灯油给我念书学画吧？"母亲听了儿子的话，心软了，用手抚摸着儿子蓬松的头发，叹息道："伢子，妈不是不知道你好学好画的心意，可我们家的日子过得太艰难了……"父亲也被儿子好学上进的精神所感动，一磕烟袋锅，下决心道："伢子，你是个有志气的好孩子，不管我们徐家有多困难，说什么也得买灯油让你画画！"天真的小寿康听了父亲的话立刻乐了。他知道家里是父亲说了算，听了父亲的话，就连蹦带跳地扑到了父亲的怀里："爸爸，您真好，您真好……"

徐寿康确实是个懂事的好孩子。他为了节省灯油，每当月亮高悬时，总是跑到月下读书、看画。

寿康已经长到七岁多了，他还没吃过一顿像样的饭菜，也没穿过一件像样的衣服。

寿康就是这样，日复一日，月复一月，白天下田干活，晚间在灯下或月光下读书、看画，直到困得他实在睁不开眼睛了，这才去睡觉。

寿康明知自己上不起学，可他心里总是渴望着进学堂念书。特别是当他看到富人家的孩子背着书包走进学堂时，心里更是不平静。有时做梦，也梦到自己背着书包欢天喜地上学去。当他走过学堂门，听到里面传来琅琅的读书声时，禁不住要停住脚步，探头探脑地往学堂里看几眼。这时，往往有些富家子弟跑过来讥笑戏弄他说——

"脚上沾满牛屎的娃，也想进洋学堂念书，别白日做梦了……"

"画虎不成画成疯狗的大笨蛋，也想舞笔弄墨学画画！哈哈……"

接着是一阵哄然大笑。

这些讥刺辱骂，像针一样刺伤着徐寿康幼小的心灵。他怒视着那群狂笑的富家子弟，狠狠地啐了一口。在回家的路上，他不由得气愤地发誓道："只要我活着，我就要为穷人家的孩子争这口气！"

徐寿康为争这口气，在漫长的人生征途中始终在艰难地往前闯。他念书、写字、学画，按照父亲的要求，每天还得临摹吴友如的一幅人物画。他陪伴的那盏小油灯，常常是屺亭桥河边最后熄灭的一盏灯。勤奋出智慧，两年后，在他九岁的时候，居然不仅能把《论语》《孟子》《礼记》《左传》读完，还能将其中的一些经典章节背得滚瓜烂熟。爸爸规定他午饭后，每天临摹吴友如的界画人物一幅，渐习设色。随着时间的推移，寿康的书画有了很大进步。

1905年,寿康十岁,父亲画画他做助手。父亲经常带他外出画画、卖画。一天,在随父坐船由宜兴去溧阳途中,他承父命即景赋诗题下《舟行小诗》一首:"春水绿迷漫,春山秀色含。一帆风性好,舟过万重峦。"岁末,亲朋好友和街坊邻居都纷纷前来请他写春联。矮小的徐寿康够不着桌子,便站在板凳上,挥着硕大的长毫,书写春联。邻里乡亲称他是"我们屺亭桥的小才子"。

1908年寿康13岁,因家乡遭遇洪灾便随父漂泊异乡,过着鬻字卖画的生活。

徐寿康热爱劳动,他上山岗放牛,到田间割草,帮着大人戽斗……劳动之余,就拿起画笔,描绘所见、所感。夏天,他顶着烈日画农民辛勤劳动时的场景;冬天,他冒着寒风画残冬的树木村舍。他描绘父母、弟妹、邻人和乞丐。他用毛笔在纸上画,用石笔在石板上画,用瓷片或树杈在地上画,长年累月画个不停。寿康从小酷爱画马。为了画奔跑的马,他需要观察马在运动中的雄姿和神态,因此常常跟在马匹或马车后面奔跑。有一回,由于他两眼只顾盯住奔跑中的马,竟忘记了道路上的凹凸不平,结果自己跌了跤子,把腿脚和脸都磕破了,鲜血直往外流。但他没喊一声疼,爬起来还继续追赶那匹已经跑远了的马……

徐悲鸿为什么对奔跑着的马那么向往呢?因为他发现奔跑着的马,那种姿态、神气,特别是那股子冲劲,太美、太可爱、太令人神往了。

1930年4月,徐悲鸿撰写了《悲鸿自述》。他在《自述》中写道:"悲鸿生性拙劣,而爱画入骨髓。"寿康对马情有独钟,画马渐入痴迷。在他睡觉的茅屋里,墙壁上贴满了各式各样的画稿:奔跑的马,饮水的马,吃草的马,嘶鸣的马,单马,双马,群马……他如同生活在马的世界里。在他14岁的时候,徐寿康的动物画,特别是他笔下的马,获得了出色的成绩。在构图和表现手法上,已经超过了父亲徐达章,经常有人求他画马、画牛或画虎。徐寿康画的马,已不是生活中的马的再现,而是着力于马的特点和神态。有一次,父亲拿起寿康画的一幅虎，想起了他小时候就决心画好老虎的情景，感慨道："真是青出于蓝而胜于蓝，伢子画画用笔用墨已经超过我了，看来灯油钱没白花。"

1912年，就在孙中山先生领导的武昌起义第二年，名曰"寿康"的徐悲鸿17岁，因父母包办他的婚姻，痛苦不堪。在那个社会，男婚女嫁只能遵循父母之命媒妁之言。在父母看来，男大当婚女大当嫁，这是父母的事，儿女听从便了。在旧中国，包办的事早得不可想象，有的男人自己还没娶老婆，在同朋友喝酒的时候，喝醉后蒙蒙眬眬，酒杯一端就说："等我们娶了媳妇，有了儿女以后就结为亲家，省得到时候还得给儿子找媳妇，给女儿说婆家，烦人。"朋友举起酒杯十分痛快地说："好哇！"然后两人一碰杯，杯中酒一饮而尽说："君子一言，驷马难追，就这么说定了。"

"哎，要是都生男孩，或都生女孩咋办？"朋友放下酒杯突然问道。

"这好办，若都是男孩，那就烧香磕头，结为拜把子兄弟；若都是女孩，那就拜干姐妹。"

"嗯，这也成。"朋友又说，"若是我老婆生了一个男孩，你老婆则生了双胞胎全是女孩，这还好办，那就让我儿子娶两个媳妇；要是双胞胎全是男孩，或一男一女，那可怎么办？"

"这……"

现在听起来像是天方夜谭，其实在那个时代，就是这样。这种天方夜谭的事，不知害了多少青年男女。

生活在那个时代的徐寿康，自然也逃脱不了被父母包办的婚姻。

时间像门前的河水一样，汩汩流逝，而灾难却像影子似的追逐着穷苦的人们。寿康14岁那年，大雨日夜倾泻，河水冲破堤岸，淹没了村庄和土地。田园荒芜，民不聊生。徐达章一家八口人难以生活下去。寿康不得不跟着父亲出外谋生，从1908年到1911年，三年中颠沛流离，跑遍了无锡、常州等江苏南部的许多城镇乡村，靠卖字画维持生活。

1912年，由于到处漂泊、风餐露宿，父亲得了重病，全身浮肿，只好拖着瘦弱的身子返回家乡，卧床不起。年仅17岁的徐寿康，肩上的担子加重了许多。就在这一年，由商务印书馆主办的以传播新思想为宗旨的进步报纸《时事新报》，刊登启事，征集反映新思想新生活的美术作品。总是想着离开家乡的徐寿康抱着试试看的想法，按照征稿的要求，给《时事新报》寄去了自己新创作的一幅白描戏剧人物画《时迁偷鸡》。报社主编张元济先生看到徐悲鸿的这幅作品，眼前一亮，感到这幅画线条流畅，生动活泼，作品寓意也好，很是高兴，很快在《时事新报》上发表，并给予二等奖。对于痴迷画画正在努力奋斗的徐悲鸿来说，这是一个很大的鼓舞，增强了他的信心和勇气，这等于在他前进的道路上足足加了一次油。

寿康姊妹五个，他是长子，也是唯一的男孩，是父母的心肝宝贝儿，更是徐家的希望。男大当婚，女大当嫁，这是天经地义的。就在寿康17岁那一年，父母为他的婚事着急起来。寿康的父母本分善良，人缘好，在临近村庄口碑很好，提起屺亭桥徐家，方圆十多里没有不知道的。给寿康找个心灵手巧的俊闺女做媳妇，实在不是件难事。就在寿康刚刚17岁的时候，一个个媒婆主动找上门来提亲。寿康的父母对未来儿媳妇的选择，无论人品还是相貌，尤其是在做针线活上，要求也高。挑来拣去，终于选中了一位父母都满意的俊闺女。据说，这样的好闺女在方圆一二十里都难找到。于是，不管寿康本人愿意不愿意，老两口一合计，就把儿子的婚姻大事定了下来。寿康是个有文化会画画、从小就主张追求新生活的年轻人。不管父母如何满意，他本人就是不满意。人们都知道，在那个时代，本人反对是一点用没有。事情就是这么怪哉，儿子越反对，父亲就越坚定。父亲越坚定，儿子也就更加不满。不管父母怎么劝说，都一概不接受。"我娶媳妇，干吗非得由你们说了算！"寿康把嘴一噘坚持说，"儿子找媳妇爹妈说了算，就是不合理！"

"伢子哎，你想不通也得这么做，同不同意也得这么做。"父亲徐达章坚定地说，"君为臣纲，父为子纲，夫为妻纲，这是孔圣人为历朝历代立下的规矩，你听得这么做，不听也得这么做。难道你徐寿康还想用你那只小胳膊,来扭孔圣人的大腿不可!别白日做梦了。"

"儿子找媳妇,从来就是父母说了算。"寿康的母亲说,"这是天经地义的。我和你爸结婚,全是你爷爷奶奶包办的。"

"你们结婚谁说了算数,我管不着。我找媳妇你们说了算,我就是想不通!"徐寿康大声争辩道,"我就是不同意!就是不同意!!打死我,我还是不同意!!!"

聪明的寿康很快发现父母还在悄悄给他筹备婚事,心里一怔,若是真的强拉硬扯地拜堂入了洞房,那可就全完了。于是,他打起了小算盘:"到上海去,去学画。这样也把这婚事躲过去了。"于是,徐寿康有一天趁父亲外出不在家,悄悄带上一个小包裹,蹑手蹑脚地溜出家门走了。他哪里知道,躲得了初一,躲不了十五。他到了茫茫无边举目无亲的大上海,寸步难行。年轻的徐寿康到底也没有逃脱父亲的手心。

始终没有放松警惕的老爸,毕竟人缘好,朋友多,发现儿子不见了,没过几天,就在朋友的帮助下,把儿子找了回来。姜还是老的辣,让寿康没有想到的是,父亲把他一抓回来,来了个趁热打铁,请来吹鼓手,吹吹打打的,生拉硬扯逼着寿康和那位俊美的女孩拜天地入了洞房,终身大事就这样完成了。

这是徐悲鸿第一次婚姻。

不过,对于父亲来讲,儿子的婚事办了,心里便踏实了。但对于儿子来说,生米虽然煮成熟饭,但强扭的瓜不甜。寿康心里总是跟父亲闹着别扭。他心里很清楚,媳妇也和他一样清楚,都得听父母的安排,不管她喜欢不喜欢他,都得跟他拜天地入洞房,嫁鸡随鸡嫁狗随狗嘛!他倒是也很理解同他躺在一张床上睡觉的女孩子,因为她也是受害者。"不管是你还是我,我们都想找个自己喜欢的人做伴侣,恩恩爱爱地生活在一起。同自己根本不喜欢的人结婚,那怎么在一起过日子呀!"一天夜里徐寿康对躺在身边的妻子说,"你是个心灵手巧很俊美的好姑娘,什么样的好男人找不到呀!可我不认识你,你也不认识我,我们没有共同的爱好，没有共同的想法，尽管我们天天睡在一起，可没话说，别别扭扭，这样在一起过一辈子多痛苦呀！"

善良又贤惠的媳妇，不管说什么，怎么说，她都会竖起耳朵认真地听着。但是，你说你的，她听她的，一声也不吭，最多，腼腆的脸上偶尔冲他微微笑笑，笑得很美，犹如一朵初开的玫瑰花。她虽然感动不了他，可是她天天伺候公婆丈夫吃饭什么的，爹妈却很满意，总在不断地夸奖她。就这样生活了几个月，一天，寿康突然发现媳妇的肚子一天天大了起来，他顿时感到自己像是犯了大错，情绪怎么也好不起来了。不管寿康情绪好不好，媳妇怀上了孩子，婆婆自然是很高兴的，而病中的老爷子更是乐得合不拢嘴。他想到自己快要抱孙子了，久别的笑脸又回来了。

寿康总在盘算着逃离这个令他窒息的家，可总也找不到一个合适的机会。媳妇终于把孩子生下来了，而且是个男孩。寿康有了儿子，应该高兴才是，可他总是哭丧着脸，怎么也高兴不起来。爹妈忙着给孙子办满月，可作为父亲的徐寿康却无动于衷。徐达章对孙子寄托着美好的希望，同儿子商量要为孙子取名"吉生"。为何叫"吉生"？因为老爷子盼望着孙子能给他带来"吉祥"。可孩子的父亲寿康却坚决反对。他非常不满地看了父亲一眼说："什么'吉生'不'吉生'，我看应该叫'劫生'才是。因为，由于我遭劫才生了他。"儿子的一句话，气得父亲张口结舌，半天没说出话来。

老两口以为，儿子寿康有了儿子，这回应该拴住他的心了。其实不然，寿康总是心不在焉，他盘算着如何实现自己的美好理想。不久，父亲徐达章、儿子"吉生"相继病故。父亲在临终前把寿康叫到床边嘱咐道："孩子，看来我活不了几天了，你一定要记住我的话：徐家人穷志不穷。你一定要好好做人，好好画画，做个有志气的男人，为徐家争气。不管遇到什么天灾人祸，你都要挺直腰板，带着一家人好好活下去！"

寿康牢牢记住了父亲的话，他决心活出个样子来。

寿康刚刚19岁那年，父亲徐达章在贫病交加中弃世了。这时，家里负债累累，生活十分艰难，寿康便挑起了家庭的重担。寿康凭着他的画技和毅力养家糊口，不光在彭城中学担任图画教员，同时还兼任了宜兴女子师范学校和宜兴女子学校的图画教员。而且每到余暇，总是抓紧时间临习甲骨、金文、毛公鼎等碑帖。

彭城中学在离宜兴镇比较远的和桥镇，另两所学校在宜兴镇内，两地相距三十余里。宜兴是水乡，船舶四通八达，交通十分方便。可是徐寿康为了省点花销，总是步行，轮到去和桥镇上课时，他黎明即起，健步如飞，一口气小跑三十余里，上完课立即快步返回宜兴镇，赶着去其他学校给学生上美术课。由于时间紧迫，即使每次经过家门，他也顾不上回家喝杯水。在这期间，女子学校国文教授张祖芬先生对徐寿康格外器重，两人志同道合，彼此要好。寿康视张先生为良师益友。张先生视寿康为有志之士，是国家的栋梁之材。

酷爱绘画、渴望上进的徐寿康，不安心自己的处境，不愿意被家庭拖住。徐寿康就这样教了近一年的图画课，思前想后，决定到上海去寻找半工半读的机会，继续深造画艺。

临行前，徐悲鸿特地向宜兴女子师范学校任教的张祖芬老师辞别。"徐先生，你年轻聪明，勤奋好学，又能吃苦耐劳，只要你好好干下去，我敢说，前途不可限量。"张老师紧紧握住徐寿康的双手说，"我没有什么好送你的，就送你一直铭记在心的两句话吧：人不可无傲骨，但不可有傲气。愿受鄙言，敬与君别。"

"张老师，你是我最敬仰的老师，也是我入世以来第一次所遇之知己也！"徐寿康深情地说，"你对我的临行赠言我一定牢记在心，永远努力去做。我要努力做个有骨气的中国艺术家。"

徐寿康牢牢记住了他第一次所遇知己的临别赠言，并把"人不可无傲骨，但不可有傲气"这两句话视为座右铭铭记在心。

"人不可无傲骨，但不可有傲气。"徐寿康心里总是会不断念叨着这两句话。他忙起来，常常忘记饥饿，但他从来没有忘记过"人不可无傲骨，但不可有傲气"。

1915年夏日的一天，寿康把名字改为悲鸿。徐悲鸿背井离乡来到了灯红酒绿的大上海……

3

身着蓝竹布长衫、对分的头发披拂在前额、手里拿着个纸卷儿的徐悲鸿，走着走着，渐渐消失在大上海茫茫的人海里……

在这被称之为"东方巴黎""冒险家的乐园"的大上海，到处高楼大厦，车水马龙，灯红酒绿，纸醉金迷。徐悲鸿在这里举目无亲，前途茫茫。他身穿竹布长衫，脚踏白布孝鞋，头发分拂在耳廓上方。他徘徊街头，步履艰难，心中凄苦……

一位宜兴同乡徐子明在吴淞中国公学教书，将徐悲鸿推荐给复旦大学校长李登辉，希望他能在复旦大学为徐悲鸿安排个差事，帮助解决生活问题。一日，徐子明先生挟着悲鸿的画登门去见李校长，李很欣赏徐悲鸿的绘画，当即答应道："可以在复旦给他谋个差事。"徐老师高兴地说："我先代表徐悲鸿先生感谢您！"徐老师把这个好消息告诉了徐悲鸿。悲鸿听后更是高兴不已，一再感谢徐先生和李校长。

一日，徐老师领着徐悲鸿去拜见李校长，校长一眼看见悲鸿个矮身子瘦小，面色也显得苍白无神，皱起眉头，便把徐老师叫到隔壁屋里，压低声音说："这个人还是个孩子，怎么能做事呢？"

徐子明大声解释说："人有才艺，何必问他的岁数呢？他想找个事做，继续学习，你不必担心。人不可貌相，海水不可斗量。他可是个很有才学、很勤奋、很有远大抱负的青年人。他为了干出一番事业，辞去了三个学校美术教员的工作，忍痛离开了可怜的老母亲，只身投奔到上海来的……"不管徐子明怎么解释，十分固执的李校长没有丝毫商量的余地。徐悲鸿见状，立刻感到事情很不妙。他像是在数九寒天被迎头浇了一盆冷水，别提有多难受了。他拜别了好心的徐子明先生，痛苦地离开了复旦大学，踯躅在上海茫茫的十字街头。

热心肠的徐子明在暑期后，便离开上海赴北京大学任教。

徐悲鸿流落上海街头，秋风起，继以淫雨连日，苦寒而粮绝。一日，徐悲鸿收到北京大学徐子明教授的来信，打开一看，内容是为介绍他工作的事。徐悲鸿喜出望外，高兴溢于言表。于是，徐悲鸿带着徐教授写的两封信，按照徐教授写的地址，疲惫不堪地走进商务印书馆发行所，找到了宜兴同乡、发行所负责对外联络的黄警顽。

黄警顽交际广、记忆力强，号称"名人大字典"、交际明星或外交博士。上海的三教九流他大都有过来往。说来也巧，徐悲鸿看见一位迎面走过来的先生，便主动上前问道："先生，黄警顽先生在吗？我是他的老乡，有封信我要亲自交给他。"

徐悲鸿说完，毕恭毕敬地站在那里，焦急地看着这位先生，期待着他的回答。先生睁大眼睛上下打量着徐悲鸿，说："我就是黄警顽。"

"先生你就是黄警顽，太让我高兴了！"徐悲鸿说着，便毕恭毕敬地递上两封信。黄警顽接过两封信，信封上写着："请面交黄警顽先生"。黄警顽打开一看，是新应聘到北京大学当教授的徐子明先生写给他的。信的大意是，徐悲鸿在上海人生地不熟，不认识商务印书馆《小说月报》主编恽铁樵，请黄警顽先生帮他通融通融。还简要介绍了徐悲鸿的一些情况。不用说，另一封信就是徐教授写给恽主编的。内容是请主编恽铁樵帮帮忙，给徐悲鸿找个差事混碗饭吃。

商务印书馆的黄警顽，本来就是一个出了名的热心肠。他一看眼前的徐悲鸿穿着朴实，是个厚道的年轻人，又是同乡，也就满口应承了，本来他要外出的，也不外出了。徐悲鸿很是高兴，没有血色的脸上顿时露出一丝微笑。黄警顽心里很明白，这是一件急事。他就来了个急事急办。他把徐悲鸿请到办公室坐下喝茶。徐悲鸿眼看着黄警顽和恽铁樵通了电话。只听恽主编在电话里说："今天我有事，请徐悲鸿先生明天上班时到编辑部来，我在会客室见他……"

恽主编的话，让徐悲鸿感到了一线希望，他步履轻快地回到了自己居住的梁溪小旅馆。

　　刚刚21岁的徐悲鸿，躺在吱吱作响的木板床上，翻来覆去不能入睡，焦急地盼着天亮。他刚迷糊了一下，赶忙睁开眼睛，突然发现窗外大亮，以为天明了，急忙穿衣起床。当他推开屋门时，他这才发现是皓月当空！他只得又和衣倒在床上，静静地看着昏黑的房顶……

　　第二天，徐悲鸿拿着纸卷儿，早早地来到了宝山路的《小说月报》编辑部会客室。上班的时间一到，笑容可掬的主编恽铁樵进来了。

　　恽铁樵先仔细看了看徐子明写给他的信，接着又打开了徐悲鸿带来的那个纸卷儿，这几幅人物画和动物画，一下子吸引了他的眼球。恽主编边看边赞不绝口，显然他很满意。恽主编当即告诉徐悲鸿："我看你画的画蛮好，画插图绰绰有余，商务出版教科书，现在正需要插图，我建议你再画几张插图送来，我好再请国文部主持人看看。徐先生，你看如何？"

　　徐悲鸿舒心地笑了，高兴地说："行行，再画多少都成，画好我就送来。"

　　"好，就这么办。"恽先生握着徐悲鸿的手说，"这几天我白天都在编辑部，今天好像是星期二，你星期三或星期四来，这两天你哪天来找我都成，我都在。"

　　徐悲鸿向恽先生深深鞠了一个躬，说："谢谢您！"然后，兴冲冲地回到了小旅馆。

　　徐悲鸿从《小说月报》编辑部回来，笑容满面地告诉黄警顽："商务出版教科书画插图，恽先生说，我的人物画得比别人画得好，看来十之八九没问题。"

　　徐悲鸿已失业三个月了，今天终于有了希望。人逢喜事精神爽，徐悲鸿脸上堆满了笑容。为了早日把希望变成现实，他早起晚睡，嘴里不时哼出家乡宜兴小调，夜以继日地忙着画插图。徐悲鸿用了整整两天的时间，就把几幅插图的样稿画好了，仔细看了看，也比较满意，觉得完全可以拿出去。他画的是故事插图，人物栩栩如生，动物盎然有趣。他拿着新画的画先去征求黄警顽的意见。

黄警顽虽然不会画画,也不是太懂画,但他细细看了后,也觉得很好。不过凭他多年交际场上的经验,单凭画好还不行,更重要的是还得有人捧场。因为有些人是纯粹的势利眼,完全看人行事。如果老子有钱有势,儿子即便是白痴,也会有溜须拍马的家伙主动上门帮忙,给这号白痴安排拿钱多又清闲的差事。要是无钱无势,即使你有天大的本事,想在上海找点事做也比登天还难!黄警顽把这些想法对徐悲鸿说了,可是纯朴、天真的徐悲鸿,并不完全相信社会是如此的不公平。徐悲鸿告别黄警顽后,便冒着毛毛细雨,满怀希望地一溜小跑来到了《小说月报》编辑部。恽铁樵和另外一个人走了出来,在接待室热情地接待了他。

恽铁樵接过徐悲鸿带来的插图画样,打开一看,惊喜地说:"妙!妙!你的人物画和动物画,比我见到的同类插图都好!看来事情有望成功,你不久就可以搬到这里来画插图了。我再拿给国文部的几位主持人看看,过几天告诉你结果。"恽主编向徐悲鸿伸出了热情的手,预祝他成功。一股暖流驱散了徐悲鸿身上的寒冷。徐悲鸿踏着湿漉漉的街石,立刻跑到商务印书馆发行所,把这一好消息告诉了黄警顽。黄警顽很为徐悲鸿高兴,还鼓励和安慰徐悲鸿,别着急,有困难不要怕,只要坚持到底,就能成功。"哎,悲鸿,我告诉你一件好消息,就是在我接待的来访的先生中,今天有一位如雷贯耳的大名人,你准知道他是谁,猜猜看。"

"我徐悲鸿还准知道,难道是……"

"是……"黄警顽睁大眼睛说,"快说。"

"难道是鲁迅!"

"对了,正是鲁迅先生。"

"鲁迅是怎么来的?是一个人还是带着朋友一块来的?"徐悲鸿高兴地问。

"别提了,来访的人较多,我没注意,在场的人谁都没注意。鲁迅先生是突然出现在商务印书馆的店堂里。我一眼看出来鲁迅先生，赶紧请他到店堂中央那长条接待桌前，把最好的一把椅子搬给他坐下。我本想同鲁迅先生聊几句的，大家一看是鲁迅来了，就一下子向鲁迅先生拥了过来，我一看大家都想看看鲁迅先生，别的都顾不上了，就只管维持秩序，生怕有什么闪失。就嚷着请大家别拥挤，都静下来，听鲁迅先生说话。鲁迅先生有什么事，我们可不能影响鲁迅先生办事。鲁迅一看是我在这里搞接待，便冲着我说：看来你就是商务印书馆的外交博士黄警顽了。我赶紧回答鲁迅先生，我就是那个小黄。商务印书馆欢迎先生您老的到来。鲁迅先生说，他是路过这里，顺便进来看看。"

"鲁迅先生他身体可好？"徐悲鸿问。

"脸色不太好看，像是一脸病态的样子。"黄警顽说，"不管怎么说，我见到鲁迅先生了，好多人都想看看鲁迅先生究竟长得什么模样。"

"我真为你见到鲁迅先生高兴。"徐悲鸿羡慕地说，"我怎么没这个福分呢！"

"你有名人相，今天没看到鲁迅，今后你一定会看到。"黄警顽说，"没准你还会给鲁迅先生画像呢！"

"我梦里倒是这么想过。"

徐悲鸿又回到住处。他内心里兴奋得很，半夜里还爬起来写信，把他有可能找到好工作的这一好消息，告诉了日夜挂念着他的老母亲。

情况的发展并不像徐悲鸿想的那么顺利。一个星期熬过去了，又一个星期也熬过去了。徐悲鸿带的一点钱眼看着就要用光了，可被录用的消息一点也没有，急得他像热锅上的蚂蚁团团转。他实在等得不耐烦了，一天清晨，又跑到《小说月报》编辑部，找恽铁樵打听消息。这一次，恽铁樵脸上没有了一丝笑意，而是心灰意冷地说："我已经催过好几次了，可国文部三位主持人——庄百愈、蒋维乔和陆伯鸿还没有碰头，看来还得过些日子，等他们三人商量好了才能确定下来。"

秋风萧萧，阴雨连绵。徐悲鸿流浪街头，举目无亲。由于他欠了四天的旅店钱,有着一脸横肉的老板娘,铁青着脸不仅没收了他的行李和作画用的笔墨纸砚作为抵押品,而且推推搡搡把他撵出了旅馆。他夜间没有栖身的地方,只好在深门楼的台阶上过夜,常常遭到富人的冷眼和巡捕的驱逐。

徐悲鸿身无分文,以什么来充饥呢?他脱掉身上那件唯一还像点样的竹布长衫,拿着它向大门口挂着一个触目的"当"字的当铺走去。他快步走进当铺的时候,不知为什么,羞怯的心一点也没有了,油然而起的是一股愤懑之气,从心房里直冲到脑门上,浑身感到燥热难耐。

这是他到上海以来第三次进当铺。他每次进当铺,总感到一种不可名状的苦恼,最可恨的是掌柜的那副冷漠的面孔。记得第一次进当铺,他一方面感到那个"当"字沉重,另一方面又怕万一见到熟人,脸没有地方放,思前虑后,举步不前,等到周围没人的时候,这才低着头,迅速钻进当铺。伙计在高高的柜台内接过包袱,打开看了一眼,拉腔拉调地喊了一句:"破烂货一包——当价二百文!"徐悲鸿捡起扔在柜台上的二百文钱和一张当票,拔腿就跑,发誓以后永远不再进当铺的大门。今天的他,走投无路,只好硬着头皮再走进当铺,抬头一望,柜台里站着的还是那个身穿长袍马褂肥头大耳、表情冷漠的伙计。他把要当的竹布长衫递上柜台,待了片刻,一阵油腔滑调的嘶哑声音说:

"破烂不堪的竹布长衫一件,当价四百文整!"

这家伙说完,用白眼珠斜视了一眼徐悲鸿。

这明明是一件八九成新的竹布长衫,却故意说成破烂不堪,是在杀价啊!徐悲鸿怒视了那家伙一眼,牙关里迸出了一个字:"当!"便抓起铜子和当票一溜烟地跑了。

徐悲鸿成了东方巴黎的"马路天使",在上海街头徘徊、流浪……

徐悲鸿为了节省开支,他一个铜子掰成两半花,每天只吃两顿饭,而所谓一顿饭也只是花上几个铜子,买上一个蒸饭团充饥。这四百文,不到五天就花光了。他本来身体就瘦弱,经这样饥寒交迫一再折腾,更瘦弱了。

天空一直下着牛毛细雨，徐悲鸿站在十字街头，他已经一天多没有吃饭了。身无分文，肚子饿得前心贴后背。这可怎么办呢？徐悲鸿鼓足勇气，想最后再找一次恽铁樵先生，打听一下是否有被录用的消息。可是细雨又下个不停，他手中连一把遮身的雨伞也没有呀！"就是下刀子我也得去，不能再这样待下去了，我需要挣钱吃饭！"他想到这里，便毫不犹豫地迎风冒雨，又走到了《小说月报》编辑部。恽铁樵皱着眉头，手拿着一卷插图画样走出会客室。徐悲鸿预感到情况不妙。只见恽铁樵出来，叹了口气，耸耸双肩，两手一摊，带着无可奈何的表情说："徐先生，实在遗憾得很呀！三位主持人两位通过了，可另一位就是坚持不同意，不管我怎么向他推荐，他硬是说画的插图不合用，一点商量余地也没有。只好……唉，我恽铁樵也只能是爱莫能助呀！"说完，把那一卷画归还给徐悲鸿，又补充道，"我是黔驴技穷，只好请徐先生另谋出路了。"

徐悲鸿的脸色立刻变得刷白。他唯一的希望破灭了！他一声没吭，咬紧牙关，像疯了似的，一下子从屋里跑了出来，冲进雨里。天空黑沉沉的，雨越下越大。徐悲鸿在急雨和雷鸣中奔跑着，饥寒交迫使他深感绝望。"能不能求恽先生再领着我向那位国文部主持人乞求一次呢？"他想到这里，马上又否定了。"不，我们徐家人穷志不穷，宁肯站着饿死，绝不跪着求生。在任何时候，不管碰到了什么样的艰难困苦，都不能向有钱有势的折腰屈膝。"此时此刻，徐悲鸿既感到愤怒，又感到悲哀，突然脑子里闪过一个自杀的念头……这时，从前边开来一辆载货汽车，徐悲鸿想迎头冲过去，死在车轮下。但他刚冲出去两步，就想起了诚恳帮助过他的朋友黄警顽，想起父亲的临终遗言："孩子……不管遇到什么天灾人祸，你都要挺直腰板，勇敢地活下去！孩子，一家人全靠你了。"

于是，徐悲鸿又赶紧收住了脚步，决定死前先向黄警顽作一诀别。

徐悲鸿回到了他十分熟识的商务印书馆发行所大门口。他走进店堂,见到了正在忙碌着的黄警顽。徐悲鸿神情凄楚,但这并没有引起黄警顽的注意。徐悲鸿强打精神,向黄警顽告别说:"黄先生,我、我无言见江东父老!在上海,我举目无亲,只有你一个朋友了,我、我走了!"他哽咽着把话说完,用衣袖擦了擦泪水,便扭头快步走出店堂。

黄警顽还以为是他想母亲了,想暂时回家乡屺亭桥看看再回来。所以,黄警顽并没有介意,由于他当时正忙着办事,也就没有顾得上问几句。当徐悲鸿的身影消失在店堂外以后,黄警顽眼前又浮现出他说话时的神态,并且联想起他由于找不到事做的处境。黄警顽一想到这里,脑子像是狠狠地挨了一棒子似的,猛然"嗡"的一声巨响。"糟啦!他会不会自寻短见?"黄警顽不由得打了一个寒战。他警觉起来,说了句"不好了!"立刻丢下手中的活计,撒腿就往外跑。店里的人一个个都愣住了。有人忙问出了什么事,他头也顾不上回,话也顾不上答……

黄警顽跑出店堂,从四马路一直追到外滩。追呀,找呀,他终于在一个码头附近的黄浦江边发现了徐悲鸿。富有经验的黄警顽由于怕发生意外,并没有大声呼唤徐悲鸿,只是轻脚快步向徐悲鸿背后迅速跑了过去……

老天有眼,真是万幸,徐悲鸿就这样得救了!

4

徐悲鸿跟着黄警顽回到发行所。善良的黄警顽十分同情朋友的遭遇,他正在绞尽脑汁想办法解脱这位乡亲的困境。唉,实在是把他难为坏了,要知道,他自己也是个每月只有十几块钱薪金的穷员工呀!黄警顽能有啥法子呢?他皱着眉头,但过了一会儿,眉头突然舒展开了,豪爽地说:"悲鸿,你不要发愁,从今天起,你就和我住在一起。"

"不,这已经够为难你的了,我不能再让你作难了。"徐悲鸿特别理解地说。"从今以后我们一起吃，一起睡。"黄警顽装出一种无所谓的样子看着悲鸿微笑道，"我熟人多，朋友也多，有难大家帮，没啥好作难的，你放心就是了……"

黄警顽的仗义，让徐悲鸿很感动，心里也踏实了许多。从此以后，他同黄警顽挤在一张单人床上，两个大人合盖一条薄而窄的被子睡觉。午饭，徐悲鸿到发行所楼上食堂里就餐；早点和晚餐，每天由黄警顽给他一角钱，在街上随便买点东西凑合充饥。平常，徐悲鸿没别的事，就通过黄警顽从商务印书馆借来《大彼得》《哥伦布》《富兰克林》《林肯》《班超》《司马迁》《卢梭》等一些专门介绍世界名人的人物传记。徐悲鸿天天手不离书地读呀看呀，人们从他脸上的表情上，已经看得出来，他从这些书里看到了希望，找到了开启心灵的金钥匙。这些读物既通俗易懂，又生动感人。徐悲鸿对这些图书产生了浓厚的兴趣，真是如获至宝。他已经如饥似渴到废寝忘食的程度，几乎每天都要读完一本小册子，像《司马迁》《班超》《卢梭》，他反反复复读了好多遍。黄警顽惊讶地称赞徐悲鸿读书犹如"吃书"一般。尤其是一些外国名人传记，更使他耳目一新。

一天，他读完了《卢梭》这本书以后，兴奋得彻夜不眠。卢梭给了他勇气和希望，如同一盏明灯照亮了他前进的征程。他躺在床上思考着，走在路上思索着："卢梭十四岁就被迫外出谋生，过着衣食无着的困苦生活。但他不向贫穷低头，不向邪恶屈服，完全靠自学，靠坚忍不拔的拼命精神，成长为世界有名的大作家。前有车、后有辙，我也不比卢梭少一只眼睛短一只手。我已经是步入二十一岁的大男人了，外国人的脖子上长着一个脑袋，我徐悲鸿的脖子上也长着一个脑袋。再说，我们中国人的脑袋也不比外国人的脑袋笨，外国人能做到的，我们中国人也应该能做到，而且应该做得更好！我徐悲鸿为什么就不能靠奋斗闯出一条路来呢？……"

徐悲鸿从一些名人的奋斗中明白了一条真理：天下无难事，只要肯拼命！

于是他立下了誓言:"我要豁出命来往前闯。即使前边是万丈深渊,即使闯得头破血流腿断胳膊折,只要我一息尚存就绝不罢休,就毫不动摇地继续往前闯,直到成功!"

晚上睡在床上,徐悲鸿低声对黄警顽说:"黄先生,你看看哪里有需要画什么画的没有?如果有的话,不妨让我再试一试?"

徐悲鸿的话提醒了黄警顽。黄警顽高兴地拍了一下脑袋,说:"悲鸿,你这么一说,我倒想起来了,上海正在提倡拳术,许多人都在学'谭腿'。就凭着你的绘画本领,画这么一套谭腿图说,我看没问题,准有人买!"

"那太好了!"徐悲鸿心中一乐说,"要真的有人买,我明天就动手画,警顽哥,你看行不行?"

"我看行。"黄警顽说,"我认识上海书业工会会长、中华图书馆经理叶九如先生。为了保险一些,明天我可以先找他一下,看他能不能给你出版发行。"

黄警顽是商务印书馆发行所里有名的交际人物,有人还在公开场合称呼他交际明星或外交博士,在上海各行各业几乎都有他的熟人、朋友。第二天,黄警顽在为所里办"外交"的时候,顺便拜访了叶九如先生。他建议叶九如出版一套《谭腿图说》体育挂图,并向他推荐徐悲鸿绘图。叶开始有些犹豫,但凭黄"外交"的三寸不烂之舌,没费多大工夫,就把叶先生说服了。他满口答应,并且十分痛快地表示:"好,君子一言为定!"

"一言为定。"黄警顽紧紧握住叶先生的手高兴地说,"我得先替徐悲鸿先生谢谢叶先生!"说着,弯腰施礼,深深鞠了一个躬。

尔后,黄警顽每天下班回到宿舍后,就按照徐悲鸿的要求,当《谭腿图说》的模特儿。做模特儿是很累的,因按照需要,一次只能摆一种姿势,在一定的时间里,不能动。徐悲鸿担心他的警顽哥受不了。黄警顽乐观地笑着说:"没事,我身体棒着呢!要是实在承受不了,我还有个穷朋友冯维常,人好着呢,也是我的帮扶对象,实在不成,我就请他帮帮忙，绝对没问题。"每到晚上吃过晚饭，黄警顽就在蜡烛光下，按照徐悲鸿对图说的理解，摆出各式各样的架势。徐悲鸿照着黄警顽摆出的模样依样勾画草稿。白天，徐悲鸿再进行精心修改，正式画出定稿来。就这样，徐悲鸿和黄警顽两人紧密合作，夜以继日废寝忘食地忙。忙了半个月，徐悲鸿就画好了全套《谭腿图说》挂图一百多幅。

黄警顽办事认真高效，第二天他就把这一整套上百幅《谭腿图说》挂图，放在叶九如先生的办公桌上了。叶先生看了徐悲鸿画的全套挂图，眼前一亮，极其满意，赞不绝口地称赞道："徐悲鸿画的虽是解说式的挂图，但不落俗套，颇有新意，画得很好，称得上蛮好的绘画艺术品。即使不学'谭腿'的人，也值得欣赏欣赏这些精美的人物图画。"

这套挂图很快就由叶九如出版发行了。徐悲鸿得到稿酬大洋三十块，这是他有生以来出售绘画的头一笔收入。这可把徐悲鸿高兴死了，他拿到稿酬，拉着黄警顽的手就走，进了餐馆就底气很足地说："我的好老乡好朋友警顽先生，今天我请客！"

"我看，请客你就不必了。"黄警顽十分认真地说，"挣这点钱多不容易，你需要花钱的地方多着哩！还是留着你画画用吧，画画才是你最需要花钱的正经事。"

"黄先生，画也得画，客也得请，还犹豫什么呀，快点菜吧！"

"如果你非要请我吃饭的话，我们得先定个标准，这顿饭花钱，总共不得超过六角钱。"黄警顽严肃地说，"要不，我不接受你的请客。悲鸿小弟，你就看着办吧！"他说完就要走。

"好好，我听黄先生的还不成呀！"

"这还差不多。"

黄警顽和徐悲鸿都笑了。

30块大洋对于徐悲鸿来说，可不是个小数。两人走出餐馆，一起去商店，花了几块大洋，除了吃饭还买了些笔墨和宣纸。情绪饱满画意正浓的徐悲鸿，一下子画了好多幅钟馗像，每幅画中的钟馗姿态、表情，都各不相同：有的按剑而立，目光炯炯，显得正气凛然；有的目眦欲裂，浓髯怒张，双手举剑欲砍妖魔；有的面带微笑，探囊捉鬼；有的却在静静地看书学习……

为什么画这么多钟馗？黄警顽问。

徐悲鸿解释说，"唐代的钟馗死后为神，专捉阴曹地府的恶鬼。后来画家们画钟馗，又给他加了一项重要的任务，那就是不光要捉阴曹地府里的鬼，还得他捉人间的鬼，如酒鬼、色鬼、吝啬鬼等等。今天我徐悲鸿画钟馗，又给他增加了一项更为重要的任务，那就是还要他去捉人间的另外两种鬼：一种是侵略我们中国的洋鬼子；另一种是专门欺压穷苦百姓的吸血鬼。"

说得黄警顽不禁哈哈大笑起来："你呀，亏你想得出！"

"这张一手举剑一手抱着书的钟馗画，倒是蛮有新意的。"黄警顽左看右看地看了半天，突然问悲鸿，"有新意也蛮好看的。不过我弄不明白，画钟馗的画我看过不少，可都是画的钟馗捉鬼的。我可从来没有见到过抱着书本的钟馗。你为什么要把钟馗画成读书人呢？耍刀舞剑才是钟馗的本行呀！"

"黄先生问得好，问得实在好哇！我正要说这个问题呢！对呀！钟馗从来就是捉鬼。"徐悲鸿高兴地说，"我已经说过了，人间的鬼是很多很多的。我们老百姓赋给他捉鬼的任务，实在是太重了。要知道，钟馗肩负着这么重大的任务，要想除尽人间各种各样的鬼，光凭力气，只靠勇敢是很不够的，还得有文化、有知识、有智慧。只有这样，他才能做到文武双全。怎么才能有智慧，有勇又有谋呢？那就得好好读书。书籍能使人变得又智慧又聪明。所以，我要让我笔下的钟馗聪明起来。那就请他认认真真地好好看书学习。只有这样，我们的钟馗才能干掉那些侵略我们中国的洋鬼子和欺压穷苦百姓的喝血鬼。"

"对对对！要想让钟馗尽快捉尽各式各样面孔的鬼，太需要你笔下这些好好看书学习智勇双全的钟馗了。"黄警顽特别兴奋地说，"悲鸿，你成，你真成！你不光有一股子牛劲，还有着超人的聪明能干，将来你准能成为一个了不起的大画家、大人物。"

"哎，我可没那个能耐，要成为一个大画家、大人物，做梦去吧。"徐悲鸿认真地说，"这些可都是我看书的结果，而好哥哥你不光帮我借了那么多宝贝书，还一直鼓励我学习。要是没有黄先生的帮助，我还不是什么也干不成呀！说不定，我早就喂黄浦江里的……"

"不许你说那些不吉利的话！"黄警顽上去一把捂住悲鸿的嘴说，"悲鸿小弟，我说的全是真话，将来你准能成为我们国家了不起的大画家、大人物。我有一种预感，我虽然说不清这种预感，但我却非常相信这种预感。"

"你在胡说什么呀！再说下去我就跟你翻脸了。"徐悲鸿一脸认真地说，"我就知道只有拼命干，才能把事情办好！只有把事做好了，才会有出路、有希望。什么大画家、大人物的，这个都与我徐悲鸿无关，不管到什么时候，我徐悲鸿还是我徐悲鸿。你黄警顽还是我徐悲鸿的好兄长。"

悲鸿说完，看着警顽，警顽看着他，两人面对面地看着，看着看着，两人忽然不约而同地哈哈大笑起来。

徐悲鸿画了两幅仕女图，分别捐赠给了孤儿院和聋哑学校。

徐悲鸿不断地学画，也不断地画画。他听说上海有一位名叫周湘的油画家，不光画画得好，而且不保守、没架子，还乐意帮助积极上进的青年人。据说，周先生对中西绘画都很有见解。

说起周湘，那个年代美术圈子里的人都知道，周先生是位进步画家，他早年因参与"戊戌变法"，被迫流亡日本，后又到英法诸国学习西画技法。1907年创办美术学校，投身美术教育，陈抱一、刘海粟等画家就曾在他创办的学校受过教育。

徐悲鸿打听好地址后，便在一个星期日的晚上，专程登门拜访了这位当时很少抛头露面的油画家。

看上去，周湘也不到五十岁，举止庄重，言谈不俗，说起画画，侃侃而谈，兴趣甚浓。他对中西画皆有褒贬，与徐悲鸿虽是初次相见，却谈得很投机，彼此大有相见恨晚的感觉，两人一直谈到很晚。周先生感慨道："我见到的青年画家不少，像你这样见识不俗，谦虚向上，求知欲如此强烈的年轻人却少之又少。能认识你这样的年轻人，我很高兴，中华民族多么需要像你这样的青年人啊！"

"周先生过奖了。"徐悲鸿说，"谢谢周先生的指点！"

分手时两人有些恋恋不舍。周湘把徐悲鸿一直送到大门外，诚恳地说："希望你下次再来时，能带几件油画作品，包括你的水墨画给我欣赏欣赏。我向你提到的那位陈抱一先生是中国第一代油画家，他一身才气，我很欣赏。"

"周老师太客气了。"徐悲鸿谦虚而又愉快地说，"到时请老师您多多指教就是了。"

徐悲鸿为结识到这么一位画家感到高兴。在他第二次登门拜访周湘时，那三十块大洋的稿费，买笔墨又买纸的，差不多快花光了，为了节省，去拜访周先生只能徒步前往。

那天下午，他带着最新画的一幅国画奔马来到周先生家。周先生一看见徐悲鸿画的那匹云里来雾里去、扬鬃奋蹄一往无前的奔马，高兴地连声叫好！大声夸奖道，"画面气势壮阔，昂扬奔放，妙！可以称得上是上乘佳作。看得出来，你在表现技法上业已具备某些成功的条件。年轻人，在绘画艺术上比我更有发展前途，你是位非常有潜质的画家。只要你这样继续不断地努力画下去，一定会成为惊动世界的大画家！"周湘还问徐悲鸿，"你为何画马，对马如此感兴趣呢？"

"因为我觉得马与人们的生活有着密切关系。马,要求人们的很少，而给予人们的却很多。"徐悲鸿感慨地说，"还有，马有一种难得的性格，它无论在何等艰难困苦的情况下，都一样坚定、勇猛，奋进不息！所以，人们常说'马到成功'。马有灵性，不管遇到什么情况，它都义无反顾地忠于主人。"

"好，你说得何等好啊！"周先生听后兴奋地说，"听！那奔腾的马蹄，声声扣动着人们的心弦。奔马的这种自强不息的奋进精神，正是我们中华民族需要的人文精神！"

周先生对欧洲美术史、法国和意大利各绘画流派，及其他们的代表人物、代表作都比较熟悉。他向徐悲鸿介绍了很多这方面的情况，引起了徐悲鸿的思考，渐渐产生了要去欧洲看看的念头。徐悲鸿和周湘越谈越投机，不知不觉聊到了深夜。徐悲鸿告辞时，周湘把他送得很远，再三叮嘱徐悲鸿："朋友，你比陈抱一更有才气。只要你不怕吃苦，敢于下功夫，你能像你笔下的奔马那样勇往直前，我坚信，你肯定会成为当代的赵孟頫，20世纪的达·芬奇！"

"周先生过奖了。"徐悲鸿谦虚地说，"在艺术上，我想成为一名学习学习再学习、永远学习的学生。"

"我可不是有意赞美你，因为我的确从你身上看到了中国的希望。"周湘感慨道，"外国有的人才，我们中国肯定有，也应该有。韩愈说得好，千里马常有，而伯乐不常有。"

周湘的话，一直缭绕在徐悲鸿耳边，激励着他。

只要是为了事业，徐悲鸿不惜力，也舍得花钱。如果腰包里有几个铜子，他总是先买纸墨作画，让肚皮饿一两顿再说。现在他又成了身无分文的穷光蛋，下一步怎么办呢？

天无绝人之路。徐悲鸿正在愁苦中踯躅，忽然有人喊了他一声"寿康！"徐悲鸿先是一怔，心想：是幻觉，还是真有人叫我？在上海有谁能知道我在家乡的名字呢？他走近一看，哟，原来是宜兴同乡唐先生！

唐先生是一位开蚕茧行的商人。当初，徐悲鸿就是跟着这位唐先生，偷偷来到上海的。到上海后各走各的路，两人分手了。唐先生开了个经营蚕茧的商行，每到初冬，便到上海接洽一些蚕丝商，商谈来年收茧的事宜。恰好唐先生就住在附近一家小旅店里。今晚他从外面回旅店，一眼看见徐悲鸿，便上前叫了一声。

唐先生虽然对画是外行，但他觉得徐悲鸿的画有模有样，肯定会很有出息，前途不可限量。他把徐悲鸿领到自己的房间住下，建议他到北京谋划前程。因为北京是文化古都,对绘画人才肯定会比上海重视。到了北京可以摆地摊,一边作画一边出售。据说齐白石当年闯荡北京就是如此。徐悲鸿认真想了想,觉得唐先生说得很有道理,这也许是个谋生的办法,反正在上海也没有什么出路,不妨去北京试试看,或许能在北京走出坑坑洼洼,抵达理想。

徐悲鸿接受了建议,开始做前往北京的准备。

5

就在徐悲鸿即将动身去北京的当口,一位名叫黄震之的富商来小旅店找唐先生谈蚕茧生意,恰巧唐先生外出办事未归,室内只有徐悲鸿一人。

"请问,先生贵姓?"黄震之问徐悲鸿。

"免贵姓徐。"徐悲鸿说,"先生贵姓?"

"免贵姓黄,黄山的黄。"黄先生说,"住在这里的唐先生呢?"

"唐先生外出了。"

"唐君何时回来?"黄先生又问徐悲鸿。徐悲鸿回答说:"他说傍晚回来。"

富商黄震之有吸鸦片的癖好,烟瘾一上来,非赶快抽上几口不可。这时,黄先生便往唐先生的床上一躺,边抽大烟边等唐先生。

黄先生嘶嘶地抽得正过瘾的时候,无意中发现对面墙上挂着的那幅奔马图。这奔马扬鬃奋蹄,神采俊逸,仿佛正朝注视着它的人飞驰而来。黄先生猛地扔掉烟枪,喜形于色,迅速下了床,奔到画前驻足观赏。

徐悲鸿的这幅奔马图,瞬间驱走了黄震之的烟瘾。眼前的奔马把他迷住了。他左看右看,越看越想看,不管怎么看,都看不够。黄先生还一字一句地吟读着画面上题写的名句:"直须此世非长夜,漠漠穷荒有尽头。"黄先生情不自禁地竖起大拇指赞美道:"画得好,题句也好！"然后，他又倒退了一步，陶醉般地眯缝着眼睛细看，摇头晃脑，自言自语地说："妙哉，妙哉，实在妙哉！粗看，好像草草数笔而成；细看，却章法细密，构图巧妙，意新笔奇，寓意深刻，表现了画家对世道的不满和对光明的追求。"

他又跨前一步，细看落款署名"悲鸿"，并盖有"东海贫侠"的印章一方。他问徐悲鸿："请问老弟，悲鸿先生现在何处？我这专门收藏名家金石字画的人，怎么从未见过这位画家的大作？"

经黄震之这么一说，徐悲鸿腼腆起来了，他脸上发烫，双颊不由得红了起来，不好意思地答道："此画系小人拙作，先生过奖了，先生实在过奖了。"

黄震之听罢，立刻肃然起敬，用十分敬佩的目光看着眼前的徐悲鸿说："嗨！我黄某真是有眼不识泰山，有眼不识泰山啊！"

"悲鸿羞愧，悲鸿不敢。"徐悲鸿十分谦恭地说，"黄先生过谦了，黄先生实在是过谦了。"

"徐先生不必这么谦逊。"黄先生十分感慨地说，"先生如此年轻，就有这般画技，实在是前途不可限量。画马名家古有赵子昂，今有先生徐悲鸿也！"黄先生诚恳地问道，"徐先生，我想顺便请教先生一个问题，你为何只作盈尺小幅，而不放开笔墨作大幅奔马呢？"徐悲鸿笑嘻嘻地说，"我初学作画，觉得还是篇幅小一些容易掌握。小幅画即便没画好而将它丢掉，也并不太可惜。"

黄震之感到言之有理，边听边点头称是。

黄震之爱画如命，只要见到他喜欢的画，就会不惜重金非弄到手，否则便老惦记着那幅画，心情烦躁。他一看到徐悲鸿作的这幅奔马图，心里马上就痒痒起来。于是非常直率地问："徐先生肯否割爱？"

"实在对不起，黄先生！"徐悲鸿非常歉意地说，"不是小人不愿割爱，是因此幅小画乃为一位朋友所作，已送人了，实在抱歉。"

黄先生听后，感到若有所失非常遗憾。不过，他并不罢休。黄震之恳求徐悲鸿："你画的奔马，我黄某实在是喜欢得紧，可否为我另作一幅？"并再三强调说，"我一定会厚礼酬谢。"

"先生，说来真是不凑巧。"徐悲鸿很抱歉地说，"明天我就要离开这儿去北京谋生，实在没时间作画了。"

黄震之听徐悲鸿要在这么冷的天去北京谋生，便惊讶地睁大眼睛问："贤弟为何非要在这个时候去北京？难道应人聘请，另有高就？"

"不瞒黄先生，小弟我在上海无亲无故，实在混不下去了，此番想去北京碰碰运气。"悲鸿长叹一声说，"但凡有事做，有饭吃，我也不会这么匆匆忙忙离开上海去北京。"

在黄震之的一再询问下，徐悲鸿便一五一十地把自己在上海的处境告诉了他。黄先生听后，深表同情。"悲鸿贤弟，北方正处在数九寒天，大雪不断，天气严寒，你身上这种装束，御寒的衣服不足，北京又无亲友，怎好冒昧地到那里去呢？"黄先生劝说道，"倘若贤弟乐意可以继续留在上海作画的话，你的衣、食、住、行，我黄某人乐于提供方便。"

在上海，徐悲鸿为谋生路，四处碰壁，频遭冷遇。如果黄震之说的是真话，他自然求之不得。可生活教训了他，不能轻信有钱人。此时徐悲鸿琢磨："眼前这位黄先生，是不是同我开玩笑，空许愿呢？再说，有钱人这么大方，兴许靠不住。"徐悲鸿思索片刻后，婉言谢绝了黄震之的好意。

看到徐悲鸿坚持去北京，黄先生深感惋惜，但也无可奈何。他向这位年轻人求画受到了婉拒，也感到很没面子。于是，他不再等唐先生，告辞了。

当晚，唐先生归来，徐悲鸿便向他叙说了下午黄震之来访的事。唐先生非常高兴地说："黄震之虽是富商，但他爱画懂画，不同于其他富商。他主持了一个名叫'暇余总会'的俱乐部。这个'暇余总会'，是以黄为首的一伙商人聚赌和抽大烟的地方。黄震之和他的赌友们每天下午三时聚赌，一直赌到翌日清晨。黄先生有个大嗜好，就是把经商赚来的钱用来购买名家字画和金石篆刻收藏。我看过他收藏的许多字画，好多都是名家名作。他交游甚广，还乐于资助友人，特别是贫穷的画家。既然黄先生如此喜欢你的奔马图，依我一孔之见，你完全可以照他的建议办——先暂时放弃去北京的打算。"

徐悲鸿听了唐先生的介绍，对黄震之的疑虑渐渐消除。这也许是茫茫的黑夜中，出现的一线光，是生活道路上的希望之光！于是他立即改变了计划：暂缓北京之行。

第二天，黄震之又早早来旅店找唐先生，对徐悲鸿重提旧事。这回徐悲鸿满口答应了。就在这天下午，他跟着黄震之搬到距上海新世界不远的"暇余总会"。"暇余总会"是黄震之的烟室，更是赌窝。黄震之每到午后，便来这里同朋友一起聚赌，赌后吸大烟，大约在晚十一点，人散。

起初，徐悲鸿在烟室睡觉。从早晨至午后，徐悲鸿在烟室的一角作画，一直画到黄先生的客人到来，徐悲鸿便离去，然后去"一夜馆"读法文，或到"审美书馆"观画。吃饭嘛，徐悲鸿按照在这里聚赌人的习惯，一起吃饭。一日数餐饭菜都很丰富，徐悲鸿很庆幸。

进入腊月，春节将至，黄先生积极筹备过节时"暇余总会"的赌局。黄震之便将徐悲鸿安排在他家的西厢房住。黄先生说："徐先生，从现在起这间西厢房就归你了，在这里你可以画画、看书，做你想做的事。"徐悲鸿看着这间亮亮堂堂、干干净净的西厢房，高兴极了，他梦中也没有住过如此之好之大的大瓦房，于是，他一口一个"谢谢黄先生"，一连说了三四遍。

"这间西厢房，闲着也是闲着，你需要就住在这里，物尽其用嘛！我们做个伴，多好，有什么值得谢的。"黄先生坦诚地说，"以后有什么事就找我，都住在一起了，今后客气话就别再说了。没有比你徐先生满意再好的了。"

徐悲鸿除了在这里画画、看书，还尽量挤出时间，到寰球中国学生会补习法文，或到审美书馆看画。

徐悲鸿的到来，引起了岭南画派创始人、审美书馆主持人高剑父、高奇峰兄弟的注意。一天下午，徐悲鸿走进审美书馆，就站在郎世宁的《百骏图》的印刷品前，细细揣摩，久久不愿离开。高奇峰便走过去问他的尊姓大名，还有对《百骏图》的看法。徐悲鸿自我介绍后，说："这幅《百骏图》糅合了中西画法，创造了新的绘画风格，所表现的人物鞍马都具有生动之姿。不过，画家笔下所表现的都是些宫廷豢养的体肥毛顺供人玩赏的马，恕我直言，我不喜欢。"高奇峰连忙说："徐先生高见，徐先生高见！"徐悲鸿赶忙说："班门弄斧，让高先生见笑了。"

高先生将徐悲鸿请到客室，好茶招待。高奇峰又同徐悲鸿谈起了关于中国的动物画和人物画的一些问题。徐悲鸿谈古论今，说得头头是道，入情入理，很有见解。高先生想，他大概也创作了不少佳作，否则不会有如此谈吐。高奇峰就主动提出来，请徐悲鸿把自己的作品拿几幅来给他看看，并且说："倘若可能的话，审美书馆愿为先生展销。"

这样的好事，徐悲鸿做梦也没想到，他美滋滋地答应了，并一再表示感谢。

两天后，徐悲鸿送来了一幅《群马图》，请高剑父、高奇峰指教。高奇峰一见徐悲鸿笔下的马，惊喜得不得了，赞叹道："虽然古之有画马名家曹不兴、韩干和李公麟，但都无以过之也！"

高剑父、高奇峰兄弟说话算数，不久，徐悲鸿的这幅《群马图》由上海审美书馆印刷出版了，这是徐悲鸿公开发表的第一张绘画作品。从此，徐悲鸿的绘画开始出现在审美书馆的厅堂里。徐悲鸿常应高剑父和高奇峰的约请，为审美书馆作画。

徐悲鸿的绘画才艺，逐渐引起了社会上的一些关注。

徐悲鸿画技大增，创作热情越来越高。他发誓："我要将全部心血投入到我们中华民族的绘画事业中去！"他坚信："世上没有过不去的火焰山，人世间没有克服不了的困难。"

一天，徐悲鸿又收到了高剑父、高奇峰兄弟的信，请他为审美书馆创作四幅《仕女图》。徐悲鸿本来对画仕女没有多大兴趣，但一方面不好拒绝高家兄弟，另一方面生活上也确实需要钱，勉强答应了下来。

徐悲鸿的创作作风十分严肃，要么不画，既然拿起了画笔，那就非得画好不可，绝不敷衍。

时值年关，人们燃放鞭炮，购买年货，忙忙碌碌。徐悲鸿一个人埋头作画。画完这四幅《仕女图》，要花一个星期，画到第五天头上，徐悲鸿身上连一个铜板也没有了，只好勒紧腰带，忍饥作画。他把四幅《仕女图》画完后，立刻冒着纷纷扬扬的大雪，带着仕女图一步一滑地送往审美书馆。谁知高剑父、高奇峰兄弟谁也不在。看门的老头告诉他，明天是休息日，照例也不会有人来。徐悲鸿犹豫了片刻，无可奈何地将画留给看门老人转交，自己步履沉重地原路返回。

6

严寒消退，春天转眼过去，夏天又到来了。

一天，徐悲鸿收到了高剑父、高奇峰兄弟汇来的一笔稿费——这是审美书馆卖掉他的四幅《仕女图》寄来的钱。他很高兴。有了钱，他首先上街买作画用的墨和纸，一出门碰见了卖报的报童，顺便买了一份报纸。打开报纸，一条醒目的招生广告，吸引了徐悲鸿。他边走边看震旦大学的招生广告。广告说：由法国天主教创办的上海震旦大学，是中国近代著名高校，它成立于1903年2月27日，现在已经是一所综合性的大学了……

震旦大学由上海哈同花园的主人哈同创办。在旧上海，哈同花园可是无人不知，无人不晓，这是近代上海最大的一座私家花园，被誉为"海上大观园"。

徐悲鸿看了广告，脑子里立刻闪出报考的念头："我也要报考震旦大学！"

徐悲鸿报考震旦大学的消息传开，一些人很吃惊，一些人议论纷纷：

"徐悲鸿疯了……"

"他也不撒泡尿照照自己是谁……"

"他这是在白日做梦……"

"嗨,看来徐悲鸿这只癞蛤蟆想吃天鹅肉了……"

……

有人讽刺挖苦徐悲鸿:

"徐悲鸿,你以为震旦大学是什么人都能报考的呀?"

"是的。"徐悲鸿用坚定的语气说,"我就是要考法国教会办的震旦大学。"

"徐悲鸿你说啥?你说你就要考震旦大学?我告诉你吧:你这浑身散发着汗腥味的乡巴佬想上震大,别大白天睁着眼睛说梦话了!"

"你知道吗?在震旦念书的不是阔少爷就是富家小姐,像你徐悲鸿这样的穷小子能在上海混碗饭吃就不错了,还想上震旦大学,你真是羊屎蛋子钻天——成能豆了!"

"是,我就是要和那些阔少爷或是富家小姐一样报考震旦大学。我就是要羊屎蛋子钻天——成能豆了!"徐悲鸿理直气壮地说,"既然震旦大学登广告公开招生,别人能报考,我当然也能报考!"

"乡巴佬,你就痴心妄想吧!徐悲鸿你这粒羊屎蛋子,还真的成了能钻天的能豆了,太可笑了!!"

"我的命运掌握在我的手中,什么乡巴佬不乡巴佬的,只要不怕吃苦奋斗下去,梦想就一定会变成现实!"他慷慨激昂地说,"上海人都知道上海有个很有名的爱俪园,也就是1910年建成的哈同花园。这个占地170多亩的花园,分内园与外园,内园有黄海涛声、天演界剧场等景区,外园有渭川百亩、大好河山、水心草庐三大景区。哈同夫妇长期居住在这里。你们知道哈同园为何又叫爱俪园?因为哈同妻子名俪蕤(Liza),号迦陵;哈同名欧司·爱。爱俪园的园名的来历就从哈同名欧司·爱中取后面的'爱'字,从妻子俪蕤中取前边的'俪'字。这样,哈同花园又有了另一个名称爱俪园。1864年出生的俪蕤比哈同小十三岁。她父亲是法国侨民,母亲沈氏是福州闽县人。你们知道吗？我从书上查到，她也是个贫穷人家的女孩子，她曾经做过用人，卖过鲜花……她在逆境中自强不息，最终闯出一个自己梦想的新天地……你们知道哈同也是一个穷苦人家的孩子吗？"

"你说什么？哈同也是个穷孩子！"有人惊奇地睁大眼睛问道，"他怎么会是穷苦的孩子呢？"

"他怎么就不会是穷苦人家的孩子呢？"徐悲鸿反问道，"你们回家问问爷爷奶奶，让爷爷奶奶告诉你，老哈同当年是做什么的？是不是从来就富得流油？"

在场的人被问得目瞪口呆，谁也答不上来。

"我已经查清楚了，这个来自巴格达的犹太人，就是一个穷孩子。"徐悲鸿有证有据地说，"我在这里告诉大家，哈同1851年出生在伊拉克的巴格达。他幼年生活很苦，流离失所，靠拾破烂、拣煤块为生。哈同胸怀大志，人穷志不穷，1872年，哈同只身从印度来到了香港。第二年，不满二十四岁的哈同，怀揣着六块银圆闯荡到了上海。他到上海的第一份工作，是上海沙逊洋行的门卫兼清洁工。哈同不论做什么都不惜力，认真能干。他在上海滩干得如鱼得水，后来居然成了上海的地皮大王，并在1886年娶了俪蕤，夫妻拧成一股绳一起干，终于成功了。"徐悲鸿继续介绍道，"爱俪园不光是哈同夫妇的居住地，还是社会贤达、政界要人经常聚会的地方。大家所熟悉的孙中山、蔡元培等，都曾来过这里。辛亥革命后中山先生从海外返回祖国，曾在爱俪园小住，之后到南京就职中华民国临时大总统；章太炎与汤国黎女士的婚礼，也是在园中著名的天演界举行。护国运动的功臣蔡锷将军，在东渡日本就医之前曾在爱俪园养病。"

有些人听了徐悲鸿的介绍，不再说什么了。有人则不服气地提问道："你怎么知道得这么多？是谁告诉你的？"

"我的老师告诉我的。"

"你的老师是谁？"

"书本，我的老师是书本。"徐悲鸿理直气壮地说，"不懂就学，就向书本学,向知道的人学。你们爱怎么说就怎么说好了,反正我要报考震旦大学,我就是要报考震旦大学!"

"悲鸿先生,如今你的画也有人买了,在上海能混到这个地步已经很不错了,知足者常乐。我看你就别再住上平房想楼房,这山望着那山高了。"有些好心人也劝说徐悲鸿,"龙生龙凤生凤,老鼠生儿打地洞,这个想必你是知道的。人的命天注定,胡思乱想没有用。我的命不好,听天由命就是了。"

"我才不那么想呢!"徐悲鸿说,"我以为事在人为。人穷志不能穷。若是人穷志也穷了,那么穷人就会永远穷下去。我坚信,穷人不会永远穷下去,富人也不会永远富下去。不是常说,富不过三代吗?我以为,人只要思变,只要决心大意志坚,穷人也可以穷不过三代。你们看看那书上是怎么说的,朱元璋当年就是个穷放牛的穷小子,后来呢,后来不是也当上皇帝了吗?"

黄警顽和黄震之支持徐悲鸿的看法。黄震之一再鼓励他说:"好,要干一番事业,就得有这种勇气和胆略。凭着你自学的基础和坚忍不拔的勤奋劲头,我看考取震旦大学不成问题!"

黄震之给徐悲鸿打气道:"你黄大哥和我就喜欢你这种勇往直前的奔马精神。我看,一个年轻人只要有了这种精神,就没有克服不了的困难,就没有干不成的事业!你的画之所以画得这么好,进步这么快,就是由于你有了这种许多人都没有的精神。警顽老弟,你说是不?"

"是的,是的,当然是的。"黄警顽回答说,"我们总是一想就想到一起去了。不光想到一起,你和我还经常一个鼻孔出气呢!"

二黄的话鼓舞着徐悲鸿,徐悲鸿太高兴了。黄警顽还和黄震之商量,只要徐悲鸿考取震旦大学,他们都要尽可能地帮助他。黄警顽还拍着胸脯说:"学费我包了。"

黄震之则慷慨地说:"虽然我破产了,饭费我还包得起。饭费我包了!"

二黄的话,让徐悲鸿考取震旦大学的信心更足了,意志更坚定了。

他说："唐僧为了取到真经，没有过不去的火焰山。我徐悲鸿为了给中华民族出口气，成长为一名对我们中华民族做出贡献的人，让世人都能看得起，我相信能达到目的。何况还有黄先生、警顽兄的帮助和支持，我更没有理由不成功。"

朋友们都知道，徐悲鸿是一个非常有个性的中国人，不轻易下决心，一旦下了决心，也就绝不轻易改变自己的决心。他向不同意他报考震旦的朋友们说："既然有一万，也就有万一！我从书上看到，有的穷苦人家的子弟发愤努力，就是考取了大学，甚至成了大学问家。我徐悲鸿虽然个头矮一点，可我的脑袋却不比别人少一块呀！"

1916年2月，好消息到了：徐悲鸿以优异的成绩考取了震旦大学法文系。他在上海总算是有了立足之地。

这件事简直成了头条新闻。消息传开，不仅他周围的人大吃一惊，一些社会人士也感到惊奇。有人半开玩笑地对徐悲鸿说："你这个连洋学堂大门都未曾进过的乡巴佬，居然考取了震旦，你到底施展了什么法术？"

"我的法术倒是有一条。"徐悲鸿也风趣地说，"就是一旦认定了目标，就像我画的奔马那样，不管三七二十一地往前闯，即使碰得头破血流也绝不回头！"

开学那一天，震旦大学校园里出现了一个与众不同的学生，那就是徐悲鸿。他像往常搬家一样，不乘汽车，也不要人送，只把心爱的笔墨纸砚一收，背上行李卷儿就走进了震旦大学。

不过，在震旦大学法文系录取的新生名单中，怎么也找不到"徐悲鸿"三个字。一日，震旦大学恩理教士，同新生见面的时候，这才弄清，原来徐悲鸿就是在报名表和试卷上填写"黄扶"的那个人。恩理教士十分好奇地问："你为何不填'徐悲鸿'这个真名，偏偏要工工整整地填写'黄扶'这个莫须有的怪怪的名字呢？"

当着恩理教士的面，徐悲鸿只好如实说了："我家境很穷，父亲去世也不过一年多，我是在黄震之和黄警顽二位姓黄的朋友资助下，考进震旦大学的。所以,我在报名表和试卷上都填写了'黄扶'这个名字。有了二位黄先生的扶植帮助,我徐悲鸿才考取了震旦大学,对他们的恩情,我至死不忘……"

恩理教士听了徐悲鸿的这段诉说,他不仅称赞了二黄的助人为乐,还大加称赞了徐悲鸿的勤奋好学和感恩戴德。

徐悲鸿一跨进震旦的校门,立刻招来了各式各样的议论:

"听说他是上海滩头的流浪儿,乡下还有个大字不识一升的老婆呢……"

"就他那副模样,还能上得起大学!"

"哼!怎么看怎么像是狗尾巴上的苍蝇,走着看吧,早晚你会被甩掉的!"

"我看他那副模样蛮好的,怎么不能上震旦?"为徐悲鸿打抱不平的这位年轻人,是震旦学生盛成。他的正义感,引起了徐悲鸿的关注和佩服。

"黄扶同学,你就是好样的,千万不要听这些富家子弟瞎嚷嚷!"盛成说,"你既然选择了这条路,就勇敢地走下去!不管别人怎么说,你走你的路就是了,听蝲蝲蛄叫,还不种庄稼了?悲鸿,一定要做出个样子来给这帮子蝲蝲蛄看看。"

盛成几句鼓励的话,温暖了徐悲鸿。徐悲鸿对那些说三道四和讽刺讥笑,绝不争辩,只是看在眼里,记在心里。在心里咬牙发誓:"我就是睡地板,喝西北风,也要争这口气,和这些势利小人比试比试,看看究竟谁甩掉谁!"

盛成,字成中,出生在江苏仪征的一个文人世家。他是辛亥革命中年龄最小的同盟会会员,还是"南京光复"起义中的"辛亥三童子";他是五四运动中"火烧赵家楼"的亲历者,还是长辛店铁路工人"救国十人团"的工运领袖;他是北京大学法文教授,还是"淞沪抗战"中十九路军义勇军政治部主任;他是深入敌后、九死一生的"游击教授",还是参与创建法共的早期领导人之一;他是轰动法国文坛《我的母亲》法文小说的作者,还是法兰西荣誉军团骑士勋章的获得者。他是羁留孤岛、身陷囹圄的台大教授,还是重返故土的海外赤子。总而言之,盛成后来成了一位极富传奇色彩的人物。

徐悲鸿最喜欢的是读书、画画。考进震旦大学后,他很快就和那里的图书馆结了缘。除了上课,其余时间都扎进了图书馆,在那里如饥似渴地攻读法文,浏览世界各国名家画册,如同一匹扬鬃奋蹄的骏马,紧紧盯着前方,四蹄驰骋,撒欢地跑……

一个晚上,宿舍里的熄灯铃声刚刚响过,一个外号叫猫头鹰的学生大声宣布:"诸位请注意,我这里掌握着一条重要新闻:那个名字叫黄扶的穷小子还真有点自知之明,他已经乖乖地溜走了。他这只狗尾巴上的苍蝇终于被我们甩掉了!"

"你别瞎说,晚上我还在阅览室里看见他在埋头看书呢!"支持悲鸿的盛成立即反驳道,"黄扶同学刻苦努力,他的学习成绩一直都很好,一再受到老师的表扬。像他这样胸怀大志的青年人,他是不会溜走的,你们也休想甩掉他!"

"你真是块榆木疙瘩。"又是那个猫头鹰在神气活现地补充道,"还不是秃子头上的虱子——明摆着嘛!乡巴佬加流浪儿,只要他撒泡尿好好照照自己,不溜才怪哩,晚溜不如早溜也!"

接着是一些人的嘲笑声。

笑声被路过的恩理教士听见了,他在窗外停住了脚步。当他听清是学生在背后非议他人时,便咳嗽一声,推门而入。

学生一看是恩理教士进来了,立即静了下来,谁也不吱声。

"请原谅我的坦率,青年人,你们不应该用非议来中伤一个十分勤奋好学的好学生!"恩理教士严肃地说,"刚才我经过图书馆时,隐隐约约看见路灯下站着一个人。我已经走到他的身边了,可他竟没有察觉。我也不忍去惊动他,一看表,已经是十点二十五分了,只好拍了一下他的肩,低声跟他说,'同学,该休息了!'

"他惊讶地抬起头来。我一看,他就是黄扶同学,他就是你们的同学徐悲鸿。徐同学没说话，只是有些不好意思地向我点了点头，然后夹着厚厚的书本走了。我站在那儿，看着他，可他并没回去，而是走到另一个路灯下，又打开了那本厚厚的法文书……"恩理教士感动地说，"这一切，我都看在眼里。但是，我也没再过去阻止他……"

恩理说到这里，声音变得有些激昂，他停了片刻，感慨道："不错，徐悲鸿同学不像你们这些富家子弟，你们一天花的钱，几乎够他花一个月的，甚至够他花上一年的。他家境贫寒，穿着土气，是个地道的乡下人，让这样的人在这里读书，我也曾犹豫过。但我从考卷中看到了他的才华，看到了他不是平庸的中国青年，我们还是决定录取他了。我以为，中国有些穷孩子，往往比那些富家子弟更有出息，更可造就……"

7

徐悲鸿是个人才，一个难得的人才。他在震旦大学学了不过半年，就被哈同花园也就是爱俪园聘请为美术指导。

徐悲鸿和哈同花园的关系，始于他画的仓颉像应征入选。

哈同追求风雅，创办了仓圣明智大学。起因是有人给他出主意说，你光崇拜孔子还不够，还得崇拜仓颉。于是，哈同创办了仓圣明智大学。仓圣明智大学设在哈同花园里，是一所公益学堂，课程主要讲文字和佛学。学校设有图书馆、礼乐室等。仓圣明智大学由哈同妻子罗迦陵创办，哈同花园的总管姬觉弥担任校长，常请康有为、王国维、陈三立、沈美叔、冯恕等前清遗老社会贤达来学堂讲学。

校名中的仓圣，指的就是传说中造字的仓颉。学校奉仓颉为先师，每年春秋都要举行祭祀活动。

哈同花园演出文明戏，需要给仓颉画像。但谁也不知仓颉是什么长相。于是姬觉弥在《时报》刊出《征求仓圣遗像》的启事。启事很快被徐悲鸿看到了，他也很想为仓颉画张像。

徐悲鸿正要把这一想法告诉黄警顽，黄警顽正好拿着刊登启事的报纸找他来了。

黄警顽认识姬觉弥。他对徐悲鸿说："悲鸿弟，要是你画的这幅像被选上了，那你可就一步登天了，到法国留学的理想也就能实现了。"

徐悲鸿微微笑了笑，淡淡地说了一句："谢谢黄先生鼓励，我可以试试看。"徐悲鸿考虑了一天一宿，又在图书馆找了许多画册，仔细查阅了大量资料。为了慎重，他先画了几张草稿，拿着画稿征求了黄警顽的意见。然后足不出户，闭门两天，终于画了一张三尺多高二尺多宽的水彩仓颉半身像。仓颉是一位满脸须毛、身披树叶的巨人，两眉峰下各有上下重叠的两只眼睛，头大额宽，两耳垂肩，神采飞扬，显得智慧非凡、器宇轩昂。黄警顽一看到这张仓颉像，立刻惊喜地说："悲鸿，你真行！我实在是佩服你的想象力，竟然能想出仓颉长着四只眼，还画得如此逼真。我看没问题，准能选中！"

"这不是我的想象力丰富，是有真实的史料记载的，我下了好大的功夫才考证出来。"徐悲鸿不慌不忙地说，"仓颉，姓侯刚，史皇氏，陕西省渭南市白水县人。仓颉很聪明，做事认真尽心尽力。《说文解字》记载：仓颉是黄帝时期造字的史官，被后人尊为'造字圣人'。农历三月二十八日诞生。《平阳府志》记载说：'上古仓颉为黄帝古史，生有四目有德。'王充的《论衡》里写着'仓颉有四目'。目有重瞳者，中国史书上记载只有虞舜、仓颉、项羽三个人。虞舜是禅让的圣人，讲孝德的圣人，仓颉是文圣人，项羽则是武圣人。"

"啊呀，画张画还有如此考究，有这么大的学问！"黄警顽惊讶地说，"你是绝顶的聪明能干，是个了不起的画家。我敢说，你照此画下去，用不了多少年就能成为了不起的绘画大师了。"

"哎，我的黄先生，我能吃几碗干饭，自己心里清楚。黄先生，你千万别胡吹乱捧哟！有不顺眼的地方，直接给我指出来。"徐悲鸿说，"说句心里话，如果画得还行，也是你和黄震之先生帮助的结果。如果没有你们，我怎会走进震旦大学？进不了震旦，画这幅仓颉像也就无从谈起了。如果这幅仓颉像真能被选中,我首先要把功劳记在二位黄先生的身上。"

"悲鸿,你的画这么好,又这么谦虚好学,前程不可限量。"黄警顽高兴地说,"我们宜兴可要出个大名人了!"

"小点声好不好!"徐悲鸿红着脸说,"八字还没一撇呢,黄先生,你先别瞎说!若被别人听见,会把我羞死的。现在我都被你夸得无地自容了。"

"好好,不说了,我再也不瞎说了。"黄警顽说,"不管说不说,我心里都特别高兴!我敢和你打赌:这画准能选上。"

"打赌?好,黄先生,你说怎么打吧?"

"看,你怎么又来了,一口一个黄先生黄先生的,我听了很不舒服。从现在开始,你能不能不叫我黄先生?我黄警顽就喜欢你叫黄哥,或黄兄,叫我警顽哥也成。我们是兄弟,反正不要再称呼我先生了。"

"我也想叫你黄哥。可你见多识广,又那么能干,叫你黄哥,我总觉得太不尊敬你。"徐悲鸿说,"在我看来,先生是老师的尊称。所以,我只有叫你先生才合适。要不然我就叫你'黄老师'吧!"

"悲鸿,你越说越离谱了。"黄警顽一本正经地说,"我手不会画画,肚子里又没有学问,就是能跑跑腿什么的。你怎么能叫我老师呢?要不然,从这以后,我就叫你'徐老师'好了!"

"黄先生,你……"

"哎哎,怎么又叫我先生了呢,你要是再叫我先生,我黄警顽可就不再理你了。"

"黄哥,难道你真的要把我'黄扶'羞死不可呀?"

"慢点慢点……"黄警顽听到"黄扶"这个名字很惊奇地问,"怎么又冒出个这么怪的名字,你把徐悲鸿换成了这么个怪名字!看来你是特别喜欢改名字。你不喜欢老爸给你取的名字'寿康',改了个'悲鸿'。是不是又不喜欢悲鸿了,改成了这个难听又古怪的名字?你这个丈二的和尚,弄得我摸不着头脑了,到底是怎么回事?"

"黄扶，黄扶，他是……"徐悲鸿又吞吞吐吐地咽了下去。

"哎，哎，话到嘴边，你怎么吞吞吐吐，不往下说了呢？"黄警顽问，"徐悲鸿这名字蛮好的，非要改成这个难听的名字，要多难听有多难听。这到底是怎么回事？"

"'黄扶'这个名字合我心意，我很喜欢这个名字。我觉得，一是非常适合我，二是非常有意义。"

"黄熟黄熟，黄了就熟了，你把姓黄的当成庄稼了！这名字要多难听有多难听，还说什么符合你的心意。不知你怎么想的，中国汉字有那么多，怎么只有'黄熟'这两个字才合你的心意呢？我越听越觉得有些神神秘秘，这到底是怎么回事？你要是不说出来，非把我急死不可……"

"我尊敬的黄兄，不是成熟的熟，是扶植的扶。"徐悲鸿解释说，"黄兄，你别再问了，小弟我如实告诉你就是。"

于是，徐悲鸿把"黄扶"的来龙去脉告诉了黄警顽。黄警顽听罢，长叹一声微笑道："悲鸿悲鸿，我和黄震之先生帮助你，是因为这个社会太不公平，像你这样一个很有天资又特别勤奋、社会很需要的人才，却被逼得走投无路。我们为你抱打不平，打心眼里想帮你尽快成才，为社会做些好事，希望你今后能为穷苦人家争口气。你这么知书达理，懂得感恩。我给你帮助很少，你却念念不忘，太感人了。"

"黄兄，我打心眼里感谢你，感谢黄震之先生，感谢所有帮助过我的人。"徐悲鸿说，"我徐悲鸿没齿难忘。"

"鸿弟，悲鸿老弟。"黄警顽真诚地说，"你叫我黄兄黄哥都成，我叫你鸿弟，听起来再痛快不过了。"

两人高兴得抱在一起跳了起来。

"黄兄黄大哥，画仓颉像我是这样想的……"悲鸿说，"不管是选中还是没有选中，对我都有好处。即使没选中，通过画这幅画，我也学到了不少东西。比如，我在翻阅资料时，看到仓颉造字有这么一个故事对我很有启发。故事说，一天，仓颉跟着两个猎人外出打猎，走到一个岔路口，两个猎人为走哪条路争辩起来。一个猎人坚持要往东走，说那边有群羚羊；一个猎人要往西走，说那边有两只老虎，不及时打死，会错过机会的。仓颉一问，原来他们都是看着地上有野兽的脚印认定的。仓颉悟性好，他想：既然一个脚印代表一种野兽，我为什么不能用一种符号来表示一种事物呢？于是，他开始创造各种符号来表示事物。他创造的符号也越来越多。这些符号和用法，也就越来越流传开去。就这样一天天，一年年，逐渐形成了文字体系。汉字的应用为中华民族的繁衍和昌盛，做出了不朽的贡献。所以，仓颉被后人尊为'造字圣人'。仓颉首创文字的事后来被黄帝知道了，大为感动，乃赐仓姓。其意是君上一人，人上一君。再后来，上天知道了这件事，下了一场谷雨奖励仓颉，这便是人间谷雨节的由来。"

"嘿，这故事还真有点意思。"黄警顽说，"仔细琢磨琢磨，意味深长。"

"黄兄说得对，的确意味深长。"徐悲鸿说，"仓颉的字都是依照万物的形状造出来的。譬如：'日'字是照着太阳红圆红圆的模样勾画出来的；'月'字是仿照着月牙儿的形状描绘出来的；人字是端详着人的侧影画的……我以为，汉字的诞生非一人一手之功，是先民长期累积发展的结果。近代考古发现了三千六百多年前商朝的甲骨文、约四千年前至七千年前的陶文、约七千年前至一万年前具有文字性质的龟骨契刻符号。传说是仓颉造字，说明仓颉在汉字发展过程中，贡献巨大，他可能是整理汉字的集大成者。"

徐悲鸿绘制的古代造字圣人仓颉像"四目灵光"，考证有据。徐悲鸿笔下的仓颉像，在众多应征稿件中顺利被哈同花园的主人以及仓圣明智大学的教授们通过，脱颖而出。这些满腹经纶的社会贤达，异口同声地称赞徐悲鸿笔下的仓颉像："有根有据，甚佳！甚佳！"

徐悲鸿的名字一夜之间传遍了整个哈同花园。哈同花园总管姬觉弥通知黄警顽："希望你能陪同徐悲鸿先生来哈同花园一趟，哈同的太太罗迦陵要见一见仓颉像的绘制者徐君悲鸿先生。"

一个星期日的下午,徐悲鸿跟他的黄哥准时赴约,罗迦陵由姬觉弥陪同,在戬寿堂见到了徐悲鸿。在宫廷一样豪华的厅堂里,年轻的徐悲鸿落落大方。罗迦陵一见到徐悲鸿,高兴得用上海话连声称赞道:"你画的仓颉像蛮好,蛮好!中国像你这样有才华的青年人不多见,应该得到鼓励和重用。"

徐悲鸿不仅得到了一笔高额奖金,哈同夫人和姬觉弥还邀请徐悲鸿住进哈同花园作画,同时聘请徐悲鸿为哈同花园的美术指导和仓圣明智大学的美术教授。

见面后,罗迦陵设晚宴招待了徐悲鸿和他的黄兄。

走进哈同花园,是徐悲鸿人生中的一次重要机会,他从此得到了上层社会的青睐。

徐悲鸿和黄警顽离开哈同花园后,边走边议论起来:

"哎!你为什么就是不抽烟呢?"黄警顽十分纳闷地问,"桌子上摆着那么多名贵的好烟,在外边可是有钱也买不到的呀!不抽它几支多亏!"徐悲鸿说:"我不抽烟,再好的烟也不抽,永远也不抽,我早就发过誓了。"

"不抽烟,还发过誓!为什么?"

徐悲鸿向黄兄讲述了发誓不抽烟的一段旧事:

徐悲鸿在15岁的时候,因为要去参加一个亲戚家的婚礼,母亲省吃俭用,亲手为他缝制了一件绸衫。徐悲鸿平生头一次穿得这么奢华,浑身都感到不自在,连走路都觉得别别扭扭。婚礼那天,母亲再三叮嘱他,千万要小心,可别弄脏了这件新衣服。家里做这么件衣服不易啊!悲鸿自己也是特别小心,偏偏就在吃饭的时候,邻座客人的烟头,把徐悲鸿的新绸衫,烧了个大窟窿。本来就十分懊恼的悲鸿,回到家又遭到母亲一通训斥,心里更加不舒服。于是,倔强的徐悲鸿一气之下脱掉绸衫,发誓一辈子不再穿绸衫了,而且一辈子不抽烟。为了一辈子都要记住这件事,他还特意刻了一方印——"江南布衣"。

这一印章后来经常出现在他的字画上。

黄警顽听后，一下子挽住徐悲鸿的手臂，兴奋地说："悲鸿，你真是了不起，你这昔日的'江南布衣'，今日真的要一步登天，成为江南名人了。"

"不，黄兄，你太天真了。"徐悲鸿严肃地说，"人不可有傲气，但不可无傲骨。这是我的座右铭。不管到什么地方，我徐悲鸿永远都是'江南布衣'；不管混到什么地步，我都不会拜倒在洋人脚下。"

徐悲鸿回到震旦大学不几天，接到姬觉弥的一封信，请他搬到哈同花园居住。信中写道："我常听中国人说：'一寸光阴一寸金，寸金难买寸光阴……这样，您再为仓圣明智大学讲授美术时，就用不着把你宝贵的时间浪费在来回的路上了。"

徐悲鸿并没有马上接受姬觉弥的这一邀请，搬家，对他是常事，可是搬到哈同花园，他还需要三思而后行。徐悲鸿在回信中首先表示感谢，然后说明自己学习很紧张，待学期结束时再考虑搬不搬到哈同花园。

放暑假后，徐悲鸿在姬觉弥的再三邀请下，这才把行李搬进了哈同花园"天演界"剧场旁边的客房里。

8

徐悲鸿一搬进哈同花园，便见到了昔日好友曹铁生，这让他感到格外兴奋。"曹君！"徐悲鸿喜出望外地叫道，"你在这儿干什么呀？"曹铁生一回头，见是徐悲鸿，惊喜得捶了他一拳说："好小子，想不到我们又在这里见面了……"

两人有吐不尽的知心话，便促膝长谈起来。

曹铁生健谈，好打抱不平。他同徐悲鸿就是如此认识的。有一天徐悲鸿来到溧阳县城，受到两个纨绔子弟的戏弄，说来也巧，被曹铁生看见了。他走上前去，指着鼻子，把这两个家伙臭骂一顿。这两个家伙恼羞成怒，挥拳要打曹铁生，结果被曹铁生三拳两脚给撂倒了。两个家伙见势不妙，爬起来跌跌撞撞地跑了。

徐悲鸿上前表示谢意，两人聊了起来，曹铁生比徐悲鸿年长20岁，十分同情徐悲鸿的境遇并钦佩他的奋斗精神，便把自己收藏的许多欧洲画片送给了徐悲鸿。徐悲鸿一直对这些画片特别喜欢，如获至宝。今天，徐悲鸿在哈同花园见到了这位忘年之交，怎能不兴奋呢？

曹铁生号无棒。徐悲鸿问道："曹先生，你的大号为什么叫无棒呢？"曹铁生叹了口气，接着又风趣地说："我出身贫寒，父亲说无棒被狗欺也。"徐悲鸿接过话茬说："穷人无棒被狗欺，应拿起棍棒打狗才是。我看你这大号'无棒'应改为'有棒'或'铁棒'为好！"曹铁生赶忙说："对！所以我才名叫铁生。有了铁，做棒、做刀都成！"

于是两人大笑起来。

姬觉弥是位"中国通"，他很有一套物色人才的办法。他透过徐悲鸿土里土气的外表，察觉出徐悲鸿有着中国青年少有的那种"内秀"。所以哈同花园对徐悲鸿十分优待，不仅给他优厚的报酬，而且提供了比较好的居住条件和工作环境。姬觉弥还经常登门拜访徐悲鸿，问寒问暖，关怀备至。

一天夜晚，姬觉弥来到徐悲鸿的住室，他同徐悲鸿谈起了关于哈同花园演文明戏绘制布景的事宜。正在这时，突然闯进一个人来。徐悲鸿抬头一看，是喝得酩酊大醉的曹铁生。只见曹君满嘴酒气，站立不稳。徐悲鸿赶忙过去搀扶他，曹走到姬觉弥面前，怒目而视，指着姬的鼻子，大骂外国人欺负中国人，洋人心狠手黑，指责仓圣明智大学欺压师生，误人子弟……徐悲鸿费了大力才把他拉到床边，苦苦劝他躺下睡觉。姬觉弥微笑着站起身，说了句"曹君喝醉了，曹君喝醉了！"便匆匆走开了。

徐悲鸿守着熟睡的朋友，彻夜未眠。他知道姬觉弥是哈同王国里叱咤风云的人物，地位仅次于哈同夫妇，但城府却比哈同夫妇深。这个人，城府很深，得罪不得。虽然姬觉弥当面没说什么，但是他决不会轻易放过曹先生。

果然不出所料，报复来得很快，第二天曹铁生就被赶出哈同花园。

"这里不留爷，自有留爷处！"曹铁生"哼！"了一声，向好友徐悲鸿告别，而后扬长而去。

徐悲鸿为他送行时，把自己积存的一笔钱全部塞给了曹君，挥泪说："我们后会有期。我也不会久驻此地，等你到了武汉，我会按时寄钱给你的。"

就这样，徐悲鸿依依不舍地送走了他的良师益友、忘年之交曹铁生。

哈同花园在上流社会影响较大，徐悲鸿因此结识了一些社会名士。其中就有宜兴同乡、复旦大学教授蒋梅笙先生。

在哈同花园，经姬觉弥介绍，徐悲鸿首先结识了对他产生重要影响的康有为。

康有为是广东省南海县人，人称康南海，中国政治家、思想家、教育家、文学艺术家，曾与弟子梁启超合作戊戌变法，后事败，出逃。辛亥革命后，康有为于1913年回国，定居上海辛家花园。

徐悲鸿第一次见到康有为时，康先生已经年近六旬，不再收弟子了。但他见到徐悲鸿后，喜不自禁地说："真是人才难得啊！我器重人才，尤其器重你这样的人才，只要你乐意，我愿意收你为弟子。"

这是很多年轻人求之不得的大好事，徐悲鸿也不例外。他马上叩谢了康有为。数天之后，拜师礼就在辛家花园康有为居住的宅院举行。陪同拜师的是黄警顽。他看到徐悲鸿跪在红地毯上，冲着康有为郑重地磕了三个头。从此，徐悲鸿便成了康有为的弟子。

能被国学宗师一眼相中，可见康氏是多么看重徐悲鸿。

而后，康有为把徐悲鸿介绍给王国维等社会名士。

拜师之后，康有为邀请徐悲鸿住到自己家里，让他为家人及朋友画像，同时在国文、金石、书法、绘画等多方面给予徐悲鸿全面指导。

康有为是民国初期最早提出"美术革命"的先驱人物，在戊戌变法失败后，康有为流亡国外，游历欧洲。康先生告诉徐悲鸿，当他看到欧洲各国的美术状况后,感触颇深,他认为"罗马绘画为全欧第一",而"我们的国画疏浅,远不如之,此事亦当变法"。康有为很明确地提出了中国画变法的思想,还提出改进中国画不仅关系到中国文明的进步,而且与振兴工商业有内在联系,应当派留学生到欧洲去学习……

康有为所言的这些改革中国画的思想,对徐悲鸿的触动非常之大。

徐悲鸿喜欢阅读康有为的《大同书》。他对康有为有关大同的主张,如老吾老以及人之老、幼吾幼以及人之幼等,很是赞赏。康有为则把徐悲鸿视为绘画天才。他不仅称赞徐悲鸿的炭笔写生、炭笔素描,更为徐悲鸿笔下的奔马叫好称绝!他尤为赞赏徐悲鸿勤奋好学、坚忍不拔锲而不舍的拼搏精神。因此,康有为把徐悲鸿请到家里,将自己收藏的字画拿出来给他看,并一再鼓励他树立变革的思想。康有为告诫徐悲鸿说:"作画和写文章一样,一个是通过笔墨,一个是通过文字,来抒发自己的思想情感,表达作者的兴趣秉性。所以,好的绘画和好的文章都有一个共同点,那就是各自有各自的艺术风格。要不,怎能成为这'家'那'家'呢!只要有机会,我希望你无论如何都要去日本看看。行万里路,读万卷书;开阔视野,通晓古今,这会对你大有好处。"有一回,徐悲鸿又去拜访老师,康有为捋了捋胡子眉开眼笑地说,"我到过日本,周游过欧洲列国。日本维新仿效西洋,制度初备,我们跟日本是邻近,应该就近取法。"

随着时间的推移,徐悲鸿成了康有为的得意门生。徐悲鸿受业于康有为,尤其是他的书法,深受康有为碑学思想的影响。在康家,徐悲鸿认真地浏览了老师收藏的大量历代书画、碑帖作品,并将"石门铭""爨龙颜"等名碑临摹多遍。这让徐悲鸿大开眼界,尤其对造像石刻情有独钟,对造像石刻造型朴实、没有陈规陋习、浑然天成的气息特别钟爱。

在老师的悉心指点下,徐悲鸿得"宗碑派"真髓,艺术造诣突飞猛进。

徐悲鸿在上海,还有一个常去的地方,那就是蒋梅笙教授的住宅。

徐悲鸿特别珍惜和蒋先生的相处，一有时间就登门拜访。

9

蒋梅笙教授出生在宜兴一个书香门第的望族。他对国学很有研究，造诣颇深。当女儿蒋棠珍长到18岁的时候，蒋梅笙被上海复旦大学聘为教授。

起初，徐悲鸿不知道蒋先生的住址，更不知道他是复旦大学教授，还是他的宜兴同乡。后来经宜兴同乡朱了洲的介绍，徐悲鸿认识了这位年长的同乡蒋梅笙。朱了洲先生是务本女子学校的体育教师。他不仅是徐悲鸿的朋友，还是蒋家的远房亲戚。蒋梅笙先生到上海复旦大学任教授后，1916年带着夫人和大女儿榴珍二女儿棠珍从宜兴来到上海，住在哈同花园附近的哈同路民厚南里50号。蒋教授的宜兴老家，在宜兴镇南门大人巷。据说蒋宅高墙巍峨，连绵数进，是当时宜兴城里最大的宅子。棠珍1898年4月9日出生，年方18岁的棠珍容貌俊俏，聪明伶俐，美如仙女，楚楚动人。她虽未出嫁，但已名花有主，早在13岁时就由其堂姐做媒、父母做主，同苏州的查公子定了亲。这个查家是姑苏的名门大户。

蒋教授知道这个原名叫徐寿康的徐悲鸿，耳闻他精明好学擅长绘事，对他印象蛮好。一个星期日的下午，在朱了洲的引见下，徐悲鸿初次登门拜见了蒋梅笙教授。

蒋梅笙特别喜欢小女儿棠珍，家一搬到上海，蒋教授便安排小女读诗学书。

棠珍因父亲饱读诗书，自小便喜欢读书。棠珍的母亲端庄贤惠，从小就教育女儿喜欢音乐，教她吹箫，棠珍把箫吹得婉转悠扬，动人心魄。

徐悲鸿的到访，引起棠珍的格外注意。

第二章　巧渡东瀛

10

痴迷绘画的徐悲鸿来到蒋府,被用人请进客厅。徐悲鸿刚坐下,用人便给他端来香茶。徐悲鸿还没顾得上道声"谢谢"便眼前一亮,墙上那幅吹箫引凤的《仕女图》,深深地吸引了他,画中吹箫仕女,美丽无比,动人心弦。箫声悠扬美妙,优雅动听。"妙哉!妙哉!"徐悲鸿情不自禁地感慨道,"仙女下凡蒋府了!"他近前细看,右上款:庚辰三月吴郡唐寅写。"呀!唐伯虎真迹也!衣带飘飘如行云流水……"徐悲鸿大为惊喜。唐伯虎,生于明宪宗成化六年庚寅年(1470年)寅月寅日寅时,故名唐寅,字伯虎,号六如居士。晚年生活贫困,54岁就病逝了。唐寅与祝允明、文徵明、徐祯卿并称江南四才子,与沈周、文徵明、仇英并称"吴门四家"。众所周知,唐伯虎擅画仕女,比较有名的仕女画有《玉蜀妓图》《牡丹仕女图》《吹箫仕女图》等,徐悲鸿想,这些有名的仕女画,过去只在书上读过,今天总算在蒋府一睹风采,大饱眼福!此乃人生一大快事!

徐悲鸿有些陶醉了,他目不转睛地看着吹箫的仕女,看着,看着,耳边忽然响起悠扬动人的箫声……

声音是古老的《引凤曲》。他十分惊讶,这越来越近的《引凤曲》,是从哪里来的呢?难道是从画中来?他目视吹箫引凤之仕女,竖起双耳贴画细听……

徐悲鸿不仅喜欢画画,也喜欢听年轻貌美的女子吹箫奏琴。此时此刻,古老的《引凤曲》回荡在徐悲鸿的耳边,让他不由得联想起《列仙传》中记载的一段箫史和弄玉两人因箫结缘,一个乘龙、一个跨凤飞升而去的爱情故事……

这时,蒋梅笙先生走进客厅,突然出现在徐悲鸿眼前。此时的徐悲鸿由于太专注于画中吹箫的女子,并没有注意到蒋先生的到来。"徐先生,让你久等了!"蒋先生十分礼貌地说,"你如此喜欢绘画,好哇!你笔下的奔马前无古人,斗志昂扬奋进不息,鼓舞人心,催人奋进啊!我喜欢你的绘画,更喜欢画画的人。认识你这么个宜兴同乡,我蒋某人实在高兴啊!欢迎你常来寒舍做客。"

"蒋先生好,蒋先生好!"徐悲鸿一看是他所敬仰的蒋梅笙教授,赶紧说,"先生过奖了,先生过奖了。能到贵府拜访,我徐悲鸿深感荣幸。"

"徐先生太客气了,徐先生请坐!"蒋梅笙说,"不是我过奖,刚才我看到你观看仕女吹箫时的神态,便完全证实了我的看法。"

"刚才我在细读《吹箫》的时候,突然听到了箫声。请问先生,这是我读画时的错觉,还是贵府确实有人吹箫?"

"嘀,我看你那已经陶醉的神态,似乎也有幻觉的成分。"蒋先生亲切地微笑道,"悲鸿先生,你也不是外人,我就告诉你吧,吹箫的乃是我家小女棠珍。她闲来无事,吟诗吹箫是她最大的乐趣。"

"啊,没想到贵府千金的箫吹得如此娴熟美妙!"徐悲鸿赞美道,"她把这首古老的《引凤曲》演奏到极致了,真可谓引人入胜,动人心弦,美妙无穷啊!"

"哎,悲鸿先生过奖了。小女只不过是喜欢而已,吹得没那么好。"

蒋先生美滋滋地说,"小女就在楼上,我不妨唤她下楼来,同先生见见面也好。我们是宜兴老乡嘛!"

蒋教授一语道出了徐悲鸿的心思。他竭力控制住内心的喜悦,轻声说:"那也好,那也好。"

于是,蒋先生把小女棠珍唤下楼来,并向徐悲鸿做了介绍。棠珍羞涩地低头微笑着说:"徐先生好!"然后,恭恭敬敬地行了个弯腰鞠躬礼。

蒋棠珍漂亮出众,犹如一株含苞欲放的出水芙蓉。徐悲鸿禁不住为之心动。徐悲鸿万万没有想到,蒋先生还有这么一位比唐伯虎笔下吹箫的仕女还要美丽动人的女儿。他立刻联想到,假如唐伯虎能活到现在,也能像他这么幸运地出现在这里的话,肯定是灵感突发,马上就可以通过他手中的那支神来之笔,勾画出一幅更加美妙的《吹箫仕女图》。在我们中华民族的艺术宝库里,又增添了一件人见人爱的无价之宝。

蒋棠珍为蒋教授的小女儿,1898 年 4 月 9 日出生在江苏宜兴。说来也巧,她出生之时,东书院中那棵海棠恰巧盛开,于是,祖父便为小孙女取名"棠珍"。

宜兴人杰地灵。棠珍的父亲蒋梅笙,早在光绪年间乡试和院试皆第一,后来清政府废除科举制度,蒋梅笙断了读书做官的念头,立志教书育人,成为复旦的教授。棠珍的母亲是名门闺秀,知书达理,能诗善书,不仅善于吹箫,还弹得一手好琵琶。她时而赋诗,时而夫唱妇随,这一切都时刻影响着棠珍。

徐悲鸿喜遇棠珍,暗自兴奋不已……

蒋棠珍有着一种深藏的美。她美得不招摇,不夸张,一举一动间,都透着大家闺秀的隽秀。在知书达理的父母培养下,她好似一株郁郁葱葱的玉兰花,散发着无限诱人的魅力。

徐悲鸿与棠珍尽管谁也没有说什么,但心有灵犀一点通,两人不约而同,默默地看了一眼。

这对年轻人的目光刚一碰上，便撞出燃烧的火花……

对于徐悲鸿来说，他是第一次见到棠珍；对于棠珍来说，这并非是她第一次见到徐悲鸿。令她遗憾的是，那次见面她只是偷偷地看了一眼徐悲鸿，而徐悲鸿却没有看见她。

这事发生在她的老家宜兴。当年徐悲鸿还在家乡同时兼任三个学校的图画老师时，他和棠珍的伯父、姐丈是同事。当时，棠珍家还在宜兴城内，她经常从伯父和姐丈那里听到些有关徐悲鸿的轶事趣闻，这引起了青春萌动的棠珍的注意，她盼望着有一天能见到这个徐寿康。让棠珍没有想到的是，这一天果然盼来了，而且来得这么突然。

那一天，徐悲鸿应约来拜访棠珍的伯父。好奇的棠珍，自然不会放弃这个难得的机会。她轻手轻脚地隐身到客厅房后，用舌尖把窗纸轻轻舔破，本来她可以一饱眼福，可因心里过于紧张，怕有人发现，就没敢多看一眼。虽然见到他了，却没能看个仔细，只是看见他和别的青年人长得也没啥不一样。虽然没什么不一样，可心里总想着他。连棠珍自己也说不清楚这是为什么，为什么会有这种难于言表的感觉。

事后，她一想起用舌尖舔破窗户纸的办法就感到好笑。其实，她这一招，是从古典小说里学来的。这是古典言情小说里，小姐们惯用的法子。

尽管棠珍觉得徐悲鸿同别的年轻人相比，也没啥不一样，可她自己也说不清，为何从偷看徐悲鸿那一刻起，就天天盼着什么时候能同徐悲鸿单独在一起，好好说说她的心里话……

棠珍做梦也没想到，两年后的今天，她和日想夜盼的徐悲鸿在上海家里，通过父亲的介绍见面了。

徐悲鸿应邀前来拜访蒋教授，棠珍已经知道，于是，当她听说徐悲鸿已经来到客厅时，便在绣楼上，悄悄取出自己心爱的那管箫，吹奏起古老的《引凤曲》……

棠珍回到绣楼，回忆起这段有趣的往事，不由得笑了起来。这犹如一池平静的湖水，一块石子突然投入水中，激起了一圈圈涟漪。徐悲鸿走进了蒋家，给蒋家平静的生活增添了活力，也给蒋家带来了意想不到的麻烦……

11

徐悲鸿和和蒋棠珍这一对才子佳人，就这样相识了。徐悲鸿在棠珍心里，播下了一粒美好的种子。在棠珍的眼里，徐悲鸿外貌英俊，举止潇洒，谈吐不俗，言谈中显现出他那勤奋好学和对绘画艺术的深刻见解。

蒋棠珍在她的回忆录里是这样写的："徐先生一到我家，就给大家留下了良好的印象，因为他外貌英俊，态度落落大方，不拘小节。那时候，他对我们一家都非常亲切随和，父亲作一首诗，他会击节称赏，母亲烧一道菜，他也会夸赞一句'天下第一'。"

"天下第一"，这是徐悲鸿的口头禅，是他赞美一个人或赞美一件事时，经常说的一句话。徐悲鸿一生性情刚直，疾恶如仇，而对他认为美好的事物，不管大小，总是极力加以赞赏、推崇。在蒋宅，棠珍的父母都很喜欢他，同时念他一人独身在外，对他也格外关照。就这样，随着时间的推移，徐悲鸿进出蒋家就如同蒋家人一样随便。只要一有空，不管蒋教授在不在，他都来蒋家待着，常常是今天吃过午饭来，明天早晨起床才走。时间长了，棠珍直接或从父母那里间接地知道了徐悲鸿的身世，还有他那些从小到大的传奇般的奋斗故事……

就这样，她对徐悲鸿也就越来越欣赏、越来越喜欢了。蒋棠珍回忆道："父母亲都十分喜欢他……徐先生的故事确曾使我感动，并且使我对他产生了一种钦佩和同情兼而有之的复杂感情。那时候我只十八岁，刚刚从古老守旧的宜兴，来到五光十色的上海，在这接受新潮流思想最快最多的中国第一大都市……"

徐悲鸿成了蒋家的常客。蒋梅笙欣赏徐悲鸿的正直和厚道、勤奋好学。只要徐悲鸿来家了，蒋先生总是喜欢同徐悲鸿一起论诗说画。

而蒋棠珍呢，每一次都会静静地坐在一旁，默默倾听父亲和徐先生十分有趣的对话。他们两人聊得总是那么投机，那么开心。有几回，棠珍看着父亲开心地哈哈大笑起来，而徐先生这时也跟着一起乐。

徐悲鸿闯入蒋家，给平日只能接触到家人和亲友的蒋棠珍，带来了诸多的新奇感，被他的故事，特别是他那矢志上进的毅力所感动、所折服。棠珍常常感受到徐悲鸿对她有着很大很大的吸引力。她不知不觉地爱上了这位痴迷书画的徐悲鸿。如今，徐悲鸿已经占据了蒋棠珍的心灵……

棠珍回忆道："有一天我听父亲在母亲面前谈他，我表面上装作若无其事，其实我正聚精会神地在听。父亲夸奖徐先生，认为他的人品才貌都难得，他断定他是一个可造的人才，母亲默默地听着，不时嗯啊两声，或者是颔首同意。那时候我的心里有说不出的高兴，最后，父亲慨叹地说：'要是我们再有一个女儿就好了。'在那一瞬间我仿佛受了极大的撼动，父亲的话意说得太明显了……为什么要'我们再有一个女儿'呢？因为父亲母亲有两个女儿，我姊姊已嫁到程家，我也和查家定了亲。如果再有一个女儿又将怎样？很显然的，他希望能有这样一位才貌出众、画艺高超的女婿。"

就在这个时候，查紫含先生，也就是棠珍父母为她定亲的那位"未婚夫"，考试前让弟弟来蒋家索取父亲出的国文试题，蒋棠珍知道后，心理上受到极大的刺激和伤害，她认为这是作弊行为。她举一反三，对查紫含的人品产生了怀疑，打心里看不起查紫含。蒋棠珍的心目中，查紫含本来就没有树立起伟岸和努力上进的丰碑，而徐悲鸿在她心中，却是梦想中的白马王子，对她具有极大的吸引力。没有差异就没有比较，没有比较就没有鉴别。徐悲鸿和查紫含谁个优谁个劣，对于蒋棠珍来说这并不是个难题，她把两个人放在一起加以对比，简直是一个在天上的神人、一个在地上的小丑。于是，在蒋棠珍心中的天平上，她完全倒在了徐悲鸿这一边。天真烂漫的蒋棠珍真希望作为蒋家二女儿的自己突然死去，然后自己再作为蒋家的第三个女儿诞生。这样，她就可以嫁给父母都喜欢的徐悲鸿先生了！可她面对的现实，说什么也无法挽回了：在那样一个嫁鸡随鸡嫁狗随狗的社会里，她又是生活在这样一个儿女终身大事只能由父母说了算的家庭里，已经名花有主的她，是绝对不允许花移他人的。蒋棠珍想到这里，一下子陷入绝望的痛苦中。

棠珍已经听徐悲鸿说过，由父母包办在老家娶了一个媳妇。为此，徐悲鸿曾经逃过婚，被父亲抓回完婚，尔后生下一子。徐悲鸿实在无法忍受了，再次离家出走逃到上海。后来父亲重病，又不得不回到家乡宜兴，同时兼任三个学校的美术课，每日赶路五六十里，比顺水船还快。不久父亲病逝，儿子和他母亲又相继去世。徐悲鸿为父亲料理丧事后，为酬谢厨师，特为他画了一幅《和合二仙》。

颠沛流离多年的徐悲鸿，一旦步入顺境，不仅外貌变得精神了，而且心情也变得爽朗了。同棠珍在一起，他总是满怀希望精神抖擞，快活极了。徐悲鸿对蒋棠珍这样一位可以入画的少女，触发了一种不可抑制的恋情。棠珍听了徐悲鸿讲述的这些娓娓动听的故事，感到非常新奇，一个"传奇人物"在她头脑中日渐加深。从此，她开始渴望着梦想着，有一天能与徐悲鸿比翼双飞自由自在地生活在一起。

徐悲鸿知道，他心目中的美神蒋棠珍，早在13岁时，便由父母之命、媒妁之言，把她许配给苏州望族查家的二公子查紫含了，并与查紫含正式签订了婚约。查的父亲曾做过宜兴知县，是她父亲蒋梅笙的世交。

徐悲鸿和蒋棠珍虽然经常见面，但彼此很难听到对方的言谈笑语，因他们两人很少单独在一起。在一个书香门第的封建家庭里，让一个年轻姑娘和一个青年男子单独在一起，那是绝不允许的。即使有偶然的机会，她和他也尽量避免说话，以免被他人看到说三道四。

一个星期四的下午，徐悲鸿来棠珍家时，她父母亲恰巧都不在。棠珍和悲鸿迎面碰上了。棠珍四处张望了一下，见没人，就收住脚步偷偷对徐悲鸿说："徐先生，我要去林天木家开办的一所学校里工作了。林是父亲的朋友，到了那里我给您写信。"棠珍说话的声调虽然很低，但对于一见钟情的徐悲鸿来说,却很甜美,很有磁性。她说完,脸一红,头一低,匆匆走开了。

对于徐悲鸿来说,这真是一个最激动人心的好消息。因为棠珍一离开这个家,就等于小鸟出了笼,不仅她可以自由自在地飞翔了,而且他们之间也可以通过信件互相倾吐爱慕之心了。

自从棠珍到了林天木家开办的学校上班后,她的心里话便不断通过情书传给徐悲鸿;而徐悲鸿也同样把心里话通过笔端,倾吐在一封又一封寄给棠珍的情书里。棠珍与悲鸿情书往来不断。就这样,神不知鬼不觉的,两人的恋情如火如荼。

人们知道康有为有变法维新的功,也有保皇倒退的过,但不了解他在徐悲鸿和蒋棠珍的事情上,还是个颇为热心的"月下佬"!已经娶了六个老婆的康有为,主动安排这对恋人,在他的住宅——辛家花园后园中约会。

在一棵散发着幽香的桂花树下,悲鸿与棠珍分别坐在两块鼓形的太湖石上。眼前是一个椭圆形的花坛,花坛里高低错落地开满了各色各样鲜花。这确实是一个僻静、非常适合恋人幽会谈情说爱的场所。

初次幽会,话从哪里说起呢?两人沉默了片刻后,还是徐悲鸿先开口打破了沉默:"你能不能告诉我,为什么取名棠珍呢?"

"因为在我出生的那天,正巧我家东厢房前的海棠花开了。祖父看着那美丽的海棠花,默想片刻,忽然兴致勃勃地说:'有了有了,就为我的娇孙女取名棠珍吧!'我祖母也说:'好,她姐姐叫榴珍,她叫棠珍,再好不过了。'"棠珍静了一会说,"也许是祖父母都喜欢海棠花的缘故吧,从那以后,我这棠珍的名字就叫开了。"

"'棠珍'这个名字倒是蛮雅的,有诗情画意。不过,海棠花太娇嫩,缺乏一种不怕严寒、不怕酷热、坚忍不拔的精神。"徐悲鸿听到这里摇摇头一笑说,"以后我一定要为你取个比'棠珍'更富有诗情画意的名字。"

"鸿,那你打算给我取个什么名字?"棠珍急忙问,"能不能现在就说给我听听？"

"现在还不到时候。"徐悲鸿神秘地一笑放低声音说，"这样吧，等我好好考虑考虑，然后再告诉你好不好？"

"那你能不能告诉我为什么叫悲鸿呢？"棠珍轻声问道。

"我原名不叫'悲鸿'，叫'寿康'。"徐悲鸿瞟了棠珍一眼说，"寿康这个名字是我父亲给我取的。至于为什么叫'寿康'，我想老人家的本意是希望我健健康康，能快快乐乐长寿过百岁。可事实上，我们家灾难一个接一个，我打小就身体不好，不好到想在黄连树下唱句歌儿都唱不出来。于是，我就来了个自作主张，把'寿康'改成'悲鸿'。"

"那你这'悲鸿'是什么意思呢？"

"除了伤心、痛苦，还能有什么意思！我常常感到自己就像一只受了伤的孤独大雁。"悲鸿长叹一声说，"我讨厌'寿康'这个名字。我家境贫困，夜里常做噩梦，半夜里悲从中来，犹如鸿雁悲鸣。因此，我就改名'悲鸿'。'悲鸿'真正替代'寿康'，还是我到上海以后。所以，上海的朋友只知道我叫'悲鸿'，并不知道我还曾经有个名字叫'寿康'。你喜欢我自作主张为自己取的'悲鸿'这个名字吗？"

"喜欢。"棠珍红着脸说，"你喜欢的，我都喜欢。"

悲鸿和棠珍两人的心里话如同潺潺的山泉水一样，源头一开，就长流不止，不知烦絮，不觉冗长，始终津津有味。棠珍告诉悲鸿，她小时候相当顽皮。因为父亲不赞成女孩子读《论语》《孟子》一类的书籍，所以，她八岁时读的是《世说新语》和《虞初新志》一类有趣的故事书。棠珍是个爱热闹的姑娘，她在书房里坐不住，便和一位堂妹悄悄溜出去，到院子里捉蜻蜓，并把它拿来喂蚂蚁，观察蚂蚁列队搬运的有趣情景……

"我不像你那么聪明伶俐，我很笨，有一次竟然把老虎画成了看门的狗……"徐悲鸿接过话茬说，"我不听话，父亲就抄起木棍打我。他追我就跑，一边跑一边大声喊叫着：'大人打小孩不合理，大人打小孩不合理……'"

棠珍听了悲鸿边挨打、边逃跑、边讲理的故事，感到十分好笑，情不自禁地乐了起来。乐得她眼泪都流出来了。徐悲鸿盯着开心大笑的蒋棠珍，他发现棠珍笑起来更美，比盛开的红玫瑰还要美。

"这有什么可笑的，大人打小孩就是不合理嘛！"徐悲鸿争辩道，"父亲追我还跌了一跤，最后还向我承认不对。"

棠珍停止了笑声，甜蜜地微微一笑说："鸿，你们家在宜兴屺亭桥，那里是不是有座桥呀？"

"有，有座非常美丽的拱桥。"悲鸿用手比画着说，"宜兴有条河叫塘河，塘河流过我们村时，河上建了一座拱桥，取名屺亭桥。听老人说，过去我们这个村从来没有名字，自从有了这座桥以后，我们世世代代居住的这个村，就有了'屺亭桥'这个名字。"

"'屺亭桥'这个村名蛮好的。"棠珍说，"有亭有桥，富有诗情画意，多好啊！"

"对对，富有诗情画意。如果画幅画一定是很美的。"徐悲鸿自豪地说，"那座桥确实很美。桥下四季流水，小船划来划去，两岸花木飘香，鸟语花香，图画一般的美丽。我还在桥下捕鱼捞虾过呢！"

"真的，真有那么美啊？"

"真的，我不骗你！"徐悲鸿十分认真地说，"我们家很穷，从小我就得帮助家里干些农活，每当西瓜快要成熟的时候，我和父亲便在西瓜地里搭一个小席棚子，我夜里有时就睡在棚子里，以防有人来偷瓜吃。成熟了的西瓜，自己一个都舍不得吃，总是全都卖了换回一点钱过日子，只留下生的、烂的自己吃。每当把那些又大又圆的西瓜装上木船，从门前的河里运走的时候，我总是怅惘不已，久久地站在岸边，望着那满载西瓜的船只走远了，小得看不见了，这才肯回家……"徐悲鸿稍停了一下，深有感触地说，"贫穷而勤劳的家庭，使我从小养成了吃苦耐劳、穷则思变的奋斗性格，对世道不满，对穷苦人满怀同情。所以，我常常在我画的画上，盖上'江南贫侠'或'江南布衣'的印章，告诉人们，我徐悲鸿是个胸怀大志、对世道不满的'布衣''贫侠'……"

悲鸿和棠珍从童年说到现在，又从现在说到将来，天色已近黄昏，两人还在轻声细语地说个不停……

12

五光十色的大上海，受到新潮流、新思想的冲击，年轻人自然成为旋涡的中心。18岁的棠珍从封建守旧的宜兴老家来到这儿，难免也要被卷进去。开始时，她的活动天地仍局限于一宅一楼一室的家庭里。她所接触到的人也只是家人、近邻和近亲好友。她对于自己生活的目的茫然无知。哪个青年男子不善钟情？哪位妙龄少女不善怀春？自从徐悲鸿闯入蒋棠珍的生活后，她便满心欢喜，觉得给她的生命带来了活力、神秘和梦想……

喜悦加上新潮流的鼓荡，棠珍已从心底里爱上了徐悲鸿。

徐悲鸿在艺术上由于受康有为维新思想的影响，心里总在盘算着如何寻找机会到日本学习美术，如今他又想着怎样才能使棠珍尽快逃出这个封建家庭。

时间不负有心人，机会终于降临了。在人生的道路上，有许多事情都是逼出来的。

这件事在棠珍的回忆录里有记载："一天早晨，母亲为我梳辫子，徐先生坐在一边看，嘴里在和母亲聊天，母亲随便地告诉他说：'查家明年就要来迎娶了。'我听了不觉一震。……剩下我一个人在楼上，思前想后。不禁悲从中来，就伏在桌上饮泣……"

深藏在徐悲鸿与蒋棠珍之间的秘密，蒋教授一点都不知道，蒋太太更是没有察觉，老两口一直被蒙在鼓里。当徐悲鸿听了棠珍母亲无意中说的那句迎娶的话，禁不住大吃一惊，神色一变。好在只顾给女儿梳头的母亲，并没觉察到徐悲鸿的表情变化。棠珍一听这话更是为之大震。给女儿梳完头，蒋太太便忙着办别的事情去了。脑子在激烈思考着怎么办的徐悲鸿，这时也赶忙告辞离去，只剩下棠珍一人在楼上。作为一个定了亲的女子，除了感叹"恨不相逢未嫁时"，只能是在闺阁独自饮泪。她思前想后，感到大事不妙，一辈子就这样嫁鸡随鸡嫁狗随狗了吗？想到这里，她不禁悲伤起来，独自伏在书桌上抽泣着。突然，棠珍停止了哭泣，赶紧擦干眼泪。她猛然意识到，形势逼人，必须找个借口赶快逃离这个家。聪明的棠珍，断定自己深爱着的徐悲鸿一定会想法子把她救出去！

徐悲鸿和蒋棠珍心想到一处了。过了没多会儿，棠珍忽听楼梯上又响起急促的脚步声，抬头一看，心里一喜，原来是徐悲鸿匆匆忙忙地跑了回来。他想到棠珍此时此刻的心情定然难受，便走到她面前，轻轻拍了拍她的肩头，说了句："不要难过。"徐悲鸿说完又悄悄塞给她一个纸卷儿，然后赶忙折身下楼，走了。

棠珍赶忙打开纸卷一看，是一张画，是他亲手画的一幅美丽的画！画的是池边一汪春水，一株垂柳树下，男女二人并坐吹箫，天空飞翔着一对凤凰……

棠珍看着看着，脸上渐渐绽开了甜蜜的微笑，她把希望完全寄托在徐悲鸿身上了。她信赖他，他期待着她……

徐悲鸿在人不知鬼不晓地秘密行动着。棠珍认定徐悲鸿是她值得信赖，也应该信赖的人之后，顿时有了主心骨，情绪稳定了下来。

1917年5月，徐悲鸿同康有为、朱了洲商量带着棠珍一起去日本的具体事宜。康有为、朱了洲当即表示，全力支持徐悲鸿带着心上人蒋棠珍一起出走。不过他们再三提醒徐悲鸿：要小心谨慎，绝对保守秘密。

尽管朱了洲是一个名不见经传的小人物，但是，他在蒋棠珍和徐悲鸿私奔的这件事上，却扮演了一个最为关键的人物，成败同他有着直接关系。这一点，徐悲鸿和蒋棠珍心里最清楚。

徐悲鸿考虑到，如果自己跑到蒋府贸然向棠珍提出，肯定风险太大，弄不好就会前功尽弃，一切都完了。他只能通过纸条，偷偷告诉棠珍，要她放心，他正在想办法。但这个办法她能不能接受，徐悲鸿心里还是没底。徐悲鸿真的犯愁了，在他的人生中第一次碰到如此伤脑筋的问题。徐悲鸿眉头一皱，咬了咬牙，猛地拍了拍脑袋：嗨！办法有了。他突然想到了他的好朋友、宜兴老乡朱了洲。徐悲鸿断定，请能说会道的朱先生出面，准能当好他们的"红娘"，说服棠珍同他一起私奔。真是说曹操曹操到，就在这个时候，热心肠的朱了洲不请自来了。徐悲鸿一看见朱了洲向他走了过来，便喜出望外。于是，便把刚才心里想的和盘托出，一五一十告诉给朱了洲。朱了洲听罢，捧腹大笑。"你笑什么？都快把我急死了，你还笑呐！"徐悲鸿心烦意乱地说，"我可不是同你开玩笑哦，这可是件大事，是件要命的大事啊！"

"我笑什么？我笑你是个书呆子，彻头彻尾的书呆子！"朱了洲笑止，看看周围没人，贴近悲鸿低声道，"别看你画画有着超人的本事，可你在女孩子面前嘛，却就像个大笨蛋了。"朱了洲停了会，又看了看四周，然后进一步放低声音，冲徐悲鸿咬耳朵道，"为这事，你大可不必犯愁，就全包在我朱了洲身上了。我一定竭尽全力成全你们这对'才子佳人'——中国当代版的罗密欧与朱丽叶。怎么样？我这个宜兴同乡，够意思、够朋友吧？"

朱了洲看着徐悲鸿那个样子，又"哧"地笑了起来。他收住笑说："我把你们比喻成欧洲的罗密欧与朱丽叶，没有比喻成中国的梁山伯与祝英台，你知道为什么吗？"

"为什么？"徐悲鸿活像个孩子似的问。

"你这个只会画画，丝毫不懂得如何谈恋爱的大傻瓜。"朱了洲回答徐悲鸿，"因为罗密欧与朱丽叶要比梁山伯与祝英台浪漫。"

"都快把我急死了，你还给我说笑话。"徐悲鸿说。

"你知道这个忙我能帮好，还急什么！"朱了洲说，"人家棠珍还是个黄花大闺女，同你是初恋，你呢，你都结过一次婚了，还装什么呀！"

"谢谢了！请你先受我徐悲鸿一拜。"徐悲鸿说着弯腰施礼，然后认真地问,"你打算怎么帮我的忙?"

"帮你我心甘情愿,感谢大可不必。"朱了洲说,"你有什么要求就说吧!"

"那好,我也不客气了。"徐悲鸿叮嘱朱了洲,"一是要稳妥,二是越快越好。你能做到这两点吗?"

朱了洲如此这般地向徐悲鸿细说了一遍他的安排。徐悲鸿一听,觉得很周到细致,脸上露出了满意的笑容,然后从口袋里掏出一个信封,悄悄向朱了洲先生交代道:"这是我写给棠珍的,是裴多菲的一首诗。你可以先看看,要不要交给她,什么时候交给她,用什么方式交,都由你来定。"

"好的。"朱了洲接过信封说,"你放心就是了,这方面我比你有研究。请我来办这件事,你算是找对人了。"

"谢谢!"悲鸿又说了声,"拜托了!"便悄然而去。

徐悲鸿走后,朱了洲打开信封一看,是许多人都倒背如流的那首家喻户晓的五言诗:"生命诚可贵,爱情价更高;若为自由故,两者皆可抛。"他笑了,然后把信封用糨糊封死,小心翼翼地装进了口袋。

5月初的一天,朱了洲独自悄悄走进棠珍家。他见蒋先生和太太都不在家,便悄悄上了绣楼,叩门走进棠珍的闺房。朱了洲一见室内没有别人,还没等棠珍说话,他就突然发问:"小姐,你回答我:假如现在有一个人,想带你到国外去,你去还是不去?"

棠珍听了朱了洲这话,先是一愣,然后默默地站在那里,纹丝不动,她内心很矛盾:如果去,必然要给父母带来莫大的痛苦和折磨。父母如何向查家交代?如果不去,势必我得嫁给查家。要是这样,这一生我可就全完了。到底是去,还是不去?时间逼人,我必须马上做出抉择。

"我说蒋棠珍小姐,没有时间再犹豫了,现在分分秒秒都能决定你一生的命运。"朱了洲万分着急地催促道,"机不可失,时不再来,你若再不马上做出决定,你一直梦想的美好前程,就全让你自己给毁了!"

善于察言观色的朱了洲，已经猜到棠珍在犹豫，赶紧向她走近一步，低声说："这个人就是传奇人物徐悲鸿。他最近就要去——（他多了个心眼，有意把日本说成法国）去法国留学。他很想带你去。因为他非常非常爱你，非常非常需要你。"

不用朱了洲点明，棠珍已经猜到是谁了。朱了洲心里着急，又拿出一招，列举了诸多"机不可失，时不再来"的实例，劝说棠珍打消犹豫，痛下决心。他一再启发她："这个大好机会实在得来很不容易，过了这个村，可真的就没这个店了。"

这事来得太快了，棠珍做梦也没想到，他竟然要带她一块到国外去，而且事情这么突然，连好好再想想的时间都没有了。

"徐先生可是一表人才，少见的有志之士。俗话说，为朋友两肋插刀在所不辞。今天我完全是为了你们的自由幸福，冒着好大的风险来劝说你的。"朱了洲停了一下又说，"我还告诉你，他父母逼他娶的那个女人和孩子已经病死了。"其实，这事棠珍已经从徐悲鸿嘴里知道了。

朱了洲出门看了看楼梯上没有人在走动，迅速回到屋里，神神秘秘地把一封信塞给蒋棠珍，低声说："这是他托我交给你的信，快看看吧！"

看过信后，棠珍迅速找出笔和纸，当着朱了洲的面写道："生命诚可贵，爱情价更高。若为自由故，两者皆可抛。鸿，我向你发誓：我蒋棠珍决定抛弃一切，不管你去天涯还是海角，我都会永远和你在一起！我爱你！永远爱你！要用灵魂爱你，与你一生相依，生死不离！"落款："你的永远属于你的棠珍。"

蒋棠珍把信封好，交给朱了洲，并叮嘱他："请你务必尽快交到徐悲鸿手里。"朱了洲连连点头称是，并笑道："我朱了洲办事，你尽管放心就是了。"

朱了洲注意到，眼前这位大家闺秀已经羞红了脸颊。办事向来以细心周到而著称的朱了洲，心里明白，在徐悲鸿和蒋棠珍没有离开上海之前，还不是他彻底高兴的时候。此刻，他也叮嘱棠珍："这件事万万不可走漏风声，否则后果不堪设想。"

棠珍微微一笑说："说到办到，我记住了。"朱了洲说完便轻声告辞。可他刚迈出房间，心里还觉得不够踏实，又回头告诉棠珍，"关于出国的一切手续，你不必操心，徐先生自会妥善安排。他将在近日内把信照旧寄到你工作的那所学校里去。当前最要紧的是保密，保密！"

棠珍频频点头并低声说："请你告诉徐先生放心，我会做到万无一失的。"

朱了洲来此，要办的都办了，想听的都听了，应该交代的交代了，需要叮嘱的也叮嘱了，这才放心地走出蒋家大门。

朱了洲走了，整座楼、整个院子都显得那么寂静。棠珍的心却怎么也静不下来。在父母眼里，她很快就该出嫁了，哪怕天塌下来，也变不了蒋家与查家的婚事。可她渴望自由，渴望幸福，因此才决定不顾一切，同徐悲鸿一起离家出走。

徐悲鸿也在煞费苦心地准备出走。他有意四处扬言，说最近要动身去法国留学。其实呢，正在悄悄为东渡日本做准备。

姬觉弥为徐悲鸿的法国之行表示祝贺，还设宴送行，并赠他上千块大洋。蒋梅笙也高兴地设家宴为他饯行。蒋先生夫妇在宴请时，还特意唤棠珍作陪。蒋太太说："棠珍，你看人家徐悲鸿先生多体面，多光宗耀祖呀！他马上就要留学法国了。你要是个男孩子，也能像徐先生那样出国留洋，让做母亲的体面体面该多好呀！"聪明的棠珍撒娇地说："妈，我哪里都不去，女儿就是要跟妈妈过一辈子！"说完，她偷偷瞟了徐悲鸿一眼，徐悲鸿微微笑了笑。"你还跟我出国留洋，人家查家很快就用八抬大轿来迎你了。"

蒋太太分别给徐悲鸿和女儿夹着他们爱吃的菜说："傻丫头，哪有女儿跟妈过一辈子的，你看，连徐先生听了你的傻话都发笑了。"

蒋梅笙先生也乐了。

徐悲鸿一方面扬言5月14日起程赴法国，一方面悄悄订好了5

月14日清晨驶往日本长崎的"博爱丸"的船票。

5月10日后，徐悲鸿隐居在辛家花园康有为的家里，等待私奔东瀛。

在徐悲鸿携蒋棠珍去日本之前，康有为先生特意挥毫题写了四个大字："写生入神"，赠送悲鸿。题款曰："悲鸿仁弟，于画天才也，写此送其行。"尽管文字不多，却表达了康南海先生对徐悲鸿的艺术评价，同时也充满了对这位弟子的无限希望。

在徐悲鸿离开上海的前一夜，康有为设宴为他饯行，并预祝他与蒋小姐的私奔顺利，留洋圆满成功。

5月13日上午，棠珍收到了徐悲鸿的密信。下午，她便告假离开林家学校回到家里。徐悲鸿知道她很少单独出门，所以在信上写得特别具体。徐悲鸿要她千万在天黑之后，避开家人，悄悄溜出家门。然后雇辆黄包车，坐到爱多里亚路长发客栈，他在那里等她。徐悲鸿还一再嘱咐，雇车一定要找留辫子的车夫，因为留辫子的车夫比较老实可靠。

棠珍收到悲鸿的信后，一直忐忑不安，紧张焦急，总感到时间过得特别慢，好不容易才熬到傍晚。条案上的大座钟响过六下以后，夜幕降临。她母亲吃过晚饭就到隔壁人家打牌去了，父亲和其他家人也各自上了楼。棠珍极力稳定自己的情绪。她平静地走到窗口，看看窗外天色，又把早已预备好的一封信，小心翼翼地放在母亲亲自掌管的

1917年徐悲鸿赴日，年已60岁的康有为先生书"写生入神"四字赠送徐悲鸿，并题款："悲鸿仁弟，于画天才也，写此送其行。"

日用钱账的抽屉里。她知道母亲在每天睡觉前习惯于打开这个抽屉看看钱账。棠珍故意把这封信写得含含糊糊，让父母自己去琢磨、去猜测……信中有几句话是这么写的："……我觉得人活在世上实在没多大意思。不知为什么，我深感人生的无聊和乏味。有人生怕死，可我恰恰相反……"让父母看了这封信，既觉得它是出走的告别信，又感到它像是死前写的绝命书。

棠珍把信放好后，悄悄走到门口，四处张望了一下，没发现什么人走动，就两手空空急匆匆地离开家门。邻家的灯火已经亮了，她清楚地听见弄堂里孩子们的嬉笑声。她心慌意乱地迈着步子，走到巷口，按照徐悲鸿的嘱咐，叫了一辆黄包车。她把地址告诉了留辫子的车夫，车夫拉起车来一路小跑，超了一辆辆前面的黄包车，棠珍还觉得太慢，嘴里不住地催促着："师傅，快点！快点！"

这时，徐悲鸿正站在长发栈门前的台阶上，踮起脚来东张西望，等得火急火燎。他并不担心棠珍不如约到来，而是怕万一走漏了风声，露了马脚，那就前功尽弃！

正在他心绪不宁，急得抓耳挠腮时，一辆黄包车飞奔而来，车上坐的正是棠珍，徐悲鸿心中大喜。

两人顾不上交谈。粗中有细的徐悲鸿为防万一，赶忙付钱给车夫，又迅速给棠珍穿上一件新的外衣，悲鸿带着棠珍一起来到了康有为事先为他们两人安排的辛家花园后院。1917年5月13日当晚，恩师康有为的话成了悲鸿一生的动力："悲鸿，别管别人怎么说，说什么，只要你勇敢地走下去，一直走到底，就一定能获得成功！"

这天夜里，徐悲鸿给棠珍戴上一枚刻着"悲鸿"二字的水晶戒指。同时还送给她一方刻有"碧微"两个朱文篆字的名章。"碧微"两字，是悲鸿特意为棠珍取的新名字！蒋碧微亲手给悲鸿戴上了刻有"碧微"二字的水晶戒指。"悲鸿"与"碧微"，多么的诗情画意！蒋碧微顿时感到自己成了这个世界上最最幸福的人。她一下子扑在悲鸿的怀里……

从此,"碧微"代替了"棠珍"。

碧微细看手上的戒指,问:"这碧微二字是什么意思?"徐悲鸿笑着说:"意思很简单:你是一块很小很小的但又是很美很美的碧玉。这块人世间最小的也是最为美丽的碧玉,因为小,没引起别的男子的注意,却被我这个平生多悲、一副傲骨的徐悲鸿发现并且深深地爱上了。"

听了徐悲鸿这富有情趣的解说,她从心窝里涌起一股无比幸福的暖流。

碧微看着那枚精巧妙趣横生的印章问:"哎呀!悲鸿,你还会刻印章?"

"是呀,中国画讲究'诗书画印'一体,我对金石篆刻也很有兴趣。"悲鸿告诉碧微,"我在宜兴三校同时兼任图画教员时,余暇即临习甲骨、金文,学习篆刻。"

"没想到,亲爱的,你实在是才华横溢啊!"

5月14日一早,徐悲鸿携蒋碧微向康有为告别,离开康有为家,悄悄来到码头,然后登上"博爱丸"号。汽笛长鸣,轮船徐徐远去,徐悲鸿与蒋碧微从船舱里向前来送行的朱了洲挥手告别。

"博爱丸"号渐渐驶出黄浦江……

13

徐悲鸿和蒋碧微冲破世俗的冒险,既惊心动魄又充满诗情画意。昨日的蒋棠珍今日的蒋碧微,不顾一切地跟着徐悲鸿私奔东瀛,不难看出蒋碧微的性格:亮丽柔美的背后是果断,是刚烈,是勇敢,是她的敢爱敢恨。她与徐悲鸿的私奔,发生在五四运动之前,足以表明她是一个敢于冲破旧俗的先锋女子。

轮船在海上遇到恶劣天气,风高浪急,千万个浪头像千万匹奔马,向着船头冲来,拍击船舷,又折向大海,毫不吝惜它那无穷无尽的力量。

巨大的船体在浪峰中犹如一片树叶，随波逐流。这壮阔的情景，使初次远渡的徐悲鸿兴奋得手舞足蹈，也使初次漂洋过海的蒋碧微惊诧得目瞪口呆。

人们不难看出，这是一对深深爱恋着的中国青年男女。

轮船在波浪滔天的大海中时起时落，上下颠簸着。

该吃晚饭了，徐悲鸿和蒋碧微手拉手一起走进餐厅。这里没有中餐，全是西餐。他们谁也不会使刀叉。蒋碧微暗暗注视着周围的人如何吃西餐，如何使用刀叉。她细心观察，依样画葫芦。徐悲鸿却不管那一套，怎么方便怎么来，用他自己的方式吃，旁若无人地自由自在地吃着西餐。"看人家做什么？吃饭又不是演戏，怎么方便就怎么吃，吃饱肚子了事。"徐悲鸿一边吃一边劝说蒋碧微，"是你吃西餐，又不是西餐吃你，刀子、叉子、勺子都是为方便你吃西餐服务的。你看着怎么顺手就怎么来，怎么合适就怎么吃，只要能把你想吃的饭菜顺顺畅畅地送到肚子里就好……"

旁边临桌两位女士听见徐悲鸿的话，看到他吃西餐的样子，不由乐了起来……

"亲爱的，你听见没有，还不注意点。"

"人家想乐，那是人家的自由，我想怎么吃就怎么吃，这是我的自由。"徐悲鸿满不在乎地说，"微微，就当什么都没发生，你吃你的。"

徐悲鸿这么一说，周围一些就餐的也笑了起来。

晚饭后，太阳落入大海。风止了，浪静了，银波万里。月亮像一只银盘，高悬在海天之上。星星眨巴着笑眼在俯视大海的美景。徐悲鸿、蒋碧微相偕走出船舱，手挽手地站在甲板上，一起欣赏大海的夜景。

入夜，带着丝丝凉意的海风迎面吹来，让这对情意浓浓、心旷神怡的恋人，深深感受到了从未有过的开心、快活。

天空的月亮率领着星星，过往的男女用羡慕的目光，都在羡慕着这对激情燃烧的恋人。不知他们两人亲吻拥抱了多长时间，偎依在徐悲鸿胸前的蒋碧微温柔地说："亲爱的鸿，你也来朗诵一首爱情诗，你的微微想听。"

"好的。"徐悲鸿说,"亲爱的微微,我背诵一首泰戈尔的诗《我爱你,我的爱人》。"

> 我爱你,我的爱人。请饶恕我的爱。
> 像一只迷路的鸟,我被捉住了。
> 当我的心抖战的时候,它丢了围纱,变成赤裸。
> 用怜悯遮住它吧。爱人,请饶恕我的爱。
>
> 如果你不能爱我,爱人,请饶恕我的痛苦。
> 不要远远地斜视我。
> 我将偷偷地回到我的角落里去,在黑暗中坐着。
> 我将用双手掩起我赤裸的羞惭。
> 回过脸去吧,我的爱人,请饶恕我的痛苦。
>
> 如果你爱我,爱人,请饶恕我的欢乐。
> 当我的心被快乐的洪水卷走的时候,不要笑我的汹涌的退却。
> 当我坐在宝座上。用我暴虐的爱来统治你的时候,
> 当我像女神一样向你施恩的时候,饶恕我的骄傲吧,
> 爱人,也饶恕我的欢乐。

"一切都是这么美好。"蒋碧微深情地说,"现在,天下好像只有我们两个人,就是你和我。月亮升起来了,你和我一起尽情地欣赏这令人陶醉的海上美景吧!"

悲鸿深情地问道:"亲爱的,难道你真的这么爱我吗?"

"亲爱的,难道这个你还用问吗?"

"同我朝夕生活在一起,你真的永远不后悔?"

"亲爱的鸿,要不是真的,我就不会抛弃父母家人私奔了。"蒋碧

微说,"我蒋碧微面对大海向我的爱人发誓:我所说的、所做的,全都是真的。我今生今世……"徐悲鸿同蒋碧微面向大海,不约而同地宣誓:"永远都不后悔!"

这幸福无比的一对,在月光下又幸福地紧紧拥抱在一起,又是一阵疯狂的吻……

"微微,此时此刻你父母正在恨我,恨死我了。"徐悲鸿说,"因为我抢走了他们最最疼爱的娇女棠珍。"

"不,不完全这样。"蒋碧微柔情地说,"亲爱的鸿,说老实话,我父母他们也是非常非常喜欢你的。只是因为他们早已把我许配给查家了,要不他们也会……"

"那怎么见得?"徐悲鸿插话说,"我想,没准你父亲已经到衙门去告我这个忘恩负义的穷光蛋了。"

蒋碧微连连摇头说:"不会的,不会的,我爸和我妈对你的印象是非常好的。我记得有一天吃过晚饭,我到父母房间去取东西,无意中听到我父亲直夸奖你,说你的人品、才貌都是难得的,将来一定会在绘画事业上做出惊人的成就来!"

"你母亲又怎么说呢?"

"我母亲只是静静地听着,有时嗯啊两声,表示附和。我听到父亲对着我妈妈感叹道:'唉!要是我们再有一个女儿就好了……'"我激动得险些叫了起来。父亲的意思再明白不过了。亲爱的鸿,你好好想想,若是再有一个女儿会嫁给谁呢?"

徐悲鸿明知故问道:"我又不是他们老人家肚子里的虫子,他们若是再有一个女儿嫁给谁,我怎么会知道呢!"

"你这个大傻瓜,就知道读书、画画。"蒋碧微一本正经地说,"再有一个女儿嫁给谁?那还不是秃子头上的虱子——明摆着嘛!就是嫁给在他们眼里最完美的年轻人徐悲鸿呀!"

"好好,我就是想听这句话从你的嘴里说出来。"徐悲鸿高兴地亲吻着蒋碧微说。

"我不干了，你欺负我，你欺负我……"蒋碧微撒娇地说。

……

徐悲鸿和蒋碧微在上海开往东瀛的轮船上结婚了。对于徐悲鸿来说，这是第二次结婚。徐悲鸿的第一次婚姻是父母包办。第二次婚姻是被迫无奈带着蒋碧微私奔。

蒋碧微依偎着徐悲鸿，仰望悬挂在海上那格外明净的月亮，倾听着哗哗的涛声，谈呀，说呀……

清晨，太阳像一轮火球，一跳一跳地跃出了海面。徐悲鸿和蒋碧微又一起走出船舱。徐悲鸿靠在船栏杆上，打开速写本，开始写生。勾勾画画，寥寥数笔，太阳、大海、轮船便跃然纸上。这时，一个衣着讲究的青年人，走过徐悲鸿身旁，他立刻被徐悲鸿手中那只神奇的炭笔吸住了，出神地看着徐悲鸿的写生。青年人看见速写稿上，清清楚楚地写了"悲鸿"两个字，他惊喜地叫道："嗬！原来您就是大名鼎鼎的徐悲鸿先生，久仰久仰。"青年自我介绍说："敝人姓龚，也是去日本。"他问徐悲鸿："和先生在一起的女士是太太还是女友？尊姓大名？"徐悲鸿不认识眼前这位龚先生，于是，他多了个心眼，脑子一转回答道："她是我太太，姓郑名碧微。"蒋碧微一听，不由得一怔：嗯？刚给我改了名字，怎么又给我改了姓呢？徐悲鸿担心新婚妻子露出破绽，便朝她悄悄使了个眼色。蒋碧微这才明白了丈夫的用意。龚先生拿出一本非常精美的册页，一再要求徐悲鸿题字留念。悲鸿想了想，写了五个字："我们都是中国人"，落款"徐悲鸿于博爱丸号，1917年5月"。

船到长崎，徐悲鸿和蒋碧微从长崎转乘火车到了东京。为了保密，不管在什么场合，徐悲鸿在介绍蒋碧微时，总是说"这位是我的太太郑碧微"。因此，在日本期间，徐悲鸿太太是郑碧微。

14

徐悲鸿携新婚妻子来到东京，人生地不熟，又加之语言上的障碍，生活起来，处处别扭。幸好有"博爱丸"号上相识的龚先生帮助，在龚先生住的"下宿"，他们租了一间六席小屋。他们右边住着一位日本小姐，她大概在上班，每天早出晚归。楼上三间住的全是中国留学生。

在国外不懂得所在国的语言，真是寸步难行。徐悲鸿只好破费一笔钱，请了一位老师每天到家里来教他们学日语。

说起吃饭，由于蒋碧微在家过的是饭来张口、衣来伸手的日子，从来也没有做过饭菜，根本不懂家务不会做饭。所以一日三餐全包给房东太太。通常是两菜一汤，白米饭一小桶，放在一个小方漆盘中，盘下有四只支脚，落在地面就是一张小几，吃饭时席地坐在榻榻米上，很不习惯。房租加伙食，每人每月21元日币，同当时国内物价相比，那是相当贵的。隔几天，徐悲鸿就和太太蒋碧微到中国人开的餐馆里，吃上一顿地道的中国饭菜。使他们高兴的是，秋凉时节在东京也可以吃上淡水蟹。因为蒋碧微从小就喜欢吃大闸蟹。

徐悲鸿为了培养太太对中国书法艺术的兴趣，规定每天要抽出一定的时间，教太太练字，临郑文公碑帖。徐悲鸿只要发现太太是由于偷懒没完成作业，他就毫不客气地惩罚她，给她留加倍的作业，如若再完不成就继续加倍，直到完成作业，这才罢休。弄得太太一再埋怨对她要求太严，一点情面都不讲。"只有严师，才能培养出高徒嘛！"徐悲鸿特别认真地告诫她，"对你尤其不能有丝毫的放松。道理很简单，因为你是我老婆。"

对于蒋碧微来说，还有一件事情很使她烦恼，就是生怕有人发现她是跟着徐悲鸿私奔来东京的。每次有人登门拜访，只要她一听见叩门声，心跳就加速，心脏就禁不住怦怦乱跳。家里就巴掌大的那么一块地方，怎么躲藏得了呢？客人待的时间不长还好，在厕所里可以暂时避一下。如果徐悲鸿和来人谈得投机，他往往忘了时间，忘了厕所里还关着自己的老婆。

有一次徐悲鸿来了客人，险些把太太憋死。这位访客同徐悲鸿聊着聊着，客人突然提出来要去厕所方便方便，这下子可把厕所里的徐太太吓坏了。还是徐悲鸿聪明,就在太太吓得浑身哆嗦,尿也憋不住的时候,他一句话解救了她:"厕所坏了,还没顾得上修。要不,我带你去大街上找公厕吧。"客人一定也快憋坏了,急急忙忙地说:"悲鸿,哪里有厕所我比你清楚。我走了,改日再登门拜访,再聊。"

客人起身急匆匆地走了。客人一出门,蒋碧微就从厕所里一下子冲了出来,然后抱住丈夫说:"亲爱的,你真聪明,要不是你那句话,不把我活活吓死,也差点被活活憋死。"

以往每发生这样的情况,事后她总是没完没了地埋怨:"悲鸿,我算是看透了,你心里只装着艺术,还有你的朋友,就是没有我郑碧微,不,是蒋碧微。"还说,"我嫁给你来到东京,本想能度上蜜月的,不但没度上蜜月,倒坐起大牢来了!"有时,徐悲鸿好言解释,怎么说都不成。有时,徐悲鸿好话说尽,还得笑嘻嘻地鞠躬作揖赔不是。让太太更加不满的是,以后再遇到类似情况,他又把关在厕所里的太太给忘了。

徐悲鸿的确是想抓住这来之不易的机会好好学习东瀛艺术。

在东京,日本出版的那些琳琅满目的美术印刷品、复制品相当丰富,而且非常精美,让徐悲鸿大开眼界。这些资料加上印刷精美的相关书籍,都深深吸引着徐悲鸿,他总是千方百计去观赏、去购买。徐悲鸿在《悲鸿自述》中写道:"吾居日本,尽以资购书及印刷品。"只要是看到合意的,不管太太同意不同意,他都要想方设法把它买下来,否则就像丢了魂似的,坐卧不安。为此,有几次还引起太太的极端不满,两人还为此打起嘴仗,生一肚子气。

徐悲鸿在日本,时间大都流连于书店和画店了,对艺术如醉如痴的追求,使蒋碧微渐渐产生了一种感觉:徐悲鸿真正爱上的,并非是她蒋碧微,而是他心目中的艺术。太太的这一感觉,对夫妻两人的未来投下了一层阴影。

蒋碧微喜交际、喜欢逛商店、喜欢梳妆打扮,总以为把自己打扮得漂亮一些,丈夫才会更喜欢她。蒋碧微是位很要面子的太太,她也很希望丈夫能注意一下自己的仪表,把自己打扮得帅一些。这样,两人无论是逛街，还是出席朋友的聚会，会显得更加般配、更加体面。当然了，她也会吸引更多人的眼球，会得到更多的赞美，会让她感觉更有意思。其实，她想错了，她并不了解自己的丈夫。一天，她逛商店时，看中了一块女表和一块男表，女表她当时就买下来了。回家后，蒋碧微很高兴地劝说徐悲鸿："亲爱的，你经常参加一些社交活动，很需要有这么一块手表。这块表戴在你的手上，能提神，会显得更有身份。在我的眼里，也会感到更帅气、更可爱。"

她劝说完，便顺手把买表的钱交给了丈夫。

"谢谢太太！"徐悲鸿高兴地收起钱，冲太太笑了笑，什么也没说就走了。蒋碧微见丈夫这么听话，打心眼里满意。不过，蒋碧微还是担心他买了别的牌子的手表，于是，她朝着丈夫的背影叮嘱道："一定要买这个牌子的，两口子戴一个牌子的手表是时尚，会有人羡慕跟我们，学我们的。"

她也不知徐悲鸿听清楚没有，反正他没说话，反正很少看到他这么听她的话。徐悲鸿一句话也没说，冲妻子微笑一下就出门了。

徐悲鸿上午一早就走了，一直到中午，也没回来吃午饭。蒋碧微心里有些不痛快，看了下表，已经下午两点过了，他会不会又去逛书店、画店去了？蒋碧微一想到这里，心里突然"咯噔"一下，感到事情有点不妙，他很可能把买手表的钱挪用去买他想买的书籍画册了，要不他不会不吭声……

徐悲鸿上午出的门，一直到下午两点多才回来。他一进门，蒋碧微就急急忙忙地问他买的手表呢！

徐悲鸿只顾整理自己一大批新买来的书画艺术印刷品了，头也不抬地说："买啦，买啦，都买啦！"

"什么买啦买啦都买啦？"太太睁大眼睛，用怀疑的目光看着丈夫追问道，"鸿，买的表在哪里，是不是戴在手上了？快把手伸过来让我看看……"蒋碧微说着就去看丈夫的手腕。她看得清清楚楚，他手腕上根本没有表。再掏他的口袋，口袋里依旧是那块老掉牙的旧怀表！蒋碧微的手像是被烫了似的，气得她一下子就把旧怀表扔到了地上。只见它平静地躺在地板上，照旧在嘀嗒嘀嗒，不慌不忙地踩着点朝前走着。

"微微，你这个人真想不开，又闹什么脾气？"徐悲鸿很不耐烦地说，"买新表干什么？手表和怀表、新表和旧表不都一样看时间嘛！旧表有旧表的优点，比如，既省钱又耐用，也不怕磕磕碰碰的。你还不相信呀！你不是刚才把它扔在地板上了嘛，它现在还不是照常工作，嘀嗒嘀嗒照样走着，多结实！声音多好听！要是你手上戴的那块表，早完蛋了，不信，你就再试试你手上戴的那块表！"

徐悲鸿说着，从地上捡起那块老掉牙的怀表，看都不看蒋碧微一眼，便顺手放进口袋里，继续整理他购买的宝贝。

徐悲鸿软硬不吃，蒋碧微拿他也没办法。她叹息一声说："表没买，我给你的钱呢？"

"全交给画店、书店了。"徐悲鸿说，"对啦，东京也有地摊，我还逛了地摊呢，蛮有意思的，有收获。急用先买，是我购物的一贯原则。我现在就是把钱花在最需要的地方。"

"你买这些东西，我们还怎么生活呢？"蒋碧微很不满意地说，"还美其名曰'急用先买'，是你一贯坚持的原则。你要再这样，我们真的住不起了。"

"有事好商量嘛！"徐悲鸿说，"微微，你要知道，我买的这些东西在国内没有卖的。对我来说，对国内那些画画的同行来说，都是些急需的宝贝呀！机会难得，过了这个村可就没这个店了。"

"亲爱的，今天我警告你，下不为例！"

"好。"徐悲鸿点头一字一句地重复道，"下—不—为—例。"

初到东京时，悲鸿和碧微经常一同上街。在街两边，徐悲鸿只要遇见美术商店或书店，总要进去看一看。更让蒋碧微难忍的是，往往一进去就不出来，一看就是小半天。碰到这种情况，蒋碧微总是无精打采地往旁边一坐，很不耐烦地等着他。她曾数次发牢骚说怪话："你只爱你的书画艺术品,可就不想想旁边还有我这个大活人在等着你呀!"

"微微,我知道,可我怎么向你解释也没有用。"徐悲鸿万般无奈地说,"你是无法体会到的,观看艺术品实在是人生极大的艺术享受!所以,我一看到字画,即便是印刷品,两腿就迈不开步了!"

蒋碧微更来气了:"看字画是你的人生极大的艺术享受,可你体会到我一直在等你是什么滋味吗?"

既然太太如此不高兴,以后徐悲鸿再去画店、书店,也就不邀太太同去了。

徐悲鸿与蒋碧微

不过两三个月,徐悲鸿就跑遍了东京的大小书店、画店和博物馆,收集了大量精致的美术印刷品和美术典籍。他对着自己买的艺术品感慨道:"日本的艺术家不守旧,会心造物,很值得我们中国画家学习。"

一个钟情事业,一个钟情物质上的潇洒,两人频繁吵架,不顺眼的事越来越多,距离也就越来越远。更使徐太太不快的是楼上的那三名中国留学生,似乎已经知道了他们的秘密。那位姓龚的同学有时故意从楼上伸着脖子扯着嗓门喊:"喂!徐先生,听说宜兴有位大名鼎鼎的蒋梅笙,你们一定认识吧?"姓龚的如此点名道姓,显然别有用心。这给蒋碧微在心理上带来了沉重负担,经常让她惶惶不安。

1917年9月初,两人来日本三个多月了,正肩并肩手挽手地走在大街上,忽然听见有人喊"棠珍"。蒋碧微吃了一惊,心想:东京居然还有人知道我叫棠珍?她收住脚步,回头没发现喊她的人。徐悲鸿说是她的幻觉,催她快走。刚走了几步,又有人喊了一声"棠珍",而且喊声越来越近。蒋碧微只得拉着悲鸿停住了脚步。当她回看时,立刻愣住了，是姐夫，姐姐榴珍的丈夫。她想见，又不敢见；她想躲，又来不及了。就在她不知所措的时候，刚从复旦大学毕业来东京留学的姐夫，已经疾步走到她的跟前了……

15

蒋碧微从姐夫那里知道了他们私奔后，家里所发生的事情：

5月13日夜晚，就在徐悲鸿把刻有"悲鸿"的戒指戴在棠珍手上的时候，她母亲打开抽屉找东西，要找的东西没找到，却发现了棠珍写的那封"留书"。母亲慌忙拿起来，刚看了个开头，就眼前一片漆黑，一下子晕倒在地上……

蒋碧微的父亲蒋梅笙看过信后，气得捶胸顿足，双手颤抖，嘴里一个劲儿地叫苦连天，不断地嘟囔着："我了解她，这丫头是决不会走绝路的！肯定是跟着徐悲鸿私奔了！不管怎么说，我们蒋家在上海，特别是在宜兴，是有头有脸的，而苏州的查家就要迎娶了，可棠珍却不见了踪影……"

蒋教授心里很清楚，要想处理好这件事，首先必须弄清这件事的来龙去脉。于是，急不可待的二位老人，连夜找到了朱了洲。朱了洲既是徐悲鸿的好友，又是他们家的远房亲戚。蒋先生猜想，他一定知道女儿的下落。可是朱了洲除了表示吃惊和同情外，实情绝对不露。蒋梅笙也很理解朱了洲，但他作为棠珍的父亲，明知问不出来，也得问。

没有不透风的墙，几天的时间，蒋先生的小女跟徐悲鸿私奔的消息，就传遍了蒋碧微工作过的林家学校，传遍了哈同花园，传遍了宜兴城，成了风靡一时的小报追逐的爆炸性新闻。特别是那些喜欢猎奇的小报，不惜版面，大肆渲染，描写得绘声绘色，不堪入目。

"看，这、这、这成何体统，成何体统！"蒋先生抖动着一张登载着棠珍和徐悲鸿私奔的小报，气得脸色白一阵红一阵，羞得他摇头咂嘴："已经许配给人家的闺女如今跟一个男人跑了，这可叫我怎么向查家交代呢……"

确实把这位清末的举人羞坏了，急坏了，整苦了。但蒋先生毕竟是位见多识广、颇有名望的教授，当他冷静下来以后，联想到女儿处处表现出对徐悲鸿由衷的爱慕，他心里断定小女棠趁留下的这张便条，很可能缘于不便启齿，而摆设了如此骗局，以了却同查家的婚事。对此，蒋教授开始理解痴情小女棠珍的做法。作为父亲的蒋梅笙，小女已经名花有主，她只能勇敢地迈出这一步，跟徐悲鸿一起私奔来追求自己的婚姻自由，除此别无选择。至于所带来的诸多令家人头痛的麻烦事，他正在绞尽脑汁想办法解决。老教授长叹一口气自言自语道："小女长大了，跟随自己真正喜欢的人离家出走也不无道理，再说，她也没跟错人，走就走吧……"

蒋教授盘算再三，终于想出了一个既能保全面子，又能对付查家的、比较体面的"高招"。他和太太商议后，立即叫太太赶回娘家苏州，假说棠珍到苏州探望舅父，不幸突然染上重病，抢救无效，不治身亡。紧接着，蒋梅笙教授又在上海《申报》显著位置上，刊登了爱女蒋棠珍病逝的"讣告"，借以掩人耳目。

蒋先生绞尽脑汁策划了这出假戏真演，就这样热热闹闹地开场了。为了把假戏演得更加逼真，让看戏的人看不出任何破绽，蒋先生还打发太太在苏州买了一具上等柏木棺材，并在棺材里偷偷地装上一块约有百斤左右的石头，还郑重其事地贴上了"亡女棠珍之灵柩"的黄纸条。守灵三天，一路上几个老妈子披麻戴孝送葬；尼姑敲着木鱼，念诵着经文；还有人摇着幡铃，吹吹打打，热热闹闹，假戏真演，一场"哭丧家"的以假作真的戏，演得很是成功。

就这样，蒋家和查家的这门子婚事，总算是名正言顺地到此结束了事。

蒋棠珍自从遇到了徐悲鸿，她的人生，渐渐发生了变化，直到最后私奔，发生了改天换地的变化。当年能诗会琴的大家闺秀，竟然做出了破天荒的事情，这与她的气质和从小受的教养太不相符。但是，她已经做了，说什么也没用了。这条路，或许是铺满鲜花，阳光灿烂；或许是风雨不断，充满泥泞。这条路到底如何，现在谁也说不清楚。其实，事情发展到这里，已经称得上现代版的《西厢记》，一件发生在旧式家庭里崔莺莺和张生私订终身现代版的爱情故事。这事发生在五四运动前，蒋棠珍称得上是令人耳目一新的新青年。她给那些追求婚姻自由的年轻人树立了榜样。有家小报把棠珍称作"时代先锋"。

这件事让许多上了年纪的老人大吃一惊，目瞪口呆。在他们看来，这简直是胡闹！简直要反了！

夏去秋来，半年多的时间过去了，蒋府一切又恢复往常的风平浪静。

徐悲鸿与蒋碧微尽管由于志向不同，有时闹些矛盾，时常发生口角，有时甚至争吵得面红耳赤，但在许多中国年轻人眼里，还是非常羡慕的。事实上，在那些大门不出、二门不迈的，完全被禁锢在绣楼里的小姐们眼里，他们如此自由自在生活在二人世界里，还是很幸福的。特别是徐悲鸿，走出国门，打开了艺术眼界，开阔了视野。他在东京购买了那么多精致的美术印刷品，收获实在不小。徐悲鸿怡然自得，很是满意。让悲鸿高兴的还有一件事，他在东京还结识了中村不折先生。在他离开东京时，中村不折先生将他所译的《广艺舟双楫》托徐悲鸿转交康有为先生。

然而，徐悲鸿带来的两千多块大洋已经所剩寥寥无几，再在东京待下去，就得发生经济危机。就在这个当口——1917年11月7日，俄国彼得堡轰击冬宫的炮声响了，这春雷般的炮声震撼了整个旧世界。一个崭新的世界从此诞生了。

在十月革命胜利的欢呼声中，徐悲鸿携太太蒋碧微，于1917年11月回到了上海。

第三章　北京初探

16

徐悲鸿和蒋碧微在日本待了不足半年，因为手上的经费花得差不多了，便回到了上海。一回到上海，徐悲鸿首先登门看望了恩师康有为。康先生对他带回来的许多精美的书画艺术印刷品、美术典籍很感兴趣。"悲鸿，你很有见识。"康有为满意地捋着胡子说，"我们中国有许多好东西，如古代的四大发明，不光被外国人学去了，还发展了，西方造的洋枪洋炮超过了我们。为了祖国明天的繁荣昌盛，我们也需要借鉴外国成功的好经验好东西，不论是东瀛的还是西洋的，好东西我们都应该研究、学习，有些也可以拿来用嘛！"徐悲鸿在同恩师康有为的闲聊中，表达了想去欧洲留学的愿望。他说："我们年轻人走出国门，好好看看外边的世界，开阔视野，增长才干，不论对国家还是对自己，都大有好处。"

"你说得很对、很好。我非常赞同你的想法。"康有为对徐悲鸿说，"不过，现在欧洲战争打得正凶，至少是在目前还不能去欧洲留学。我希望你先去北京看看。"

"我想听恩师继续说下去。"

"这一方面，北京是我国的文化古都，那里不仅有故宫、有很多文化遗迹，还有很多文化名人、艺术权威，你在北京可以接触更多的社会贤达名士。这对你研究、汲取我国各家各派艺术品的精华，会大有好处的。"康先生说，"另一方面，到北京看看能否弄到一个官费留学的名额，为你将来出国做些准备（官费，就相当于现在由国家公派出国——作者注）。"

在那时，康有为是徐悲鸿最为崇敬的人物，也是他心目中最高权威。所以，他非常听康有为的话，以为他说的话错不了。徐悲鸿高兴地说："好，我听先生的，照您老说的去做。"

"倘若你真的乐意动身赴北京，行前可来我这里带上几封信。"康有为接着说，"我把你介绍给北京的几位朋友，有什么困难可以请他们帮帮忙，关照关照嘛！"

行前，康有为除了为徐悲鸿写了几封亲笔介绍信，还挥毫写下了"以壮行色"四个字送给徐悲鸿。这给徐悲鸿很大的鼓励。

1917年年末，徐悲鸿偕妻子蒋碧微一同北上，他们先乘船到天津，然后再转乘火车来到北京。

舱里灯光暗淡，为生活而奔波的劳苦大众东倒西歪地坐着、靠着、躺着。来自社会底层的徐悲鸿，对这种环境习以为常。而名门闺秀蒋碧微，那可就不然了，气呼呼地嚷道："这都是些什么人呢？浑身一股子味，难闻死啦！你为了省几个钱，买底舱，竟让我和他们挤在一起！"徐悲鸿正色道："他们也是人，为什么不能和他们挤在一起？只要有机会，我愿意多多接触接触这些劳苦大众。别忘了，我就是个穷苦人家的孩子。"

"悲鸿，我为了你，连父母、家庭都抛下不管了，可你，就这样对待我……"蒋碧微感到满肚子委屈地说。她委屈地哭了，哭得那么伤心。徐悲鸿心里在想："这有什么，怎么就把她委屈成这个样子呢？"徐悲鸿很不理解，但也没再说什么，只是长叹一口气。

显然，徐悲鸿与蒋碧微在对劳苦百姓的感情上，有着明显的差异。这种明显的差异，就为两人的思想上，埋下了分歧的隐患。一个追求的是事业，一个追求的情感，两人在东京时已经日益显露出来了。这种分歧还正在继续发酵。徐悲鸿无法说服妻子，妻子更无法说服"独持偏见，一意孤行"的丈夫。于是，蒋碧微坐在那里开始生闷气，而徐悲鸿为了抓紧时间画画，并不理会妻子，当然也不会跟妻子争吵。两人一个哭丧着脸生气，一个面对着来自社会底层的劳动人民，在全神贯注地把他们留在速写上。

徐悲鸿在速写本上不停地画着。他不仅要准确地画出这些劳苦大众的真实形象，还要准确地勾画出他们美好的心灵。徐悲鸿要使读者看了他的速写后，不觉得他们脏，而是深切感受到这些劳苦大众的可亲可敬。

坐火车到达北京后，徐悲鸿通过友人介绍，同太太一起先暂住在东城方巾巷。1918年3月初，他通过朋友介绍，先登门拜访了熟悉北京大学校长蔡元培的华林先生。华林先生看到康有为写给他的手书，非常热情地接待了徐悲鸿先生。华林先生微笑道："好，我很高兴陪同悲鸿先生去拜见蔡元培先生。"华林先生介绍说，"蔡元培先生是清光绪年间的进士、翰林院编修，又曾留学德国，在学问上既纵贯古今，又横跨东西。他是孙中山任命的中华民国首任教育总长，后来出任北京大学校长。"接着，徐悲鸿带着康有为写给蔡元培先生的信函，在华林先生的引领下，两人一块来到东单北边的东堂子胡同西口坐北朝南的75号院。进了院门，沿着东墙走过一条回廊，左转，便到了蔡先生的书房……

17

1917年出任北京大学校长的蔡元培，早在徐悲鸿在日本东京考察美术期间，便在朋友家看到了一幅奔马图。蔡先生眼前一亮，冒出一句"此马朝气勃勃胜过历代画家",近前细看,称赞道:"这位悲鸿先生真是才气横溢,在振兴中华的事业中,看来他就是一匹势不可挡的千里马。"当他听到朋友们谈及徐悲鸿时,便感叹道:"在我国四万万国民中,蕴藏着多少胸怀大志的人才啊!他们不为世人所知,默默无闻,我看徐悲鸿先生就是其中的一个。"

徐悲鸿笔下的马,给蔡元培先生留下深刻的印象。徐悲鸿这个名字引起了他的关注。有时,他眼前会突然展现徐悲鸿笔下那幅鼓舞人心、催人奋进的奔马。每到这个时候,他脑子里总会突然闪过一个念头:"什么时候能聘此君来北大任教就好了。"

今天,蔡元培先生在等候徐悲鸿先生时,顺手翻阅一本最近出版的画册时,徐悲鸿笔下的一幅奔马映入眼帘。蔡先生为之一振,兴奋得拍案叫绝!说来真是让人感到无巧不成书,就在这个时候,来访的客人到了。"哟!华林先生来了。"蔡先生看到华先生还带了一位年轻人,肯定他就是徐悲鸿先生了。"这位是康有为先生让我陪同他专程来拜访您的徐悲鸿先生。"

"你就是悲鸿先生?"蔡元培惊愕地看着徐悲鸿。

"学生就是徐悲鸿。"徐悲鸿近前向蔡元培弯腰鞠躬说。

"在你和华先生到来之前,恰巧我正在欣赏画册上你画的一幅奔马,画得何等好哇!我正想着什么时候找个机会见见这位出类拔萃的徐悲鸿,这不是,我正想着,你就来了。"蔡元培先生感慨道,"今天在这里见到你这位国之栋梁之材,我蔡元培高兴不已!"

蔡元培先生大喜,把徐、华二位先生让进客厅。蔡元培看了康有为写给他的介绍信,更是特别高兴,说:"徐先生,你的大作,今天是我第二次拜读了,我正盼望着中国有一天能出现你这样的艺术奇才,这不是,真的出现了,而且就在我蔡某人的眼前。南海康先生真是个了不起的伯乐,把你这个千里马,他不光发现了,而且还推荐给我蔡某人,我非常感谢康有为先生。徐先生,欢迎你的到来,欢迎你的到来啊!"两人谈话中,蔡、徐二位都给人"相见恨晚"的感觉。两人谈笑风生，在绘画艺术上的诸多问题上认识一致，不谋而合。陪同前来的华林先生从旁插话说："这真是英雄所见略同。"

在谈到中国画的传统艺术风格时，蔡元培先生说："徐先生，你的大作，我亲眼见到的不多，但感觉很好，印象深刻。特别是你笔下的奔马，很鼓舞国人的斗志啊！"

"蔡先生您过奖了，实在过奖了，羞得我无地自容。"徐悲鸿谦逊地说，"学生悲鸿学画，画作毛病不少，还得请蔡先生多多指教……"

"不是我有意夸奖你。这都是我的肺腑之言。"蔡元培坦诚地说，"江南水乡马并不多，你为什么偏爱画马？把普普通通的马画得如此有灵性，可见你是下了苦功夫的。"

"蔡先生深知江南水乡马并不多。可我对马却偏偏有着很深的感情。"徐悲鸿说，"我对画马有着特别浓厚的兴趣，经常画到着迷的程度。我总觉得，马不仅仅和人们的生产、生活有着密切关系，它同人们的精神世界似乎有着某些相通。奔马英姿勃发，一往无前，给人这种精神令人感动，难能可贵，让我浮想联翩！我以为，画家笔下的马，应该给人一种精神，一种勇于拼搏，不达目的绝不罢休的奋斗精神。我以为我们的中华民族需要的正是这种冲锋陷阵的奔马精神！所以，我爱马、画马，对马有着一种难于割舍的情感。"

"好，好，你说得好哇！一语道出了你笔下的马为何那么拼搏，那么讨人喜欢，那么鼓舞人心。"蔡元培连声称赞道，"你不仅发现了马的那些品格，你还用手中的画笔表现出来了。你画出了备受人们喜爱的奔马。你笔下的奔马所表现出来的，正是我们中华民族需要的，也是应该具有的精神。"

"蔡先生，我以为，在中国人的心目中，马始终是人才的象征，奔马更是我们中华民族渴望振奋、渴望复兴的表现。"徐悲鸿非常直率地说，"我画马时，心里想的是怎么样才能把我的思想感情通过笔下的奔马表现出来。我画的马有我的影子，能反映出我的个性。我不喜欢古人画的那种体肥毛顺的鞍马，喜欢画豪放不羁、谁也不敢欺负的野马，借以抒发情怀。"

"好，好哇！徐先生，你笔下的马在绘画史上开了一代新风，有着里程碑的意义！你把马画活了、画神了，画得有灵性、有性格。徐先生擅长以马喻人、托物抒怀，以此来表达自己的爱国热情。你笔下的马可谓'一洗万古凡马空'，独有一种精神抖擞、豪气勃发的神态。可喜、可贺、可嘉！"蔡元培先生感慨道，"若是中国的年轻人，都能像你一样胸怀大志，为国为民，一心一意推动着中国向前、向前，永远向前，外国列强就再也不敢侵犯我们中国了，我们中国对世界也就会做出更多、更大的贡献。"

"先生实在是过奖了，悲鸿实在不敢当。"徐悲鸿谦恭地说，"悲鸿听说在您担任教育总长时，就高瞻远瞩聘请你的绍兴同乡鲁迅先生到教育部任职，发起并组织青年赴法勤工俭学，为国家培养了一大批优秀人才；您出任北大校长后，排除干扰，聘请陈独秀、李大钊、李四光、梁漱溟等诸位中华民族的杰出人物为教授，不遗余力地履行其'学术自由、兼容并包'的办学原则。北大有您这样的校长，是学生之幸运，是国之幸运，是民族之幸运。学生悲鸿甚为敬佩。如果中国多几个像蔡先生您这样的大学校长就好了，我们中国就更有希望了。蔡先生，您是中国人的骄傲！常言道，听君一席话，胜读十年书，的确如此。先生的话对我是鼓舞，更是鞭策。我一定好好下功夫，把马画好，把我想画的东西画好，不辜负蔡先生对我的殷切希望。"

徐悲鸿同蔡元培先生见面，彼此都很高兴。徐悲鸿把在上海绘制的一幅《松下三马图》赠送蔡元培先生。画幅右下方题款云："孑民先生雅教　戊午年重九　悲鸿"。

北京大学没有艺术系。一向重视人才的蔡元培，想起了北大的"画法研究会"，想聘请徐悲鸿为"北京大学画法研究会"的导师。

1918年2月22日成立的"北京大学画法研究会"，已经有吴镜汀等会员近九十人。研究会分中国画部和外国画部。中国画部分山水、人物、花卉三科，外国画部分铅笔画、水彩画两科。已聘陈师曾、贺履之、汤定之等先生担任导师。研究会以研究画法，培养人才，倡导美育为宗旨。

蔡校长向徐悲鸿介绍了北京大学画法研究会的情况和办会原则，非常诚恳地说："悲鸿先生，北京大学想聘请你担任画法研究会导师，你意如何？"

"谢谢校长对学生徐悲鸿的信赖！"徐悲鸿非常感谢地说，"只要北大画法研究会需要，先生让我做什么我都高兴。"

"这么说，事情我们就这么说定了。"蔡元培先生高兴地说，"明天就把聘书送到你手里。"

"谢谢校长！"悲鸿说，"我明天就去上班。"

徐悲鸿是个办事雷厉风行的年轻人，第二天他就来到北京大学画法研究会上班，负责中国画部。他一上班就向画法研究会的会员畅谈了自己的想法。在徐悲鸿看来，有些旧的东西、传统的东西，显然是不利于美育的进展……

学会倡导革新中国，除每周一次绘画教学活动外，还定期举办各种讲座，研讨各种中国绘画艺术问题。1918年3月28日，在画法研究会春季始业典礼会上，徐悲鸿向学员着重介绍了西洋画的入门方法。他说："在中国而学西洋画，取资极隘，必须注意形体异同，黑白分明，庶不致误入歧途。"

徐悲鸿对中国画坛远离现实、死气沉沉的现象，非常不满，他竭力推行对中国画进行革新的主张。徐悲鸿在1918年5月14日的讲座上，针对当时画坛泥古仿古风盛的现状，做了题为《中国画改良之方法》的讲演。蔡元培亲自听了徐悲鸿的这一演讲，并大加赞赏。他立刻通知《北京大学日刊》主编徐宝璜教授，要尽快把徐悲鸿的演讲稿在《北京大学日刊》上发表。于是，在1918年5月23至25日的《北京大学日刊》上连载了徐的演讲稿。1920年转载于《绘学杂志》，题目改为《中国画改良论》。文中提出改良中国画的要旨在于："古法之佳者守之，垂绝者继之，不佳者改之，未足者增之，西方画之可采入者融之。""中国画学之颓败，至今已极矣。凡世文明理无退化，独中国画在今日，比二十年前退五十步，三百年前退五百步，五百年前退四百步，七百年前退千步，千年前退八百步。民族之不振可慨也夫。夫何故而使画学如此其颓坏耶？曰惟守旧；曰惟失其学术独立之地位……"

徐悲鸿把野外写生引入教学中。他在1918年5月至9月，曾多次组织学生到野外写生。这种教学方法的实施，是对陈师曾制定的教学方法的修正。

徐悲鸿的写实画风，得到蔡元培校长的支持，却受到某些老一辈书画权威的指责。为此，徐悲鸿在《中国画改良论》附录中气愤地写道："近人常以鄙画拟郎世宁，实则鄙人于艺，向不主张门户派别，仅以曾习过欧画移来中国，材料上较人略逼真而已……日后鸿且力求益以自建树，若仅以彼为旨归，则区区虽愚，自况亦不止是幸！同志诸君察焉，悲鸿仅启。"

徐悲鸿除在研究会指导会内成员作画外，还经常带领他们观摩中外名作和到京郊写生。他领着会员到故宫参观中国古代书画珍品时，他对徐熙的《九鹑卷》、黄荃的《鹰逐画眉》等精品，都逐一介绍，并加以评论。

徐悲鸿讲绘画理论，更受到会员的欢迎。他关于中国画改革的雏形，已经形成了。他针对画坛泥古仿古的弊病，一针见血地指出：中国画颓败到了今日，原因就在于脱离生活，一成不变的"守旧"。我们的有志之士，必须摒弃抄袭古人的恶劣做法，不断改良创新，走写实之路……

他从写实角度对当时人物画提出了严正批评：写人不准，少法度，指少一节，臂腿如直筒，身不能转，使头不能仰而侧视，手不能向画面而伸。无论童子，一笑就老，无论少艾，攒眉即丑，半面可见眼角尖，跳舞强藏美人足。此尚不改正不求进，尚成何学？既改正又求进，复何必云皈依何家何派耶？

徐悲鸿这些针对时弊的言论，起了振聋发聩的作用。他的很多观点发前人未发，实在发人深省。

18

1918年（民国七年）夏日的一天，晚饭后，一个从乡下来的汉子走到方巾巷徐悲鸿的家门口，不管三七二十一就一阵"咚咚咚咚……"敲门。正准备外出的徐悲鸿忽然听到这擂鼓似的敲门声，便起身去开门。

"徐先生住在这儿吗？"来人操着浓重的山东口音问。

"我就是。"徐悲鸿答道，并且仔细打量着站在自己面前的这个陌生小伙子。只见此人身材高大，两道剑眉上挑，目光闪闪，气概不凡，年约二十岁；看穿戴像是靠卖力气吃饭的人，而那种气派却又像个江湖侠客。

此人进门二话没说，就"咕咚"一声双膝下跪，一边磕头，一边操着大嗓门开门见山地说："俺是慕名而来的山东人李英杰（即后来的李苦禅）。徐先生！俺给您磕头拜师，请您收下俺这穷小子。俺现在没钱，待以后有了钱，俺再孝敬您和师母……"

徐悲鸿被这山东大汉突然而率直的行动，引得放声大笑起来。他赶忙弯腰将李英杰扶起，又问长问短。当他知道李英杰在北京只身一人，举目无亲，全凭租洋车拉客挣钱维持生活、学习绘画时，心里非常感动。他微笑着，看着这皮肤黝黑，衣服缀满补丁的山东小伙子，关切地问："我知道拉洋车可苦啦，你真的吃得了这苦，受得了这罪？"

"俺从小就喜欢画天上飞的鸟，田野里的野花，可人家看不起俺这穷人家的孩子。有钱人讥笑俺、挖苦俺，骂俺家的坟头上没长这棵蒿子，还说俺这双抓牛屎的手，永远拿不了画画的笔……"李英杰气呼呼地说，"俺不服气，俺就是不服气！为了争这口气，俺啥样的苦都能吃，什么罪也都能受！俺就下定决心来拜您这位画有新意、人有骨气的大画家为师……"

"好，我就喜欢这种品格！"徐悲鸿一听大喜说，"饭，可以一天两天不吃，气，可不能一天不争！我们每个华夏儿女要是都有你这种志气，那就好了。我，今天就要收你这个十分豪爽的山东大汉做我的学生。"

徐悲鸿这么一说，李英杰憨厚地笑了。徐悲鸿告诉他："你可以到画法研究会去学习，有空也可以到我家来共同讨论一些绘画问题。"

1918年（民国七年）21岁的李英杰，利用暑期，初次到北京，在北京大学画法研究会幸遇徐悲鸿先生，学炭画、油画与西画基本知识。是年，临摹徐悲鸿的油画《搏狮》，此画刊于北京大学建校100周年纪念册，画上写有"1918年"。但当时他还未能成为画法研究会正式会员，只是旁听生。此次偶遇，徐悲鸿有关将西画融入中国画并改革当时中国画的思想，影响了李苦禅一生的艺术与教学思想。

1919年，22岁的李英杰以聊城二中学生代表的身份赴京，参加"五四"以及"六三"爱国运动。后进北京大学附设的留法勤工俭学会半工半读。李英杰就在半工半读期间，同毛泽东数月同窗，建立起的友谊，一生难忘。在此期间，受益于陈师曾、贺履之、汤定之等先生。

在京期间，李英杰常去徐悲鸿家求教。一次，徐悲鸿见窗外天色已暗，掏出那块老怀表一看，已经是六点多了，便对李英杰说："中兴茶楼还有几位朋友等着我，我该走了。你可以先在这里看看我从日本带回来的美术印刷品和收藏的一些字画。"

徐悲鸿打开两只大箱子，告诉李英杰："东西全在里面，你可以先看看。晚饭跟我太太一起吃。"徐悲鸿说完，穿上棉袍便外出了……

徐悲鸿出了方巾巷，拐弯抹角，来到了金鱼胡同。刺骨的寒风，把人们早早地催进了屋里。只有那些无家可归的乞丐，被冻得缩着脖颈，弓腰抱臂蜷缩在一个个门洞里。此情此景，使徐悲鸿立刻联想起自己在上海时的遭遇，一种强烈的同情心油然而生。他把自己的围巾取下来，围在一个孩子的脖子上；把腰包里不太多的钱全掏了出来，一边走，一边分给其他的乞丐。鲁迅在《狂人日记》中所写的，不就是中国的现实吗？你看，做工的没衣穿，种地的没饭吃……从农村到城市，到处都在人吃人！

徐悲鸿走进东安市场中兴茶楼……

19

1918年暑假，徐悲鸿、李石曾、顾孟余等北京大学教授偕夫人前往香山碧云寺避暑写生、作画。

碧云寺殿塔亭台，重门叠户，十分幽静。

徐悲鸿在西山创作了《西山古松柏》《晴岚翠嶂》等画。

徐悲鸿除了教画、画画，自己还观摩了许多中国古代名作。他在陈师曾、罗瘿公、李石曾家里，仔细观摩了他们所收藏的历代名人字画。如明代边文进、孙隆、台纪的双钩着色画；明代林良、徐渭及清初朱耷的水墨写意画；清代恽寿平的没骨画；唐代韩干、曹霸，宋代李公麟，元代赵孟頫的马；还有各种小品，像边寿民的芦雁，杨晋的牛，赵虎（赵廉善）的虎，尹驴（尹野）的驴，吴道子、任伯年的人物，以及高凤翰的左手画，高其佩的指画……多年后，徐悲鸿在故宫博物院马院长的陪同下，还经常出入故宫和其他一些收藏家的门槛，观赏了大量的中国古代绘画珍品，饱览了唐宋元明清历代名家的真迹，开阔了自己的眼界，丰富了自己的艺术知识。他还如饥似渴地博览了古代许多名家的国画论著，推崇阎立本、吴道子、周文矩、徐熙、赵昌、仇十洲、陈老莲、恽南田、任伯年。对于他们的画理、画法，他结合自己的体会，继承优良，加以创新，走自己写实主义道路。

徐悲鸿学画从不知足，他走到哪里就学到哪里。一天，他在陈师曾家里无意中看到了一把红花绿叶团扇，赶忙拿起，一边揣摩一边惊喜地说："好哇！立意新、构图新、笔墨技法也新，这真是意新笔奇，是一幅难得的天下第一好画！"

"真是慧眼识真品。徐先生，你很有眼力，堪称是一位难得的鉴赏家了。"陈师曾接过徐悲鸿的话茬说,"白石先生这幅画画得实在好得惊人。"

"齐先生是一位真正的艺术大师。南吴（吴昌硕）北齐（齐白石）可以媲美。"徐悲鸿感叹道,"我要是艺术大学的校长,非聘白石先生做大学教授不可!"陈师曾叹息道:"现在画坛腐败,像齐白石这样的艺术家,不仅当不了教授,还有人辱骂他呢!"徐悲鸿一听,激动了:"辱骂齐先生的人,我看他们不是艺术家,而是一帮子流氓!"

徐悲鸿初到北京,北京画坛就给他留下一个结帮拉派、腐朽保守的恶劣印象。

他离开陈师曾家,走到街头,心里还在琢磨着白石所作红花绿叶图。他路过书店门口,看到人们都在争着买一本新出的杂志《新青年》,他也买了一本带回家。

午饭后,他打开了《新青年》,鲁迅的名字立刻映入他的眼帘。他首先翻到鲁迅写的《狂人笔记》,一口气读了下去:"我翻开历史一查,这历史没有年代,歪歪斜斜的每页上都写着'仁义道德'几个字。我横竖睡不着,仔细看了半夜,才从字缝里看出字来,满本都写着两个字是'吃人'!……"徐悲鸿拍案叫绝,激动地说:"是的,未来的世界,是绝对容不得人吃人的!"

正在午睡的蒋碧微被吓醒了。她不耐烦地嚷道:"你又打又叫的,是什么这么冲动?"

"微微,你快起来看看鲁迅先生的《狂人日记》,这样的好文章不可不看。他那支笔实在了不起,是一把解剖社会的手术刀。我要亲自登门拜访鲁迅先生,以受教益。"

说来也巧,隔了一些日子他收到了北京大学教授刘半农的请帖,邀他于1918年12月22日晚,到东安市场中兴茶楼与鲁迅先生聚会。

徐悲鸿满心欢喜地看着请帖,说:"我徐悲鸿三生有幸,同鲁迅先生相会,我定去!"说完,便拿起笔来,在记事牌上珍重地写上了"二十二日晚在中兴茶楼拜见鲁迅先生"一行醒目的大字。

12月22日是星期天，徐悲鸿走进东安市场中兴茶楼。刘半农和鲁迅先生已经先到了。

徐悲鸿同鲁迅先生一见面，就谈得十分投机。悲鸿自在地喝着茶，鲁迅不停地抽着烟，各抒情怀，相见恨晚。

他们从日本谈到上海，从中国的过去谈到中国的现在。两人时而高兴，时而又愤愤然。徐悲鸿有时快活得像个孩子似的大笑，有时讽刺几句当政者。鲁迅点燃了一支烟，深有感触地说："你这画画的和我这写文章的，都是用笔作战的战士。太伟大的变革，我们是无力表现的，不过我是从来不悲观的。我们即便是不能表现它的全部，也可以表现它的一角。"

徐悲鸿说："关于作画，我有一个体会，倘若不去表现人民大众的思想情绪，只要关起门来照着芥子园画谱和'四王'（指清代画家王时敏、王鉴、王原祁、王翚）的模式作画，那是比较容易办得到的。但这样的画，不管你画得多么细腻、多么好看，也没什么意思。然而，要想冲破'四王'，反映社会现实，那实在是蜀道难，难于上青天……"

"不错，是很艰难，艰难得难于上青天。"鲁迅接过悲鸿的话茬说，"不过战士是不应该怕艰难的。我一直认为，地上本来没有路，走的人多了也便成了路。所以，我们要用手中的笔，冲杀出一条路来！而你的画已经冲破了'四王'，路已经在你脚下开始展现了……"

鲁迅说完，充满信心地笑了起来。本来不怎么爱笑的徐悲鸿也乐了。

窗外月明星稀。寒风吹打着茶楼上的窗纸，飕飕作响，而茶楼内却炉火正旺，温暖如春。前门车站的钟声已敲响了九下，徐悲鸿和鲁迅还在热烈地交谈着……

在画法研究会听课的李英杰，结识了一位姓林名一庐的同学。有一天，林一庐发现李英杰学画艰苦异常，他笔下的中国画又好似禅画，便半开玩笑地说："你活像个苦行僧在学画。我看你把名字就改为'苦禅'好了。"

"好啊,俺喜欢'苦禅'这个名字,它比'英杰'这名字更适合俺。"从此,"苦禅"渐渐替代了"英杰"。

20

徐悲鸿来到北京后,很快结识了蔡元培、林畏庐、易实甫、陈师曾等诸多名家贤达,值得一提的是,徐悲鸿通过康有为的大弟子罗瘿公先生,结识了中国四大名旦之首梅兰芳。

罗瘿公是梅兰芳的挚友。不论演什么戏,演出之前,梅先生总要请罗先生同他一起讨论演出剧本。罗瘿公在京城政教界、文艺界,交往很深,京城有很多有影响的大人物同他有着比较密切的交往,特别在京城梨园界,罗先生非常有影响。由于他很欣赏程砚秋,便把程氏从荣家赎身出师,并亲自教程砚秋识字、读诗、练习书法,帮助指导程氏养嗓练功;又请名师王瑶卿、阎岚秋、乔惠兰等名角指点,使程砚秋也逐渐成了名角儿。这足以表明,罗瘿公先生在梨园界的影响之大。

由于徐悲鸿同罗瘿公、梅兰芳往来日益密切,蒋碧微同罗先生的夫人梁佩珊,也成了好朋友。

罗瘿公是位大名鼎鼎的京城名士,比徐悲鸿年长13岁,是位非常有影响的剧作家、诗人、京剧艺术评论家。他在京剧方面的主要代表作有《梨花记》《龙马姻缘》《花舫缘》《孔雀屏》等。罗瘿公被京城诸多名角儿称为挚友。用现在的话来说是铁杆粉丝,梅兰芳对他的评价尤高。尽管徐悲鸿到北京不久,但他对梅兰芳在京剧艺术上的创新、贡献,通过罗先生,已经比较了解,而且很赞赏,很敬佩。京剧和绘画,还有中医,并称三大国粹。听说,梅先生对中国书画不但有兴趣,还蛮有研究。梅先生的书法和字画,在梨园行里也是出了名的好。这就更加引起徐悲鸿的注意和兴趣。书画同源,绘画与京剧,其艺术境界,也是相通的。所以,他和蒋碧微在东京时,就计划着尽早拜访京剧表演艺术大师梅兰芳。如今,计划成为现实。他经常和罗先生一起出入戏园。对此,蒋碧微很不以为然。她曾撒娇地要求丈夫:"亲爱的鸿,白天黑夜你都经常不着家,看戏又不能带着我,晚上就别再去看戏了,好吗?"

"微微,不行,真的不行!"徐悲鸿笑着说,"我看戏可不是为了娱乐,是为了事业,事业需要我这样做。我想,你既然是我的妻子了,那就应该支持我干一番事业嘛!你知道不知道?绘画讲究笔断意不断,唱京戏则讲究声断气不断。梅兰芳先生说得好,他从欣赏国画和草书中,体会出表演时在舞台上应该如何表现身段;我则从梅兰芳在舞台上的舞剑中,体会出狂草的笔法。可见一切艺术,都有共同之处,相得益彰。"

"大道理都对,可我不爱听!"蒋碧微不高兴地说,"你晚上老是出去看戏,把我一个人留在家里,实在太寂寞、太无聊了,长此以往,我可受不了!"

蒋碧微说的是真心话。丈夫不给她买票,她自己买票去,于是,她一气之下,一个周末的晚上,也买了一张票进了戏园子。

在那个时代,京城的大戏园,都是男女分开的,楼下男座,楼上女座。蒋碧微对越剧还有点兴趣,这京戏既听不懂又看不懂,她一个人坐在楼上生闷气。看京戏等于活受罪,她好不容易才熬到散戏。散了戏,还得一个人回家。她去戏园子听戏,自己只去了这一次,以后,不管什么名角儿演出,她再不想一个人买票看戏了。

一天晚饭后,徐悲鸿没有安排外出活动。他想在家里安安静静地画画。蒋碧微把嘴一噘,说:"亲爱的鸿,我是你的妻子,你从早到晚都是在忙,忙事业,脑子里到底还有今日的蒋碧微昔日的蒋棠珍吗?你到底爱不爱我?我要让你抽出一部分时间,好好陪陪我,和我好好亲热亲热,要不,我太孤独、太寂寞了。"

"我写字画画,你看书练字,要不就吹箫练琴。"徐悲鸿企图说服太太,"你做你的事,我做我的事,我们都是一个心眼往前奔,这不是蛮好的嘛！"

"听起来，是你做你的，我干我的，蛮有道理的。实际上你是怕我赘着你，想把我甩在一边……"

"哎，你怎么能那么理解我呢！"徐悲鸿说，"亲爱的微微，我们要相互支持相互体谅嘛！"

"什么相互支持相互体谅呀！"蒋碧微眼泪汪汪地说，"从来都是我支持、理解、体谅你。你天天早出晚归，把我一个人扔在家里，你想过我心里是啥滋味吗？"

"别哭，别哭，微微，有话好好说，有事好商议。"徐悲鸿向太太一再解释道，"亲爱的微微，我不是忙嘛，少壮不努力，老大徒伤悲。我不是正在为我们共同的美好前程发奋努力嘛！"

"你是我的丈夫，我是你的妻子，一年前你曾当着我的面，发誓要爱我一辈子，好好待我一辈子！"蒋碧微委屈地质问道，"你现在是这样做的吗？你把我扔在一边，像是没有我这个大活人似的，你总是一个人在那里拼上命地干，你到底还爱不爱我呀？"

"微微，你说啥气话呀，我不爱你爱谁呀！"徐悲鸿说，"我心中只有你一个女人。真的，我心里除了事业，也只能装下微微你一个女人。"

"说心里话，老实告诉我，你心里到底有没有别的女人？"

"微微，我心中除了你，没有任何女人，从来都没有。"徐悲鸿说，"我是男人，男人出来闯荡什么？就是闯荡事业。我从离开家乡那天起，就下定决心，发奋努力，好好闯荡，做个堂堂正正的有出息的中国男人！"

"可你给我的感觉总是，心中只装着你的事业，就没有装着我。"蒋碧微大声呼唤道，"亲爱的鸿！你应该明白，我现在不需要你的天天发奋努力，我需要你能天天陪着我。我知道你不可能这样做，那么每天陪我一会儿也好……"

在她看来，她为了徐悲鸿既然可以抛弃一切，徐悲鸿就应该像她一样，为自己深爱着的人，心甘情愿地抛弃一切、牺牲一切。今天是，明天是，以后永远是。徐悲鸿永永远远都是属于她的。这就是蒋棠珍当初的全部想法。可现在呢！她同徐悲鸿从上海私奔东瀛还不过一年的时间，徐悲鸿对太太就这个样子了，她能不伤心吗？蒋碧微如此思量，越想越伤心。

蒋碧微生在一个优裕的家庭里，是个教授的娇小姐，这么想，这么说，这么做，在所难免。徐悲鸿知道自己无法解决他同太太间的这种日益明显而又无法弥补的分歧。徐悲鸿一直认为，他们两人是为了事业结合到一起来的；蒋碧微一直认为，为了追求"生命诚可贵，爱情价更高"这至高无上的爱情，她和徐悲鸿才私奔东瀛。

蒋碧微一直留恋着徐悲鸿曾经同她短暂热恋的时光，心里只想着徐悲鸿应该永远如初。现如今，环境和条件都已发生变化，她对吹箫弹琴，已经不感兴趣了。徐悲鸿有时想起当年她跟他一起私奔时的情景，也觉得她一个人待在家里有些寂寞，便哄她说："微微，这样吧，以后我教你画画吧，我画画，你也同我一起画画；你没事时，我们两人也可以一起讨论绘画艺术问题……"

"我才不学习画画呢！"没等徐悲鸿把话说完蒋碧微就打断他的话说，"一天到晚同脏兮兮的黑墨打交道，弄得手上、身上、脸上，到处是一块块黑乎乎的，那不是女人干的活。"

"这个不想做，那个不能学，这可就难为我了。"徐悲鸿失望地说，"你说你让我如何办呢？"

"这好办。你不管什么时候去戏园看戏，都带着我好了。"蒋碧微突然微微一笑说，"鸿，你我成对成双的一起手挽手进出戏园，你会发现有多少双羡慕的目光盯着我们……"

"京城里的戏园子，看戏是男女上下楼分开的。"徐悲鸿说，"这是规矩，你也知道的。"

"你可以先把我送到楼上安置好，散戏后你再上楼接我走，这也蛮好的嘛！"蒋碧微撒娇地说，"我并没有要求你非得陪着我一起看戏呀！"

"我看戏可不是单纯看戏，梅兰芳是四大名旦之首，京剧艺术大师演完戏，我和朋友还得同梅先生一起讨论一些事情……"

"哎哎，你说慢点，什么叫四大名旦？四大名旦是怎么回事？"

"这京戏旦角分正旦、花旦、刀马旦、武旦四种。"徐悲鸿解释道，"正旦俗称'青衣'。正旦，因所扮演的角色常穿青色褶子而得名。花旦大多扮演青年女性。许多人喜欢看花旦，如《西厢记》崔莺莺、《梁山伯与祝英台》中的祝英台，《棒打薄情郎》中的金玉奴，都是旦角儿。刀马旦大都扮演擅长武艺的青壮年妇女。武旦扮演擅长武打、勇武的女性。

"微微，京剧是国粹，这个你知道。"

"京剧是国粹，知道呀！我从书上看到过。"碧微问悲鸿，"四大名旦都是谁呀？这四大名旦之首又是什么意思？"

"这就是在我们中国的国粹京剧中，有四个了不起的旦角，被世人称之为京剧四大名旦。他们是：梅兰芳、程砚秋、尚小云、荀慧生。由于梅兰芳在念、唱、做、打各方面，功底深厚、嗓音圆润、扮相秀美，超过了程、尚、荀三位名旦，所以梅兰芳又被世人冠之为四大名旦之首……"

蒋碧微睁大眼睛越来越用心地听着丈夫讲，问道，"你刚才说什么'念、唱、做、打'，这'念、唱、做、打'又是怎么回事？"

徐悲鸿一听妻子对自己的介绍越来越有兴趣了，高兴地说："'念、唱、做、打'四个字，内涵太丰富了，要给你细讲的话，恐怕我得用上几天的时间……"

"今天先来个长话短说，反正来日方长，以后有时间再细细给我说好不？"

"好好，只要我的微微爱听就好。你爱听我就爱说。"徐悲鸿笑嘻嘻地说，"不爱听我可就不敢说下去了。"

"鸿，别卖关子了，快往下说吧，我正急等着听呢！"

"好好，我说，接着往下说。"悲鸿问，"微微，你听说过台上三分钟、台下十年功没有？"

"听是听说过，就是不知这种说法是怎么来的。"

"那我今天就告诉你。"徐悲鸿觉得嘴里有点干，咳嗽了两声。蒋碧微一听咳嗽声，赶紧说："哟，都怪我，我忘给亲爱的沏茶了，等着，我这就沏茶去。"

徐悲鸿学着旦角的唱腔来了句："娘子，我可得好好谢谢娘子你了——"

"哟！郎君，说着说着，可就唱了起来——"

这对很少开玩笑的夫妻，今天彼此开起玩笑来了。

不一会，蒋碧微把一杯沏好的龙井茶端了上来。

"亲爱的微微，拜谢娘子了！"

"鸿，微微、娘子，全都上来了，亲爱的，你说的都是哪个朝代的话呀！"

"我说的是古今混合话，难道太太听不懂了吗？"

徐悲鸿的话，逗得妻子蒋碧微笑得前俯后仰。蒋碧微说："请亲爱的鸿，品味上等明前龙井茶，给小女子上课吧！"

"好的，亲爱的微微，我可就开讲了。"徐悲鸿喝了几口龙井茶，嗽嗽嗓子，说道，"这台上三分钟、台下十年功就是对京剧演员的要求。演员一上台，一个眼神，一个细微的动作，都得丁是丁卯是卯的，丝毫含糊不得。观众眼睛厉害得很，容不得丝毫闪失。"

"我的妈呀，京剧这么厉害呀！当京剧演员这么难啊！"

"是啊，那么多的剧种都不是国粹，怎么京剧才称得上国粹呢！"徐悲鸿感慨道，"这'念、唱、做、打'可是真正的硬功夫。比如说这唱吧，唱中有十三哎哎，就是一口气要唱完十三个哎哎，而每个哎哎之间的音调高低、嗓音圆润、婉转柔情、时间长短、做功细腻，做到完美无缺，实在是太难了！我一个人曾经偷偷试过，刚唱到第六个哎哎，就差点断气了。"

"你别胡言乱语了,我从来没有听说过,唱戏还能唱没气。"蒋碧微把眉眼往上一挑说,"要不你当面表演一回怎么样?"

"表演就表演。"悲鸿喝了两口杯中茶,润润嗓子说,"我有言在先,人家梅大师不论是'念、唱、打、做'都有着很深厚的功底,我不成,我才有十来天的功底,还只是看,没有练习过的假功底。所以,只能请太太谅解了。"

"别废话了,快表演吧,我等着听你的十三哎哎呐!"

"好,娘子,你仔细数着从我嘴里唱出的哎哎,郎君我可就开始哎哎了。"于是,徐悲鸿面对太太,两手一比画就开始"哎哎"起来了。他认真地哎哎,蒋碧微认真地给数着从他嘴里唱出来多少个哎哎。第一个哎哎,第二个哎哎,第三个哎哎,当她数到第六个哎哎时,悲鸿面色变得苍白,到了第七个哎哎时,脸顿时变得煞白,接着两眼开始翻白,已经哎哎不出声音来了,太太眼看着丈夫身子在晃动,马上就要倒了。说时迟,那时快,她一下子抱住了丈夫,接着,两人一起倒下了。过了半天,悲鸿才上来一口气。吓得蒋碧微脸色都变了,哆哆嗦嗦地说:"亲爱的,怎么啦,没事吧?"

"没事。"从地上十分吃力地爬起来的丈夫说,"我是底气严重不足,看来我没有十年的功夫,是绝对练不成十三哎哎的。不论是念功,还是唱功、做功、打功,都是十分艰难的硬功。我刚才的表演,不知夫人观看后,有何感想?"

"看戏本来是一种美的享受,可我看了你的表演,不但没有美的享受,倒提心吊胆的,归结起来就五个字……"

"哪五个字?"

"痛苦又可怕!"

"看来夫人不太满意。要不要我再表演一次?"

"打住、打住,我怕你再来一次,恐怕就得要急救车了。"蒋碧微半开玩笑地说,"你还是多向我说说梅兰芳这个人吧。你着了迷似的喜欢梅兰芳,梅兰芳怎么有那么大的魅力,就把你这个绘画天才给迷住了呢?"

"把我迷住的地方很多,你说说,你究竟想知道什么?"

"你有梅兰芳演出的剧照吗?"

"嗨,我还真有一张罗先生送给我的梅兰芳演的《贵妃醉酒》的剧照。"徐悲鸿说着,便把《贵妃醉酒》的剧照找了出来。蒋碧微接过照片一看,惊喜地说:"哎呀,论长相,这个梅兰芳肯定是京城第一大美女。中国要选美的话,她有可能被选为中国第一大美人。亲爱的鸿,你老实告诉我,你是不是已经拜倒在她的石榴裙下了?"

"我倾倒在他的石榴裙下?我可不是个同性恋呀!"徐悲鸿惊讶地问太太,"你看这梅兰芳,究竟是女还是男?"

"照片就在这里摆着,是男是女这还用问吗?"蒋碧微非常肯定地说,"美女,当然是女的了。"

"……微微,我的亲爱的微微,今天你可闹出了大笑话。"徐悲鸿哈哈一笑说,"这张梅兰芳的舞台照,是男扮女装。他是男的,不是女的。梅先生比我年长一岁。1894年10月22日生于北京的一个梨园世家。他8岁学艺,11岁登台。在西方人的眼中,梅兰芳就是京剧的代名词,他的代表剧目有《贵妃醉酒》《霸王别姬》等;昆曲有《游园惊梦》《断桥》等。"

"噢,弄了半天,这个梅兰芳是个男人呀!男人演女人。"蒋碧微问道,"京剧是不是都是这样,四大名旦都是男的?"

"是呀,这京剧就是男扮女。"

"京剧同越剧正相反,越剧可是女扮男。"

"对,越剧同京剧相反。"徐悲鸿说,"越剧中的男角由女的扮演,京剧中的女角则由男的扮演,还真出乎我的意料。"

"梅兰芳本是男人,他为何取了个女性名字呢?"

"这不是他的名字,是他的艺名。这个艺名说来还有段故事呢!"

"还有段故事,你快说说这段故事。"蒋碧微对男扮女装的梅兰芳很感兴趣地说,"我爱听。"

"他名澜，又名鹤鸣，乳名裙姊，字畹华。"徐悲鸿侃侃而谈道，"斋号'缀玉轩'，艺名梅兰芳。"

"梅兰芳这个艺名到底是怎么来的？"蒋碧微着急地问道。徐悲鸿继续介绍道："话说1908年，14岁的畹华所在戏班在吉林省长春演出。一天早晨，戏班老板牛子厚到北山散步，走着走着，忽然发现有一人在小树林里练剑，只见他体态轻盈，动作敏捷，那剑被他舞得寒光闪闪，风声嗖嗖，把自己围在水泼不进的弧光圈里，牛子厚简直看呆了。他生平酷爱京剧，也观赏过不少武术高手的表演，但像今天见到这样的绝伦剑技，还是少，他情不自禁地连连拍手叫好。那舞剑人听到有人喝彩，连忙把剑收住，两颊绯红，用手帕揩拭额头沁出的细密汗珠、恭敬地向牛子厚躬身施礼：'牛老板，畹华献丑了。'牛老板近前定睛细看，面前这个年轻人仪表堂堂，举止端庄，气度潇洒，真是一个难得的挑大梁的料。牛老板沉吟片刻说：'你这孩子相貌举止不俗，久后必成大器，我就送小畹华你个艺名梅兰芳吧。'从此，梅兰芳这个名字日渐响亮，享誉国内外。"

"亲爱的，梅兰芳就因为有了这么个艺名，就一下子享誉国内外了，也太容易了吧！"

"微微，事实上是我说起来容易，做起来却是很难很难的。"徐悲鸿说，"梅兰芳之所以成为红遍全世界的梅兰芳，他身后的'梅党'起了极其重要的作用。在清末民初就已崭露头角的梅兰芳综合了青衣、花旦、刀马旦的表演方式，在京剧唱腔、念白、舞蹈、音乐、服装等诸方面均进行了独树一帜的艺术创新，形成独具一格的梅派艺术，征服了舞台下千千万万观众的心。许多痴迷于梅兰芳京剧艺术的戏迷从观众变为朋友，形成了一个拥护、支持梅兰芳的无形组织。每逢演出梅兰芳必在前排给他们预留一排座位，时人称之为'梅党'。齐如山、罗瘿公、冯耿光，他们三人既是梅兰芳一生中最为重要的伙伴和挚友，更是'梅党'的核心成员。早在许多年前，罗瘿公就曾以一首题为《俳歌调齐如山》的诗，歌颂了'梅党'对梅先生的成功所起的重大作用。

罗在诗中感叹道:'梅郎妙舞人争羡,苦心指授无人见。'据说起因是罗瘿公偶至梅宅,见齐如山正在比画着教梅兰芳做身段。后来发表此诗的北平《晨报》,还加之按语说:'梅兰芳之名,无人不知,而使梅之借获享盛名,实为高阳齐如山先生,则世能知之者鲜矣。'"

"悲鸿,这么说,梅兰芳作为享誉京城的一位大名角儿,想必他的风流韵事也少不了。"蒋碧微突然感慨道,"我喜欢交际,又爱美,尽管京戏看不太懂,但是,照片上的他婀娜多姿,令人羡慕。我很想知道他的风流韵事,还有他的饮食起居……"

徐悲鸿看得出来,蒋碧微对梅兰芳开始感兴趣了。他知道梅兰芳的风流韵事,但他不好满足太太的要求。他说:"微微,真是抱歉!由于我对梅先生在这方面的事情没太留神,知之甚少。既然亲爱的微微对这方面有兴趣,今天也提醒了我,从今以后,我多多留神了。等下次我再向太太细细道来。"

"亲爱的鸿,到北京以来,你第一次表现得这么乖。"碧微高兴地说,"谢谢亲爱的夫,你心里还是装着我的……"

"那还用说,我心里就是装着你嘛!"

蒋碧微情不自禁地拥抱了丈夫……

21

徐悲鸿与梅兰芳来往越来越密切。梅兰芳特别邀请罗瘿公陪同徐悲鸿一起观看他的《天女散花》首场演出。

梅兰芳的《天女散花》首场演出,轰动京城,获得了惊人的成功。戏迷们大为兴奋,罗瘿公和徐悲鸿,还有京城画坛领袖人物陈师曾,那就更不用说了。一天,罗瘿公专程拜访徐悲鸿,想请他为梅兰芳画一幅肖像画。蒋碧微已经从徐先生的嘴里知道罗是梅的挚友了。所以,罗到来后,蒋碧微沏茶倒水,盛情款待,颇为殷勤。罗先生在徐悲鸿面前,一再赞美太太的美貌和知书达理。徐悲鸿听了罗先生的赞美,微微一笑，隔壁房间里的蒋碧微听了，心里却是美滋滋的，感觉好极了。蒋碧微时不时过来给客人倒茶。罗先生说起请徐悲鸿给梅先生作肖像画时，悲鸿马上想起来了，他刚来北京，第一次见到梅兰芳先生的时候，梅先生就曾表示过，希望能得到徐先生的一幅墨宝。徐悲鸿之所以没有画，是因为他听陈师曾和罗瘿公二位先生讲，梅先生不光很喜欢画，他自己也写字画画，且字也写得很好，画也画得很不错。他对字画是有研究的。所以，徐悲鸿对这幅画很认真，考虑来考虑去，还没考虑好给梅先生画幅什么样的画。所以，他一直未动笔。这回罗先生又重提这个要求，而且说得很具体，求徐悲鸿画幅肖像画。看来，梅先生很了解徐悲鸿，知道他的人物画最精致。徐悲鸿觉得不能再拖下去，否则就失礼了。他到底应该画怎样的一幅肖像画呢？他在反复琢磨：京剧有"声断气不断""无声不歌，无动不舞"之说；有"动中有静，静中有动"之艺术特点。这些不但被梅兰芳继承下来了，而且有着很明显的创新发展。是他把京剧艺术推到一个难以想象的高度，可以说达到了极致。特别是他那曼妙娴熟的舞蹈动作，还有那悦耳动听的曲调、声音，所有的观众为之倾倒，为之迷恋，为之陶醉……

徐悲鸿反复思考着，脑海里涌现出梅先生表演《天女散花》时，那美轮美奂激动人心的艺术形象。想到这里，便微笑道："罗先生，有了，我为梅兰芳作一幅《天女散花》图，你意如何？"

"好，好！"罗先生非常高兴地说，"尽管梅先生没有对我说什么，我敢断言，徐先生，你的想法一定是同梅先生想到一起去了。这也许就是心有灵犀一点通吧！"

"罗先生，我觉得《天女散花》最能体现梅先生的京剧艺术特色。"

罗先生高兴地说，"我可就等着看你这幅流芳百世的名画大作了。"

"罗先生，我要求你先保密，先别说大话，等我画出来，梅先生看了以后，你再评论。"徐悲鸿认真地说，"梅先生满意了，你和陈师曾先生也觉得还成，我这任务也就算完成了。"

徐悲鸿说完，罗先生起身要告辞。徐悲鸿突然想起太太交他办的事，便赶紧说："罗先生，我太太有事还要向你请教。"说完便向隔壁喊道，"微微，罗先生要走了，你快过来一下。"

"唉，我这就过去。"蒋碧微说完便来到悲鸿身边。还没等她说话，罗先生便开口说："弟妹，你有什么事就尽管说吧，我能办的一定会竭尽全力去办。"

"悲鸿，我想请罗先生办什么事来呀，"蒋碧微看着丈夫问，"我怎么一时记不起来了呢？"

"你不是说，想知道梅先生在饮食上有什么特别的地方吗？"徐悲鸿说，"我们这位京城大名士，京剧大作家、大诗人，梅先生的挚友罗先生，是这方面的绝对权威。"

"权威不敢当，我比你更了解梅先生倒是真的。"罗先生一笑说，"请弟妹坐下，今天我来略说一二。"

"谢谢罗先生。"蒋碧微甜蜜地笑了笑说，"我给罗先生再沏杯香茶。"

"不用了。"罗先生说，"弟妹，你都想知道些什么？请具体告诉我。"

"请罗先生先给我说说梅先生都爱吃些什么，不爱吃些什么。"

"好的，我就从他喜欢吃什么，不喜欢吃什么说起吧。"

"好的，罗先生。"蒋碧微说，"耽误先生了。"

"弟妹，此话见外了。"罗先生说，"梅先生祖籍江苏，但生长在北京。他喜欢北京风味的菜肴，平素最爱吃的热菜有爆三样、麻豆腐、烤羊肉、熬白菜，凉菜有芥末墩，但食不过量，以保持苗条的身段。"

"请问罗先生，这些东西贵吗？好买吗？"蒋碧微说，"悲鸿最舍得花钱的，是买些字啊，画啊，纸啊，墨啊，书啊！可在吃喝上，他非常非常节省的，稍微贵些的饭菜，他从不问津。"

"是吗？"罗先生半开玩笑地问悲鸿，"受到北大校长蔡元培高度赞赏的大画家，原来是如此节约，若像弟妹所说，我真是肃然起敬。"

"瘦公先生，我的生活原则是，在吃上穿上过得去就成，在教学和作画上丝毫不能马虎，一定要认真负责。"

"悲鸿贤弟，我建议你在生活方面灵活些，注意弟妹的饮食，以葆弟妹的美丽身段，这也是做丈夫应该做的。"

"罗先生的话我爱听。"蒋碧微说，"听到了吧？嫂夫人佩珊女士同我聊天时，也这么说。"

"罗先生说得很有道理，今后我注意就是了。"

"这是你说给罗先生听的，罗先生一走，你就全忘了。"

"我看出来了，悲鸿先生是个做事精益求精的工作狂。"罗先生开心地说，"弟妹，北大校长蔡元培对悲鸿先生的评价是很高的。我是非常敬佩这位老弟的。据我观察，大凡成大事业者，皆如此。弟妹，我建议你也要多多关心悲鸿贤弟。"

"罗先生，我急着听你讲梅先生在用菜上如何保持苗条身段呢！"

"好好，闲言碎语不要讲，我言归正传往下说。"罗先生说，"梅先生爱吃的这些东西，都是大众菜，随处可见，到处都能买到。比如，大白菜是北京的当家菜。爆三样、麻豆腐、烤羊肉，花钱不多，北京城到处都有卖的。北京人家家户户都离不开熬白菜。这些东西都花不了多少钱，也符合悲鸿先生节约的原则。"

"芥末墩是什么做的？"蒋碧微问。

"芥末墩是大白菜做的。"罗先生说，"梅先生为了保护嗓子，他不吃辣、甜、酸。因为，辣的食物使嗓子发干，甜的食物使嗓子发黏，酸的食物使声带发涩。"

"水果呢，梅先生喜欢什么水果？"蒋碧微问，"他吃水果是不是很讲究？"

"梅先生吃水果并不怎么讲究。"罗先生说，"梅先生吃的水果很一般，冬天喜欢吃鸭梨，夏天爱吃西瓜、水蜜桃。这些水果的特点是既祛毒又养嗓子。"

"悲鸿说，梅先生的肌肤特别细腻白嫩。"蒋碧微问，"他把肌肤保养得那么好，有什么奥妙吗？"

"是的，梅先生的肌肤特别细腻白嫩。"罗先生说，"别说一般女士，即便是富家的大小姐，论皮肤的细腻白嫩，也无法同梅先生相比。"

"他到底是怎么保养的？"蒋碧微惊喜地睁大眼睛问，"他用的什么秘方，能说给我听听吗？"

"其实，我告诉弟妹你，恐怕你也做不到。"

"为什么，不是花钱不多吗？"

"是花钱不多。"罗先生回答道，"可是你喝不惯那个玩意儿。"

"我喝不惯什么玩意儿？"

"豆汁。"

"豆汁不就是豆浆吗？放上些白糖，蛮好喝的。"

"豆汁是豆汁，豆浆是豆浆，从原料到做法，两者完全不一样。"罗先生介绍说，"豆汁是绿豆做成的，豆浆是黄豆做成的。豆浆是原汁原味，豆汁是发酵后的味。这豆汁味道很不好，同泔水的味道差不多，味道欠佳。喝豆汁是北京人从小养成的习惯。北京人喜欢喝，不是北京人接受不了。就是这种不是北京人根本接受不了的豆汁，却是护肤养颜的上品，它对保养肌肤，有着特殊的功效。梅先生的肌肤就是靠喝这个豆汁喝出来的。因为豆汁有这个特别的保养功能。"

"悲鸿，明天你先给我买两碗豆汁，我试试看，喝得下去就喝，喝不下去再说。"蒋碧微说，"为了肌肤好，就是捏着鼻子，我也要喝几次尝尝，看看效果如何。"

"弟妹，这可不是什么仙丹神水，见效可没那么快哟！"罗先生说，"还有，悲鸿先生肯定想知道，梅先生给我留下印象最深的，还不是他吃什么喝什么，而是他的食德和他的热情及平易近人。梅先生十分好客，梅公馆经常高朋满座。不管是老友还是新朋，甚至孩子，他都要亲自迎送。他的平易近人、谦恭好客的风范在梨园界传为佳话。梅先生的食德更是有口皆碑。他十分注意席面上的礼貌，不论家居饮食还是外出赴宴，他只吃眼前的菜，放在别人面前的菜，梅先生不管自己多么喜欢吃，他也不会伸筷子去夹。有一次梅先生在老朋友家就餐，其中有一道卤虾油豆腐，这也是他平时最爱吃的一道菜。由于主人把这个菜放在了离梅先生比较远的地方。梅先生宁肯放弃吃这个菜，也绝不欠身'过河'去夹菜。他说：'若是那样，就显得太不礼貌了。'所以，不管是梅先生多么爱吃的菜，不在他面前，他是绝不会夹的。这是他的规矩。"

晚上，罗先生还有安排，便匆匆告辞了。

经罗瘿公先生这么一说，蒋碧微不光对梅先生肃然起敬起来，对他演的京戏也有了兴趣，有时闲来无事，对着唱片，也学上几段。

徐悲鸿办事向来是雷厉风行，只要是定下来的事，他不光要办，还要百分之百地努力去办好。第二天，他便开始为梅先生的肖像画做准备。当梅兰芳登台演出时，他在剧场先画了舞台速写，再去前门外北芦草园访问梅先生。梅先生在书斋"缀玉轩"盛情款待他。席间，徐悲鸿说："我看了您演的《天女散花》，觉得这出戏，如同一幅完美的京剧旦角表演艺术画卷。因此，我打算画一幅天女散花像。我想看看您的服装、头饰等实物。"

梅兰芳一听，极为高兴，很快把有关实物和戏照都拿了出来。徐悲鸿正好仔细观察了梅兰芳的相貌特征，并在速写本上当场作了速写。

徐悲鸿连续花了几天的工夫，画好了一帧高约四尺的立轴《天女散花》图。徐悲鸿在画幅上题了一首四句五言诗：

花落纷纷下，
人凡宁不迷。
庄严菩萨相，
妙丽藐神姿。

题款是"戊午暮春为畹华写其风流曼妙、天女散花之影，江南徐悲鸿"。钤印阳文"江南徐悲鸿"。

这帧立轴《天女散花》，由罗瘿公先生转交给了梅兰芳。梅先生一看到这帧画，如获至宝，赞不绝口。他对罗先生说："这张画，开脸参用西方写真，衣纹、线条勾勒是中国的画法，部位准确，色彩调和，最有趣的是面貌画得像我，而'公眼'（眼睛）又像徐先生自己。罗君，您也在画上题几句吧，我要珍而藏之。"

罗瘿公欣然提笔，写了一首七言绝句：

后人欲识梅郎面，
无术灵方可驻颜，
不有徐生传妙笔，
焉知天女在人间。

22

《天女散花》谁见了谁称绝！徐悲鸿笔下的人物，形神兼备，栩栩如生。北京的一位大人物见了这幅画以后，朝思暮想，也琢磨着怎样才能请到徐悲鸿为他画一幅肖像画。此君打算带上重礼，登门求画。后来仔细一想，此番打算不是上策，一来未免有失身份；二来又担心当面遭到拒绝，脸面上也很尴尬。所以他煞费苦心，最终决定为此事宴请徐悲鸿夫妇，在宴席进行中，让徐大师夫妇吃得满意、谈得开心的时候，巧妙地提出来，这不就好说了。

没过几天，徐悲鸿收到了这位大人物送来的请柬。请柬金光闪闪，制作得特别精美。徐悲鸿本想推辞，可太太却执意要去，并且说："你不是总说人不可有傲气嘛！人家派专人送来请柬你都不去，是不是让人觉得你太傲慢了呀！"

"好，太太提醒得好，我们一起去就是了。"徐悲鸿说，"北京对你我来说，到处都是陌生的，人生地不熟，不管谁我们都得罪不起，送上门来的请柬是不能拒绝的。"蒋碧微满意地说，"哎，这是交朋友的好机会，作为太太，你赴宴我陪着。应该应酬的就得应酬！"

蒋碧微对丈夫的表现很满意。蒋碧微本想好好打扮打扮丈夫的，可是江南布衣徐悲鸿，没有西服革履。她只好叹息一声说："悲鸿，我翻了半天，才翻腾出这么一件干净些的衣服。你这位大画家连身料子服都没有，说起来谁信呀！哎，亲爱的，明天我陪你上街买身像样的西装，以后会有更多的社会贤达、名士，邀请我们出席他们的活动。这是许多人都希望的。这对提高你的身份和知名度，会很有影响。"

"你别忘了我是东海贫侠。是贫侠，是东海贫侠！"悲鸿有些不耐烦地说，"换衣裳，买衣服，烦不烦人呀！去见皇帝老子我也是这身衣服！"为了避免同妻子吵，他拿起太太刚才找出来的那件稍微像样些的布衣，拔腿就走，头也不回地边走边换衣服，蒋碧微只好嚷着叫他慢点走，让她再照照镜子，看看发型行不行。

"行不行也就这个样子了！"徐悲鸿很不耐烦地说，"你要去就快走，不去就算了。"

蒋碧微嘟嘟嚷嚷地追了过去。

蒋碧微陪着丈夫来到这位大人物的官邸。主人和用人都以为徐悲鸿夫妇穿戴一定很讲究，很时尚，谁知，迎接徐悲鸿夫妇的人根本没有任何察觉，人家夫妇悄悄进门了……

那些西装革履的先生们和浓妆艳抹的女士们走进客厅时，接待人员点头哈腰，捧着笔砚请他们在十分讲究的册页上签字留名。就在这时，徐悲鸿和太太走进客厅，却被接待人员误以为是随从，没有理会。徐悲鸿当然也不去理会他们。他和太太往旁边三人沙发上一坐，听那些先生们高谈阔论：什么中外名家字画，齐白石、邓石如的金石篆刻，徐悲鸿的油画和他的素描……一位留着仁丹胡子的先生坐在那位大人物的旁边，自称同徐悲鸿很熟，而且还是徐悲鸿的挚友。徐悲鸿冷眼瞟了他一下，心想，这个人准是靠溜须拍马过日子的马屁精。我从来就没有见过这个家伙。此公还在吹嘘："徐悲鸿还专门为我作奔马一幅呢！当属精品。徐悲鸿先生笔下的奔马，真可谓天下一绝，国之珍宝也！……"

"徐悲鸿的奔马，难得，难得啊！"大人物感慨道，"先生是徐悲鸿的好友，实在令人羡慕。"

"您老若真的喜欢，待会徐悲鸿先生到了，我同他说说，也给您老来一幅奔马？"

"不——不——"这位大人物摆摆手说，"谢谢你的好意。不过我觉得徐先生的人物画比他的动物画更精彩，所以我今天才……"那位先生自知失言，立即改口，"对，对，才专为徐悲鸿先生举行一次家宴，请他的朋友作陪……"

这位马屁精咧着嘴哈哈大笑起来。笑完问道："哎，徐先生怎么还没到？是不是……"

"老弟，你是徐悲鸿的朋友，要不你给问问？"

话音未落，梅兰芳先生走进客厅。大人物和其他来宾都赶紧迎向梅先生。徐悲鸿夫妇也在一边站了起来。梅兰芳首先看到了徐悲鸿。他旁若无人一直走到徐悲鸿面前，一边握手，一边非常客气地说："徐先生和徐太太好，你们比我先到了。"

说完就同徐悲鸿并肩坐在同一沙发上。

大人物谦恭地问梅兰芳："梅先生，这位就是……"

"怎么，你还不认识？"梅兰芳惊讶地说，"这位就是北京大学画法研究会的导师徐悲鸿先生！"

大人物这才恍然大悟，连声说："失礼了，失礼了！"

其他来宾，一个个都吃惊地睁大了眼睛："啊！他就是徐悲鸿？"

这时，徐悲鸿站起身来，说："我本来就不是赴宴的，而是来对主人的盛情表示感谢的。"又略一躬身对梅兰芳说，"梅先生，我失陪了，家里还有朋友等我，我和我的太太只好告辞了。"说完，他挽着太太的手扬长而去。

人们一个个都傻眼了。从来说话不结巴的大人物，如今也结巴起来："徐、徐——徐先生——您……"

徐悲鸿和他太太头也不回地走远了。

一进家门，蒋碧微很是不满，冲着悲鸿厉声质问道："徐悲鸿，有你这样参加宴请的吗？我知道，你讨厌这些当大官的，可你这样讨厌下去，把当官的都得罪了，你今后还怎么发展？……"

"我觉得那里空气污浊，不想久待，也不能久待！"徐悲鸿边说边走到画案前。

"又要作画？"

"是的，以反帝爱国为宗旨的《国民》杂志要创刊了。这个刊物的领导人许德珩请我为他们画张封面画，我已经答应了。"悲鸿说着，便低首研墨、理纸、吮笔，接着挥洒作画，顷刻成形。画面是一个青年人傲然挺立，背后是巍峨的群山。青年人目中含着无限希望，凝视远方。此作寄托着他对祖国前途和命运的关注，表现了他强烈的爱国主义的思想感情。

第四章　欧洲深造

23

1919年3月20日，华法教育会所属的勤工俭学会，为93名留法学生租下了七千吨轮船的全部下层。轮船离开上海港，驶向遥远的西方世界——欧洲。

这是中国第一批勤工俭学留法的学生，当时的上海《申报》刊登消息说："徐悲鸿为中国公派留学法国美术第一人。"

这一天，徐悲鸿为新创刊的《国民》杂志创作的一幅画，在北京大学出版的进步刊物——《国民》创刊号的封面上发表了。

徐悲鸿下了决心，不仅要把中国画的精华学到手，而且要把西洋画的精华学到手，使两者相融合，碰撞出更美的新绘画，从而把中华民族的绘画艺术向前推进一大步。

近百人挤在下层的大统舱里，光线昏暗，声音嘈杂，空气浑浊。幸好有两位二等铺位的学生跟他们换了铺位。

在惊涛骇浪中，货轮一浮一沉，艰难地航行在一望无际的大海里……

清晨，徐悲鸿见身边的妻子还没醒，便一个人轻轻地走出船舱。面对着从海天连接的地方升起的太阳，伸了伸懒腰，深深吸了一口新鲜空气，感到心旷神怡。在无边无际的大海里，货轮显得很渺小，海涛忽而把它推到浪尖上，忽而又把它甩到谷底。

走到哪里画到哪里学到哪里的徐悲鸿，打开他随身携带的写生画夹，开始了他的旅途写生……

写生，在徐悲鸿的绘画人生中占有着特殊的位置。他时刻把眼睛看到的新鲜事物，用极简而准确的线条，把它们记录下来。有些，只是粗线条的勾勒，有些则是精细的描摹……各式各样的人物，丰富多彩的动植物，高远清新的山山水水，社会生活中的风情习俗，都是他写生的对象。徐悲鸿走到甲板上，看到一位女郎迎面走了过来，朝他微笑了一下，便驻足遥望大海。她的形象很美，于是，他用手中的炭笔在速写本上迅速画了起来，画着画着，眼前突然闪过他在东京时碰到的一段趣事——

在日本东京，徐悲鸿从一家书画店走了出来，走着走着，一位华侨模样的貌美女孩，迎面朝他走来。他心里为之一动：这不是我苦寻的画中人嘛！徐悲鸿愣住了。徐悲鸿注意着这个女孩，这个女孩并没注意到徐悲鸿。女孩同悲鸿擦肩而过，然后步入徐悲鸿刚刚走出来的那家画店。愣了神的徐悲鸿赶紧追了过去，迅速打开速写本，准备速写。姑娘翻阅画册，徐悲鸿举起画笔，凝神看着她，正要落笔时，被她发现了，立即警觉起来，迅速走出书画店。徐悲鸿随即跟着走了出来。她回头看了一眼，发现这人正在跟踪她。她紧张了，加快了脚步。她快他则快，她慢他则慢。她突然加快了脚步，开始小跑。徐悲鸿一手拿着速写本，一手举着炭笔也在小跑。姑娘突然边跑边用日语嚷着："有流氓！有流氓！"

徐悲鸿已经懂得一些日语，一听到姑娘在嚷"有流氓"！这呼声，让他的头脑一下子清醒了。徐悲鸿立刻停止了脚步，垂头丧气地走了回来……

过了一些日子，徐悲鸿出席一个半官方半民间组织的有关中国画的研讨会，并请他作《中国画的改良之我见》的演讲。徐悲鸿的演讲博得全场的喝彩。演讲结束时，有个脸孔似曾相识的漂亮姑娘，从后排站了起来，她使劲地鼓着掌、微笑着向讲台走了过来。这时，徐悲鸿突然想起，她就是前几天被他追过的那个漂亮女孩……

女孩走到徐悲鸿面前，朝他深深弯腰鞠躬说："徐先生，前几天在书画店是我误会您了，很对不起，我向您道歉！"

"不，是我对不起，我应该向您道歉！"徐悲鸿说着也给小姐弯腰鞠躬。

"啊，田中惠子，你和悲鸿先生早就认识，那我就不用向悲鸿先生作介绍了。"主持研讨会的大岛先生说。

田中惠子听了大岛的话，甜蜜地微笑着，把她那只玉手伸给了徐悲鸿……

田中惠子后来让徐悲鸿画了两张形象不同的素描，而且两人还成了朋友。现在，在徐悲鸿的画中还能看到这位日本姑娘的形象。

徐悲鸿看见船上这位微微一笑的姑娘，便联想起那位日本姑娘田中惠子。

轮船到西贡，靠岸三天。中国留法学生都去游览了当地的动物园和植物园，徐悲鸿还掏出本子，对着许多珍禽奇兽和名花异卉画开了速写。轮船在新加坡短暂停留，这些渴望留洋深造的年轻人，已经在海上航行三个星期未看到地面了。从来没有在海上航行如此之久的徐悲鸿夫妇，似乎觉得欧洲就在咫尺了。众人登岸观光，徐悲鸿看到那里产的橘子，硕大而优质，甜美无比。人们高兴极了，把口袋里能够花的钱，都买了橘子。继续航行三日，经过西班牙南部的一个海峡，看见欧洲了，大家狂热欢呼。轮船逐渐进了大西洋，听说第二天就到英国伦敦了，大家忙着整理行装，刮胡子，平衣服，拭衣帽，有人唱歌跳舞，大家喜形于色，一直折腾到黎明。早餐后，大家聚立甲板，有人遥指西方郁郁葱葱处，说那就是英国，大家眺望欢呼。画笔不离

1934年徐悲鸿在法国与中国留学生合影

手的徐悲鸿,赶忙速写。徐悲鸿沿途速写下来的人和景,已经画满一个速写本了。

　　航行近50天,5月8日抵达伦敦。徐悲鸿等人的兴奋之情难以言表。刚到伦敦,徐悲鸿便迫不及待地拉着蒋碧微,一起参观大英博物馆。陈列在那里的艺术珍品,是他日日夜夜都渴望看到的。徐悲鸿感慨无比,沉醉在希腊雅典帕特农神庙的残雕前。这些古老的艺术品,实在是太伟大、太精美了,徐悲鸿目不暇接。他走进国家画院和皇家画会展览会,恋恋不舍地欣赏委拉斯凯兹、康斯太布尔、透纳、沙金、西姆史等百看不厌的佳作。

　　站在这些难得一见的艺术品之前,徐悲鸿痴迷了。

　　5月10日,徐悲鸿乘坐的轮船渡过英吉利海峡,转乘火车到了巴黎。

　　巴黎,是世界上出现第一个无产阶级政权的地方;巴黎,有闻名于世的卢浮宫,那里聚集着全世界的艺术珍品;巴黎是一些著名艺术家出生或居住过的地方……

5月的巴黎，把那里高楼大厦裹在重重雾霾里。马路上车水马龙，五光十色，像是沉浸在朦朦胧胧的梦境里。

汽车经凯旋门、协和广场、大宫小宫，到达由设在巴黎的华法教育会为留学生暂时安排的住处。

24

"卖报！卖报！快看来自中国的特大新闻……"正走在巴黎街头的徐悲鸿，突然被报童的叫卖声吸引了过去。他买了两张法文报纸，边走边看：巴黎和会拒绝了中国的正义要求，大中华举国上下，纷纷抗议。5月4日北京的学生愤怒走上街头，游行示威，发表演说，奋起抗争！一位同学当场撕下衣襟，咬破中指，用鲜血书写了"外争主权，内除国贼，还我青岛"……

徐悲鸿身处异国，更是激动万分，祖国，祖国，你这头睡狮，终于要醒了！

徐悲鸿眼睛里燃烧着兴奋的火焰，他觉得自己也仿佛置身在北京的学生中间游行、演说、火烧赵家楼……

反帝反封建的五四运动，激荡着徐悲鸿那颗为祖国而跳动的心。这天，他和中国留学生热烈地讨论着来自祖国的信息，他高兴得吟诗、唱歌，还叫妻子为他吹箫伴奏。很少朗诵诗歌的徐悲鸿，情不自禁地朗诵起裴多菲的诗《民族之歌》：

起来，匈牙利人，祖国正在召唤！
是时候了，现在干，或者永远不干！
是做自由人呢，还是做奴隶？
就是这个问题：你们自己选择！——
在匈牙利人的上帝面前，

我们宣誓,
我们宣誓,
我们永不做奴隶!

我们做着奴隶,直到现在这时候,
连我们的祖先也遭受诅咒,
他们原来自由地活着、死去,
当然不能在奴隶的土地上安息。
在匈牙利人的上帝面前,
我们宣誓,
我们宣誓,
我们永不做奴隶!
谁要是在紧要关头还不肯牺牲,
把自己这渺小的生命,
看得比他的祖国还要宝贵,
那么他真是太恶劣、太卑鄙。
在匈牙利人的上帝面前,
我们宣誓,
我们宣誓,
我们永不做奴隶!

"鸿,亲爱的,我愿为你朗诵一首勃朗宁夫人的诗《说了一遍,再向我说一遍》:

请说了一遍,再向我说一遍,
说"我爱你!"即使那样一遍遍重复,
你会把它看成一支"布谷鸟的歌曲",
可是记着,在那青山和绿林间,

那山谷和田野中，纵使清新的春天
披着全身绿装降临，也不算完美无缺，
要是她缺少了那串布谷鸟的章节。
爱，四周那么黑暗，耳边只听见
惊悸的心声，处于那痛苦的不安中，
我嚷道："再说一遍：我爱你！"
谁嫌太多的星，即使每颗都在太空转动；
太多的花，即使每朵洋溢着春意？
说你爱我，你爱我，一声声敲着银钟！
只记住，还得用灵魂爱我，在默默里。

"鸿，完了，我朗诵完了，朗诵得还行吗？"蒋碧微朗诵结束了还站在那里说，"请你记住，还得用灵魂爱我。"

"好的，还得用灵魂爱微微。"蒋碧微高兴地拥抱着徐悲鸿……

徐悲鸿是官费留学生，蒋碧微只能算是陪同。他们夫妇暂时住在一家小旅馆里。

一到巴黎，徐悲鸿就坐不住了，他急着要去卢浮宫，参观那些来自世界各地的艺术。第二天早餐后，他只身去了卢浮宫。到了卢浮宫，这才知道，绝大部分展室都不对外开放。因为在战争时期，为了做到万无一失，把一些重要的文化艺术品都运往波尔多城藏起来了，至今还没运回。唯一对外开放的展室，里面只陈列着达·芬奇的名作《蒙娜丽莎》、拉斐尔的《美园妇》《圣母》等十多幅油画。这让徐悲鸿大失所望，蒋碧微并不理解他的心情，一进家门，就没完没了地说了他。疲劳加上心情不好的徐悲鸿，早早便倒在床上睡了。

法国讲法语，蒋碧微为了生活，白天晚上，都在家里埋头学习法文。

深夜，睡醒一觉的徐悲鸿，发现床前一片月光，他睡不着了，便爬起来，拿起笔开始撰写思考良久的书稿《中国画之路》。徐悲鸿写道："中国画坛是一潭死水，必须让它活起来，怎么才能让它活起来呢？"

徐悲鸿伏案疾书，一页一页地写个不停。

"悲鸿，你深更半夜起来写什么呢？"蒋碧微翻了个身，懒洋洋地睁了睁眼睛说，"快睡吧。"说完翻了个身，又睡了。

徐悲鸿没有理睬她，继续写他的《中国画之路》……

徐悲鸿来到巴黎先是在巴黎朱利画院进修素描。在巴黎，除了卢浮宫，还有大大小小的艺术馆博物馆六十几个。白天，他除了在画院学习素描，就是如饥似渴地去参观各类美术展览，或到艺术馆、博物馆，精心观摩西洋古典绘画，研究艺术大师们的杰作，领悟他们的作画方法。然后回到住所，继续练习素描。

1920年春天，徐悲鸿报考巴黎国立高等美术学校。这在当时，它已经是世界顶尖的殿堂级的美术学府了。在巴黎市中心的塞纳河左岸，有一条画廊林立的波拿巴路大街，在大街的尽头就是这所世界著名的巴黎国立高等美术学校（后来改为巴黎国立高等美术学院）。这次报名的考生很多，全校只录取一百名。徐悲鸿以第十四名的优异成绩被录取。徐悲鸿成了法国巴黎高等美术学校绘画科的一名大学生，受教于弗拉孟先生，接受了正规的西画教育。弗拉孟教授看到徐悲鸿的素描时，大为惊讶地说："没想到你这位中国留学生，这么有素描功力，你的祖国选派你这样的艺术人才来巴黎学习，好！我敢肯定，你不会辜负祖国的期望。"

在这个高等美术学校学习过的除了徐悲鸿，还有来自中国的刘海粟、吴冠中、林风眠等。

这个美术学校不收学费，老师优秀，图书资料特别多。但是纪律严明，考试严格，不容易被录取。

这个时期，徐悲鸿结识了旅欧的梁启超、杨仲子、谢寿康、蒋百里等人，作国画《岁寒三友》。

徐悲鸿每天上午在学校，若是下午没有课，便去叙里昂研究室画模特儿。巴黎全市的大小艺术馆、博物馆，搜罗之丰，品质之高，闻名世界。为了节省开支，每到星期日，徐悲鸿便拿着一块面包，带上一壶水，到卢浮宫、凡尔赛、罗丹、奇美等巴黎各大博物馆参观、临摹世界名作，研究各派之异、各家之长。徐悲鸿爱提香之富丽、里贝拉之卓越……他一出去就是一整天，不到闭馆不出来。他恨不得把自己喜欢的所有名画都临摹下来带回国，让更多的人研究学习。他不断问自己：为什么外国人能画出来，我们中国人就画不出来呢？是我们比他们笨吗？不，中国人的头脑是智慧的！当欧洲还处在野蛮状态的时候，我的中国已经进入到封建社会。我们的盛唐，曾被全世界称颂、羡慕！欧洲能文艺复兴，我们中国为什么就不能来个文艺复兴，来个重新繁荣富强呢！我相信，只要我们善于学习，勇于奋斗，敢于拼搏，外国人能创作出来的艺术品，我们中国也能创造出来，一定能创造出来！欧洲人能创造的辉煌，我们中国人肯定也能创造出来！

　　徐悲鸿每临一张名画，总要给自己规定一个奋斗目标。面对达·芬奇的杰作《蒙娜丽莎》，他一边临摹一边说："在五年内，不！我要在四年内赶上它！"他在自己临摹画的背后写了"四年"两个字。他还临摹了另一幅古典大师大卫的名作《马拉之死》，给自己规定，三年后也要创作出如此精彩的作品来。徐悲鸿走到德拉克洛瓦现实主义名作《希阿岛的屠杀》前，面对充满感情、激动人心的巨幅油画，不禁热泪滚滚。徐悲鸿一边临摹，一边发誓：我们中国也一定要有自己民族风格的油画巨作《希阿岛的屠杀》！

　　徐悲鸿怀着强烈的求知欲，去临摹每一幅名画，不厌其烦地揣摩它、研究它。他每次从卢浮宫出来，总要经过罗森堡公园和圣杰曼大道，顺便溜到塞纳河畔的旧书摊上去淘宝，从那不起眼的旧书摊里，淘到一些很便宜的旧画、旧书。

　　徐悲鸿为了省钱，总是在一分一厘地节衣缩食，有时连续几周每天以面包和冷水充饥。他尽量不画耗材费用很高的油画，把重点放在了素描上。没钱请模特，他就请夫人做模特儿，反复画，有时回到家里，他就对着镜子画自己。我们现在看到的一些徐悲鸿自画像，大都是他在这一时期创作的。

1920年初冬的一日，徐悲鸿夫妇应邀赴法国著名雕塑家唐泼忒（Dampt）夫妇的茶会。在座的法国艺术家都很陌生。唐夫人对悲鸿介绍了达仰先生，她说："这位就是我们法国最大的画家达仰先生！"唐夫人向徐悲鸿等人介绍道，"达仰先生不光是法国最大的画家，还是一位喜欢提携后进、培养艺术人才的大教育家。他已桃李满天下。"雕塑家唐泼忒夫妇一起向达仰先生介绍道："这位年轻人就是中国留法学生中的佼佼者徐悲鸿。"

徐悲鸿赶紧向达仰先生深深弯腰鞠躬说，"达仰先生，我能认识您真是三生有幸！"

徐悲鸿做梦也没想到，心目中久仰的达仰先生，今天有幸在唐泼忒夫妇举办的招待茶会相识了，还给他留下了美好而深刻的印象。他在《自述》中写道：达仰"目光精锐，辞令高雅，态度安详。引掖后进，诲人不倦，负艺界众望，而绝无骄矜之容。"

徐悲鸿很想拜在达仰先生门下学画，可他生怕被拒绝。徐悲鸿鼓足了勇气对达仰先生说："尊敬的达仰先生，我盼望着有一天能拜您为师，在您门下学画。"达仰先生听罢很高兴。"好哇！中国有句话叫心有灵犀一点通，你这位中国画家与我这位法国画家，是不是心有灵犀我还不清楚，可你和我倒是真的想到一起去了。我正想着有你这么一位中国留学生呢！"达仰先生笑着说，"我的朋友几次向我提起你的名字。他们可都在称赞你哟！徐悲鸿这个名字，已经深深留在我的脑海里了。中国是东方伟大的文明古国，有着了不起的文化传统，我非常高兴有你这么一位中国留学生。"

徐悲鸿听罢，再三向达仰先生鞠躬致谢。从此，徐悲鸿就成了达仰先生门下的一位得意门生。

徐悲鸿告诉达仰先生，有一天他路过一家美术商店，达仰先生的一幅油画，吸引了他的眼球。他在这幅画前停留了足足有个把小时，他做梦也没想到，能这么快就成了先生的学生。

达仰听了徐悲鸿的这段话，笑了，轻轻拍着他的肩说："你是个很有思想的青年人，我非常喜欢你的这种性格，希望你以后能经常到我的家里画画……"

达仰把画室的地址告诉徐悲鸿，让他每星期日早晨去谢吉路65号达仰画室。徐悲鸿听了，喜出望外。每到星期日，徐悲鸿都要带着老师布置的作业去画室，当面聆听老师的教诲。有一回两人闲聊，达仰问悲鸿："东方人了解西方之艺术否？"悲鸿感到惭愧，只好老老实实地告诉老师："东方不太了解西方之艺术。"于是，达仰向徐悲鸿谈起自己学画的体会。他说："艺术不是一件轻而易举的事情。从事艺术事业，不要追求所谓时髦，也不要满足于小的成就。"他还告诉悲鸿，"学生听老师的每一堂课，都要认真听认真记认真想，要记其特征，默背一次，然后再与对象相比较，而正其差。只有这样才能愈坚实。"

徐悲鸿不仅把老师的教诲牢记在心，还努力付诸实践。他作画的水平提高很快。

有一天，徐悲鸿在老师画室里读画，达仰先生感慨道："悲鸿，你是位很有悟性的中国留学生，我很看好你的前程。"达仰先生还强调说，"悲鸿，我很喜欢你。真的，就是这样。"

徐悲鸿经常出入达仰先生的家，成了达仰最欣赏的门生。

徐悲鸿深有体会地说："获此名师，一直到1927年回国，都是如此，固受益匪浅。"

1921年，徐悲鸿忙里偷闲，为上海《晨光》杂志撰文，向国内美术爱好者介绍欧洲绘画界的情况，受到国内读者的热烈欢迎。

一个星期日的傍晚，徐悲鸿从达仰先生那里回来，绕道走过巴士底狱广场。他踏着黑色的铺路石行走，不知不觉地陷入沉思：就是在这里，当年巴黎公社的英雄们和凡尔赛刽子手，展开了最后决战。炮火照明了整个天空，鲜血染红了大地，巴黎在燃烧，塞纳河倒映出还在冒烟的帝王宫殿，红旗迎风飘扬在圆柱顶上……这时，他似乎听见了激动人心的《国际歌》和五四运动中青年学生的呐喊声……

徐悲鸿突然听见有人叫他，蓦然回首，发现又是那个平时狂妄自大、讲排场摆阔气、几回想拜达仰先生为师而被拒绝的洋学生。那人又在故意向徐悲鸿挑衅："中国人愚昧无知，生就一副当亡国奴的奴才相，即便是把你们送到天堂里去深造，天天让达·芬奇手把手地教，也成不了材。"这一下子可把徐悲鸿激怒了，他那炯炯的目光注视着这位富有的洋学生，憋了半天气说："先生，你不是说中国人学不成材吗？那好，我代表我的祖国，你代表你的国家，我们来比试比试，等学习结业时，看看到底谁是人才，谁是蠢材！"

星期天，蒋碧微还在梦乡中，徐悲鸿便早早地起床了。外面飘着鹅毛大雪，潮湿的雪片飒飒地落在窗台上。他走到水管子前用凉水擦了把脸，去找吃的，可橱柜里只有巴掌大的一块面包了。他又掏了半天口袋，唉！只搜出一个法郎。徐悲鸿饿着肚皮，拿起画夹，走出屋门。

这时，街上还没有几个行人。他走到一家画店的橱窗前停住了，打开画夹，披着纷纷扬扬的雪片开始临摹橱窗里的一幅油画。

接着，他又赶到了巴尔扎克博物馆。中午他也没吃饭，一直到巴黎灯火通明才归家。

夜晚，徐悲鸿又开始作画。

功夫不负有心人。在进入巴黎国立高等美术学校的第二年，徐悲鸿第一次画的油画人体，就受到了弗拉孟教授的高度评价。以后，他又在数次竞赛考试中获得了第一名。

徐悲鸿为博采众家之长，对大小美术展览，从不轻易放过。法国一年一度的春季沙龙美展，徐悲鸿当然要看个够。如此全国性的大规模美展，都在巴黎市中心区的大小二宫举行。这两座高大的建筑物是专供展览用的，底层是沙地，为了便于陈列雕塑艺术品。法国的全国美术展展出的艺术家创作的精品，琳琅满目，美不胜收。展品之多，规模之大，是徐悲鸿从来没有见过的。参观者绕行一周不知要走多少路，一整天都很难看完。有些观众嫌累，看不完就走了。徐悲鸿宁愿饿着肚子，也要坚持看下去。可那天，他由于走得仓促，忘了穿外衣，中午又没顾得上吃饭，晚上在回去的途中，偏偏又遇到大雨，把他淋成了落汤鸡。徐悲鸿饥寒交迫地回到住处,肚子突然剧痛起来,且呕吐不止,加上未能及时治疗,从此,患上了慢性胃炎。从那以后,胃病时常发作。徐悲鸿为了不影响作画,在剧烈疼痛的时候,不得不用左手顶住痛处,右手不停地画画。徐悲鸿的有些画作,就是在这种情况下创作的。他在一幅画上题写道:"人览吾画,焉知吾之作此,每至痛不可支也。"有朋友看到他如此忍痛作画,感动地流着泪说:"徐先生,我怎么也不可能想象得到,你那些传世之作,是在这种痛苦难忍的情况下画出来的……"

"甜从苦中来,困而知之,自觉为一生之大关键也。"悲鸿微微一笑道,"老师达仰先生希望我'始终不懈,成一大中国人也'。我的理解,所谓'大中国人也',就是中华民族真正的艺术家。要想成为一名真正的艺术家,就得像勇往直前的奔马那样,始终不懈地奋进不息。我就得做到孔子所说的:'必先苦其心志,劳其筋骨,饿其体肤,空乏其身……'所以,我面对困难,不惧怕,不后退,努力克服就是了。"

徐悲鸿的话,感人肺腑。

25

因为战争,中国留学生的官费几乎断绝,由于过度劳累以及在饮食上饱一顿饿一顿,徐悲鸿的胃病常犯,这就使得日常生活更加艰难。徐悲鸿想方设法到德国柏林去了一段时间。因为战后的德国,马克每天都在贬值,而法郎在德国很值钱,用同样多的钱,在柏林可以买到更多的东西,维持更久的生活。于是,徐悲鸿携蒋碧微来到德国柏林。在德国,他仍旧寒暑无间,参观、作画,每天要辛辛苦苦地劳累十多个小时。在柏林,徐悲鸿最常去的地方一是博物馆和动物园。特别是柏林动物园,最有利于画家写生。徐悲鸿在这两个地方,又看又画,经常不知不觉就是一天。为了抓紧时间,徐悲鸿经常忙得忘却吃午饭,即使这样他也高兴。在柏林动物园里,徐悲鸿写生最多的是马的各种形态。马是徐悲鸿的最爱,马也是徐悲鸿最了解、最理解,写生最多的动物。他不仅了解看得见摸得着的皮毛、筋骨,还了解看不见的脾气秉性,特别是它同其他动物在习性上的不同。在柏林动物园里,有一群马,野性未驯,没有羁绊;或昂头,或俯首,或嘶叫,动作不一,神态各异。徐悲鸿如获至宝,接二连三不停地观察,不停地写,不停地画。

就这样,他一连两三个月,每天都是到动物园写生,有些日子,徐悲鸿几天都活动在狮子旁边,精心观察狮子的每一个细微的动作变化,一张又一张的速写、一张接一张的素描,一直画到满意才肯歇手。徐悲鸿接连画了好几本速写,除了千姿百态的马,还有许多形态各异的狮子、老虎等难得看到的凶猛的大动物。为了表现出动物的某一动态,常常要画很多张速写,力求画得准确无误生动有趣。有一回,徐悲鸿为了画好狮子提起一条后腿,在动物园观察了数月,观察狮子提起后腿的样子,细微处还没观察清楚,狮子就把后腿放下了。为此,徐悲鸿埋怨了自己。后来观察到另一只狮子提起后腿时,这才准确无误地把狮子提后腿的形态留在了速写本和素描簿上。后来,他整理在柏林动物园写生稿的时候,高兴地发现,一张张一本本都放在一起,足有二尺多高。这为他后来创作各种神态的马、雄狮和其他动物,打下了十分坚实的基础。在德国期间,徐悲鸿还看到许多非常精良的绘画复制品,他用节衣缩食省下来的钱,不够又借了一些,这才购买了一些朝思暮想的绘画复制品,准备将来带回国教学和展览用。他在居室上下到处都塞满了美术经典,搞得到处拥挤不堪,连进出屋门的走道几乎都给堵死了,蒋碧微对此非常不满,经常生气地说:"悲鸿,你把过日子的钱都买这些东西了,叫我怎么过日子呀!"徐悲鸿却得意扬扬地说:"我觉得这日子过得蛮好嘛!我天天坐卧其中,这种感觉,如同王子生活在王宫里一样,美妙极了。我这种很难得到的享受,你是无法体会到的。我同你说这个,简直是对牛弹琴。"

徐悲鸿的话,险些把太太的鼻子气歪……

德国柏林的美术印刷品,色彩精美,徐悲鸿不管居室有地方还是没地方，只要口袋里有点钱，他还是要买，要不他就吃不好睡不好。他唯一的理由就是，过了这个村就没有这个店了，等我们回到巴黎，即使有钱想买也不可能了。实在没钱，就是举债也得买。徐悲鸿对绘画早已爱入骨髓。有一回，徐悲鸿在街上偶然看到有家画店出售康普等画家的作品，价格非常便宜。他非常兴奋，这是大师级的作品啊，可眼下两手空空，已经欠了朋友不少钱了，哪里还有钱呢？无奈，徐悲鸿去求助同在德国留学的宗白华等几位好友帮助，朋友都知道，徐悲鸿爱书画艺术已经深入骨髓。所以朋友都帮他凑钱，这才勉强买下了康普的两幅油画和几幅精美的素描。

康普先生是柏林美术学院院长，他的绘画凝重宏丽，最能表现日耳曼民族的风格特点，徐悲鸿十分喜欢。到柏林后，他叩门拜见了康普先生，并经常向他请教。徐悲鸿勤奋好学的精神给康普先生留下深刻的印象。康普对前来向他问学的徐悲鸿说："中国本是世界文明之中国，有着悠久的文化艺术，如今又有了像你这样勇于献身祖国艺术事业的年轻人，使我看到了中国文艺复兴之曙光！"

最后这句话，给徐悲鸿以很大的鼓励。悲鸿在他的《自述》中写道："吾居德，作画日十几个小时，寒暑无间……"当时徐悲鸿最爱伦勃朗的油画，顶着烈日前往弗烈德里博物院临摹伦勃朗的作品。1922年，徐悲鸿在德国博物馆，拜读了丢勒(Durer)、荷尔拜因(Holbein)、门采尔(Menzel)和塞冈第尼(Segantini)，皆令他赞叹不已。徐悲鸿最爱伦勃朗的画，在弗烈德里博物院，徐悲鸿认真临摹了荷兰画派大师伦勃朗的作品。古典大师们的作品，感动着他、吸引着他，他感到机不可失，时不再来，常常忍受着阵阵剧烈的胃痛，分秒必争，抓紧时间临摹这些名作，每天临摹十多个小时。如果这些已故的大师在天有灵的话，他们一定会被这位来自东方世界的年轻画家所感动。

徐悲鸿观看了德累斯顿的油画《同仇》《铸工》和柏林大学壁画后惊叹不已，称赞这些作品皆精卓绝伦，最能表现日耳曼民族之风格。

徐悲鸿在柏林，经中国留学生宗白华介绍，在散维尼广场附近的康德街租了一间便宜的平房。这条街有许多中国人住,还有两家中国饭馆。徐悲鸿和宗白华经常相伴到中国饭馆吃盖浇饭和炒辣子肉丁,既经济又实惠,很是开心。

一天,正在收拾房间的徐悲鸿听见有人叩门,开门一看,一位陌生的高个男子出现在眼前。"徐悲鸿先生,我叫张道藩,留学英国,在伦敦大学就读,同你一样,也是学美术的。"还没等悲鸿说话,来人先开口自我介绍了,"你的大名早在国内,我就有耳闻了,很想看看你这位美术天才。听说你从巴黎来到了柏林,这不是,我就急匆匆地从伦敦赶来拜访你了。到了柏林,我东打听西打听,好不容易才找到这里。"

徐悲鸿做梦也没想到,他第一次见到张道藩是在德国的柏林。张道藩对徐悲鸿彬彬有礼,他紧握着徐悲鸿的双手,一再称赞悲鸿的绘画天才,并邀请徐抽空去伦敦玩玩,游览游览。他说:"我会热情招待你们夫妇二人。我期待着你们夫妇的到来。"张道藩还请徐悲鸿代他问"嫂夫人蒋碧微好!"徐悲鸿说:"蒋碧微出去了,她回来我一定转达你的问候。"

张道藩笑容可掬。礼尚往来,徐悲鸿对张道藩也蛮客气,一再表示感谢。

张道藩生于1897年7月,比徐悲鸿小两岁,贵州盘县城关镇人,祖籍南京。张道藩同徐悲鸿最大的不同是,一个出生在世世代代耕田种地的农民家庭,一个生活在富豪并且有地位的家庭。张道藩1919年底西渡英国伦敦,1921年入英国伦敦大学美术部就读。张氏善于言谈、喜欢交际。张道藩到伦敦后,首先结识了中国四大家族之一的陈立夫。经陈立夫介绍,张道藩于1922年加入国民党,他终生与陈保持着密切联系。这为张道藩后来的飞黄腾达打下了坚实的基础。1926年2月,张道藩与一位法国姑娘结婚。她的中国名字叫苏珊。

宗白华和徐悲鸿同住一条街,且相距不远。宗白华晚间时常到徐悲鸿住处看他画中国画。他见徐悲鸿正在画逆风飞行的一群麻雀,只见他用中羊毫以淡墨画麻雀的胸脯,在脖子两旁用浓墨点上两点,麻雀的神采瞬间显现出来。宗白华高兴地拍手叫"绝！真绝！"其实，宗白华最喜欢只身一人立于悲鸿身旁，静静地观看他画马的神态，尤其是挥毫画奔马的神态，令他激动，热血澎湃。一天晚上，徐悲鸿画兴勃发，一连画了两张奔马图，宗白华一边看一边说："悲鸿，我发现你的中国画，特别是你笔下的马和麻雀，与众多国画家的画法有很大不同。"

悲鸿手不停笔地问："嗬，你看出不同了，好，我倒很想听听你所说的很大不同。"

宗白华说："你笔下的国画有很强的立体感和透视力，寓意深刻，给人以鼓舞，以信心，以力量。所以，十分讨我喜欢。"

"这是因为我运用中国绘画工具，吸收了西画的表现技法，通过我所画的对象，来表现我的情感、我的思想。所以就不同于古人和当下一些人的中国画。这就好像做菜一样，有红烧也有清炖，有烤炸也有烩炒，即使是同样名称的菜，做法也各不相同，味道也就不尽相同。各随所好，各取所需。"徐悲鸿说，"笔墨要随着时代而变化，画画当然更要有变化，不能千篇一律。文如其人，画如其人，每人都应该有自己的绘画风格。我的画自然要有我的思想、我的追求、我的爱和恨。宗君你若喜欢画，我定要为你作一幅。"宗白华顿时大喜。画什么呢？悲鸿抬头一看，窗外正下大雪，于是他立即挥笔画了一幅《梅雪》赠予宗白华。后来还为宗白华画过奔马和墨猪。

柏林印的美术印刷品，是德国的骄傲。徐悲鸿喜爱非常，他节衣缩食，尽力求购，买了许多摆放在家中。他像个富翁似的坐卧其中。虽然生活上是艰苦的，但他在精神上却获得了极大的宽慰。

宗白华见徐悲鸿居室拥挤得要命，处处都塞满了美术典籍和美术印刷品，还有临摹的油画名作，感慨了几句。徐悲鸿对宗白华诙谐地说："我没有丝毫拥挤的感觉，有的是富有、非常富有的感觉。在精神上，我感到自己比王子还要富有！"

"你太太也这么认为吗？"宗白华说，"我看未必吧！"

徐悲鸿只是笑了笑，没有作答。

购买名家绘画原作，要是在巴黎，徐悲鸿是想也不敢想的，因为那里的名家绘画实在昂贵。但到了柏林就不同了，由于那个时候德币不值钱，而法币值钱，徐悲鸿便在每笔交易中都节省出不少钱。通常是当他看中了一件艺术品时，问明价钱，先付一点钱，隔几天筹备齐了钱再去取。有一天，徐悲鸿从动物园写生回来，在一个画店偶然发现一些名家的杰作真品，价格便宜得不敢想象。徐悲鸿雄心勃勃，做梦都想把这些油画原作全部买下来，将来回国，给国家创办一个像样的美术馆。可是这时他手中无钱，并且已经负债一千多法郎了，有什么办法能把这些艺术珍品买到呢？他先找宗白华商量。宗白华说："你想得倒蛮好的，可就是办不到。我又不是大军阀、大富翁，手中没有那么多的钱，想帮也无力帮你……"徐悲鸿突然灵机一动，又想了个主意：到中国驻柏林大使馆求援。

中国驻德国大使馆魏姓公使出来接待了徐悲鸿。徐悲鸿看着衣冠楚楚的魏公使和使馆其他官员，心里很是高兴，以为这件事有门了！谁知徐悲鸿说明来意后，那位公使操着浓重的湖北话，用最好的官话奉承了悲鸿几句，又找了许多托词，便婉言谢绝了。徐悲鸿咬紧牙关，头也没回地从原道又走了回来，他心里一阵绝望。

回来，徐悲鸿还是不死心，他想到了恩师康有为，如果能通过康有为等人，筹集万金，用于购买美术品、雕刻、绘画、铜镌等物，就可以为国家办一个像样的美术馆。现在购买，比昔日节省钱二十余倍。后来，徐悲鸿费尽心血用了九牛二虎之力，由于种种原因，还是没能实现他那为国家着想、办个美术馆的美好愿望。唉，让这位热血赤子几次碰壁，令他心灰意冷。

26

徐悲鸿手头拮据，负债累累，生活又到了极度困难的境地。本来徐悲鸿靠着他那有限的官费维持学习和夫妻两人的生活，就已经够紧张的了。由于国内政局动荡不定，北洋政府经常拖欠留学生的官费。因此，就连这点可怜的收入也时续时断，根本没有保证。为此，蒋碧微叫苦连天。徐悲鸿理解妻子，从小过惯了饭来张口、衣来伸手、讲究穿戴、喜欢打扮的生活，现在几乎要断炊了，丈夫还从早到晚一头扎进艺术世界里，她怎么能受得了呢？在来巴黎之前，哈同花园总管姬觉弥曾向徐悲鸿许过愿：徐悲鸿先生留学到了巴黎以后，他将每月寄三百块银圆。可是，已经两年了，姬觉弥总共寄了两三次，以后就分文不寄了。蒋碧微总是动不动就焦急地催促徐悲鸿："我说过多少次了，可你总是不听我的。难道你写封信给姬觉弥，向他提提这件事就那么难？在困境下，一文钱能难倒英雄汉，现在官费留学，政府也不给钱了，现在最需要的就是钱！钱！！还是钱！！！我高高兴兴地陪你到浪漫之都巴黎留学，现在连吃饭的钱都没了，真够浪漫的了。要是再继续这样浪漫下去，我可就实在受不了了。你告诉我：你到底给姬觉弥写信不写信呀？你给他写封信还不是举手之劳，怎么就这样难呢？我想过了，他原来那么器重你，对你那么好，没准他事多，把这事给忘记了。你写封信提个醒，也许他很快就能把承诺的每月三百块银圆汇给你。"

"我说过多少次了，我们不要把希望寄托在哈同这些人的身上，要时刻记住：这些有钱的人是靠不住的。"徐悲鸿鼓励妻子说，"微微，别泄气，世上没有过不去的火焰山，办法都是逼出来的。天无绝人之路，到时候办法就有了。"

"办法，办法，现在都快要断炊了，还办法办法的。你的办法是什么？"蒋碧微一说到这里，就气不打一处来。其实，徐悲鸿的办法就是一边打工，一边学习，一边作画。徐悲鸿如同一箪食、一瓢饮而不改其乐的颜回，不管遇到多么大困难，他都是一门心思地往前闯。

蒋碧微非常不理解自己的丈夫。她气愤地说："哈同花园总管姬觉弥说好的，每月给你寄三百块大洋。他说话应该算数，你为什么就那么非死要面子活受罪？"

"微微，这事你以后就不要提了。"徐悲鸿想说服妻子，"姬觉弥先生本姓潘，名小奘。在他已经当上爱俪园总管的时候，我碰到了困难，他曾主动资助过我。我知道，那时哈同花园需要我。即使如此，我也很感谢他。他为什么资助我，还有一层原因，可能因为他和我一样，都是来自乡下贫苦农家的孩子。他不怕吃苦受累，到上海谋生，由于他勤奋、机敏、聪明、英俊潇洒，通过不懈的奋斗，终于得到哈同夫妇的赏识，逐渐成为爱俪园的总管，并把名字也改为姬觉弥。他当了仓圣明智大学校长以后，我到法国留学，他是有过承诺，来法国后，他有时寄，有时不寄，他寄的钱，我们收了，花了。他不寄钱，我们绝不能再开口向他要钱。我们作为在国外学习的中国人，任何时候都不能把希望寄托在有钱有势人的身上。一定要记住：人不可无傲骨，但不可有傲气！我们是中国人，一定要有骨气！"

"好了，我争辩不过你。鸿，这回我还是听你的。"蒋碧微无可奈何地说，"以后我再也不提请姬先生寄钱的事了。不过你得想办法挣钱。"

徐悲鸿说服了太太，心里很高兴。他对太太说："现代社会是有钱人的社会，对于百姓来说，没钱是没法过日子的。我知道，巧妇难为无米之炊。微微，实在是难为你了。"

1923年春天，徐悲鸿携带着他购买的一批艺术品，从德国柏林返回巴黎，然后半工半读，继续在巴黎国立高等美术学校、蒙巴纳斯各画院画了大量的人体。就油画方面的一些问题，徐悲鸿经常向达仰老师请教，并在达仰老师的具体指导下，精研素描和油画，练就了在作画方面的默写能力。徐悲鸿的油画《老妇》，第一次入选法国国家美展。老师和同学，都纷纷向他祝贺。

为了节省开支，徐悲鸿在巴黎凯旋门附近的第八区，找了一间房租便宜的六层楼的楼顶阁楼，作为安身之处。这是一间又矮又小的阁楼，而且漏雨。住阁楼的人一般是用人，因此被规定没有乘坐电梯的资格。所以，尽管有电梯运行，徐悲鸿从来不乘电梯，只能爬楼梯上下楼。为此,总喜欢穿高跟鞋的蒋碧微,经常叫苦连天。而徐悲鸿却总是风趣地劝她说:"住在这里,一是省了钱,二是锻炼了身体,一举两得,蛮好,蛮好。"

在阁楼一进门的墙壁上,十分醒目地挂着徐悲鸿的手书:人不可无傲骨,但不可有傲气!室内堆满了书籍、画册、画片和临摹的油画原作。虽然拥挤不堪,可他不嫌乱,更不嫌拥挤,总是十分得意地睡在其中。但他很担心下大雨,因为他有过这样的遭遇。有一天傍晚,徐悲鸿正准备外出向一位朋友借钱,忽然下起了暴雨,还夹着冰雹。玻璃窗被冰雹打坏,玻璃碎片乒乒乓乓地往下坠,雨水也随之哗哗地灌了进来。徐悲鸿赶忙告诉房主。房主不但不管修,反而指着住房合同的条文要徐悲鸿赔偿。在法国,像这类事情,是没法讲理的,徐悲鸿只好借钱来赔偿被冰雹打碎的玻璃,气得蒋碧微垂头丧气地说:"人要是穷了,连天老爷都来作对,真是倒霉到家了!"

借钱只能救急,不能救穷。在走投无路的情况下,徐悲鸿只好用劳力换取起码的生活费用。但是,在法国找事做谈何容易。徐悲鸿东奔西跑,好不容易,才找到了为一家出版社画插图的临时工作;蒋碧微也找到了为一家百货公司当绣工的工作。徐悲鸿即使在这种困境下,仍然节衣缩食,尽量多省些钱购买参考书、画册、画片什么的,油画原作只好暂时不买了。

时间是格外宝贵的。他不仅没有逛大街遛马路的闲情逸致,就连走路也总是快步如飞。

一天,恰逢法国一年一度的美术节,巴黎人倾城而出,都跑到大街上去了。蒋碧微也纠缠着徐悲鸿,非要他陪着去看热闹不可。当时还有一位男同学拉他上街。徐悲鸿就这样被推拉着上了街。

这一天,形形色色的艺术家都好似着了魔,尽情狂欢作乐。节目的怪诞,行径的荒谬,都是东方人所无法想象的。上自政府官员,下至巴黎平民,不但不引以为怪,而且还用崇敬的目光,仰视着这些放浪形骸的艺术家们,欣赏他们做出的种种惊世骇俗之举。蒋碧微为之惊奇、兴奋、激动，她拼命往人群里挤，想尽法子看个痛快。只顾自己往前挤的蒋碧微，却把徐悲鸿抛到九霄云外去了。她挤到人群的最前边，睁大眼睛欣赏着狂欢者们的奇装异服。在千奇百怪的化装游行队伍中，有人骑骏马，有人骑大象，还有人骑毛驴，有人穿着古代帝王的服饰，有人则全身是纸做的衣服，还有人把各种鲜艳的色彩胡涂乱抹在自己身上，高呼长号，招摇过市。特别是那些曲线玲珑的模特儿，干脆全身上下一丝不挂，露出赤条条的肉体，任人观赏……

这一切，让蒋碧微看得眼花缭乱。一只大象走了过来，突然向蒋碧微伸过长长的鼻子，吓得她一声尖叫，不由自主地倒退了几步，嘴里不断惊呼："悲鸿！悲鸿！……"

徐悲鸿早就不在她身边了。

徐悲鸿在达仰先生的指导下，正抓紧时机，全力揣摩、研究达·芬奇、米开朗基罗、杜米埃、伦勃朗、德拉克洛瓦、列宾、门采尔等名家令人醉心的辉煌作品。他用油画作为自己的表现手段，用小刀抹黄油一样抹着各种颜料。不管气候多么恶劣，生活条件多么艰苦，胃疼得多么厉害，他都在分秒必争，不停地涂抹。一年、两年……油画稿堆满了一屋。在不到五年的时间里，徐悲鸿相继完成了《远闻》《怅望》《自画像》《老人像》《沉睡的维纳斯》《河边》《读书》《持棍老人》《抚猫》《男人体》等诸多油画作品。除此以外，徐悲鸿还以妻子蒋碧微为模特创作油画《凭桌》《裸裎》《情》《静读》《箫声》《韵律》等。通过阅读这些油画作品，我们能清楚地看到徐悲鸿对蒋碧微的脉脉深情，或者说是曾经有过的脉脉深情的油画。这些油画对人物性格刻画得出神入化，令人过目难忘，在巴黎展出时，惊动了巴黎艺术界。

油画《蜜月》《熟睡中的少妇》中，那温柔的笔触、丰腴的肌肤质感，流露出一对爱人的情爱愉悦与初绽的幸福。画中人妩媚风情，对未来充满憧憬，让人浮想联翩……

在这里要特别提到一幅非常不一般的油画——徐悲鸿在1926年创作的油画《箫声》。画中这位吹箫的青年女子侧身而坐，她微微轻启的双唇在吹箫,箫声似春风轻拂柳絮,如白鹤掠过清澈的湖水。吹箫女子娴静而淡雅。吹箫女子的原型,就是蒋碧微。她吹箫时的神情若有所思,一双明眸凝望远方,眼神中似乎还有一缕若即若离的淡淡哀愁……这位美若天仙妩媚动人的吹箫女子,不知倾倒了多少前来参观的西方人。

正是在这段时间内,徐悲鸿在法国美术界名声大震,他不仅为中国人,还为东方人争了气。

到了这个时候,那个曾向徐悲鸿挑衅过的洋学生,不得不承认自己不是徐悲鸿的对手。他从展览会走出来,向徐悲鸿深深鞠了一躬,垂头丧气地说:"徐先生,在我们的这场竞赛中,你是胜利者。我承认你们中国人是非常有艺术才华的。看来我犯了一个很不应该犯的错误:用中国话来说,那就是有眼不识泰山。"

"朋友,你能如此诚恳地认识错误,让我很高兴。"徐悲鸿说,"输赢对我来说,不是主要的,主要的是让我们通过这种竞赛的方式认识了你。我们中国人常说不打不成交,我们通过这次竞赛成了朋友。所以,认识你我很高兴。从今以后,我们是朋友。"徐悲鸿说着伸出了手,他也伸出手高兴地说:"我们是朋友,谢谢!我很荣幸地交了个中国大画家朋友徐悲鸿!"

"我是中国人,我爱我的祖国。"徐悲鸿自豪地说。

"徐悲鸿,你是好样的!"他竖起大拇指称赞道,"你是一位了不起的铁杆爱国者。"

"爱国就是爱自己。"徐悲鸿高兴地说,"我现在身在国外,心甘情愿地做个铁杆爱国者。"徐悲鸿说着向这位法国竞赛者摆摆手"再见"。他也同样地摆手用生硬的汉语说道:"中国朋友再见!"

27

1924年,徐悲鸿为中国驻巴黎领事赵颂南夫人写像,从容不迫,力求简约，造型设色得心应手。在这一年，徐悲鸿还画了一幅十分引人注目的油画《奴隶与狮子》。画面上显示出，在烈日下的旷野，一头雄狮正在迎面走进一个不见天日的山洞里。阳光聚在它的身旁，好像是在为这万兽之王加上一道神圣的光环。它气宇轩昂，炯炯的目光注视着斜对面，却毫无凶狠暴戾之意。在向前迈出的爪子上面，一道鲜红的血迹告诉观众，它被什么东西刺伤了。占据画面近三分之一的雄狮，以强劲的筋骨、浓重的鬃毛，赋予它强大的感染力。顺着雄狮目光射往的方向看去，还有更激动人心的镜头。在充满了神秘感的浓重阴影中，一个赤裸男子，他腰间围了一块不成样的布，正在惊恐万分地用背紧紧地贴在石壁上，好像希望找条缝隙躲藏进去。他的脸因恐惧而扭曲，躯体已经战栗得不听使唤，他正在等待着被眼前的雄狮撕裂和吞噬，恐惧得紧紧缩成一团。他很清楚地看到狮子在径直地向他走来。画家运用大明大暗的强烈对比，使画面气氛愈加紧张、凝重、令人窒息。一边是作为万兽之尊、威严无比的雄狮，一边是任人欺凌、随人杀戮、一无所有的奴隶。这种残酷的现实对比怎能不使人产生对弱者的无限同情？

这幅油画《奴隶与狮子》得到了巴黎艺术界的盛赞。

徐悲鸿奋进不息，在事业上突飞猛进。蒋碧微面对巴黎这个浪漫之都的花花世界，有些迷惑了。到了巴黎，她越来越注重穿着打扮，外出时，总是对着镜子认真地梳妆打扮，自我欣赏。她羡慕巴黎的女人玩猫玩狗，还迷恋上了巴黎一年一度的"美人和宠物"比赛大会。有时她被巴黎的表面的繁华，弄得神魂不定。

星期日一早，徐悲鸿携带着油画新作去请教达仰先生。这幅油画一下子被达仰先生的一位老朋友看中了。徐悲鸿知道，达仰先生的这位朋友不仅是巴黎和平街最大的服装店老板，还是一位有名的艺术品收藏家，其藏品中达仰的画最多。这位服装店大老板，还曾专门邀请徐悲鸿去他家参观过。徐悲鸿参观回来后曾十分惊讶地告诉朋友："他的整个住宅就如同一座博物馆。他收藏的名画原作实在多得惊人！"

今天这位大收藏家看中了徐悲鸿的油画。服装店老板当即拿出五百法郎放在徐悲鸿面前："亲爱的朋友，如果嫌少，我明天再给你送五百法郎。"五百法郎，在当时可不是个小数目！徐悲鸿作为一名艺术家，考虑的不是钱多钱少，而是对这样的作品，他心里是不乐意出售的。可当着达仰的面，断然谢绝他的朋友也不好。徐悲鸿面对着收藏家的目光很是为难。达仰先生为这位收藏家说情了："悲鸿，我看得出来，你是真心爱你的这幅作品，我非常理解。不过，我这位朋友是位真正懂画的艺术品收藏家，他也是真心喜欢上你的这幅作品。作为一位画家，作品能被我这位朋友看中，那是值得高兴的事。许多画家都这么说。看在我的面上，悲鸿先生，你就忍痛割爱，把这幅油画卖给我的这位老朋友吧！价钱好商议。"徐悲鸿是达仰的学生，作为学生，他是非常尊重老师的。听了老师的一番话，他只能是忍痛割爱了，于是把这幅油画卖给了达仰先生的朋友。

28

"吾平生宏愿奢望唯进步"，这是徐悲鸿发自肺腑的声音，更是徐悲鸿心底的誓言。这些誓言，促使他坚定不移地战胜了身体、经济和家庭的种种困难，在艺术上取得了令世人刮目相看的成果。在巴黎，媒体记者纷纷报道，著名艺术评论家、画家，接连撰写文章，用最美好的文字称赞徐悲鸿的绘画作品和他的学习精神。有评论说"徐悲鸿的素描优佳绝妙"；一些著名收藏家主动上门来收藏徐悲鸿的作品。在国内，徐悲鸿的名声也是愈传愈广。1925年春，应上海中华书局之约，拟出版《悲鸿素描集》和《悲鸿画集》，两册画集由在巴黎的徐悲鸿自己编辑。他在《悲鸿素描集》自序中非常坦诚地感慨道："吾平生宏愿奢望唯进步，则吾困之来，且无量。……天未赋吾以才，用令吾辟荆棘，徙崎岖，盘旋于穷崖幽谷中，曲折萦回，始如大道。登高者不止一途，其有直上之大道否？殆有之。有不及巅之广途否？亦有之，且多。唯吾所历既曲折、幽谷、奇兴、回想、兴趣乃洋溢无穷。吾受于父者，曰功苦；受于师达仰先生者，曰敏求、曰识量。近又受倍难尔先生一言曰敢、曰力行。然吾其不惑矣。凡人性善，皆不为恶目明俱能见美，吾以吾道悦乐之，道一端耳。吁微也，抑其广大寥廓者何物耶？吾钝且不思，其漠漠无涯，大宇之造物耶？吾仅趣视博择，撷其如纤尘之一象而已。吁其微耶！"

1925年，因上海工人反抗日本工厂厂主，顾正红等十余人在租界被枪杀，"五卅惨案"震惊中外。徐悲鸿一直关注着发生在上海的"五卅惨案"，常常夜不能眠。一天，徐悲鸿接到田汉从上海寄来的一封信，信里说到国事日艰，有要事面商，建议他能回上海一趟。

徐悲鸿接受了田汉的建议，决定回国共商国是，但没料到他赖以生存的北洋政府的留学费用出了问题，时有时无，当时已经停发几个月了。不过，天无绝人之路，让徐悲鸿感到幸运的是，就在这时，被他称为"平生第一知己"的黄孟圭，突然出现在他的面前。

黄孟圭祖籍福建福州，出身名门，喜爱艺术，雅好交友。1925年夏天，黄孟圭在美国哥伦比亚大学拿到教育学硕士学位，想趁回国就职前赴欧洲考察文化教育，顺便看看好友、中国驻巴黎总领事馆领事赵颂南。一天，赵颂南在同黄先生闲聊时，讲起徐悲鸿在巴黎如何勤奋刻苦地学习，在绘画艺术上如何突飞猛进，油画、写生素描如何受到万众注目和专家的高度称赞，为此，赵颂南非常感慨。黄孟圭本来就对徐悲鸿早有耳闻，一听到这个名字，便很兴奋地问："我很想认识认识徐先生，您能帮这个忙吗？"

"这还用说，当然可以。"赵颂南很高兴地说，"即使你不叫我帮这个忙，我都想把他介绍给你这位热心肠的好友。我看这位'人不可无傲骨，但不可有傲气'、志向高远的徐悲鸿先生，一定会是一位能为我们中华民族争更多的光、添更多彩的大艺术家。"

迫不及待地想见到徐悲鸿的黄孟圭，通过总领事见到徐悲鸿时，两人一见如故，相见恨晚，一谈就是好几个小时。当黄孟圭听到徐悲鸿想赴田汉之邀回国办学，可经济上出现了一些问题时，黄孟圭十分痛快地说："悲鸿贤弟，田汉的邀请一定得去。你经济上遇到的暂时的困难好办，这个由我来想办法帮你解决就是了。"悲鸿听了大喜，马上就要拜谢，黄孟圭赶紧劝阻道，"你我都是为国家效力之人，没什么值得拜谢！我黄某人能在巴黎结识你，也算是三生有幸。"

对于徐悲鸿来说，黄先生的这番承诺，无疑是一场及时雨。

"贵人，您是从天而降的贵人啊！"悲鸿感慨道，"在来法国之前，有两个贵人帮助我支持我鼓励我，一个是黄警顽，一个是黄震之。今天我这海外学子又遭遇困境，出来扶助我的贵人依然姓黄，这第三个贵人就是您孟圭大哥。第四个贵人姓什么，我虽然不知道，但我知道，在人生的道路上，不能没有知己，不能没有朋友。也许第四个贵人还姓黄。"

"你为国家被政府送来留学，我为国家赴美国深造，贤弟你有了困难作为长你几岁的兄长，理应帮助。我比你年长，可以做你的兄长，但我可不是贵人。贤弟不必客气！你我可以称兄道弟，我很高兴做你的兄长。"黄孟圭上前拉住悲鸿的手说，"你我志同道合，走到一起难得，我决定改变行程，陪同贤弟一起商量回国事宜。"黄先生接着提出，为了解决资金问题，他想陪悲鸿经新加坡回国。为何要这样做呢？因为时任南洋兄弟烟草公司新加坡分公司总经理的黄曼士，是黄先生的二弟，此人不仅雅好艺术，且喜欢交友，仗义疏财，在新加坡各界社会名流中很有影响力。

黄孟圭在同徐悲鸿交谈后，通过书信，把徐先生的情况比较详细地介绍给黄曼士，请他先做好准备。黄曼士高兴地答应了大哥的意见和安排。其实，早在1919年徐悲鸿偕太太赴法国留学时，曾途经新加坡。那是他第一次到新加坡，尽管没有多深的印象，但他给当地的一些社会名流留下的印象却不错。所以黄孟圭说，他对徐悲鸿早有耳闻。黄孟圭很有把握地告诉徐悲鸿："到了新加坡我先把你介绍给我二弟，然后通过他和他的朋友，再把你介绍给一些贤达和爱国人士。你用你手中的画笔，就能筹到一笔可观的资金……"

从此，徐悲鸿把黄孟圭称之为"平生第一知己"。

从此，黄孟圭与徐悲鸿以哥弟相称，徐悲鸿称呼他"孟圭大哥"，黄孟圭称他"悲鸿贤弟"。

1925年初秋，徐悲鸿应田汉的邀请，携带蔡元培先生的一封写给陈嘉庚的亲笔信，和孟圭大哥一起乘坐海轮离开巴黎前往新加坡……

这些肤色不同、信仰不同，情趣不同的乘客将有几个月的时间，一起生活在这艘海轮上。有个别寻找刺激的青年男女，在忙着选定对象展开攻势。轮船在大海上航行几天后，有些相互不认识的男女渐渐熟悉，有的形影不离。徐悲鸿经常到船头船尾的甲板上写生。

一天清晨，徐悲鸿走出船舱，打开画夹画海天的日出。正画得起劲时，一位碧眼金发的女郎一扭一扭地朝他走来，她说："徐悲鸿先生，你是搞美术的艺术家，我是搞音乐的艺术家，你我都是艺术家，我们交个朋友如何？"徐悲鸿抬头一看，是位风情浪漫的法国女郎，她正微笑着向徐悲鸿伸出那只纤纤细嫩的右手，期待着……

徐悲鸿非常无奈地伸出右手，礼貌地同她轻轻握了握。可这位突然出现的不速之客，却一下子握住悲鸿的手，她不想马上放开，弄得徐悲鸿一时不知所措。而这位浪漫多情的法国女郎，却依然满脸堆笑地看着徐悲鸿，柔声柔气地说："尊敬的中国大画家徐悲鸿先生，你所画的素描是最有说服力的，我在法国的报纸杂志上仔细拜读过，感到很有味道。特别是你笔下的人物素描，把各种各样的人和神态、眼神都画出来了，我非常喜欢。我想请你给我画一张素描肖像，留住我在你笔下的那一瞬间的最美好的形象作个纪念。想必先生你不会拒绝一个法国女郎的要求吧？"

她那双仿佛燃烧着炽热火焰的蓝眼睛，甜蜜地微笑着，期望地看着徐悲鸿，期待着他能用手中的画笔做出回答。

徐悲鸿有礼貌地微微点点头。然后，很自然地打开素描画夹，浪漫女郎得意地摆好姿势，徐悲鸿开始画起了素描……

背景是辽阔的海洋，晚霞和海浪衬出了她那俊俏的丰姿。徐悲鸿用了十多分钟，一幅逼真、传神的人物速写肖像，便跃然纸上。悲鸿把它交给了女郎。女郎看着刚刚诞生的这幅炭笔素描肖像画，兴奋地说："啊！朋友，你是世界上所有的女人最喜欢的大画家。我可以坦率地告诉你，有许多西方画家给我画过素描肖像，都没有你画得讨我喜欢。就拿表现我的微笑来说吧，虽然你只是淡淡的几笔，但画得最为传神！你看，我脸上的笑意，是从我内心涌向脸颊的，这是不可多得的一笑。我这难得的瞬间一笑，让你那支神来之笔，巧妙地抓住了，将永留人间。我可以毫不夸大地说，你这幅人物速写巴黎女郎，完全可以同卢浮宫的那幅《蒙娜丽莎》的微笑相媲美。啊，谢谢您——让我倾倒的大画家，我们交个朋友吧！"

徐悲鸿一笑置之。他开始收拾自己的画夹。可这位金发女郎却步步紧逼，她亲切地微笑道："朋友，你我都是艺术家，艺术家的天性，就是追浪漫、赶时髦、爱美、追求美、创造美，善于欣赏美、享受美，难道你是个例外？中国大画家徐悲鸿先生，面对美丽的妙龄女郎，你就不动心，就不想占有，即使是短暂的占有？"徐悲鸿感到了她话中的挑战意味。"美丽的巴黎女郎，我以为，女人的心灵美，远比相貌美更能引起男人的兴趣。"徐悲鸿终于说话了，"比如，我的妻子蒋碧微，她的相貌很美，但她的心灵更美。"

"你是最懂得美，最善于表现美、欣赏美的艺术家，艺术家的妻子准是位东方大美人。恕我直言，东方女郎过于呆板，缺乏浪漫，少有品位。"浪漫的金发女郎得意地微笑道，"我们巴黎女郎，浪漫、风情，全世界的男人都喜欢。我知道，你们有些来自中国的艺术家，特别是像你一样的大画家，有人就爱上了我们法国女孩。难道你这位来自中国的大画家，真的就不曾迷恋过我们巴黎女郎？我知道中国有句话，叫什么'英雄难过美人关'。难道你是个例外？"

"对不起，我得回到我妻子身边了。"徐悲鸿撒谎说，"漂亮的巴黎女郎，请你继续风情浪漫吧。再见！"

女郎眼看着徐悲鸿的背影，嘻嘻地笑了起来，然后说："保守得很的中国男人,不懂得生活,更不懂得我们西方的女人,特别是我们风情万种的巴黎女郎。"

徐悲鸿第一次领略到浪漫之都巴黎女郎风情万种的厉害。他回到船舱,一下子倒在床上,想起了留在巴黎的妻子蒋碧微……

他躺在那里,睁大眼睛在想:我同太太尽管多次发生过争吵,但她毕竟是爱我的……她为了爱我,曾不顾一切地同我私奔东瀛。我们是患难夫妻呀!我和她生活在一起八年了,这还是第一次分开,她一个人生活在巴黎,一定也很苦闷……

徐悲鸿一个人在舱里,感到有些烦闷。于是,他走到船尾来来回回地散着步。

"独自莫凭栏,无限江山,别时容易见时难……"徐悲鸿一人在甲板上来回踱着步子,嘴里轻声吟诵着南唐李煜的词。"怎么,想弟妹啦?"孟圭大哥半开玩笑地说,"从你带着弟妹私奔东瀛,到现在,是不是第一次离开你的微微?"

"是的。"徐悲鸿不好意思地说。

"没啥不好意思的。"黄先生微笑道,"为了事业,暂时分开几天也很正常。过些日子又回来了。在这期间,经常给弟妹写写信,说说悄悄话,安慰安慰你的微微……"

徐悲鸿看着那么认真开导自己的黄大哥,乐了。

黄大哥说完回舱里看书去了,悲鸿拿起速写本,继续在甲板上写生。突然,张道藩的面孔一下子出现在他的眼前,他不由得心里一惊:这位阔少爷原在英国伦敦学画,我在德国柏林时好像他曾拜访过我。他为什么急急忙忙地从伦敦转学到巴黎高等美术学院深造呢?他对组织天狗会是那么积极,吃喝玩乐……

29

就在徐悲鸿乘坐的轮船刚刚离开巴黎不久,衣着考究的张道藩,已经满心欢喜地出现在蒋碧微的身边了。尔后，他们经常在一起看电影、喝咖啡、跳舞、吃饭，有时还一起出席朋友聚会。

这位比蒋碧微还追求时尚的张道藩，早已被他眼中"美若天仙"的蒋碧微给迷住了。为了方便见到蒋碧微，他从伦敦转学到了巴黎。徐悲鸿在的时候，他还有所收敛，如今徐悲鸿已经暂时离开了巴黎，他与蒋碧微的接触自然变得更加频繁，往来当然更加密切了。张道藩在巴黎拉丁区的一家旅馆里租了一个套间，这回可方便了他和蒋碧微。蒋碧微是位玩麻将的高手，常常是吃过晚饭接着打麻将，一打就打到通宵达旦，直到晨光熹微，牌局结束后别人都回家去了，唯有精疲力竭的蒋碧微连早点也忘了吃，就势往沙发上一躺，迷迷糊糊睡着了。

蒋碧微聪慧精明，心灵手巧，弹、拉、吹、唱样样都会。她本来不会跳舞，自从张道藩带她到舞场去了几次以后，对跳舞也渐渐有了兴趣。有一回，她和张道藩一起在一家豪华舞场跳舞，颇出风头。柔和暗淡的灯光下，两人翩翩起舞，闪来闪去，满场飞舞。蒋碧微得意地说："自从来到巴黎后，我从来就没有这么开心过。跳舞似乎让我变得越来越年轻了。"

"巴黎是全世界出了名的浪漫之都，天下谁人不知道疯狂的夜巴黎。我记忆犹新，在左拉的小说《娜娜》中，作者对夜巴黎有一段绝对精彩的描写：'夜幕降临了，巴黎到处充满着人肉的引诱……'"张道藩说到这里，更贴近蒋碧微有点微热的脸，低声说，"哎，你读过左拉的小说《娜娜》吗？若是没读过，应该当作诗词读，写得太精彩了，非常有品位。娜娜人本来就美，在舞台上显得更美，美得让人想入非非。娜娜还是个金嗓子，有两句歌词是'黄昏时分，爱神在闲荡……到了子夜，爱神从这儿走过……'这两句歌词从她的金嗓子一唱出来，实在是太激动人心了。连我这个平日都懒得翻书的人，打开《娜娜》这本书，就爱不释手，要一口气把它读完，不过瘾，我又接着看了两遍。它成了我最爱的枕头书，想你了，我就看《娜娜》……"

"'娜娜'是个什么人，你怎么能把我当成'娜娜'了呢？"

"我不是那个意思。我是想告诉你,我总在想着你。"张道藩赶紧解释道,"你知道不?巴黎的男人最喜欢的不是少女,而是少妇。因为少妇皮肤更加细腻润滑,女人味显得更浓。因此,在巴黎的上流社会,请名画家给年轻的太太画幅裸体像,把最美的人体美永留人间,这是一种最值得骄傲的时尚……"

"道藩,我们不能忘记自己是中国人。"蒋碧微提醒张道藩说,"我们毕竟不是巴黎人,到时候我还得回到中国生活的。我们要是真的变成了巴黎人,回去还怎么生活呀!"

蒋碧微没有忘记自己是徐悲鸿的娇妻,她还比较注意自己的身份。而张道藩尽管已娶了法国女郎苏珊为妻,但这位公子哥,在追时髦上,在中国留学生中那还是数得到的。蒋碧微刚才的表现,实际上是非常有礼貌地拒绝了他的要求。聪明的张道藩也就不敢再对蒋碧微造次了。

"谢谢你的提醒,道藩知道了。"

不知张道藩是有意还是无意,或心不在焉,他那只穿着晶亮皮鞋的右脚,又再次踩着了一位女士的脚。当这位女士的舞友请张公子注意些的时候,他连声"对不起"都没说,只是不屑一顾地看了人家一眼。他的舞伴蒋碧微感到很不好意思,便替张公子说了声:"我们都不太会跳舞,实在对不起。"这时,张公子赶忙向人家说了声"对不起"。张道藩说完,便贴近蒋碧微的耳朵说:"你的那位大画家,他的那种'人不可无傲骨,但不可有傲气'的爱国精神,还有他那'坚忍不拔'一往无前的奋斗精神,我张某人实在佩服,可以说佩服得五体投地。不过,他走得也太急了!"

"嗨,他哪能和你相提并论。"张道藩的话勾起蒋碧微的心里话,她叹息一声说:"你懂得生活,懂得女人,会享受生活,特别善于关心女人、理解女人、享受女人。而他简直是个书呆子、画呆子。他回国是什么田汉的邀请,他们还能有什么要事商量……"

"我听说田汉是个危险分子,他和危险分子能有什么要事,还不是些藏藏掖掖的事。"张道藩把声音压得很低很低,说,"我看他心里除了他的艺术和他那些危险分子朋友，对你关心不够。像你这样美若天仙的才女，天底下哪里找去！……"

蒋碧微听到这里，委屈得眼睛都湿润了。张道藩用人间最美好的语言安慰她、关心她。她感动极了，热泪禁不住涌了出来。这时音乐暂停了，张道藩赶紧拉着蒋碧微的手，走到一处较为僻静的地方，掏出丝手绢递给她，趁机吻了她那双温柔无比的纤纤玉手。然后悄悄提醒蒋碧微："他老同危险分子在一起，那是很危险的，你可要多加警惕……"

1925年年末，徐悲鸿绕道新加坡回国，这是徐悲鸿和蒋碧微到巴黎后，第一次分开，难免挂念着太太一个人在巴黎的生活……除夕夜，徐悲鸿在黄曼士家中的酒席上想念着妻子蒋碧微，感到对不起自己的太太。徐悲鸿走后，蒋碧微一个人生活在异国他乡，又不知徐悲鸿何时能回来，起初，难免有些凄凉和伤感。但是很快，情况就发生了变化。蒋碧微在《我与悲鸿》一书中记载："……我内心里难免有恐怖和凄凉的感觉，但是我不会向徐先生表露，因为八年以来，我觉得他从来就不会在感情上对我有所了解和关爱。起先以为他走了我一定会寂寞无聊，因为这时我已无须再做洗衣服烧饭的日常家事……想不到正相反，以后的日子竟过得十分愉快轻松……"

为什么？因为有了张道藩。

那时，一些留法的中国学生，时间长了，身在异国他乡，从感情上难免希望能经常同一些好友聚在一起，吃吃饭，聊聊天，开开心。于是，一些好友集结成社，取名"天狗会"。主要成员有张道藩、谢寿康、邵洵美、蒋碧微、常玉等。为什么取名"天狗会"，已无从考证。张道藩等人经常邀请蒋碧微一起喝咖啡、看戏、看电影、一起跳舞或聚在一起吃吃喝喝。就这样，渐渐地，蒋碧微无意中发现，这样蛮好，这才是自己所希望和追求的美好生活。蒋碧微在《我与悲鸿》里是这样诉说的："一九二六年的早春，悲鸿正在新加坡埋头作画，筹措我们继续留法的生活费用。早在1919年，我和悲鸿是靠一份官费到法国苦学度日,我们曾撑过无数濒临饥饿边缘的日子。想不到撑到1925年,官费受了国内政局的影响,宣告断绝,这使我们沦于山穷水尽的地步。在这种情形下,只好由悲鸿去新加坡设法筹款,我一个人暂时留在巴黎……朋友们照顾我十分周到,道藩是其中最热心的一位……常常请他充任我的男伴……"

显然,徐悲鸿和蒋碧微各有各的追求,各有各的生活方式。就在蒋碧微同张道藩在一起的时候,轮船上的徐悲鸿和他的孟圭大哥认真商讨着新加坡的具体安排……

30

几声汽笛响过,轮船终于开进新加坡港。乘客从船舱里走了出来,人流中的徐悲鸿忽然看见几只小船飞快地朝轮船划了过来,小船时而沉没时而浮起,他十分好奇地问:"孟圭大哥,看那几只向我们划来的小船,那船上的孩子们在干什么呀?多危险。"

"你不必担心这些孩子,他们不会有什么危险。"黄孟圭回答说,"孩子这样做已经养成了习惯。他们在用这种古老的传统,向船上的乘客讨钱。看上去还是蛮有意思的。"

孟圭大哥正说着,只见小船上那些皮肤黝黑的孩子们一个个跳进了水里。他们在水里一个个向乘客举起双手,时而沉下去,又时而浮出来,嘴里好像还在嚷着什么,蛮可爱的。这时,有些乘客掏出硬币,毫不犹豫地抛向水中小船旁边的那些孩子们。那硬币只要一撒落到水里,孩子们便像那水中欢快的鱼儿,一翻身钻入水中,不一会儿又浮出水面,向乘客高高举起拿着硬币的手,露出欢欣的笑容。徐悲鸿被这一景象吸引了,他赶忙把身上所有的硬币抛向孩子,希望这些天真可爱的孩子能捡到它。徐悲鸿努力把这一情景记忆下来,想通过他手中的画笔,把这一群有趣的孩子讨钱的场景再现出来,让更多的人能看到,希望他们都能喜欢这些天真无邪的孩子们,能多给他们一些钱币。

上了岸，徐悲鸿在黄孟圭的陪同下，受到华侨领袖陈嘉庚、黄曼士和新加坡爱国侨胞的热烈欢迎。陈嘉庚祖籍福建泉州同安，著名的爱国华侨领袖、企业家、教育家，他亲手创办了厦门大学、集美学校、翔安一中、翔安同民医院等。陈嘉庚花巨资在祖国办教育，让徐悲鸿很是感动。黄曼士祖籍福建福州，南洋兄弟烟草公司新加坡分公司总经理、新加坡南洋黄氏宗会"江夏堂"会长、秘书长，佛教总会董事、南洋学会会员。他继承了家产和家风，广交学者名流，收藏字画古玩。

在徐悲鸿到达新加坡前，黄曼士已经把徐悲鸿向陈嘉庚做了介绍。陈嘉庚说他对徐悲鸿并不陌生，北京大学校长蔡元培说他是个爱国大画家。

徐悲鸿称赞陈嘉庚先生这些高尚的爱国行为时，陈嘉庚十分感慨地说："余久客南洋，心怀祖国，希图报效，已非一日……余中华民族人心未泯，国脉尚存，四万万同胞绝无甘居人下之理。有钱出钱，有力出力，每个人都应该为振兴中华出力。今日不达，尚有来日；此身不达，尚有子孙……"

这是徐悲鸿第二次到新加坡，被黄曼士安排住在黄家位于芽笼35巷16号的江夏堂。这里也是南洋黄氏总会所在地。江夏堂有几栋带有传统风味的独立式住宅建筑物。徐悲鸿在这里结识了"百扇斋"主人黄曼士夫妇。百扇斋这一雅称，缘于黄曼士收集中国扇面逾百而得名。江夏堂周围环境优雅，庭院里遍植奇花异卉，除了名贵的胡姬，还有许多热带特有的植物。热带树木花卉为房子增添了不少浓郁雅艳的色泽和香气。郑板桥宁可三日无肉，不可一日无竹；黄曼士则不可"无日不看花"。徐悲鸿生长在无锡与苏州之间的宜兴屺亭桥，地处长江三角洲太湖之滨，与芽笼相似。黄氏兄弟之所以把徐悲鸿安排在这里，为的是让他"宾至如归"，有生活在家中的感觉。

江夏堂有三个部分：前厅、主体建筑和后厨房，主体部分以固定隔板分割为两至四个房间和小走廊。在楼上有一个凸出的前阳台，供主人乘凉。徐悲鸿住在江夏堂，生活在江夏堂，画室也在江夏堂。黄氏兄弟特意将二楼小宴会厅改装成徐悲鸿画室。这里环境优雅、光线充足、活动方便，为了便于悲鸿接待客人，隔壁变成了客厅。悲鸿说这是他十分理想的画室。徐悲鸿多年养成的习惯，每日清晨洗漱后，即研墨理纸作画。

徐悲鸿以后每次到新加坡，大都住在江夏堂，他在新加坡创作的无数画品，不管是油画还是水墨画彩墨画，大都诞生在江夏堂画室。有人统计过，徐悲鸿在这里画得最多的是奔马。由此，有许多人把江夏堂称为"万马奔腾堂"。久而久之，万马奔腾堂替代了江夏堂。一天晚上，黄曼士来江夏堂看望徐悲鸿，两人闲聊到桂林山水美景时，都特别开心，徐悲鸿豪兴大发，马上裁纸调墨，信手握笔，饱蘸笔墨，随心挥洒，连挥两纸皆不满意，悲鸿正要撕掉，黄曼士赶紧从悲鸿手中要来还未落款的山水画。这时悲鸿从背面看到黄曼士手中的山水画，顿感气象万千，风雨朦胧，雾气腾腾，云雾缭绕。徐悲鸿惊喜道："哎呀呀，这正是漓江山水之景色！"当即在纸背题款："悲鸿追忆画桂林雨后……"

黄曼士请悲鸿为江夏堂题了牌匾。

黄曼士又介绍徐悲鸿为南洋侨领陈嘉庚、南洋富商黄天恩画肖像。

徐悲鸿把时间安排得很紧，笔不离手，画完一幅又接着画另一幅，一直画了两天，画完两幅肖像画。他觉得有些累，但这两幅肖像在得到众人的好评时，他的疲惫感顿时烟消云散。

陈嘉庚、黄天恩二位先生对徐悲鸿为他们画的肖像，十分满意。他们都收藏了一些名家的画作，都有相当高的品鉴能力。徐悲鸿融会中西画法，把他们的神态、气度，画得呼之欲出，而眉眼尤为传神。陈嘉庚连声称赞："悲鸿先生画艺超人，是位名副其实的绘画艺术大师。"黄天恩笑道："画比人好，画比人好啊！只有神来之笔才能画得如此美妙。神来之笔徐悲鸿，确实名不虚传。"

陈嘉庚、黄天恩二位先生为了酬谢徐悲鸿，都付出了可观的酬金。

陈嘉庚付给徐悲鸿的酬金是 2500 块大洋。

徐悲鸿在新加坡期间，受到黄氏兄弟的盛情款待。通过画画不仅得到令他始料不及的酬金，还交了一批朋友。特别是黄曼士，也成为徐悲鸿的挚友，因为孟圭是大哥，徐悲鸿便称他为二哥。

在新加坡的日子里，黄氏兄弟的关照，给徐悲鸿留下深刻的印象，令他终生难忘。他回想这些年来，昔日的黄警顽、黄震之，今日的黄孟圭、黄曼士，对他如此关心支持，不禁感慨万端。他在所画的一幅奔马图中题款云："余一度改名黄扶，平生遇黄，逢凶化吉。"

为祖国创办一个理想的美术馆，这是徐悲鸿长期以来的心愿。他应邀在陈嘉庚家中做客的时候，向陈先生诉说了这一心愿，并希望得到陈先生的支持。让徐悲鸿失望的是，陈先生对办教育兴趣浓厚，而对办美术馆却表现淡然。徐悲鸿想在国内创办一个美术馆的心愿，又落空了，令他大失所望。关于美术馆的创建，徐悲鸿在 1932 年撰写的《中国今日急需提倡之美术》一文中写道："国家唯一奖励美术之道，乃设立美术馆。因其为民众集合之所，可以增进人民美感，舒畅其郁积，而陶冶其性灵。现代之作家，国家诚无术一一维持其生活。但其作品，乃代表一时代精神，或申诉人民痛苦，或传写历史光荣，国家苟不购致之，不特一国之文化一部分将付阙如，即不世之天才，亦将终至湮灭，其损失不可计偿。故美术馆之设，事非易易，鄙意先移其责于各大学，及国立公立图书馆，以法令规定，每一国立大学或图书馆，至少每年应以五百金购买国中诗家、画家、书家作品或手迹，视为重要文献，而先后陈列之，庶几近焉。"

徐悲鸿在他的《自述》中描述道："……黄君故善坡巨商陈君嘉庚及黄君天恩，遂为介绍作画，盖有江湖生活矣。陈君豪士，沉毅有为，投资教育与公益，以数百万计，因劝之建一美术馆。惜语言不通，而吾又艺浅，未能为陈君所重。"

这次在孟圭大哥的帮助下来新加坡，口袋是装满了，计划中要办的事全都十分顺利地办了，本想再办一件大事（美术馆——作者注）的，却没办成,这让徐悲鸿感到失望。他告别了黄氏兄弟,离开了新加坡。

徐悲鸿先到广州,在那里,结识了北伐将领李宗仁。

1926年初,徐悲鸿回到上海。

2月18日,田汉在上海举办梅花会,这是特地为徐悲鸿首次旅欧归来举办的小型作品展览会。展出油画人物40余幅。一百五十多名文艺界人士与会,包括蔡元培、林风眠、郁达夫、郭沫若、叶圣陶、郑振铎等。田汉热情地把徐悲鸿和他的作品,向上海文艺界的知名人士做了介绍,引起上海文化界的极大关注。上海《时报》每周画刊,专门介绍了徐悲鸿和他的绘画作品。康有为称赞徐悲鸿的作品:"精深华妙,隐秀雄奇,独步中国,无以为偶。"

3月,徐悲鸿为南海先生康有为、黄震之画像。

4月,王临乙在上海,通过蒋碧微的父亲蒋梅笙教授的介绍,认识了大名鼎鼎的徐悲鸿。他去拜见徐悲鸿时,带着一幅用棕赭色画的单色油画,层次、质感和光线明暗,经过王临乙细致研究,都认认真真地表现出来了。他自我感觉不错。徐悲鸿看后,也比较满意,肯定了作者的努力。"临乙,你的绘画基础至少有两年的功夫,是很有艺术才华的。"徐悲鸿鼓励王临乙说,"继续加油,好好努力,为复兴中国艺术而努力奋斗。"

尔后,徐悲鸿带着王临乙去看他画的肖像画。一幅是为新加坡华侨青年夫妇所画的油画肖像,还有一幅是尚未完成的黄震之油画肖像画稿。徐悲鸿边看、边讲,告诉王临乙油画,特别是油画人物,在用色、光线、空间等等方面要注意的地方。这期间,作《公理与复仇》等油画。

田汉、欧阳予倩等同徐悲鸿商议,要为中华民族培养一批能担当起改变中国陈旧艺术面貌的美术人才,要找一个适当的时机,共同创办一所崭新的艺术学校。

而后,徐悲鸿又经新加坡出国。这是徐悲鸿第三次到新加坡。就在这一年的10月,徐悲鸿回到了巴黎。他在新加坡画像,共获得报酬近万元新加坡币。除了往返路费等开支,剩下来的钱,如果全部兑换成法郎，是一笔可观的数目。可是，这些钱大部分都被他购买名家字画花掉了。他回到巴黎一见到蒋碧微，就兴致勃勃地说起在新加坡交了一些好友，说起他在上海同田汉会面的喜悦，还大谈他在旅途中的见闻和收获。可蒋碧微对这些毫无兴趣，她拉长面孔默不作声。过了一会，她听得实在不耐烦了，这才板起面孔质问："你的钱呢？这次去新加坡画画得到的钱呢？"

"我不是回了一趟上海嘛！"徐悲鸿解释道，"这一回可真买了不少好东西！"

"又是金石书画？"

"那当然！"

按理说，蒋碧微是要发作的。可这回不知怎的，她忍住了，并没有吵闹。这让徐悲鸿心里踏实了一些。

"国运日艰，日本侵略者磨刀霍霍。"徐悲鸿向太太介绍说，"国人陷于一片水深火热的灾难中。"

身处异国，感慨日深的徐悲鸿，有时会自言自语：回国去，我不能不回国！1927年夏天，徐悲鸿终于下定了决心，一个人再度回国。

回国前，他先到比利时的布鲁塞尔去临画，顺便游历了瑞士、意大利等国。徐悲鸿在意大利，十分激动地浏览了文艺复兴时期达·芬奇、米开朗基罗、拉斐尔、提香等大师的名作。他在欧洲八年，法国、德国、英国、意大利、比利时、瑞士等国，到处都留下了他寻求艺术的足迹。八年留学的磨炼，不仅使他获得了丰富的绘画知识，还把他的刚毅性格练得更加坚强。

徐悲鸿离开巴黎那天，前往送行的有中国人，有欧洲人。朋友一再劝说他："悲鸿，你在法国已经创造了奇迹。你在我们的眼里，特别是在达仰先生和弗拉孟教授眼里，你是真正的绘画天才，是最用功、最好、最有发展前途的艺术人才，前途不可限量。我们都希望你继续留在法国展示你的艺术才能，创造更大更多的奇迹。法国是艺术家的世界，这里最能发挥你的艺术才能。"徐悲鸿十分认真地说："恕我直言，我为什么要出国学习？因为中国的艺术事业需要改良，需要复兴，这都需要人才。不管我到哪里去学习，去拼搏，我都始终不会忘记踏出国门的初衷。现在祖国需要我，我一定得回去。回去报效我的祖国！"

特别引人注目的还是那位巴黎高等美术学校的老门房，老门房特别佩服徐悲鸿，他说："我从来都看见他风风火火地忙个不停。说他如同一匹不知疲倦永远在奔跑的马，那是一点没错的。"为了自己的祖国，徐悲鸿总是在奋进不息。老门房与徐悲鸿的交情很深很深。老门房舍不得徐悲鸿走，他紧紧握着徐悲鸿的手，老泪纵横……

徐悲鸿为老门房画了一幅素描肖像，送给他留作纪念。

时隔不久，怀孕的蒋碧微也回国了。同徐悲鸿一起住在上海。

第五章　革新中的旋涡

31

　　1919年，徐悲鸿成为中国最早一批公派赴法留学生，历经八年，怀着革新中国绘画艺术和美术教育的雄心，于1927年7月，从海外回到祖国，居住在上海霞飞坊。

　　上海被称为东方的巴黎、冒险家的乐园。这里有亿万富翁和乞丐、黑帮和赌徒、地痞流氓，有艺术家和爱国者、革命者以及劳苦大众……

　　张道藩归国后被国民党重用，他在陈果夫的大力扶植下，步步高升青云直上，很快就升到教育部次长的官位。

　　徐悲鸿从欧洲回到祖国后，在他那斗大的画室中挂起他集泰山石经的一副对联：上联是"独持偏见"，下联是"一意孤行"。徐悲鸿回国后一直东奔西跑，忙着同田汉、欧阳予倩一起共商办学之事。

　　蒋碧微看到这副对联就表示反感。"只有傻瓜才会干出这样的蠢事！"她几次不满地对徐悲鸿说，"道藩告诉我，出任教育部长的陈果夫说了，只要你能去南京政府拜访他一下，他就保证给你安排个满意的差事。依我看，你不能总那么'独持偏见，一意孤行'吧！你虽然不能'见风使舵',但脑子灵活一下,去南京拜访拜访陈部长总是可以的吧!"

"不,我已经告诉你了,我不认识这位大部长陈果夫,更不认识他的哥哥陈立夫,只认识穷的田汉先生,还有欧阳予倩先生。"徐悲鸿严肃地回答太太,"所以,我去拜访田汉先生,不去拜访部长陈果夫。明代民族英雄于谦有诗云:'千锤万击出深山,烈火焚烧若等闲。粉身碎骨全不惜,要留清白在人间。'……"

张道藩为何对蒋碧微那么好?这还得从巴黎说起。在巴黎那段时间,张道藩发现徐悲鸿与蒋碧微之间,正在出现裂痕,而且这裂痕越来越大,而他已经悄悄地暗恋上了蒋碧微……

徐悲鸿归国后,忙着革新绘画艺术,推行艺术要为民众服务的主张。他同田汉、欧阳予倩一起,在南国社的班底上,创办了全新的南国艺术学院。学院以培养"能与时代共痛痒,而又有足见实学的艺术人才",促使这些艺术人才尽快成为"新时代之先驱"。

1927年2月26日,蒋碧微生了头胎,是个男孩,徐悲鸿满心欢喜,给儿子取名"伯阳"。

结婚十年的徐悲鸿,自然特别高兴。为孩子取个什么名字呢?在那个年代,给儿子取名字是长辈的事,徐悲鸿为儿子想了好几个名字,一个也没定下来。主要原因就是他满意的名字,太太不满意。为给儿子取名字,徐悲鸿想起了父亲给自己取名和给老家父母包办的太太生的儿子取名字时的情景:父子两人为给孩子取名,各持己见,争吵不止。但是,不管怎么争吵,到后来,还是儿子说了不算老子说了算。徐悲鸿说的话不算数,但他就是不承认儿子叫"吉生"。后来,徐悲鸿在离开家乡去上海的时候,一气之下,完全按照自己的思考,把"寿康"改为"悲鸿"。如今他和蒋碧微有了儿子,喜欢给人取名、改名的徐悲鸿,这回一定要为儿子取一个自己满意的名字。不管太太同意不同意,他都要给儿子取个既富有时代感,又很有意义的名字。经查资料,翻书籍,思考再三,突然,一个"伯阳"的名字在徐悲鸿的脑海里一闪。"好,伯阳,伯阳这个名字好!"徐悲鸿高兴地告诉太太蒋碧微说:"二战时期苏联涌现出许多了不起的英雄人物,其中有一位叫'夏伯阳'的大英雄。夏伯阳爱憎分明,打起仗来冲锋在先,勇敢不怕死。我想来想去,在我们徐家,光有拿画笔的战士还不够,还得有武战士,这武战士就是我儿子了。我儿子就应该取名'伯阳'。我们父子两人一文一武合起来,不就完美无缺了嘛!""我看这个名字很不怎么样!"蒋碧微很不满地说,"我儿子长大了做什么都成,我还就是不愿意他去当兵打仗。"

"好铁要打钉,好男要当兵。如果国人都不去当兵,鬼子来了怎么办?中国人受日本侵略者欺负的滋味还没尝够啊!如果没人当兵,没有善战的军队,国家由谁来保卫?国家安全怎么办?"徐悲鸿非常坚定地说,"我徐悲鸿的儿子长大后,应该义不容辞地去当兵保卫国家。我决定了,儿子就叫伯阳,徐伯阳。我希望他到战场上,像苏联的夏伯阳一样勇敢善战!"

"现在你连我都不怎么关心了,我只有自己多关心一下自己才是,至于给儿子取什么名字,他有你这么个喜欢'独持偏见,一意孤行'、大名鼎鼎的爸爸,那就'一意孤行'叫'徐伯阳'去吧。反正也不会叫'蒋伯阳'。若是要他叫'蒋伯阳',我是死也不会答应的!"

伯阳出生不久,消息传到了巴黎。徐悲鸿的老师达仰先生和国立巴黎高等美术学校的看门老人知道后,分别寄来了祝贺信。达仰还寄来了一双特制的小皮鞋,并在信中说:为祝愿小伯阳早日学会走路,让他的脚步走遍全世界,特送上一双我们一家人精心制作的小皮鞋……

徐悲鸿和蒋碧微不管怎么争执,都很喜欢孩子。徐悲鸿不管什么时候从外边回来,进门总要先看看伯阳,蒋碧微也是如此。她闲来无事的时候,也经常抱起伯阳逗他乐。1928年,在伯阳八个月的时候,他从画室出来,发现儿子正在睡觉,胖乎乎的儿子睡态特别可爱,徐悲鸿迅速拿起炭笔,给儿子画了一幅速写《睡》。

32

徐悲鸿 1916 年初离开家乡屺亭桥，十多年来东奔西跑，国内国外，一直没有顾上回老家看看。从欧洲归来后，特别是有了儿子徐伯阳以后，悲鸿的老母亲想儿子，更想孙子，想得她白天黑夜都吃不好饭睡不好觉，想孙子都快想疯了。有人给徐悲鸿捎话说，你快带着儿子回去看看老娘吧，她天天都在念叨想儿子想孙子。你若再不回去，恐怕就要把她老人家想疯了。说来也巧，徐悲鸿有事要去宜兴县城办，机会难得，于是，他便携妻带子，回到了屺亭桥老家，看了看年迈的老娘。

1928 年的江南 3 月，草绿莺飞。徐悲鸿租了一只小木船，荣归故里，从城里摇往屺亭桥。

徐悲鸿回家探亲的消息，一下子传遍了屺亭桥的庄前村后，把平静的水乡惊得风起浪涌，远近的老人和孩子都跑了出来，欢迎这位昔日的穷小子、今天的大画家荣归故里。小船接近屺亭桥的时候，站在船头眺望的徐悲鸿看到岸边的乡亲们向他招手，激动得泪水涌动。徐家老屋在小河之滨，小船一靠拢徐家门前的堤岸，就是一阵噼噼啪啪的爆竹声，徐悲鸿携妻儿离舟登岸。他小时候的穷伙伴都争着上前拉他的手，亲切地叫着他的名字，问长问短。

徐悲鸿抬眼四望，发现自己一直想念的张老师也来了，他立即大步跨上前去，紧握着张老师的手。两人都激动得热泪盈眶。徐悲鸿说："张老师，你好！我始终牢记并实践着你的临别赠言：'人不可无傲骨，但不可有傲气'……"徐悲鸿随即反身从船里取出一幅精心绘制的竹梅图，双手捧给张老师："实系学生心意，特写岁寒三友图赠我尊敬的张老师。"

"好，好，画得太好了！"张老师双手接过竹梅图说，"悲鸿，你用一支画笔，开辟出你的远大前程，实在难能可贵。如今，我也分享到你的荣誉了！……"

徐悲鸿的母亲此时乐得合不拢嘴，不停地在儿子身边转来转去，一会儿小心翼翼地摸摸小孙子徐伯阳的脸蛋，一会儿又端详着儿子悲鸿，忽而又大声地吩咐着三个女儿拿这样取那样，端茶倒水招待宾客。她的嘴总在微微地翕动，但不是说话，而是欢笑。人们从她乐呵呵的笑声里，看到了她的得意。这一刹那，她完全忘记了自己一生的辛劳。她的精神亢奋。老人从小没有受过什么教育，但待人接物精明强干。母亲一生都在贫穷、苦难和重重的忧虑中度过。她身材矮胖，皮肤黝黑，一只眼睛因为有严重的白内障几乎失明。如今儿子从海外归来，又声名赫赫，不要说在闭塞的乡间，就是在宜兴城里也是了不起的大事。乡邻们，包括那些曾经讥笑、侮辱过徐家的绅士们，见到她也总是徐老夫人长徐老夫人短地奉承起来。

为儿子回家，她请来了厨子办酒席，大宴宾客。这不光是为她徐家争面子，也是为整个屺亭桥的穷人争面子呀！她一边支派操办酒席，一边里里外外招呼远亲近邻、朋友故旧，非常自豪地唠叨着："过去，我总是说我们穷人家生就命不好，其实穷人家的孩子也是会有出息的呀！看看我家寿康！当初有钱人骂我们寿康生就不是念书的料，这回让他们睁眼看看，我家寿康不光上了大学，还留了洋……当上了大画家……他爸爸生前没看错，他确实是个有出息的孩子！嘿嘿，嘿嘿……"

宴请宾客，谈天说地，屋里院里热热闹闹，大家都兴高采烈。来宾们不断地向徐悲鸿和他母亲祝酒。老人家一再乐呵呵地说："今天是我一生中最开心的日子，请客人们赏脸，多喝上几盅！"

太阳偏西后，客人们陆陆续续都走了。老母亲领着女儿们收拾起凌乱的屋子，准备给儿子、孙子和媳妇安排住处。悲鸿卷起袖子也要插手干活，被母亲用手拦住了。"寿康，你就好好待会儿吧，让妈妈也好好看看你。"她指挥着三位女儿摆好桌椅，让全家人围坐在一起好好叙叙家常，叙说离别之情。

徐悲鸿的三个妹妹手忙脚乱，老人家仍在满头大汗地发号施令。悲鸿劝她歇歇，她怎么也坐不住。一大堆孩子挤在门口叽叽喳喳地闹着玩。

上述这一切，在全家人的眼里都是非常高兴的事，然而却使蒋碧微感到心烦。刚到了几个小时，她就把不快的心情表现在脸上了："咦，就不能让人消停一会儿？"蒋碧微看着别人干活，自己还不耐烦地说，"这儿的人真没见过世面，连城里来个人都感到新鲜，像看戏似的……"

"叭！叭！"突然响起两声尖锐的枪声。听声音，这枪声来自不远的地方。突然，所有的声音都戛然而止，这种寂静让人心神不定，很是难耐。就在人们都惊疑不定的时候，"叭！叭！叭！"又是一阵枪声。接着从附近传来了喊叫声："强盗来啦！强盗来啦！"

枪声和人们的喊叫声混成一处。蒋碧微吓得面无人色，不知所措。还是老母亲机智沉着，她一手抱起孙子伯阳，命令徐悲鸿的弟弟寿安、寿恺和三位女儿，保护着伯阳的母亲到安全地方，于是，有人拉，有人推着，有人掩护着蒋碧微往房子后面跑。蒋碧微双腿颤抖着跑不动，小姑子赶忙在后面扶着她。这样前拉后推，终于来到田野里的稻草堆旁。他们几个人钻进稻草堆，几位小姑子又赶忙用稻草盖严了蒋碧微的身子。

躲在草堆里的伯阳，在奶奶怀里闷得受不了，马上要大哭起来，若被强盗听见了，可就大祸临头了。老奶奶急中生智，立即敞开胸怀，把她那没有奶水的奶头塞在孙子的嘴里，孩子马上就安静了。

强盗闹腾过以后，蒋碧微从稻草堆里爬出来，跟老太太和小姑一起一口气跑了四五里，到了邻村悲鸿的姨母家。悲鸿随后也来了。第二天一早，蒋碧微的家人派船急忙把他们接回了城里……

徐悲鸿向母亲和几个妹妹告别后，离开了阔别多年的家乡屺亭桥。老太太在河边木然地站立着，没有挥手……

看着老太太的身影，蒋碧微非常难过……

33

徐悲鸿已经是南国艺术学院的美术系主任了，田汉和欧阳予倩分别为文学系主任和戏剧系主任。徐悲鸿终日为南国艺术学院的事情操劳,这让蒋碧微非常不满,老是嘟嘟囔囔地扯徐悲鸿的后腿,说什么:"田汉没有办学经验,也不懂什么规章条例,凡事没有计划没有定见,怎么能办得成事?"

"别胡说!田汉和欧阳予倩先生都是献身于祖国文艺革新事业的爱国志士。蒋(介石)家军陈(立夫)家党,这是人所共知的。而张道藩与陈立夫是什么人,我还不清楚吗?我选择南国艺术学院作为自己的活动阵地,没别的,就是想在这里为中华民族的艺术事业培养出一代业务精、能力强、能冲锋陷阵的国家优秀人才。你明白吗?国家优秀人才!"徐悲鸿愈说愈生气,他斩钉截铁地重申,"我徐悲鸿要走什么路,办什么事,你不必劝说,劝说也没有用!你是知道我的为人和脾气秉性的。他们指责我'独持偏见,一意孤行',对于他们搞的那一套,我就是要'独持偏见'!就是要'一意孤行'!"

徐悲鸿无论是在东京,还是在巴黎、在柏林,他的言行准则一贯是祖国高于一切。他回到祖国以后,在国民党面前,更是如此。在徐悲鸿的头脑里,想的是祖国,想的是受苦受难的中国人民,他从不考虑自己的名利地位,一头扎在上海的一群艺术革新者中,甘愿过着清贫的生活,默默地和田汉、欧阳予倩一起办南国艺术学院,推行新文艺运动。

徐悲鸿培养艺术人才,首先注重道德品格思想行为,塑造美的灵魂。这是他一贯的教学主张。

徐悲鸿在给南国艺术学院的新生讲课:"上海是一座英雄的城市。在这里,1925年掀起过轰轰烈烈的'五卅运动'……我们把南国艺术学院办在上海是很有意义的。我们南国艺术学院培养出来的学生应该有这种为了祖国美好明天,勇于冲锋陷阵的精神……"

学生们认真听着、记着这些从来没有听过的新鲜内容。徐悲鸿继续讲道:"绘画虽是小技,但可以显至美,造大奇,非锲而不舍、勤奋苦学不易为功……中国绘画的一个最大危机,就是'案头模仿,不见一切'。真感者，乃一切艺术之渊源也。我们必须从生活实际出发，从真实景物中取材……

"明末董其昌为中国绘画史上第一个形式主义者……他的学生王时敏和以后的王鉴、王原祁、王翚合称'四王'，成了影响清代画风的没落的典型……全无天真气，重重叠叠，好讲间架，树多是小树，不见一块嶙峋之石，远山仍是近山，画中少见人物，便有人物仍非当时人，所以不真实……

"作画同写文章一样，要有生活、要有激情，需要先燃烧自己，然后才能感动别人，引起共鸣……"

身穿粗蓝布大褂的徐悲鸿越讲越激动，他提高嗓门说："要变革这些，就要付出代价。所以，我说，学习艺术是一种冒险探奇的事业，即使学得很有成绩，在当今的社会里，也难免会有饿肚皮的忧虑。"他停了片刻，又继续说道，"在画家的一生中，自有许许多多的艰难险阻挡路，这就需要有勇气和毅力去克服它，还要有殉道士的牺牲精神，否则，休想跨入艺术的殿堂！……"

徐悲鸿讲到这里，把目光移到坐在后排的学生吴作人身上，说："吴作人同学，请你来概括一下我这堂课讲的中心意思是什么。"

吴作人立刻站了起来，从容不迫地回答道："中心意思概括起来就是一句话：首先要明确学习艺术之目的。艺为人生。这个'人'不仅仅是我吴作人个人，不仅仅是我们正在学习的同学们，这个'人'涵盖了广大人民群众。艺为人生是我们学习艺术之目的，为了达到这个目的，就必须要有百折不挠之意志，持之以恒，始终如一。作为一个人民的画家，如果缺少了这个目的、这种精神，在天灾战祸、民不聊生的社会现实面前，我们就不可能勇敢地拿起画笔，通过画笔为人民大众发出怒吼！"

徐悲鸿用赞许的目光看着这个年轻人，满意地笑了。

我们从徐悲鸿先生的作品中已经看到，他从中国的古典传统出发，又从西方绘画中汲取营养，最后达到了融会贯通自成一家的艺术蜕变过程。他在课堂上告诉同学们："西方画之可采入者融之。"以画马为例，徐悲鸿说，"中国绘画史上擅长画马的名画家很多，但他们都是马的如实描写者，笔下的马缺乏马的俊逸之特点，之灵性。为什么呢？因为他们没有从马的结构上做过认真观察，认真写生。画马，一定要掌握好马的身体结构、运动特点。要做到这个，这就得拜马为师，好好学习，反复写生，即使是马的某一个细小部位都不能放过。我画过有关马的写生，不下数百张。要反复练习、反复地画，一直画到你胸有千万万匹的马、千变万化的神态。这样，你再画起马来就能做到得心应手了。其实，我画的马，看上去像马，但又不甚像马，在生活中找不到这种马。它有灵性，又有人性，自由奔腾，全无羁绊。它是一种意象之形象，是一种综合特性的象征，腾飞的象征，是中华民族精神的象征。这种象征性表现得越完美，就越能体现我们中华民族的民族精神，就越符合中国人民的审美理念。所以，它受到人民大众的热爱，得到人民大众的认可。"徐悲鸿先生最后告诉同学们，"同学们，我可以告诉你们，我是用奔马精神画马的。所以，我一拿起笔来画马，就有一种激情，一种越燃越烈的激情，一种取之不尽的激情……"

徐悲鸿的课堂演讲，掌声不断，获得满堂彩。

徐悲鸿讲完课，像往常一样，从学校步行回家。一进房间，太太蒋碧微十分高兴地递给他一张印制精美的聘书。徐悲鸿接过来看了看，南京中央大学聘请他为中央大学艺术系教授。徐悲鸿的神态告诉太太，他对这聘书并不怎么感兴趣。蒋碧微满脸堆笑地告诉徐悲鸿："你去中央大学当教授，每月薪水法币三百元呀！这可是一笔许多人羡慕不已的可观收入。"

"我知道。"徐悲鸿把聘书往桌上一扔说"这个我比你更清楚。"

让蒋碧微没想到的是，"独持偏见，一意孤行"的丈夫偏偏不把这"聘书"放在眼里。他不愿意接受这一美差。这下子可急坏了蒋碧微，她竭尽全力，千方百计地说服丈夫应聘。是呀，蒋碧微带着孩子也很不容易。面对这种情况，徐悲鸿感到左右为难。徐悲鸿在一些朋友的再三劝说下，考虑到蒋碧微的情绪和孩子的成长问题，还是勉强接受了这一聘请。

"我答应接受中央大学的聘请。"徐悲鸿对太太说，"不过，我有个前提。"

"什么前提，你能告诉我吗？"

"在中央大学任教可以，但不能影响我在南国艺术学院的教学。"徐悲鸿说，"具体办法是：中央大学艺术系半个月，南国艺术学院半个月。"

"这么说，你要上海、南京两头跑了？"

"是，上海南京两头跑。"

"鸿，这样做你受得了吗？"

"这点困难好克服。"徐悲鸿说，"早起，晚睡点就解决了。"

"你说这点困难好克服，不过，你是我丈夫。我作为妻子，不能不考虑你的身体，这让我很担心。"

"你用不着担心。"徐悲鸿说，"这些年来我们是怎么过来的，你应该清楚。人生就是要不断克服困难，闯过一个一个的障碍，战胜一个又一个的拦路虎。我以为，人要想有所作为，必须如此。因为世界上没有平坦的道路可走。鲁迅先生说过，其实地上本没有路，走的人多了，也就成了路。"

"说起来轻松，做起来不易。"蒋碧微关切地说，"鸿，那些困难是如何克服的，我心里清楚。"

"嗨，人生没有过不去的火焰山。这点困难对我来说，算不了什么，你放心就是。"

"鸿，你还继续在南国艺术学院任教，中央大学会同意吗？"

"我既然能接受他们的聘请，我想，中央大学也会同意我的意见。"徐悲鸿说，"我已经告诉你了，前提是不能影响我在南国艺术学院的教学。你放心吧，这个由我去说服南京方面。"

徐悲鸿轻而易举地说服了南京方面。后来又在老婆孩子的一再要求下,徐悲鸿于1929年5月,把家搬到了南京,先住在石婆婆巷,后搬到丹凤街52号中央大学宿舍。那时,徐悲鸿的收入还买不起房。徐家住在中央大学丹凤街52号一幢老式两层宿舍楼里,里面同时还住有中央大学另外三位教授。当时的中大艺术系集中了一批造诣很深、颇有影响的教授,除了徐悲鸿,另外还有吕凤子、张书旂、陈之佛等,后来聘请了吕斯百、傅抱石等,可以说艺术气氛很浓。从丹凤街52号去中大艺术系上班不太远,途中要经过北极阁和鸡鸣寺,这条路,徐悲鸿来回走了四年多。

以往,徐悲鸿从上海到南京两头跑;后来,徐悲鸿变成了从南京到上海两头跑。

中央大学艺术系的画室里出现了教授徐悲鸿的身影。他教学生作画严肃认真,特别注意观察学生在作画过程中的缺点和不良倾向。艺术系有位男生很聪明,画素描时用笔爽快利落,徐悲鸿很赏识。但后来这个男生骄傲了,作画经常漫不经心,不该深的地方画深了,不该浅的地方画浅了,完全离开了对象在特定光源下所形成的色调。徐悲鸿看出了这个学生的浮泛,作画越来越不认真。有一天,也是画素描写生,徐悲鸿走到这位学生的画架跟前,问他:"你看哪个地方最黑?"他立刻答道:"头发最黑。"徐悲鸿又问:"哪里最亮?""眼睛最亮。""很好,你真聪明。"徐悲鸿没再说别的,一声不吭地走开了,让这个学生感到有些诧异。又过了一个月,徐悲鸿让同学们画另一张人物素描。这回模特儿转换了方向,光线也发生了变化,可那位聪明的男生还是照老样子画。徐悲鸿走到他的画架前,还是问他哪里最黑?哪里最亮?他还是照老样子回答头发最黑眼睛最亮。"你好好看看哪里最黑?哪里最亮?为什么黑?为什么亮?"徐悲鸿看着这位同学十分认真地说,"我所说的黑和亮,是整体的关系,不是形象自身哪个地方最黑最亮。"徐悲鸿在这关键时刻一点拨,那个学生恍然大悟,马上认识到自己的错误。从此,他观察写生对象就上心了,明暗关系也分析得真切了。他终于发挥出自己的绘画才能,写生成绩总是在全班名列前茅。

徐悲鸿在教学中因人施教、严肃认真的态度，还有他那循循善诱的方法，给同学们留下深刻印象，受到了同学们的高度称赞，因而赢得了同学们的尊敬。

34

徐悲鸿是位现实主义大画家，他在绘画中经常洋为中用，古为今用，借古喻今。徐悲鸿在翻阅《史记》的时候，《史记》中的《田儋列传》引起了他的重视。《史记·田儋列传》原文是这样记载的："……乃复使使持节具告以诏商状，曰：'田横来，大者王，小者乃侯耳；不来，且举兵加诛焉。'田横乃与其客二人乘传诣洛阳。……未至三十里，至尸乡厩置。横谢使者曰：'人臣见天子，当洗沐。'止留。谓其客曰：'横始与汉王俱南面称孤，今汉王为天子，而横乃为亡虏而北面事之，其耻固已甚矣。……'遂自刭。……五百人在海中，使使召之。至则闻田横死，亦皆自杀，于是乃知田横兄弟能得士也。"文末司马迁感慨地写道："田横之高节，宾客慕义而从横死，岂非至贤。余因而列焉。不无善画者，莫能图，何哉？"

田横之高节，宾客慕义而从横死，引起徐悲鸿的无限感慨和沉思。在他的脑海里产生了创作一幅巨幅油画《田横五百士》的强烈欲望……

我们将这段真实的故事翻译成现在的话来说：田横是秦末齐国田姓的王族，继田儋之后为齐王。陈胜、吴广起义抗秦时，四方豪杰纷纷响应，田横一家也是抗秦的义军之一。当汉高祖刘邦消灭群雄之后，田横就和他的五百壮士逃亡到一个海岛上去避难。刘邦听说田横深得人心，恐日后有患，便派使者赦田横的罪，召他回来说：田横，你来，可以封王，下面的人也可以封官。不来，我出兵把你们都消灭了！田横不归顺刘邦，无奈之下就同两个部下离开海岛，到了汉朝京都附近三十里的地方，壮烈地自杀了。他在遗嘱中告诉随行人员，把他的头颅拿去见刘邦，表示自己不愿受屈辱，只希望能保护岛上的义士。两个随行人员便遵照他的嘱咐去做。刘邦为他的义举所感动,用王礼来葬他,并把同来的两人都封为都尉。但是这两个人在田横入葬时也自杀在田横的墓穴中。汉高祖又派人去招抚留在岛上的人,可是他们听到田横已死,也都舍身跳海而死,无一人投降。这个岛从此被称为"田横岛",它离现在的青岛不远。

徐悲鸿觉得这种气节实在了不起,在民族存亡的紧要关头,正需要这样的气节。感到自己作为一名中国画家,应该横下一条心,画一幅巨幅油画《田横五百士》,以激励民众团结起来对付邪恶势力。

于是,徐悲鸿开始在思考如何通过他创作的油画,来充分表现田横和他的五百壮士宁可站着死也不跪着生的壮烈情景……

一天,蒋碧微怒气冲冲地推开画室的门,对徐悲鸿嚷道:"你倒好,整天除了教画、画画,什么事都不管!我原以为在法国八年镀金,回来能过上好日子了,没想到你买古画,购古董……"

"好了,你吵什么,我的薪水不都给你了吗?"满脑子田横和他的五百士形象的徐悲鸿很不耐烦地说,"你又瞎吵什么呀,没见我正在忙着嘛!"

"忙!忙!忙!!从来就没见你不忙过!"蒋碧微也不示弱地嚷着,"自从到了法国以后,你为我忙过吗?现在有了孩子,你为孩子又忙过多少?你口口声声你的薪水都交给我了,你就那么一点钱,怎么够花呀!"

"怎么,这么多钱还不够花?"徐悲鸿听到妻子说出这番话,不由得大吃一惊。

在蒋碧微看来,她这位出身名门的娇小姐既然为跟随徐悲鸿抛弃父母远走异国他乡,那么出身贫寒的徐悲鸿,就应该理所当然地属于她,为她而奋斗,为她而活着,这当然也包括他的画、他的钱财、他的事业。可这些年来徐悲鸿的表现却恰恰相反。蒋碧微想错了,大错而特错了。徐悲鸿把祖国看得高于一切,对绘画事业的热爱早已深入骨髓。蒋碧微当年为追求婚姻自由而私奔东瀛,是由于她追求的是自由解放，是个人的幸福。他和徐悲鸿的追求已经不一致了。这个不一致，随着时间的推移、环境的变化，两人在人为什么活着、到底应该怎么活着等重大问题上不一致的想法、不一致的行为、不一致的步调，日渐显露。这使蒋碧微越来越不满，这让徐悲鸿越来越苦恼。"你已经成了一个醉心艺术，目中无家庭、没妻子，根本想不到我作为一个妻子的感受，你在我眼里是一个特别自私的男人！"蒋碧微牢骚满腹地嚷道，"到了你应该睁开眼好好看看人家张道藩的时候了。尽管他画不如你，才学不如你，可他能说会道善于交际。他不光讨女人喜欢，也讨像陈果夫、陈立夫等等一些大人物的喜欢。他不仅是陈立夫的大红人，还是蒋介石的大红人。在官场，他如鱼得水青云直上，现在他在南京政府身居要职，是国民党的高官了！看看人家，住的是小洋楼，进进出出是小汽车。家里有最好的化妆品、最时尚的衣服、最好的钢琴、电唱机、照相机、收音机。我们这个家有什么？连硬木家具都没有。张道藩光各种西服就有几十套，他太太苏珊光各式各样的名牌高跟皮鞋就上百双……可你，奋斗精神比谁都强，画比谁画得都好，可你却像中了邪，回国后非要和田汉他们那些危险人物搅在一起，一头扎进乌七八糟的南国艺术学院。结果呢，你什么也没得到。不光什么好处都没捞到，还得罪了南京当局……"

"你给我住嘴！"徐悲鸿忍无可忍地说，"你是我的太太，不许你污蔑田汉先生，不许你污蔑南国艺术学院！"此时此刻的徐悲鸿，如同他笔下负伤的雄狮一样，对着蒋碧微怒目而视道，"你在南国艺术学院给我捅的娄子还少吗？一幅我正在构思和修改的画稿《田横五百士》，你趁我到南京中大讲课，带了一帮子人闯进我那小小的工作室，把我所有的作品和画稿洗劫一空。名义上，你是为了搬家，其实你清楚，真是搬家，为何不等我回来？！你这样做，我当时尽管忍无可忍，可是我还是憋住了，也只是说了你几句也就过去了，想不到你今天又说出这般令人痛心的话！当今的社会就是这样黑白颠倒，人鬼不分，什么强盗、流氓、瘪三，不管是什么货色，只要对当局有用，都可以升官发财，甚至被当成掌上明珠。这些人不管他们地位多高，多富有，多神气，可在我的眼里，他们都是些非常渺小的跳梁小丑、可怜虫。达·芬奇说得好：'人的美德的荣誉比他财富的荣誉不知要大多少倍。'……"

"哼！你甘愿为你那崇高的美德的荣誉去献身吧！我可实在受不了。"没等徐悲鸿把话说完，蒋碧微便冷笑着插嘴说，"我当初硬着心肠抛弃了父母，不顾一切地和你私奔东瀛是为了什么？为了找一个能爱我一辈子、疼我一辈子、照顾我一辈子，能同我一起建立一个舒舒适适的小家庭、快快乐乐地过一辈子的好丈夫，可你却……"

"可我却什么？我在这些事情上并没有错，错的是你！我再重复一遍：我所坚持的一切都是对的！"

"既然如此，当初你为什么还要千方百计地叫我同你私奔呢？"

"当初你同我出走，为了追求婚姻自由，勇敢地起来反对封建主义的包办婚姻，这个是值得称赞的！可后来你变了。"徐悲鸿沉痛地说，"我本想在音乐上培养你，希望你也能为中华民族做出贡献，可我想错了，完全想错了。"

"音乐，音乐，我讨厌透了音乐！"蒋碧微火冒三丈地说，"在东京，你逼着我每天吹箫奏琴；在巴黎，你又逼着我学小提琴……早知现在，何必当初？要是当初不是你闯入我们蒋家，我生活得肯定比现在要好！……"

"够了！"徐悲鸿"砰"地一关门，走了。他在马路上一边走一边深有感慨：一个人在他的人生道路上，开一个好头是不容易的，但是要想一直沿着这条人生的道路走下去，那才是最难最难的！

在徐悲鸿看来，个人的事再大，同民族存亡的事相比，都是微不足道的。想到这里，眼前涌现出田横和他率领的五百士的感人形象，于是，徐悲鸿走进丹凤街那间简陋的画室，把满腔的爱国激情倾注于笔端，一张又一张地打起油画《田横五百士》的画稿……

他为了创作这幅历史题材的画卷，朝思暮想，废寝忘食，草稿打

油画《田横五百士》。徐悲鸿作

了一张又一张。他不止一次地去图书馆和博物馆，翻阅大量古书、古画，研究古代的武器和服饰。在历史画卷中那个朝代中的人物该是什么模样？王临乙、吴作人等都成了他的模特儿。王临乙、吴作人都是中央大学美术系的学生，同时也协助老师做些事。

一天，他应苏州美专校长颜文梁的邀请，到苏州美专讲学。当徐悲鸿走进校门时，偶然一瞥，发现传达室的一位留长须的工友，是他正在思考中画中长须老人理想的模特儿。于是，他迅速找来纸和笔，当即画了两张速写稿，一张留作创作《田横五百士》用，一张赠予本人。这位工友一听说这就是大画家徐悲鸿，嘿！他高兴得连嘴都合不拢了，一再称赞徐悲鸿人好画也好……

35

1928年7月7日，福建省教育厅厅长黄孟圭邀请徐悲鸿去福建避暑。徐悲鸿让他的学生王临乙做他的助手随行。到福建后，孟圭大哥向徐悲鸿提出，为在济南"五三惨案"中被日军杀害的蔡公时烈士画张像，以示对他的敬仰和怀念。

蔡公时是江西九江人，人称民国以来第一位抗日烈士。1928年国民政府北伐，5月1日与日军在济南发生冲突，5月3日，蔡公时率领外交随员与日军交涉，不幸全部遇难牺牲，这就是震惊中外的"五三惨案"。为抗日烈士画像树碑立传徐悲鸿当然是义不容辞，他满怀对烈士的崇敬和对日寇的愤慨，先打了两三张素描稿，再三思考，精心绘制了颂扬爱国烈士的油画《蔡公时被难图》。徐悲鸿创作这幅油画的整个过程中，都是王临乙在旁边协助他做杂务，眼看耳听心琢磨，收获颇丰。黄孟圭对《蔡公时被难图》，赞不绝口，表示要重重酬谢。徐悲鸿微微一笑说："孟圭大哥，我什么报酬都不要。"

"悲鸿弟，你不要酬谢，想必另有需要。"黄孟圭问悲鸿，"想要办什么事？你就直说吧，只要能办到的，大哥竭尽全力去办。"

"孟圭大哥，我只是想请您想想办法，帮我解决两个赴法国留学的名额。"徐悲鸿说，"我知道大哥珍惜人才，乐于善事，我才提出这个要求。如果有困难的话，小弟也不想为难大哥！"

黄孟圭非常了解爱才如命的徐悲鸿，他提出这样明确的要求，肯定是已经发现了两位很有潜质的艺术人才，并且正在谋划着如何官费派到法国深造。黄厅长深受感动，他毅然允诺道："悲鸿小弟，我想法帮你解决两个赴法国留学生的名额就是了。"

悲鸿大喜。这两个学生不是别人，就是资质聪颖、成绩突出的王临乙和吕斯百。徐悲鸿让王临乙学雕塑，吕斯百学油画。就这样，在徐悲鸿先生的厚爱，还有黄厅长的帮助下，王临乙、吕斯百得到了去法国留学深造的机会。

1928年，33岁的悲鸿住在南京丹凤街，名其居为"应毋庸议斋"。在蒋碧微一再劝说下，徐悲鸿勉强接受邀请，出任"国立中央大学"艺术系教授，开始创作取材《史记》的大幅油画《田横五百士》。

1928年10月，徐悲鸿接到北平大学校长李石曾发来的聘书，聘他为北平大学艺术学院院长。

就在这一年，上海中华书局出版《悲鸿素描集》，徐悲鸿创作国画《六朝人诗意》《嘶马》。

36

冬去春来，时针指向1929年，徐悲鸿来到北平大学艺术学院，走进他的院长办公室。

1929年的北平画坛，死气沉沉，以模仿古人为能事，画风保守。徐悲鸿一上任便走上讲坛，向全院师生发表就职演说。他开宗明义地说："我此次来北平艺术学院，目的就是为了革新美术和美术教育。首先要改革的是学生学习艺术的观念。学生当以研究艺术、发展艺术、开拓艺术新道路为天职，不应把本院看成为升官发财之阶梯。还有，学院应是'网罗众家之学府'，不应以势压人、欺人、排斥人，甚至打击不同的艺术派别。我希望一切有志于中华民族艺术事业的先生们、学生们，都振作精神，尽力发挥自己的才能，为振兴中华民族的艺术事业而努力！"

齐白石的画纯粹而凝练，每一线条可以千变万化。白石笔下的耕牛小草乃至一只河虾，都是个个生猛灵动，实在难得。徐悲鸿在就职演讲中列举齐白石先生的绘画，大加称赞。徐悲鸿理直气壮地发声道："白石先生最为突出的长处，一往直前，无所顾忌，写昆虫突过古人，其虾、蟹、雏鸡、芭蕉，以墨写者，俱体物精微，纯然独创。这些创新画作，最富有生命力，是对保守势力的有力冲击。齐白石先生真正代表了中国绘画艺术的发展方向。他是一位深得人民大众喜爱的了不起的现实主义大画家。"

徐悲鸿的就职演说迅速传遍北平画坛，传遍北平文艺界。有人称快叫好！有人暴跳："他姓徐的造反造到北平来了，是不是吃豹子胆啦！"

"哼，骑驴看唱本——咱们走着看！"

就在这个时候，1929年4月10日，当时的国民政府在上海举办的第一届全国美术展览会开幕。作为中国第一届全国美展总务委员会七常委之一的徐悲鸿，深深感到现代形式主义艺术流派充斥了第一届全国美展。

就在对展览作品赞美之声不断的时候，上海《美展》收到一封写给徐志摩的批评信，题目是《惑（致徐志摩的公开信）》，言辞十分尖锐激烈。是作为全国美展总务委员的徐悲鸿写来的。他发现在整个的展览中有太多西方现代艺术倾向的作品。徐悲鸿不仅拒绝参展，还进行了言辞尖锐的批评。他开门见山地写道："志摩兄，承再三眷念，感激万分，顾百花开放，难以同时，比来意兴都尽，其不参与盛会并无恶意。"徐悲鸿在《惑》的开篇说："中国有破天荒的全国美术展览会,可云喜事,值得称贺。而最可贺者,乃在无腮惹纳(Cezanne 塞尚)、马梯是(Matisse 马蒂斯)、薄奈尔(Bonnard 勃纳尔)等无耻之作(除参考中有一二外)。"徐悲鸿以庸、俗、浮、劣等,否定了马奈、雷诺阿和马蒂斯的作品。

徐悲鸿主张将西洋绘画与中国绘画相融合,借西洋画之技法,改良和复兴中国绘画艺术。徐悲鸿选择的是艺为人生,艺术应该表现社会现实,表现人民大众和他们的心愿。这也是徐悲鸿如此推崇齐白石的绘画作品的根本原因所在。

徐悲鸿与徐志摩在对西方的文学艺术进行学习与探索上,认识是基本一致的,但在学什么、怎么学的问题上发生了严重分歧。因此,徐悲鸿与徐志摩展开了激烈论战。

徐志摩看到信是在中国美术界如日中天的大画家徐悲鸿写给他的,徐悲鸿又是这次美展的七常委之一,这引起了留英归来的徐志摩的困惑。徐志摩情不自禁地挑灯夜战,通宵写出了批评徐悲鸿的长文《我也惑》,与徐悲鸿的《惑》,一并刊登在《美展》1929年4月第5期上。

徐志摩在《我也惑》中回应道:"悲鸿:你是一个——现世上不多见的——热情的古道人。就你不轻阿附,不论在人事上或在绘事上的气节与风格言,你不是一个今人。在你言行的后背,你坚强地抱守着你独有的美与德的准绳——这,不论如何,在现代是值得赞美的。批评或平衡的唯一的含义是标准。论人事人们心目中有是与非,直与枉,乃至善与恶的分别观念。艺术是独立的;如果关于艺术的批评可以容纳一个道德性的观念,那就只许有——我想你一定可以同意——一个真与伪的辨认。没有一个作伪的人,或是一个侥幸的投机的人,不论他手段如何巧妙,可以希冀在文艺史上占有永久的地位。他可以凭他的欺蒙的天才,或技巧的小慧,耸动一时的视听,弋取浮动的声名,但一经真实的光焰的烛照,他就不得不呈露他的原形。关于这一点,悲鸿,你有的是'嫉伪如仇'严正和敌忾之心,正如种田人的除莠为的是护苗,你的嫉伪,我信,为的亦无非是爱'真'。即在平常谈吐中,悲鸿，你往往不自制止你的热情的激发，同时你的'古道'、你的谨严的道德的性情，有如一尊佛，危然跌坐在你热情的莲座上。指示着一个不可错误的态度。你爱，你就热情地爱；你恨，你也热情地恨。崇拜时你纳头，愤慨时你破口。眼望着天，脚踏着地，悲鸿，你永远不是一个走路走一半的人。说到这里，我可以想见碧微嫂或者要微笑地插科：'真对，他是一个书呆！'……"

徐悲鸿公开提倡写实主义就是要正视现实，直面人生。徐悲鸿一生都在艺术上"求真"，他的这种"求真"并不只是挂在口头上，而是一直在用实际教学和实际创作来实践着自己的艺术主张。直面人生是徐悲鸿一直推崇的求真。这种以真为美，以心为美，正是五四运动给中国文化带来的新思维。

徐悲鸿和徐志摩是好朋友，尽管两人展开了如此激烈的笔战，但放下笔，两人依然是朋友，徐志摩照常拜访徐悲鸿，徐悲鸿照常为徐志摩的夫人作肖像画。

徐悲鸿用这种形式批判了欧洲美术界的现代形式主义艺术流派及其对中国的影响。他聘请齐白石登上北平艺术学院的讲坛。

就在齐白石处境极为艰难的时刻，徐悲鸿出现在他的面前。

齐白石酷爱绘画艺术，1920年定居北京，先住在法源寺，后搬到宣武门内石灯庵，最后迁至西单跨车胡同。因白石先生出身低微和在艺术上追求创新，在20世纪二三十年代，他的处境很是艰难。在京城的一些画店白石先生的扇面一个才卖二元二角银币，京城许多画家比齐白石画的扇面差多了，还卖三块多一个。有些画店看不惯，想办法给齐白石挂笔单，提高他的画价，但是，立马遭到画坛保守势力的封杀……

倔强而孤傲的齐白石比徐悲鸿早生32年，在徐悲鸿出生的时候，齐白石尚未步入画坛。他从做雕花木器的匠人，变成给人家描容、画花样子的艺人。他原名叫齐师芝，人们都喊他："芝师傅"。

齐白石是湖南穷乡僻壤的木匠，他57岁定居北平后，寄住在法源寺内，以卖画为生。他的画要比别人的画便宜一半，就这样还为卖不出去而犯愁。

1919年初的一天，在一个被人冷落的场合，梅兰芳走上前同齐白石寒暄了几句，使他挽回了一些面子。为此，他感激万分，特意精心画了一幅《雪中送炭图》送给梅先生，并题句道："而今沦落长安市，幸有梅郎识姓名。"

可是，梅兰芳改变不了他在画坛被人歧视的命运。

他认识了在艺术上颇有造诣的陈师曾。陈师曾对齐白石的画相当推崇。齐白石的成名，陈师曾立了头功。不幸的是，陈师曾在1922年就去世了。齐白石非常孤立地生活在北平画坛保守派的一片冷嘲热讽中。他们唾骂齐白石的画是"野孤之禅""不能登大雅之堂"等等。

徐悲鸿与齐白石

齐白石，从一个木匠成为一个享誉画坛的大师，徐悲鸿起了重要作用。

徐悲鸿赴法留学，系统地学习了美术理论、美术史、解剖、透视等课程，并在法国、德国、意大利等多国参观了艺术馆、博物馆，欣赏并临摹了许多世界级美术大师的杰作，在德国动物园画了许多动物写生和速写稿，特别是有关马的速写、写生，成为我国早期少有的既有丰富的艺术理论又有精湛的绘画技艺的艺术大师之一。徐悲鸿在北平大学艺术学院，开始酝酿绘画艺术教学改革。他认为，要提高绘画教学水平，首先应该打破旧的传统观念，贯彻写实主义原则，创立"素描基础论"。他所希望的艺术学院的教员，应该是具有真才实学，在艺术上不墨守成规，具有鲜明的个性、敢于创新的人。他觉得如果聘请像齐白石这样充满生活激情的画家到学校任课,不仅能打破教员中陈陈相因的沉闷气氛,而且也能给学生带来鲜活而生动的新内容。

徐悲鸿之所以看中齐白石,不仅因为他很欣赏齐白石,还因为齐白石在绘画艺术上的见解和徐悲鸿的主张完全一致。齐白石那种大胆师法造化,不落古人窠臼,富于创新的艺术风格,理应大力提倡。

37

徐悲鸿早在十年前就曾说过,如果是他当美术学院院长的话,聘请的第一位教授就是齐白石先生。光阴荏苒,十年过去了,这句话却一直装在他心里,现在该把承诺变成现实了。

"独持偏见,一意孤行"的徐悲鸿,决心借用齐白石这一板斧,好好修理修理这个死气沉沉守旧不前、被保守势力把持多年的北平画坛。

徐悲鸿进入北平画坛,一眼就盯上了齐白石。这时的齐白石,年过66岁。但在徐悲鸿的眼里,他仍是一匹能够负重奔驰的千里马。于是,徐悲鸿在保守派的一片聒噪声中,大声疾呼:

"齐白石,'妙哉自然'!他是中国当代首屈一指的艺术家!他可比徐渭、可比虚谷、可比任伯年、可比吴昌硕,可同中国画坛上任何丹青妙手相媲美!齐白石比任何一位言必'四王'的所谓名家,不知高明多少倍!我们一些画家画人不像人,画鸡不像鸡,远不如唐宋。我看这是中国画家的倒退,是中国画家的'奇耻大辱'!我以为中国美术的复兴,必须要'师造化',要'以人为本'艺为人生,要以表现人民大众的生活为中心。"

就造化为师问题,徐悲鸿专门写过一篇文章,文章开宗明义地写道:"艺之来源有二:一曰造化,一曰生活。欧洲造型艺术以'人'为主体,故必取材于生活;吾国艺术,以万家水平等观,且自王维建立文人画后,独尊山水。故必师法造化。是以师法造化或师法自然,已为东方治艺者之金科玉律；无人敢否认也。但法造化，空言无补，必力行乃见效。一如吾先圣、先哲留遗几许名言，但不遵守，亦无补恶风浇谷。且恐有歪曲其意义，假借之而为乱阶者，比比是也……以时人论，齐白石翁之写虾蟹蝼蝈，及棕树芭蕉至美，已可千古，则造化一切，无不可引用而成艺术家之不朽者，此事之至明显者也……"

徐悲鸿深有体会地提高嗓门说："我在欧洲学习八年，可以说我是钻进西方艺术世界里一心一意地苦练、探索，学习西方艺术之长补我中华民族艺术之不足……我们的美术教育事业，我们的艺术殿堂，是多么需要像齐白石这样勇于创新的艺术家啊！……"

一位青年学生激动地举起双手，欢呼着："徐院长，你可真伟大啊！你是今日中国画坛当之无愧的最了不起的艺苑伯乐。"

另一位年轻人激动得大声说："徐悲鸿，您是春风，您是春雨，有了您，死气沉沉的北平画坛就有了希望！徐悲鸿，我们支持您！我们永远支持您这位用神来之笔画出如此鼓舞人心、奋进不息的奔马！"

"同学们不用恭维我！"徐悲鸿摆摆手说，"我非伯乐，而齐白石先生却是实实在在的千里马！我非春风春雨，但我到欧洲学习西方绘画艺术，就是为了改革中国绘画而寻求方法的。我从欧洲归来，就是横下一条心，冲破中国画坛的陈腐观念，用我学习到的东西，用我的微薄之力，改变中国画坛种种的守旧陈腐观念。不过，令人遗憾的是，有人竟然企图把我们中华民族的千里马置于死地而后快……"

徐悲鸿的这番发自肺腑的演讲，字字掷地有声，句句震撼人心。他决意拜访齐白石。一天，徐悲鸿正要动身，忽然有个自称权威的人拦住他说："我闭上眼睛都可以摸进北平画坛所有名家的大门，可从来没听说过还有个什么齐大师呀！齐大师究竟是何许人也？"徐悲鸿冷眼看了他一下，说："齐大师，乃大名鼎鼎的齐白石也！""哈哈哈，徐院长，你也真会开玩笑，把一个性格乖僻、从来没进过艺术院校门槛的野狐禅当成什么大师，哈哈……"

"开玩笑？"徐悲鸿把脸一沉极其严肃地说，"我第一次看到齐大师的画,就如同待在闷热的屋子里,突然吹进一股新鲜凉爽的空气。又好比大旱逢甘露。我不仅要去拜访他,而且还要首先聘他为美术学院的教授!"

徐悲鸿说完,登上备好的马车,扬长而去。这人不可思议地望着走远了的马车,连连摇着头,说:"徐院长着魔了,徐院长着魔了……"

当徐悲鸿乘坐的四轮马车,第一次来到齐白石门前时,齐白石慌忙出门迎接:"齐某不才,何敢劳徐院长大驾!……"

"聘书谅已收到,不见回音,悲鸿放心不下,想必是失礼了,今日特来登门赔礼!"徐悲鸿说着作了一个长揖。

"徐院长多心了。"齐白石一边请徐悲鸿进屋一边解释说,"徐院长,你是出过国、留过洋的,应该能理解我。不是我齐某不肯去当教授,如果我真的能当上大学教授,也算是为我们手艺出身的人争了一口气。徐先生,说心里话,你来北平当院长我打心眼里高兴。可我从来没有进过洋学堂,更没在洋学堂教过书。我只是在这里想卖几张画混碗饭吃,就这样,人家还在天天地指责我、咒骂我、打压我。我的字画被他们打压得画价很低了,他们还是不肯放过我,总是千方百计拆我的台呢!"齐白石说到这里,一阵心酸,哽咽得说不下去了。停了片刻,他擦擦眼睛接着说:"徐先生,你容我掂量掂量自己,一个星塘老屋拿斧子的木匠,怎敢到高等学府当教授呢!"

"你岂止能教授我徐悲鸿的学生,也能教我徐悲鸿本人。"徐悲鸿站起来诚恳地说,"齐先生,我此次到北平不是为当院长,而是要向这盘根错节、因循守旧、一潭死水的北平画坛投一重石!我徐某正要借重您这把斧子,来好好收拾收拾北平画坛上的这些枯枝朽木!"

"齐某岂敢,齐某岂敢……"齐白石被感动得热泪滚滚,他说着就要双膝下屈。徐悲鸿一把搀住了他,两双驱笔走墨的大手紧紧地握在了一起……

徐悲鸿告辞的时候,诚恳地说:"齐先生,您就尽管放心吧!您去讲课,我陪着您。夏天,我给您安一台电扇;冬天,我亲自给您生炉子……"

"徐院长，你的确有一副特别温暖人心的火热心肠。"

一个晴朗的早晨，齐白石来学院讲课，徐悲鸿一直陪着他，讲完课后，又亲自送他回家。齐白石激动不已，用颤抖的声音说："徐先生，诸葛亮也不过是三顾茅庐，可您已是第四次来寒舍了。"齐白石说着双膝又要下屈。徐悲鸿急忙搀住他，连连说："是您赏了我徐某的脸，我应该拜谢齐老先生您才是。"

齐白石有个怪脾气，就是他的画从来不送友人，更不送给达官贵人。他为此在大门上贴出了声明："卖画不论交情，君子自负，请照润格出钱。"并在旁边加了一行小注："尺纸六元，每寸加二角。"不过，对徐悲鸿却破了他自立的规矩。他从艺术学院回来，心潮激荡，思绪万千，回顾生平，夜不能寐。经过酝酿，精心绘制了一幅山水画，亲手送给了徐悲鸿。徐悲鸿取出大洋，要照润格付款，白石翁坚决不收，并说："要是徐院长坚持这样做，那真使我齐某无地自容了。"为抒胸怀，齐白石在画上还题诗七绝一首：

少年为写山水照，
自娱岂欲世人称。
我法何辞万口骂，
江南倾胆独徐君。
谓我心手出怪异，
鬼神使之非人能。
最怜一口反万众，
使我衰颜满汗淋。

"我法何辞万口骂"和"最怜一口反万众"，无疑是齐白石的真心话，也是非常真实的写照。

深秋时节，徐悲鸿出任院长后不久，应邀去参观正在北平举行的全国美展。宽敞的大厅里挂着一幅幅精工装裱的国画，让人目不暇接。可徐悲鸿看了一会，却感受沉闷压抑。由于一些作者墨守成规，闭门造车，致使画面死气沉沉，缺乏生气。他正思忖着，忽然发现了挂在墙旮旯里的一幅小画，他近前定神一看，原来是齐白石笔下的虾。他当即被齐白石的盈尺小画深深吸引住了。他仔细端详、品味着画面上那几只体若透明、形态逼真、载游载浮、生意盎然的虾，当众连声称赞"天下第一"！并立刻把"徐悲鸿订"的纸条挂在画幅之下。他愿出重金购买齐白石的画。在一家画店，他问画店老板："有没有齐白石先生的画？我愿出大价购买。"

"不瞒徐院长说，没有。"

徐悲鸿很不高兴地说："哼，现在你不收购些齐先生的画，我看你将来会后悔莫及了！"

"是，徐院长，有您这句话，我明天就登门请齐先生为本店作画。"

"嗯，这还算你有点见识，像个画店的老板。"

徐悲鸿说完，又赶到齐白石家，同他商量编辑出版《齐白石画集》的事宜。

齐白石一听徐悲鸿说要为他出画册，立刻惊奇地问道："您给我出画册，得付多少润格？"

"分文不要，待画册印好后，还得付给您润格。"徐悲鸿笑着说。

"为我出画册，还给我润格，天下竟有这样的便宜事？"

"这是真的，齐先生。"

"……"

齐白石高兴地流出了泪水。

徐悲鸿把草拟好的画册序言，请他过目。白石双手接过悲鸿手书，一字一句地细细往下看："……白石翁老矣，其道几矣，由正而变，茫无涯涘……"

白石翁读罢，惊喜不已。

徐悲鸿亲自上门聘请齐白石到校任教。从此开始了他与齐白石长达25年的深情交往。1931年5月，为了扩大齐白石的社会影响，徐悲鸿特别请出版家、教育家、《辞海》主编、中华书局编辑所所长舒新城先生，出版由徐悲鸿亲自编辑的《齐白石画集》。徐悲鸿为之作序，序中称赞道："白石翁老矣，其道几矣，由正而变，茫无涯涘。何以知之？因其艺致广大，尽精微也。之二者，中庸之德出。真体内充，乃大用然腓，虽翁素称石涛，亦同斯例也。具备万物，指挥若定，及其既变，无断章取义。所窥一斑者，必背其道。慨世人徒袭他人形貌也，而尤悲夫尽得人形貌者犹自诩以为至也。"

1933年初，徐悲鸿携带中国著名画家的作品到欧洲举行巡回展，使欧洲更多的国家认识和了解了中国的大画家齐白石和他的作品，从而使他的画走向世界。齐白石用"衰年变法"表现生活，一改文人画的匠气，有人说不登大雅之堂，但徐悲鸿认为齐白石开一代画风，可贵之极，值得国人骄傲。

徐悲鸿革新艺术、推崇齐白石的种种言行，大大激怒了北平画坛的保守派。他们斥责徐悲鸿"数典忘祖"！

徐悲鸿毫不妥协，针锋相对。但由于北平画坛是保守势力的顽固堡垒，徐悲鸿又单枪匹马，寡不敌众，就在他二进北平三个月后，不得不宣布辞职。

齐白石极其难过，含泪画了一幅《月下寻归图》送给徐悲鸿作为临别赠品。画面上是一位身穿长袍的老人，扶杖而行，面容抑郁。这是齐白石的"自写"。齐白石并题诗两首。一首诗文是：

草庐三顾不容辞，
何况雕虫老画师。
海上清风明月满，
杖藜扶梦访徐熙。

旁边又写一行小字："悲鸿先生辞余出燕，余问南归何在？答：

月明在上海，缺，在南京。"徐熙是我国南唐著名画家，擅画花木蔬果、禽鸟虫鱼，妙造自然，才气过人。白石先生借以比喻徐悲鸿。另一首诗文是："一朝不见令人思，重聚陶然未有期。深信人间神鬼力，白皮松外暗风吹。"

徐悲鸿回到南京，与齐白石经常书信往来。他们结成了忘年之交。齐白石在给徐悲鸿的一封长信中，曾十分感慨地写下了这样一句话："生我者父母，知我者君也。"

1929年冬，徐悲鸿昂首南天，拂袖而去。关爱人才的徐悲鸿回到南京后，想方设法帮助他在中央大学的学生吴作人，赴法学习绘画艺术。

38

1930年4月，35岁的徐悲鸿在《良友》画报第45、46期连载了他撰写的《悲鸿自述》，以自己的坎坷经历，鼓舞有志青年。7月，应友人之邀请，赴江西南昌写生，结识傅抱石先生。在江西走访并称赞南昌民间木雕艺人范振华。

徐悲鸿回到南京。一天，蒋碧微快快活活地哼着舞曲走进家门，迈着轻盈的舞步登梯上楼。

正在作画的徐悲鸿听见楼梯响，知道太太回来了。但他特别担心她在关键时刻闯进画室……

徐悲鸿听见脚步声过去了，这才松了一口气，笑了。在这仅仅七八平方米的画室里，地板上、墙壁上、桌子上，到处都摆满或挂满了有关油画《田横五百士》的一张张素描稿和画得半半拉拉的草图。窗台上还摆着一堆关于汉墓出土文物中的服装图。他还找出在北平大学艺术学院任职时画的几幅模特儿人体像，反复审视着关于《田横五百士》的一张张草图。徐悲鸿的创作构图是非常严谨的。对他来说，创作构图是深入探索和深思熟虑的过程。因此，在他还没有画出一份让自己满意的构图之前，目光总是从一个构图转移到另一个构图，构图画不好，他是绝对不会草率地动笔创作的。巨幅油画《田横五百士》的构图是从中心人物田横展开。光田横的模特儿，徐悲鸿就选了四五个。其他模特儿的人体速写和素描稿那就多了去了。如何确立田横这个中心人物，成了他日思夜想的难题。

徐悲鸿仔细审视了《田横五百士》的数十张草图，终于选中了较为满意的一张。这时，香气扑鼻的蒋碧微突然推门进来了。徐悲鸿正面对着他选中的草图仔细端详，见妻子进来了，便兴冲冲地说："微微，我看这张草图还可以，你看看，说说你的看法，我可以随时修改。看来，我得抓紧时间赶快把草图定下来……"

"你画的草图同我有什么关系？再说，你也知道，我对这个没兴趣，丝毫兴趣都没有，你爱怎么画就怎么画好了，别问我。"蒋碧微冷冰冰地说，"今天我到你这里来就是想给你打个招呼：晚饭我不回来吃了，晚上也许回来得很晚。"

蒋碧微说完，头也不回地转身走了，从楼下传来了几声小汽车的喇叭声。徐悲鸿透过玻璃窗看到了张道藩的小汽车停在那里，叹了口气。

蒋碧微跟随徐悲鸿，先是私奔东瀛，然后留学法国。由于法币增值，德国马克贬值，徐悲鸿为了节省开支，便在1924年秋初携蒋碧微辗转至德国写生。一天，他们收到巴黎老友寄来的一份"天狗会"成立通知："敬启者，天狗会于昨日开成立大会，当场投票选会长，赵君得多数票，被选为会长，当场欢呼'天狗会万岁！'……顺请狗安！天狗会谨启八月十日。"

"天狗会"的会长，并不是最主要决策者。"天狗会"最重要的人物是谢寿康、常玉、刘纪文、邵洵美、张道藩五人。为什么要成立"天狗会"呢？起因是几个中国留学生节假日没事干，聚在咖啡馆里喝咖啡闲聊。有人提议说："既然上海有个'天马会'，我们在海外留学的，何妨不来个'天狗会'？！有了'天狗会'，我们作为'天狗会'的成员，就可以经常组织活动，跳舞、唱歌、喝咖啡，到哪里玩玩什么的，也就方便多了。"于是，这些人居然就别开生面地组织了一个"天狗会"。没多久，蒋碧微、孙佩昌等数十人都成了"天狗会"的会员。"天狗会"没有宗旨，但有可以经常修改的章程。"天狗会"的会员经常聚会，聚会内容丰富，形式灵活。"天狗会"选派了朱一洲出任"驻德国公使"，接替前任谢寿康回巴黎后的重任。朱一洲是朱了洲的弟弟。朱了洲不仅是蒋碧微的同乡，还是他早就熟悉的好友。

不久，蒋碧微同徐悲鸿一起返回巴黎。有了"天狗会"，蒋碧微的生活就丰富多彩了。徐悲鸿回国后，留在巴黎的蒋碧微，经常应"天狗会"张道藩的邀请，到一起聚会跳舞喝咖啡。这种洒脱放任的生活，让蒋碧微十分开心。

蒋碧微坐上小轿车走后，徐悲鸿继续在画案前聚精会神地埋头作画。

"徐先生好！"两位青年人轻步走了进来。

徐悲鸿回头一看，是他的学生吴作人、王临乙。吴作人说："徐先生，您叫我们两人今天下午来一趟，我们来了，有什么事你就吩咐吧。"

"好，好，你们先看看我选的这张草图怎么样？"徐悲鸿高兴地说，"就是我这画室小了点，太乱，连个下脚的地方都没有。"

徐悲鸿在绘制《田横五百士》的过程中，吴作人和王临乙不仅是他的帮手，同时还是他画中人物的模特儿。田横这个人物的原型，是王临乙的一位好友。画中那位有着长长胡须的老人，是苏州美术专科学校传达室的一位老工友。老人左边那位站立者，原型则是徐悲鸿本人。

吴作人、王临乙面对草图仔细看了看，觉得不错，没提出修改意见。不过经徐悲鸿再三审视，还是不很满意，他觉得有两个人物还得作少许修改。于是，他又请吴作人、王临乙摆好姿势，对照着他们的形象，对挑选出来的这张草图又做了些简单的修改。于是，这张草图就这样定了下来。

39

晚饭后,孙多慈来到老师徐悲鸿的画室。徐悲鸿当时正在埋头作画,注意力完全集中在笔端,悄悄进来的孙多慈丝毫没引起他的注意。多慈往旁边一站,静静地看老师如何画马。孙多慈看得出神,简直入迷了。

画案太小,画尺幅稍大点的画,宣纸就得不断地往前推移。特别是在题写落款时,更需要把宣纸往前移动得多一些。徐悲鸿正要推动宣纸准备题款时,突然发现这张宣纸,正在慢慢地、轻轻地往前移动着。他感到惊奇,抬头一看,哟,原来是他最喜欢、最器重的学生孙多慈,在悄悄帮他抻纸。

孙多慈,原名孙韵君。"多慈"这个名字是在她1930年暑期考取中央大学艺术系,成为徐悲鸿的得意门生以后,由徐悲鸿给她取的。浪漫的徐悲鸿,好给喜欢的女孩子取名字。他为了表明对学生孙多慈的重视和喜欢,后来,他便从"孙多慈"三个字中截取最后一个"慈"字,又在他的名字"徐悲鸿"三个字中截取中间那个"悲"字,请金石篆刻家精心制作了一方印文为"大慈大悲"的阳文印章。

孙多慈1912年4月出生在安徽省安庆市,其父孙传瑗,曾任安徽省省政府委员。1929年,比徐悲鸿小16岁的孙多慈,在安庆女中高中毕业,毕业后报考南京中央大学文学系,不慎落榜。而后,她却以满分的优异成绩考进了中大艺术系。由于她勤奋好学,又颇有几分天资,且温柔善良,逐渐成了系主任徐悲鸿最为得意的学生。亭亭玉立的孙多慈,第一次出现在徐悲鸿眼前,就给他留下难于忘怀的美好印象。徐悲鸿发现画画的纸在悄悄移动,这才看见是多慈进来了。他惊喜地说:"嘀!多慈啊!你是什么时候进来的,我怎么一点也没有察觉呢?"

"老师,您只顾埋头作画了,怎么会察觉到我进来呢!"孙多慈羞涩地看着敬爱的老师风趣地回话道,"我是骑着老师您笔下的天马,腾空飞来的。老师,是不是我来得不是时候,妨碍您画画了?"

"怎么会呢?"徐悲鸿喜出望外地笑道,"看到你来了,真叫我高兴。"

"谢谢老师!"两颊绯红的孙多慈甜蜜地一笑,"看您作画,是一种最好的精神享受。看到您画的奔马,我似乎听到了奔马的马蹄声。我都看得入迷了。"

"你可不能老赞美我的画哟!"徐悲鸿高兴地说,"希望你能对我的画来个鸡蛋里挑骨头。"

"若是没骨头可挑,非要硬挑,我不就吹毛求疵了嘛!"多慈说完看着老师可爱的样子,情不自禁地乐了起来;悲鸿也不由得笑了起来。近来,徐悲鸿已经很少笑得这么开心了。徐悲鸿止住笑声,不好意思地说,"多慈,这屋实在是太小了,连个坐的地方都没有,只好让你陪我站着了。"

"老师,屋虽小,可老师您在这斗室里画的画可大得很呀!"孙多慈感慨道,"老师能在这么小的画室里画出如此巨幅的《田横五百士》,若不是我今天亲见,别人怎么说我也是不会相信的。了不得,真是了不得呀!作为您的学生,我为有您这样的老师感到非常骄傲,特别自豪!"

孙多慈是徐悲鸿艺术上的志同道合者,两人一拍即合。她考取中央大学艺术系后,很快成为全系最优秀、徐悲鸿最欣赏的学生,尔后,她常到徐悲鸿画室看老师作画。

孙多慈和徐悲鸿,这师生二人一见面就有讨论不完的话题,说不完的话。

"多慈,我是画油画累了,想画幅奔马来调剂调剂精神。"悲鸿边题款边说,"多慈,你的自画像画得非常出色,好极了!我看你是个难得的绘画艺术人才,真的很难得啊!"

"我虽然没有老师夸得那么好,可我就喜欢看老师您画画、说画。"

孙多慈温柔地一笑说,"老师,我会把您刚才说的话,看作是老师您对我的鼓励、对我的鞭策。这对我学画大有好处。"

"为什么?"徐悲鸿放下画笔,抬头看了多慈一眼说。

"我也说不清为什么,只觉得老师您特别富有正义感。您在我的心目中,不光画画得好,人比画还好。"多慈由衷地说,"您总给我一种'听君一席话,胜读十年书'的感觉。所以,我特别喜欢听老师说话,声声入耳,您说什么我都爱听。"

"金无足赤,人无完人,人都是有缺点的。多慈,我没你说的那么好。"徐悲鸿亲切地微笑道,"既然我父母把我生到人世间,我总不能白活着吧,心里总想着为我们的国家、为我们的民族、为养育我们的人民大众多做些事情。这不是我瞎说,确实是我发自肺腑的真心话。"

徐悲鸿十分欣赏眼前这位清丽优雅、才艺非凡、年轻貌美、未曾开口先微笑的学生孙多慈。徐悲鸿第一次见到她,就有种说不清的亲切感,她那白皙细嫩的面容和忧郁的眼神,令他心动。徐悲鸿很快就发现孙多慈是位内秀外美的才女,不仅擅写擅画,难能可贵的是,她悟性极好。在徐悲鸿看来,作为一个女孩子,既性格温柔细腻善解人意,又虚心好学不断进取,也是少见的。孙多慈第一眼见到徐悲鸿的感觉更是特别,她不仅没有感到紧张,甚至有着似曾相识、分外亲切的感觉。由于孙多慈的出现,本来就和徐悲鸿不和的太太,就更有理由同徐悲鸿吵吵闹闹了。

日有出有落,月有圆有缺。孙多慈越来越贴近徐悲鸿,而徐悲鸿也在不知不觉中更加喜欢孙多慈。而后不久,在南京中央大学,徐悲鸿与孙多慈师生恋的说法,一传十,十传百,渐渐传开了,闹得沸沸扬扬,很快传到了蒋碧微的耳朵里。一天,徐悲鸿回到家里,蒋碧微立马板起面孔质问他:"你和那位安徽小女子孙多慈闹师生恋,闹得沸沸扬扬,老实告诉我:你和她到底有没有这回事?你是不是真的很爱她?"

"虽然还不能说真的很爱她,但确实有这回事。"徐悲鸿没有做任何解释,坦诚地说,"今后我注意些就是了。"不过,徐悲鸿的坦诚并没有得到妻子的谅解，反而招来一顿讽刺挖苦。蒋碧微的态度，已经堵死了徐悲鸿的回头路，更让徐悲鸿深深感到：孙多慈同眼前的蒋碧微相比，实在是太温暖可亲了。

蒋碧微与张道藩，相互贴得更紧、更亲热了。别人如何看待，如何议论，他们已经无所谓了；徐悲鸿与孙多慈的师生恋，日趋公开化。蒋碧微与徐悲鸿的婚姻，开始了长期的拉锯战。

徐悲鸿向来把培养青年人看成是自己义不容辞的责任，他对孙多慈也是如此。自从孙多慈来到中央大学以后，他如同对待吴作人、王临乙一样，身教重于言教，总是不遗余力地去教她怎样做人、怎样作画。徐悲鸿如同赞美吴作人一样，不避讳别人，经常在朋友面前，在大庭广众中赞扬孙多慈的绘画才能。孙多慈也总是愿意和他接近，不懂的喜欢向徐悲鸿请教。因为她觉得：徐先生虽然名气大，可他没有架子，能平易近人，处处关心同学们的成长。因此，徐悲鸿来系里讲课时，孙多慈经常向他提问、请教。她有时也到画室里向老师请教，或看老师画画。

此刻，孙多慈又来到徐悲鸿的画室里，看到徐悲鸿刚画好的那幅奔马图，赞不绝口地说："老师，您画得太好了！您把马画活了，我已经听到它那奋力奔跑的马蹄声，眼看着它要从画纸上向我冲过来。"

"哎！可不能这么说哟！我从来不迷信名家，有不少青年人虽然还没有成名，但画已经画得蛮好了。我相信，这些青年人只要一步一个脚印地奋斗下去，天长日久，他们不仅可以成为名家，而且还能够胜过名家！青出于蓝而胜于蓝嘛！我相信长江后浪超前浪，世上新人超旧人，要不，社会怎么发展进步。"

"老师，不管怎么说，您在我的心目中都是最值得我学习、最值得尊敬的好老师。您永远是我的老师。"孙多慈深有感触地说，"您的画我喜欢，同我见过的画都不一样，不论是您笔下的人物，还是山水、飞禽、走兽，都给我留下特别鲜活亲切的感觉。"

"雅俗共赏，对吗？"没等孙多慈往下说，徐悲鸿就一边题款一边问。

"反正人们对您的画都喜欢。特别是您画的马,尤其是笔下的奔马。为什么有那么多的人喜欢呢?因为它能催人奋进,给人以信心和力量,鼓舞人们信心百倍地奔向明天。我以为人活着,太需要这种精神了。"孙多慈说完,她那长长的睫毛下,一双水灵灵的眼睛,在出神地看着老师刚题完款的那匹腾空而起的奔马,问道,"老师,您为什么这么喜欢画马呢?我在报纸上、刊物上,还有您的朋友、学生那里,经常看到您笔下四蹄生风、催人奋进的奔马!"

"因为我画的马,不管是什么神态的马,不仅有灵性,还有人性,它是一种象征,一种奋进的象征,一种争取解放的象征。是我们中华民族不怕艰难险阻、勇于前仆后继、奋进到底的象征。所以,我们的人民大众认可它、喜欢它。所以,画马就成为我徐悲鸿的神圣使命。多慈,我告诉你:我最喜欢画那些瘦骨嶙峋、奔放不羁的野马,从不画那些体肥毛顺、供达官贵人玩耍的观赏马……"

"老师,您太伟大了!"多慈情不自禁地称赞道,"我能做您的学生,经常听您的教诲,我太幸福、太自豪了。"

"什么教诲不教诲!"悲鸿说,"老师同学生,既是师生,又是朋友,应该经常在一起切磋艺术……"徐悲鸿接着也反过来问孙多慈,"你为什么不画春江花月夜,偏偏要画引吭报晓的雄鸡呢?"

"因为在这暗无天日的社会里,我不愿做月,也不愿做花,只愿做一只为欢呼美好的黎明而呼唤报晓的雄鸡!"

"妙!妙!这就是此画之可贵之处,难得啊!你是中大艺术系很有希望的绘画人才。你的到来,让我眼前一亮,觉得我们中华民族艺术的复兴大有希望。所以,我看重你、喜欢你,希望你好好学习,奋进不息!"徐悲鸿异常高兴地说,"你创作的一些画作,立意新,构图新,画得好哇!欧洲有文艺复兴,我们作为中华民族的儿女,一定要为中华民族的复兴而不懈地奋斗!"

"谢谢老师的勉励!我一定不辜负老师的希望!"

悲鸿和多慈，老师和学生，目标共同，心心相印。

40

徐悲鸿送走他最为称赞也是最喜欢的学生孙多慈，又拿起了《田横五百士》的画稿。一定要想方设法地在这七平方米的斗室中，完成这幅大得超乎人们想象的巨幅油画。他把画布钉在墙壁上，占了整整一面墙壁。他开始在画布上勾勒，或站在凳子上，或蹲在地上……

日复一日，月复一月，春夏秋冬，年复一年，断断续续，经过两年多的努力，在1930年，徐悲鸿终于完成了巨幅油画《田横五百士》。

他用戏剧的手法来处理这幅油画。画面突出展示了情节的高潮：田横正与众将士拱手告别，他那铮铮铁骨，表明他将不辜负众人的爱戴，而众将士在种种复杂的情绪中——即使在悲愤中仍表示了对田横的信赖。围绕着这个情节，徐悲鸿着力刻画了各种不同性格的人物。妇女用极其忧虑的目光注视着田横。有的人在悲痛地哭泣；有的人举起手在向田横呼喊；有的人紧握手中的武器；低垂的白云悲壮肃穆；整装待发的骏马，在一旁静候着。这一切都增强了生离死别的悲壮。

这幅油画在构图、人物造型、色彩、透视等各方面，非常自然地汲取了西方古典油画的优良传统，巧妙融合了中国古典技法，为油画的民族化开辟了蹊径，为东方绘画和西方绘画之间架起了一座桥梁。

徐悲鸿所以要画油画《田横五百士》，为的是唤醒不愿做奴隶的中国人民，鼓舞华夏儿女同日本侵略者作殊死的斗争。

《田横五百士》这幅取之历史题材、富有重大现实意义的巨幅油画一问世，便震惊了中国画坛。徐悲鸿这个名字随之传遍五湖四海，叫响神州大地。

这一年，著名诗人陈散原先生60大寿。徐悲鸿为感谢当年他初到上海时曾经帮助过他的陈先生，作国画《松龄鹤寿图》给老先生祝寿。徐悲鸿在上面题款"散原诗翁六十初度悲鸿敬贺"；作油画《诗人陈散原像》。在 1929 年，徐悲鸿曾手书"铁肩担道义，妙手著文章"赠陈散原先生。

陈散原，名三立，晚清维新派名臣陈宝箴之子、陈寅恪之父，与谭嗣同、徐仁铸、陶菊存并称"维新四公子"。

九一八事变的枪炮声震撼着神州大地。日本侵略者疯狂进攻，东北大片国土沦亡。四万万炎黄子孙群情激愤，示威游行，强烈要求抗日救亡。"九一八，九一八，从那个悲惨的时候，脱离了我的家乡，抛弃那无尽的宝藏，流浪！流浪！……"

在南京中央大学艺术系，下课铃声响了，徐悲鸿并没有走下讲坛，更没有停止演讲。整个教室里鸦雀无声。同学们目不转睛地注视着徐悲鸿，聚精会神地倾听着。徐悲鸿慷慨激昂地历数日本侵略者屠杀我骨肉同胞的野蛮行径。同学们激荡着的心被带到了千里迢迢的松花江畔，他们恨不得立即飞向被铁蹄践踏着的骨肉同胞身边，去救援……

徐悲鸿从台上走到台下，走到同学们中间，继续演讲："同学们，一切关心民族存亡有血有肉的中国人，怎能不感到万分愤慨，怎能不深切忧虑！但是，我们不能气馁，不能泄气，要勇敢地站出来保卫我们的祖国。同学们，要记住中国是中国人民的，中国不会亡！……同学们，1 月 28 日凌晨三点多钟，日本海军陆战队，事前没有通告，突然闯进闸北……上海愤怒了,掀起了振奋人心的'一·二八'淞沪抗战。我们中华民族既然有光辉的过去，就一定会有更加灿烂的未来，我们就是为着这灿烂的未来而活着的。为了更加灿烂的未来，我们要万众一心，豁出性命抗击日寇！上海'一·二八'战事，蔡廷锴将军率 19 路军奋起抗日，已经赢得了全民族的支持！……"

怒火燃烧，热血沸腾的同学们欢呼、鼓掌。徐悲鸿看着这些热血青年，心情激动地说："谁愿赴前线抗日，我徐悲鸿愿节衣缩食赠送路费。作为系主任，我还向同学们声明：凡赴前线参加抗日的同学，我徐某给保留学籍，抗日何时归来，何时来我这里上课。只要有我徐某在，这中央大学艺术系的大门，就会向抗日归来的爱国学生大开着！"

　　许多同学纷纷向他表示：愿意到前线去为祖国捐躯。为此，徐悲鸿高兴得热泪涌流……

　　这一年，徐悲鸿满怀激情地挥毫创作了有着强烈时代感的大幅彩墨画《九方皋》。《九方皋》的寓意在于提醒当权者注意从普通人中发现和培养人才。

　　徐悲鸿创作了高居于巨石之上的彩墨画《雄鸡》，题曰"雄鸡一唱天下白"。

41

　　徐悲鸿在小而简陋的画室中，创作出一幅又一幅受到国人称赞的巨幅作品。徐悲鸿的同事和学生都为徐悲鸿的陋室鸣不平，就在这时，国民党元老吴稚晖看不下去了，他慷慨解囊，出资3000块大洋，为徐悲鸿买了一块宅基地。这块宅基地位于南京城北鼓楼的北面，这里原本是大片坟地，相当荒凉。国民党政府定都南京后，这才慢慢开发建设。3000块大洋的巨款当时买到的只是两亩坟地。这块坟地最突出的特点，是有着两棵巨大的白杨树，据说当时全南京城这样大的白杨树只有三棵，另外一棵在城南。两棵白杨树身高达数丈，在京沪铁路的火车驶近南京下关的时候，乘客在火车上就可以远远地看见那两棵白杨树。

　　徐悲鸿在中大艺术系当教授，每月薪金三百元，蒋碧微在家料理家务，招待客人，生活也算优裕。但夫妻两人却常常争吵，起因表面上看，是蒋碧微嫌钱少，实质上，两个人在花钱上发生了尖锐的对立。徐悲鸿把祖国和事业看得高于一切，一直梦想着为国家创建一个像样的美术馆。所以他到处搜集、收藏古今字画和古董及金石篆刻，见到喜欢的东西，不惜重金购入。再者徐悲鸿惜才爱才，不管走到哪里，总喜欢资助一些爱国敬业的年轻人。蒋碧微也有两大喜欢：一是喜欢穿着打扮过安逸舒适、自由自在的潇洒生活，二是喜欢请客交友，游山玩水。所以，两人总是矛盾重重，争吵不断。

徐悲鸿在衣食住行上能凑合，不在乎住的房子好坏。蒋碧微做梦都想着住洋房别墅，但地皮有了，没钱还是盖不起房子。蒋碧微很是着急，她多次带着孩子和女佣到那块二亩坟地的宅基地上徘徊，憧憬着建起来的庭院楼阁。蒋碧微等到1932年，还是由吴稚晖先生，发起为徐悲鸿捐资凑钱，新居方能动工。徐悲鸿公馆的设计者姓卞，卞的丈夫是徐悲鸿的学生，毕业于中央大学艺术系。有了钱，徐悲鸿新居终于在1932年12月建成。徐悲鸿在蒋碧微的催促下，一家人从拥挤的丹凤街52号中央大学宿舍，搬进傅厚岗4号新居，也就是人们常说的"徐氏公馆"。

傅厚岗，自从被国民党政府在《首都规划》中规划成国民政府的一些重要机关所在地以后，这个地方开发很快。选择在这个地方居住的社会名流也就越来越多了。不知什么时候起，这里变成了风水宝地，住的净是些身份显赫的人物，一些明星大腕也纷纷移居这里。这里有了李宗仁公馆，他的公馆就在傅厚岗30号。而傅抱石先生居住的傅氏公馆，就在傅厚岗6号。

徐悲鸿居住的傅厚岗4号，是一座精巧别致的西式两层小洋楼，客厅、餐厅、卧室、浴室、卫生间、储藏室一样不缺。画室也很气派，高5米，长9米，宽6米，同原先那个斗室，可谓一个天上一个地下。两棵白杨已经被围在院子里了，周围是篱笆筑成的围墙，徐悲鸿的大画室正在两棵白杨的树荫之下。一进大门，就是碧草如茵的前院，院子里种上了草皮，点缀了花木，梅竹扶疏，桂花掩映。房子内部的陈设是法国风格，雍容典雅。这些都是按照蒋碧微的要求设计的。蒋碧微还在院中的草地上安装了两把大大的遮阳伞，伞下放上圆桌和藤椅，可以在草地上乘凉消闲。蒋碧微在欧洲多年，在徐悲鸿的熏陶下，有着较好的艺术修养，新居布置得高雅而不俗。

但是，舒适的住房、美丽的庭院，无法使心绪不好的人心旷神怡，良辰美景、香车宝马也只能给幸福的人带来幸福。徐悲鸿一家搬进新家的时候,"九一八事变"发生不过两三年,在这国难当头民不聊生的日子里,徐悲鸿将新居定名为"危巢",取居安思危之意。正如他在《托根石隙》中所说:"古人有居安思危之训,抑于灾难丧乱之际,卧薪尝胆之秋,敢忘其危,是取名之意也。伏思十年以来,薄有所作,皆成于困顿艰难之中,尘垢迫窘之境,以精集力赴,所宣亦忙于亦畅。今兹有高大之堂,面南之室,手挥目送,为逸良多。黄山之松生危崖之上,托根石隙,吸取云露,与风霜战,奇态百出,惊心骇目。好事者命石工凿之,置于庭园,长垣缭绕,灌溉以时,屈者日伸,瘦者日肥,奇态尽失,与常松等。人因好奇而收之,不知营养充实适以损其奇也。悲鸿有居,毋乃类是。"但妻子蒋碧微却认为"危巢"之名不吉利,大为不满。徐悲鸿却对自己生活在这样精致的"高大之堂,面南之室,手挥目送,为逸良多"的洋房里,并不满意。

在客厅的墙上,依然悬挂着他那副"独持偏见,一意孤行"的对联,横批是"应毋庸议",字如斗大,这是泰山石经的墨拓本大字。画家黄苗子第一次见徐悲鸿就在这新居,当时他也被这副"气魄雄健、出语惊人"的对联给镇住了。这是一副惊世脱俗不同凡响的对联,与徐悲鸿所坚持的"人不可无傲骨,但不可有傲气""一个艺术家要诚实、要自信""不要为名誉和金钱创作,不要为阿谀奉承而创作"等,是相互呼应的。蒋碧微也曾多次提到这副对联,但她对此一直大发牢骚,表示不满。

如此精美的新居,对江南贫侠徐悲鸿来说,确实有些不适。这"华丽的房间和精美的家具",对从小过着贫寒和动荡生活,总是布衣长衫的徐悲鸿来说,让他深深感受到了"危巢"的"危"字。"危巢"之"危"不仅指国难当头,民不聊生,也指他和蒋碧微的越来越不和谐的婚姻。在徐悲鸿看来,这种华丽的设计布置不仅是一种造作,更是不应该有的奢侈,是绝对要不得的。

蒋碧微喜欢交际,喜欢在这样的环境中请客,且一请就是好几桌,以显示她的阔绰大方。她把沙龙夫人的一套搬到家中来了。在徐悲鸿和蒋碧微之间，最大的问题就是生活方式上的巨大反差。搬到傅厚岗4号新居以后，两人的情感危机，变得愈加突出了。

徐悲鸿爱才如命，爱画如命，他把事业和祖国看得高于一切，这是人所共知的。他对孙多慈的艺术才华格外重视，颇为欣赏，师生感情甚笃。蒋碧微认为徐悲鸿移情于孙，背叛了她的感情。她的这种态度也应该理解。在新居落成时，孙多慈曾以学生身份送来百棵枫树苗，希望恩师能作为点缀新居庭院之用。孙的用心本来无可厚非，蒋碧微却无法容忍，大发雷霆，竟命用人折苗为薪。作为艺术家的徐悲鸿面对这种事，自然是痛心不已，遂将新居称为"无枫堂"，称画室为"无枫堂画室"，并刻下"无枫堂"印章一枚作为纪念。这是徐悲鸿的纪念方式，也是他的反抗方式。于公，他将公馆命名为"危巢"；于私，他又称之为"无枫堂"，可见傅厚岗4号这座"徐氏公馆"在徐悲鸿心上留下了多么深的伤痛。

搬入傅厚岗后，徐悲鸿在家的时间较过去多了些，只要不去"中大"上课，便躲在画室作画，一画就是几个小时，甚至一两天不离开画室。墙上地上都是画，他画的画将整个画室的地板都铺满了，墙上也挂满了……家里人经常等他吃饭，菜热好又凉，凉了又热，有时他都不出来吃饭。他的脾气是画到入神时，谁也不能惊动他，尽管国画有笔断意不断之说，可徐悲鸿画水墨画，他总喜欢一气呵成，特别是他在画奔马的时候。有人说徐悲鸿是画痴，还有人说他画雄狮和奔马时，简直是疯子。不管他是不是疯子，他画起画来，往往是废寝忘食的。

显然，徐悲鸿把自己的全部感情都倾注于他的信仰和事业上了。

42

1932年的一天，从中央大学回来的徐悲鸿，一走进傅厚岗新居，刚会跑的女儿丽丽看见爸爸回来，像只蝴蝶似的迎着他飞了过去。她一下子扑到爸爸怀里，噘着小嘴说："爸爸，爸爸，您回来这么晚，饭菜都凉了……"

徐悲鸿把女儿抱起来，亲了亲她，边走边说："你和哥哥先去吃饭，爸爸有事，过会再吃。"听话的丽丽说："你过会吃，我也过会儿吃，我等着爸爸一块儿吃。"说完就找哥哥伯阳去了。

徐悲鸿走进了他的画室，那儿没有一件古玩、装饰，没有一件硬木家具，只有一张很大的画。他闭上房门，研墨理纸，抓起炭笔，开始作画……

在他耳边仿佛响起了枪声、炮声和难民的呼喊声，还有侵略者歇斯底里的狂笑声……

在他眼前闪过柔石、胡也频烈士从容就义时的高大形象和刽子手的狰狞面目；闪过日本侵略者燃起的战火；闪过江淮大水，关中大旱，龟裂的土地，遍野的饿殍……

徐悲鸿的眼前是一张张憔悴的面孔、一双双渴望的眼睛、一只只枯瘦的手……在他的头脑里涌现出这些让人难忘的镜头。他闭目沉思，眼前显现出《尚书·仲虺之诰》所描述的场景：夏桀暴虐，大地干裂了，瘦弱的耕牛啃着树根，人们的眼睛里燃烧着焦灼的期待。商汤带兵去讨伐暴君，受苦受难的老百姓盼望大军来解救他们，纷纷地说："徯我后，后来其苏。"意思是说："等待我们贤明的领导人来了，我们就得救了。"

有了，徐悲鸿有了，他要借这个题材，通过手中的画笔彻底控诉日寇入侵中国，到处烧杀奸淫，造成千千万万的骨肉同胞受苦受难、生活在水深火热之中，他们正急切地渴望得到解救的情景……

可爱的伯阳和丽丽悄悄走到门口，悄悄推开门，从门缝里偷着看，只见爸爸正双膝跪在地上十分艰难地作画，脸上的汗水也顾不上擦一擦。伯阳和丽丽虽然肚子早饿得叽里咕噜直叫唤，可谁也不愿打断父亲的画兴，不能用"爸爸，吃饭"的喊声影响他画画。

草图一张张从徐悲鸿笔端流出。草图上画的是：天空万里无云，

油画《傒我后》。徐悲鸿作

大地因久旱而龟裂；庄稼早已枯萎，就连地边稀疏的树木也枝干光秃、树叶凋零；瘦弱的耕牛皮包着骨头，无力地舔着寸草不生的土地；一群衣不遮体，骨瘦如柴，饥饿不堪的老百姓，正抬头期待着甘霖……

室外，春雨冬雪，花落花开，一年又一年。徐悲鸿手中的油画笔不停顿地抹来抹去……他额上沁出的汗珠滴落在画布上，同油彩融合在一起……

1933年春夏之交，徐悲鸿用热血和悲愤的泪水凝聚成一幅七平方米之巨的大型油画《傒我后》。此画创作于日寇入侵东北、中华民族危亡之际，曲折地表现了画家对人民的深切同情和真挚的爱国主义感情。

这是一个清晨。《傒我后》终于问世了，徐悲鸿实现了他心中的又一个心愿，他发出了爽朗的笑声。这笑声溢出画室，飞向窗外。此时的他坚信，中国是不会亡的！黑暗过后是黎明，光明一定会到来的！

43

《溪我后》和《田横五百士》一起悬挂在中央大学大礼堂里。《溪我后》被称为《田横五百士》的姐妹篇。它使人强烈地感受到，苦难中的民众不只是在大旱望云霓，而且还在渴望着社会变革。它深深打动着步入礼堂的师生们的心。谁看了这幅画，谁都不由得会扪心自问：在这民族危亡、祖国人民处于水深火热之中的日子里，我做了些什么呢？

《田横五百士》《溪我后》都是徐悲鸿对祖国绘画艺术宝库的新贡献。孙多慈站在两幅画前思考良久。她很想知道，如此震撼人心的传世巨作是如何诞生的。于是，孙多慈迫不及待地登门请教徐悲鸿老师。

"……有的我是跪在地板上画的，有的我是以墙壁作画案，钉在墙上画的，有的是在画案上画的。"徐悲鸿轻描淡写地说，"干什么事都要因地制宜，画画也是如此。其实，小画室画大画，当初也是逼出来的。困难没有办法多，画不了大画，我就先画小画，然后我再把一个个的小画拼凑到一起，这就变成了大画。我觉得，一个画家只要有了作画的强烈欲望和被燃烧起来的激情，画室大小有何妨！"

"老师您说得真好。"多慈有所体会地说，"一幅画画得好与坏，画家的感情和情绪是很重要的。"

"是这样。有时创作环境和方方面面的条件都不错，反而画不出令人满意的好画来；有时环境和方方面面的条件并不好，反而逼得你画出满意的作品来。"徐悲鸿说，"因此，我特别请友人制了一方印文是'困而知之'的印章。"徐悲鸿随手把这个印章拿给孙多慈。他又感叹道，"我在艰难而漫长的艺术道路上，总是力图通过自己的画笔，抒写对革命和人民大众的同情、支持，表现人民大众的感情和愿望。我生平很少画菊，但是，我要画菊就画风菊，在秋风劲吹中，菊花顽强挺立。吴昌硕为了突出秋风，多在菊叶上做功夫。而我着意用弯而不屈的菊花枝干表现秋风,目的是要突出菊的顽强个性,也就是我们中国民族的可贵品质!"

孙多慈又问徐悲鸿:"徐先生,您画《徯我后》是怎么一种用意呢?"

徐悲鸿想考一考孙多慈,反问了一句:"你的理解呢?"

"您是采用《书经》上'徯我后,后来其苏'这句话作为绘画题材的。"孙多慈回答道,"这句话的意思是说:夏桀统治的时候,社会矛盾日趋尖锐,民不聊生。后来商汤带兵讨伐,讨伐到东边,西边的老百姓就埋怨,怎么不早点来我们这边呢?反之也一样。您这幅画是借古喻今,说明历史是人民创造的,人民是历史的主人!"

徐悲鸿高兴地说:"你说得蛮好!我的创作意图被你理解了,我的心血没白费。一个画家只有当他的画被人们所理解、所认可的时候,那才是最幸福的!"

在交谈过程中,孙多慈还看到了另一幅画稿《新生命活跃起来》。雄狮腾空而飞,跃过悬崖,向着仇敌猛扑过去!这幅富有浪漫主义色彩的杰作,寓意深刻,气势磅礴!

孙多慈走近这幅画,看得出神,情不自禁地说:"徐先生,这幅画也是难得的珍品。我看你的用意是希望新生命——抗日队伍迅猛壮大活跃起来,以拯救民族之危亡。"

徐悲鸿笑曰:"怎见得?"

"这不仅能从画面上感受到,而且还有您在画上的题句为证——'危亡益亟,愤气塞胸'。"

看得出来,孙多慈是位很有悟性的艺术家。徐悲鸿非常满意地点点头称是。

孙多慈早就希望老师能送她一幅画,现在这种希望更强烈了。

徐悲鸿对学生向他要画,总是有求必应。孙多慈一说出自己求画的意思,他慨然应允:"当然可以。"徐悲鸿马上拿出几幅最近的作品,往小圆桌上一放,说:"你自己挑吧!喜欢哪张拿哪张。"

孙多慈轻轻地打开这卷画,一张一张地细看。在这卷画中,有雄狮、老虎、水牛、奔马、雄鸡，还有一张墨猪。孙多慈从来没有看到老师画过墨猪，也没听他谈过画墨猪。她把眼睛紧紧盯在了墨猪那张画上。多慈惊讶地说："老师，您还画墨猪？"

"墨猪，我画得不多，画过几张。"徐悲鸿微笑道，"其实，我早在欧洲学画的时候，就曾画过墨猪。"

大凡知道徐悲鸿的人，都知道他是一位画马名家，画墨猪则鲜为人知了。就是在书画界，画马的人多，画猪的很少。因为在中国画坛，猪不入画，这似乎早已成为传统。清代画家龚贤说过："物之不可入画者，猪也。"

究其原因，主要是猪肥头大耳，形象不佳。入画后，看上去也不雅观，更不能给人赏心悦目的感觉。不过，徐悲鸿另有高见。他说："猪虽形愚笨，但性善良，它给人做出很多贡献。我徐悲鸿手中的画笔不去表现它的美德，还能等着别人去表现吗？所以，我是怀着喜爱的心情画猪的。"

徐悲鸿画猪，先用大笔淡墨，在猪的头部后面用大笔泼墨，然后用小笔细细勾画，并随笔精心皴擦。一只生动可爱的墨猪便跃然纸上了。徐悲鸿曾在一张泼墨猪上题写了"悲鸿画猪,未免奇谈"八个大字，很是耐人寻味。

悲鸿问多慈："你喜欢我画的墨猪吗？"

"喜欢，当然喜欢！"孙多慈说，"我不光喜欢老师笔下的墨猪，老师您画的画都好，我都喜欢。"

"多慈，我已经说了，今天我只能送你一张。你挑吧，挑你最喜欢的那一张。等下一次，你告诉我喜欢什么画，我专门为你画一张。"

"好的，我先谢谢老师了。"孙多慈高兴地说，"今天我就要你的这张奔马图。等我想好了，再告诉老师你给我画什么。"

孙多慈从中挑了那张奋勇向前的奔马。

"看来你也喜欢马,特别是奔腾奋进的马。好,我就把这张送给你。"徐悲鸿又找出一幅人物素描，微笑道，"另外，我还送给你一幅素描。

孙多慈转眼一看，这幅人物素描，画的不是别人正是她孙多慈。她惊喜地问："徐先生，这是什么时候画的？"

"就是前些日子呀！"徐悲鸿亲切地说，"前些日子你们在上素描课的时候，我抓住你正在凝思的一瞬间画的。"

孙多慈喜滋滋地看着，老师只是寥寥数笔，就把她凝思时那一瞬间的神态，用神来之笔，将这一瞬间留在人间了。孙多慈兴奋地说了声"谢谢徐先生"！便把那张素描和奔马放在一起，小心翼翼地折叠好收起来了。

孙多慈告别时，从心底里更加崇敬老师了。不知为什么，她感情中的奔马已经和徐悲鸿送给她的奔马并辔齐驱了……她顿时觉得两颊有点发烫，心脏的跳动也加速了。孙多慈羞涩地一笑，说："徐先生，我敬爱的老师，如果您不嫌弃的话，我想把我画的一幅布面油画自画像送给您。"

"太好了！"徐悲鸿高兴地说，"我求之不得，怎能嫌弃呢？"

孙多慈经常到徐悲鸿画室，她的的确确成了悲鸿画室的常客。徐悲鸿从灵魂深处，也是很希望孙多慈常来他的画室。但是，孙多慈这样做，更让徐悲鸿想让她多待一会儿。徐悲鸿意识到，长时间这样下去，孙多慈终归要在他和蒋碧微之间惹麻烦的。因为徐悲鸿担心自己无法控制住自己的情绪。为此，他给当时在宜兴的蒋碧微写了一封信，信中说："你快点回南京吧！你要是再不回来，我恐怕要爱上别人了！"

徐悲鸿的这一坦诚，又招来蒋碧微一顿斥责。而蒋碧微的斥责，却促使徐悲鸿更觉得孙多慈志同道合温柔可亲了。

徐悲鸿和蒋碧微的感情不和，影响了两个孩子的成长，孩子对做父母的，已经表现出很不满意。

44

徐悲鸿和孙多慈，师生恋的说法沸沸扬扬，让蒋碧微大为不满。

一天清早，徐悲鸿起床后，发现阳台上那盆茶花开得分外艳丽，他觉得可以将它提供给同学们上静物写生课时用。于是，便吩咐用人坤生将这盆盛开的茶花送到中大艺术系素描教室。谁知，这件事当天上午就被蒋碧微发现了。她怒气冲冲地把坤生喊来，厉声质问道："那盆茶花哪里去了？"坤生心里明白，她是在借花找徐先生的碴，便如实回答道："徐先生吩咐我把它送到中大艺术系素描教室去了。"

"哼，他是用这盆最美的茶花讨好那位孙小姐！"蒋碧微冷冷地说，"走吧，这里没你的事了。"

坤生迅速离开蒋碧微，干活去了。

晚上接近十点，一阵楼梯响，徐悲鸿从艺术系回来了，推门走进卧室。

"你还有脸回来？"蒋碧微从床上"腾"地一跃而起，"你把茶花送给谁了？"

"微微，你这是怎么啦？"徐悲鸿如实说道，"今天早晨我叫坤生把它送到系里素描教室去了，让同学们上静物写生课时用。你要是不乐意，我叫坤生再搬回来就是了。不就是盆花嘛！有必要那么兴师动众嘛！"

"胡说！你是把它送给你那个相好的。"蒋碧微怒气冲冲地说，"你说……你这个伪君子。"

"你就是喜欢听人瞎说，这怎么可能呢？"徐悲鸿态度温和地说，"我早就对你说过，孙多慈这位同学画画得很好，是位很有潜质的艺术人才。我作为她的老师，培养她、关心她的成长，这也是义不容辞的责任。你也是个留过学的人，应该明白，我这样做，有益于培养我们中华民族的艺术人才。"

这事让蒋碧微闹腾得满城风雨，大家都不愉快。徐悲鸿惹不起，他躲得起。到头来，还是徐悲鸿用一哑二躲，这才了事。

徐悲鸿作为中大艺术系的系主任，办好教学是尤为重要的。办好教学的关键是教师。徐悲鸿写信劝说难得的绘画才子张大千来中大艺术系做教授。徐悲鸿和张大千是好朋友，他相信张大千会接受做中大艺术系的中国画教授，但张大千还是推辞道："悲鸿仁兄，我不会用嘴讲课，只会用手画画。不讲课能做教授吗？"

"大千贤弟，我要的就是你用手画画。"徐悲鸿说，"用手画画足够了。"

就这样，张大千被徐悲鸿聘为中大艺术系的兼职教授。张大千当时居住在苏州网师园，坐火车从苏州到南京的中大上课。他上课不在课堂上，而是在一间大画室里。画室里有一张大画案，一张躺椅，上课时，学生就围着画案看他作画。徐悲鸿喜欢把学生带到大自然中上课。在张大千任课期间，徐悲鸿曾和大千先生一起带着艺术系的学生上黄山写生，课余，他还邀请张大千到家中鉴赏他收藏的古今名作……

徐悲鸿被太太纠缠得心烦。已经深更半夜了，太太还为他和孙多慈的事又吵又闹，纠缠不休。徐悲鸿无可奈何，只好装聋作哑，不予理睬。不知蒋碧微心里怎么想的，她总喜欢把徐悲鸿和孙多慈的往来，添油加醋地说个没完没了。

清晨，蒋碧微还在梦乡中，徐悲鸿便到艺术系讲课去了，太阳都照在身上了，她这才懒洋洋地起床。

蒋碧微吃早点的时候，楼下响起了一阵喇叭声，那部她最熟悉的黑色的小汽车，已经停在傅厚岗4号门前了。西服革履的张道藩走出了汽车，按了一下门铃。坤生听见铃声赶忙去开门。

"张次长来了！"坤生禀告说。蒋碧微听到坤生的声音，赶忙换了一件紫红色的旗袍，匆匆走下楼梯……

风度翩翩的张道藩，非常注意仪表，穿着很是讲究，出门必是喷洒法国香水，皮鞋擦得油亮油亮，处处显示出他的高贵。他是社交高手，风流公子，在女人面前很会来事，有不少女人都喜欢他既有才又风流的做派。

一天，蒋碧微从徐悲鸿的画室里翻出一张油画稿，硬说画面上那位颈间系着一条红纱巾的漂亮女孩就是孙多慈，侧身坐在一块石头上的男子就是徐悲鸿。一些专门猎奇、不负责任的小报记者知道后，更是绘声绘色地胡描乱写，煽风点火，弄得徐家乌烟瘴气。

蒋碧微看了小报上的留学名单，一阵高兴。徐悲鸿让孙多慈留学巴黎的事眼看要成行了，她去找张道藩生生给搅黄了。徐悲鸿有口难言，一气之下，离家去了上海。

在南京，蒋碧微靠着张道藩这棵大树，名声大震，在南京政界，很快成了一名令人刮目相看的交际花，入选国大代表。蒋碧微通过张道藩还同蒋介石扯上了亲戚关系，说什么江苏宜兴的蒋家同浙江奉化的蒋家源出一支。如此，徐悲鸿同蒋碧微就更远了。

尔后，南京文化艺术界筹备举办春节文艺联欢晚会。就在晚会临近的时候，徐悲鸿的三位朋友谢寿康、朱家骅和中央大学文学院教授、东方艺术学者常任侠先生，一起来劝说徐悲鸿回南京家里过年。徐悲鸿本来就对蒋碧微不满，想一躲了之。但是在老朋友的一再劝说下，还是从上海勉强回到了南京。

徐悲鸿的这三位老朋友为何要在这个时候劝说他回南京呢？这是因为在徐悲鸿与蒋碧微的关系上，当时在中央大学艺术系，有师母派和师父派之说。师父派者坚持问题不在师父，是师母早已移情他人；师母派者则认为徐氏也移情别恋，男人就得有个男人样子，把责任主动承担起来不就行了嘛！但是，不管是师父派还是师母派，大都希望师父同师母能和好如初。所以，两派达成比较一致的意见就是做好劝说工作，请徐悲鸿回南京家中过春节。晚会的组织者，特别郑重其事地邀请徐悲鸿和蒋碧微同时出席南京文化艺术界的春节文艺联欢晚会。师父派和师母派便把请帖，同时分别送到师父和师母手里。显然，请他们出席晚会的目的就是想促使他们别忘旧情，重归于好。徐悲鸿拿到请帖后，以忙于作画为托词，谢绝出席。而喜欢社交活动的蒋碧微，当然不会谢绝。在这种情况下，晚会主持人邵力子、谢寿康又委派常任侠登门邀请徐悲鸿。徐氏看在老朋友的情分上，勉强出席了这次有许多老朋友到场的春节文艺联欢晚会。

出席晚会的先生们、女士们，都知道蒋碧微会唱京戏，特别是旦角唱得很是动听，曾多次博得大家的热烈掌声。于是，晚会主持人谢寿康，向诸位介绍了当年她初到北平，受四大名旦之首梅兰芳的影响，旦角唱得颇有梅派风采。他提议，欢迎徐太太蒋碧微女士来一段《天女散花》。会场顿时响起热烈掌声。不过，蒋碧微并没有给谢先生面子，她立刻站起来婉言谢绝。大家一再鼓掌，她还是不唱。"今天我向在座的诸位先生、诸位女士深表歉意！"蒋碧微站起来说，"抱歉得很啊！在座的诸位都知道，我同徐先生经常打嘴架，因此嗓子受到了很大的损伤，所以就唱不了了。请大家谅解吧！"

蒋碧微说完便坐下了，即使再鼓掌，蒋碧微也无动于衷。这时常任侠悄悄走到徐悲鸿先生座位前，低声说："徐先生，在座的诸君都希望你能说服太太来一段，你快快说服说服太太吧。""嗨，别人不知道，你还不清楚呀？我徐悲鸿怕太太！"徐悲鸿又补充一句，"她什么时候听过我的劝呀！"

徐悲鸿已经把话说到这份上了，常任侠教授也就无话可说了。就这样，众朋友想借这场联欢晚会来撮合两人重归和好的戏，还是没能演成功。

舞曲响起来了，蒋碧微应邀，随着音乐的旋律翩翩起舞。徐悲鸿与唱歌跳舞无缘，毫无兴趣。此时此刻，他在一个角落里同邵力子、李石曾先生谈他正在筹集资金去欧洲诸国举行中国近代绘画展览的起因和具体想法……

第六章　赴欧洲办画展

45

徐悲鸿1927年从欧洲归来以后，他一直在计划着如何把中国近现代绘画艺术介绍到全世界，特别是发达的欧洲诸国，让看不起东方人的西方人了解中国、认识中国，以扩大中国文化艺术在世界上的影响。他曾多次对朋友说："世界各国对我们中国的近现代绘画很不了解，应该让他们了解，从而提高中国绘画在世界艺术宝库中的地位。"可是他这一美好的愿望怎样才能实现呢？中国的大好河山已被日本侵略者大片大片占领。连国家都保不住了，还谈什么中华民族的文化艺术！这个计划的实现只能靠爱国者和爱国艺术家了。徐悲鸿决心通过自己的奋斗来实现这个计划。他见缝插针，抓紧时间，通过各种渠道对外联系展出国，对内组织展品。让徐悲鸿感到高兴的是筹备工作总算进展顺利。

蒋碧微从巴黎回来后，一直留恋着巴黎的服装、香水、舞厅、餐馆、剧院。欧洲的生活方式，很符合她的生活情调。她留恋巴黎的情调，怀念巴黎的口味。她一直想有机会再去这个全世界出了名的浪漫之都，好好享受享受巴黎的浪漫生活。现在，徐悲鸿应法国国立美术馆的邀请，正要去巴黎举办中国近现代绘画展览，机会难得，蒋碧微动心了，她真的很动心。她亲切地对徐悲鸿说："悲鸿，你这次去欧洲，我要陪着你一起去。不管你高兴不高兴，我都应该跟随着你！我是你名正言顺的太太嘛！你到哪里我就应该陪着你到哪里，谁叫我是你的太太呢！"

当然，许多老朋友也这么劝说徐悲鸿。晚会没能把他们两个凑合到一起，欧洲办画展，蒋碧微却表示想去了。但愿趁这个机会二人能重归于好。这是众人的希望，徐悲鸿也曾有过这样的想法。

"哎，只要你乐意去，那就去吧！"徐悲鸿说。蒋碧微满意了。

徐悲鸿为筹备这次出国画展，东奔西跑，来往于许多爱国志士和爱国艺术家之间。功夫不负有心人。徐悲鸿经过一番努力，集中了任伯年、吴昌硕、齐白石、高奇峰、张大千、陈树人、张书旂、郑曼青等诸多名家代表作，加上他本人创作的共计三百余件书画精品。为此，疲惫不堪的徐悲鸿终于有了愉快的笑声。这些名画家的作品，徐悲鸿不光喜欢，且有收藏，尤其是任伯年的书画，他收藏甚多。齐白石、张大千的作品也不少。张大千是徐悲鸿的老朋友了。两人到一起一高兴，便挥毫合作画画。张大千有两幅画像，一幅是他的《三十自画像》，另一幅就是徐悲鸿为张大千画的全身无背景正面立像。画像上题着郑曼青的一首五言诗："大千年十七，群盗途劫之。不为贼所害，转为贼所师。"

张大千一生充满传奇色彩，诗中写的就是他青少年时代的一段故事：1916年夏天，17岁的张大千从重庆求精中学回内江家里过暑假，途中遇到土匪并遭到绑架。土匪头目让张大千写封信，通知家里带钱来赎身。张大千只得遵命，提笔就写。匪首见他写得一手好字，心中暗喜，硬是把他留下，逼他当了师爷。后来，这伙土匪遭到官兵的围剿，土匪头目被打死，土匪被招安。张大千当了百日师爷，后由四哥张文修托人保释，被领回家中。这段历险，张大千后来在摆龙门阵时，对老友徐悲鸿、郑曼青都多次讲过。所以郑曼青把张大千的这段历险，巧妙地写进题画诗中。而徐悲鸿在《中国今日之名画家》一文中，是这样介绍张大千先生的："大千潇洒，富于才思，未尝见其怒骂，但嬉笑已成文章，山水能尽南北之变（非仅指宗派，乃指造化本身），写莲花尤有会心，倘能舍弃浅绛，便益见本家面目。近作花鸟，多系写生，神韵秀丽，欲与宋人争席。夫能山水、人物、花鸟，俱卓然自立，虽欲不号之曰大家，其可得乎？"

徐悲鸿准备作品，蒋碧微在准备服装。

"鸿，看我这身打扮好看不，喜欢吗？"蒋碧微走进画室，扬扬自得地说。埋头作画的徐悲鸿被惊动了，他抬头看了太太一眼，不由得摇了摇头。他不能理解当初她为反对包办婚姻，追求自由，可以舍弃一切物质享受。现在，她在追求什么呢？蒋碧微又发话了："你就不能将那手中的画笔放一放，陪我上街买几件出国的衣服呀？亏你还是个大画家，我看现在你简直像个乡巴佬，土里土气的。"

起初，徐悲鸿装着没听见，没有搭理她。后来她又说这些，悲鸿开口了："我连出国的经费还没筹齐，哪有钱给你买服装！"

的确，画已备齐，出国旅费和展览费用只筹集了三分之二，还有三分之一没着落。徐悲鸿打算向南京农工银行商借三千元法币作为展览费用，但银行已谢绝。徐悲鸿十分气愤地说："拿我傅厚岗4号的房契作抵押成不成？！"就这样，对方才勉强答应用房契作抵押，从银行借到了三千元现金。

徐悲鸿应邀赴法举办中国近现代书画展，终于在1933年1月22日，携蒋碧微起程了。

2月底，徐悲鸿到达巴黎。徐悲鸿一到巴黎，便把正在巴黎国立高等美术学校雕塑系上学，并在著名雕塑家布夏先生的指导下学习雕塑的王临乙，邀来协助办展览，当助手。当恩师的助手，对王临乙来说是件美差，他再乐意不过了。王临乙一见到徐悲鸿，就向老师汇报了在巴黎的学习情况。他高兴地报告说，常书鸿、吕斯百和他三人发起组织了一个留法的中国学生艺术研究会。徐悲鸿听了临乙的汇报，很是高兴，说："成立艺术研究会好哇！平常到一起多交流交流学习心得、感受，这对学习有好处。我们到巴黎来学习，就是来学习人家的长处，来弥补我们的短处。其实，我们古老的中国，有许多古老的传统文化，西方艺术家也是很喜欢的。比如说，西方人嗜好东方艺术，一张朱红漆木床，在巴黎可值七八千法郎。"徐悲鸿鼓励说，"同学们要继续努力，一定要抓紧时间，多学习一些东西，回去好报效祖国。"徐悲鸿在巴黎举办展览期间，拜访法国一些名流时，也带王临乙随行，王临乙受益匪浅。

王临乙对工作热心认真，极端负责又有耐心，表现了青年艺术家善于办总务的才能，给徐悲鸿留下很深的印象。

这就是后来徐悲鸿当中央美术学院院长时，委托王临乙担任雕塑系主任兼任总务长的原因。

徐悲鸿的到来，在法国的许多中国留学生事先都知道了，他们都迫切希望看到徐悲鸿。徐悲鸿来到巴黎刚住下，先登门去看望了常书鸿、吕斯百、曾竹韶、唐一禾、秦宣夫、刘开渠、陈士文、王子云、余烈、陈鸿寿、王临乙等中国留学生，并观看了他们的油画习作。徐悲鸿一走进画室，只见吕斯百正津津有味地画着"敲扁的苹果"和"歪斜的杯子"。徐悲鸿一看这些习作，心里很不以为然。他走到吕斯百跟前，语重心长地告诫说："学习前人的或别人的作品，要吸收对自己有用的部分，千万不要赶时髦，而误了自己的美好前程。"他停了一会儿，又意味深长地说，"我之所以想方设法送你到法国学画，目的是为了办好祖国的美术教育事业，发展中国民族的绘画事业。希望你不要辜负我这番苦心。"

说完，徐悲鸿挥毫画了一枝迎春花。金黄的迎春花，象征着春天的生命，充满了活力！吕斯百看后，受到很大震动。

5月10日那天，中国近现代绘画展在巴黎中心各尔特广场国立外国美术馆隆重开幕。徐悲鸿参展作品作品15幅：《九方皋》《古都回忆》

《颠顶》《枇杷》《雄鸡》《湖畔》《鸭》《水牛》《庐山五老峰》《马》《狮》《群鹅》《南京一多》《猫》。《古都回忆》尤其受到法国报纸的赞美，其柏树被称为"堪与巴比松画派大师卢梭的橡树相媲美"。法国文豪保尔·瓦雷里（Paul Valery）专门撰文介绍画展，名画家沙巴（Chabas）、倍难尔、德尼（Maurice Denis）、朗杜斯基（Landwski）均参加画展组织委员会，法国教育部部长和社会各界知名人士三千多人出席了开幕式。著名大诗人梵莱理抱病为画展撰写了美好的序言。由于这是首次将中国近现代绘画介绍到法国，因此展览一下子轰动了整个巴黎。应观众的要求，展览延长了15天，目录印至3版。法国许多报章杂志都以大字号作标题，用大量的篇幅加以报道，推崇备至。著名美术评论家米勒莫克雷接连发表了三篇评论文章，说中国的绘画艺术成就实在惊人。欧洲各大报对展览也都发表了消息和评论文章。

展览会后，法国政府购买了徐悲鸿的《古柏》、齐白石的《棕树》、张大千的《金荷》。《金荷》是张大千的作品第一次在欧洲展出，其清丽雅逸，实在让欧洲人赞不绝口。故《金荷》现藏于巴黎。高奇峰的《帆船》、陈树人的《芭蕉》、汪亚尘的《消夏》、经亨颐的《兰石》、张聿光的《翠鸟》、张书旂的《桃花》、方药雨的《小鸟》、郑曼青的《墨葵》等12幅中国画，在巴黎国立外国美术馆开辟了一个中国绘画陈列室，永久陈列这些中国现代绘画。展览成为中国绘画在欧洲影响最大的盛事。这12件中国绘画，大都第一次走出国门。比如张大千的《金荷》，是他的绘画作品第一次在欧洲展出。徐悲鸿说："大千笔下的花卉，清丽雅逸，欧洲人观后陶醉神往。故而被巴黎的艺术家选中，被他们永久收藏。"为祝贺展览会的成功，法国国家学会院士、巴黎国立高等美术学校84岁的倍难尔老先生，特别邀请徐悲鸿和他的太太到家中做客，并热情地为蒋碧微画像。徐悲鸿忽然发现倍难尔先生画像时的神态值得留存，便迅速拿起纸和笔，用了不足20分钟的时间，将倍难尔画像时的形象再现纸上。然后，徐悲鸿在左上角竖着写了三行字："一九三三年十月二十一日下午四时，倍难尔先生以钢笔为碧微写像，余为速写。悲鸿。"

徐悲鸿在画展结束后，告别巴黎前与欢送他的中国留法学生合影留念。

尔后，徐悲鸿又应邀赴比利时布鲁塞尔举行画展，并游历荷兰海牙、阿姆斯特丹，访伦勃朗故居。年底，在意大利米兰皇宫举办中国近现代绘画展。游历意大利威尼斯、佛罗伦萨、罗马等历史文化名城。画展纪录片在全意大利放映，被称作马可·波罗之后最重要的意中文化交流。

年底，应邀赴德国柏林和法兰克福举行《徐悲鸿画展》，获巨大成功。50多家报纸杂志发表了赞誉文章。

通过这些展览，中国绘画受到了欧洲美术界和人民群众的欢迎，引起了他们的重视。据不完全统计，当时欧洲一些国家的报章杂志为介绍画展和中国绘画艺术，发表充满赞美之词的各种评论文章达三百多篇，这在世界美术史上是罕见的。接着，英国、苏联等也向徐悲鸿发来邀请函，请他去办中国近现代绘画展。

徐悲鸿知道苏联十月革命后正在进行社会主义建设。他在巴黎国际博览会上看到了用不锈钢铸成的穆希娜的巨型圆雕《工农联盟》——闪耀着银白色光辉的健壮男女，在蓝天衬托下，高举着镰刀和锤子。于是，徐悲鸿谢绝了其他国家的邀请，接受了苏联政府的邀请。徐悲鸿说："我很乐意到苏联去，因为苏联是首先对中国取消不平等条约之国家，不欲访问其不能，此次邀请，实乃极好机会。"

46

1934年5月，徐悲鸿应邀经希腊赴苏联举办画展，并进行访问，途中，再次游览了被徐悲鸿称之为平生一大快事的雅典帕提农神庙遗迹。

徐悲鸿一到莫斯科，苏联政府部门便把他迎接到红场附近的大都会饭店。

徐悲鸿住的房间，凭窗眺望，可以看清红场和著名的莫斯科大剧院。克里姆林宫是一座城堡式的建筑。列宁墓就在克里姆林宫前，呈长方形，全用绛红色的大理石砌成，有宽阔的台阶。

苏联对外文化联络局局长阿洛赛夫亲切地接待了徐悲鸿。此后，徐悲鸿便开始了画展开幕的准备工作。

5月6日，"中国近现代绘画展览"在苏联国立历史博物馆举行。

6月19日，画展移至列宁格勒展出，盛况空前，成为"在苏联举行的最成功的外国绘画展览"。徐悲鸿主持的中国近现代绘画展举行预展的当天，苏联文艺界的头面人物几乎全都到了，各界代表人物也有不少出席，有文艺界著名雕刻家梅枯洛夫，莫斯科大剧院权威人物卡恰洛夫，卡美尔尼剧院主持人泰伊格夫，著名演员柯宁、梅耶哈德夫妇……

徐悲鸿的《六朝人诗意》大受观众喜爱。与苏联著名艺术家交换了作品，并发表了《在全欧宣传中国美术之经过》一文。

此次欧洲之行，在法、比、德、意、苏联举办展览7次，在各大博物馆、大学中成立四处"中国近现代美术展览室"，张大千的《江南景色》被苏联政府收藏，并陈列于莫斯科博物馆。徐悲鸿认为"大千代表着中国山水画家，其清丽雅逸之笺，实令人神往，《江南景色》藏于莫斯科国立博物馆，为中国现代绘画生色"。这次中国近现代绘画在欧洲巡礼，宣传了中国绘画艺术，引起了各国的普遍重视。

徐悲鸿画马，举世闻名。阿洛赛夫向徐悲鸿郑重要求说："苏联艺术家和绘画爱好者，都想亲眼看看你是怎样画马的，非常希望你能当场画一幅奔马，让我们有机会一饱眼福。"

徐悲鸿欣然同意。大师就是大师，只见他抖擞精神，有人帮他理纸，有人帮他研墨，他诸笔兼用，各种毫笔在他手里，仿佛"知人善用"，随意挥洒，只见他运用中国画独有的笔墨画法，泼墨挥洒……许多人目不转睛地看着，惊喜、惊讶，还没有看清他是怎样收笔的，一匹势不可挡的奔马便跃然纸上，腾空飞奔。

掌声阵阵，还有那"乌拉！乌拉！"的欢呼声，响彻整个大厅……

在场的骑兵老将布琼尼，素有爱马之癖。他拨开挡在前面的人，三步两脚地走到徐悲鸿面前，以骑兵老将布琼尼特有的风度，十分直率地说："来自中国的大画家神笔徐，请将这匹奋进不息的战马送给我吧，否则我会发疯的！"

徐悲鸿被这位传奇英雄人物的真诚和幽默逗乐了，欣然点头，并当即题款赠给布琼尼将军。布琼尼将军高兴极了，他捻着胡髭细看了看绘画，然后用双手高高举起来奔马图，向让大家展示。

前来采访的报纸、电台、通讯社的新闻记者团团围住了徐悲鸿，争相提出种种问题。但徐悲鸿着重回答的，还是他怎样吸收西画之长，画出这种中国式的水墨奔马的？

"记者先生，我就是在巴黎学画的时候，也从来没有放弃过对中国画的创作，而且画了许多幅水墨奔马。你们现在看到的这幅《三骏飞奔图》就是我1919年想表现的奔马中的一种。学西画之长，补我国画表现技法上之不足，是我的出发点。我认为，中国画反映生活的功能比油画更概括，更快，更易于抒发画家对生活的感受……我就是为此而不断努力学习、努力创作……"

"请问悲鸿先生，你以画马誉满世界，你笔下的马同古人笔下的马有何不同？"

"我喜欢马，但我画马绝不是单纯画马的形体，而是借助马的形象，抒发我的感情、信仰和追求。我所画之马与古人所画之马有很大不同，古人画马多为工笔写真，所画的马也大都是宫廷官府内厩中豢养的肥硕温顺的马；我画之马则是用泼墨写意，着重表现马的精神特质，而且也大都是瘦骨嶙峋、奔放不羁的野马。还有，我笔下的马，着重吸取了西画中的解剖、透视等技法，把它同中国画的传统技法融为一体。这是古人画马从来所没有过的，也是古人作画不可能做到的。"

"徐先生，你画马时，我特别注意观察，看上去好像是信手拈来，轻而易举……"

"记者同志，你太不了解绘画艺术了。"一位苏联画家没等徐悲鸿回答，就赶忙插嘴说，"徐先生的水墨奔马，看来好像是纵笔挥洒，轻描淡写，十分容易；殊不知，在这种看上去轻而易举的后面，包含着画家多少对于生活，对于绘画的细心观察和勤学苦练啊！恐怕徐大师画马的写生稿，绝对不比你用过的稿纸少。"

"我们中国人都知道，唱戏的要想把戏唱好，首先要做到台上三分钟，台下十年功。"徐悲鸿轻松愉快地笑了笑说，"画画也是这样，一个画家没有经过千锤百炼的基本功，要想把画画得得心应手，那是不可能的。我可以告诉记者先生，为了画好马，光有关马的速写稿，多达上千张。这还不够，要想把马画好，我还得经常写生，经常学习，经常下功夫，这样才能让我笔下的马，随着我年龄的增长，不断有所进步。记者先生，你们若是不太相信的话，就请您问问在场的我的伟大朋友苏联同行吧……"

无拘无束的问答，加之风趣的插话，使在场的人都笑了起来，气氛融洽而热烈……

画展期间，正赶上五一国际劳动节。5月1日，徐悲鸿作为贵宾，应邀参加了苏联政府在红场举行的盛大庆典，见到了斯大林大元帅。

在莫斯科举行的中国近现代绘画展，应广大观众的要求，共开放一个多月。一个美术展览会举办这么长的时间，而且前往参观的人总是那么多，有人甚至去看了五六次，这种现象在莫斯科也是罕见的。

1934年8月，徐悲鸿结束了历时一年零八个月的法、比、德、意、苏联五国的欧洲之行，载誉而归。

在他撰写的《在全欧宣传中国美术之经过》一文中是这样介绍欧洲之行的："吾此次出国举行中国画展，曾在法、比、德、意、苏展出七次，成立四处'中国画展览室'于各大博物馆，总计因诸展而赞扬中国文化之文章、杂志逾两万份。……诸公须知此绝非我个人之力所得致，自然赖参加此次画展当代诸作家之名贵作品……吾于展览会一切接洽，在内在外，绝对未用政府名义……苏联人屡次问我：贵国有多少美术馆？如此有悠久历史之文明古国，美术馆之设备定比我的祖国要好。苏联美术馆之宏大，设备之精美，绝不亚于英、法、德、意诸邦，且觉过之。而我国可怜，民众所需之美术馆，国家从未措意，惟有岁糜巨款，说办文化事业，白日见鬼，连一个美术馆也没有……"

8月，徐悲鸿回到南京后，作中国画《新生命活跃起来》《奔马》《松鹰》等，油画《鸡鸣寺道中》《孙中山像》等。

47

在绘画教学上，徐悲鸿十分重视户外写生。1934年10月22日，刚刚从欧洲举办画展回来的徐悲鸿，为弥补20个月来对学生授课的欠缺，亲率中大艺术系绘画组三年级的孙多慈、冯法祀、杨建侯、文金扬、林家旗等近二十名同学前往浙江天目山写生。

从南京坐汽车至杭州后，在西湖畔一家旅馆住了一宿，第二天早晨坐车去天目山。清晨，杨建侯觉得时间尚早，便趁这个机会去看望了一位朋友，谁知他走错路，误了二三十分钟，大家等他等得不耐烦时，有人提议写个字条告诉他我们先走了，请他自己去。徐悲鸿却不同意地说："既然大家一起来写生，不管是去还是回，一个都不能少，就请同学们再等一会杨建侯同学吧。"就这样，一直等到他跑回来上了车。徐悲鸿看到上了车的杨建侯说了一句话："要是你这样的战士上战场打仗，江山必失。"

"我实在对不起大家。"杨建侯深感内疚地说，"今后我一定要注意。"到达天目山，徐悲鸿又和颜悦色地说，"不舒服了吧，磨墨，我给你画幅画。"说罢，徐悲鸿先生便挥毫画了一幅《睡猫图》送给了建侯。"迟到倒有功了，还奖励给他一幅画。"有人说风凉话，"这样的便宜事天底下都难找！"

迟到了还得到一幅徐悲鸿的画，的确不可想象。但这件不可想象的事，却反映出徐悲鸿对学生的宽厚、爱护。从此，这幅画成了杨建侯"处事三思后行"的座右铭。

在素有"江南奇山"之称的天目山，徐悲鸿带领学生进行了一周的写生。

徐悲鸿学西画是为了发展国画，他在艺术上竭力主张"师法造化"，走写实主义的道路。他在这次写生中，除指导学生观察写生外，自己也和同学们一起画画。他看到天目山一棵棵特有的参天柏树，颇为惊奇，便欣然提笔挥写参天柏树，借以抒发爱国胸怀。他一笔笔准确地落到纸上，运笔之快，令人吃惊。在旁边看得入神的冯法祀，情不自禁地感慨道："徐先生，你不愧是位大家都敬重的绘画天才！"徐悲鸿深有感触地说，"有人以为画画十分艰难，又说什么生来就得有绘画方面的天才，我觉得不然。从前有人说三分努力七分天资。我以为这句话是完全弄颠倒了。如果反过来说七分努力三分天资就对了。这就是说，不管你天资如何好，不肯努力用功，是成就不了你的天才的。世界上的所谓神童，大都到了成年以后就默默无闻了。这是什么原因呢？显然，由于众人一捧，加之父母宠爱，就自以为了不起，从此不再用功了。画画同做其他任何事情一样，犹如逆水行舟，不进则退，这是规律。不进步，怎么能获得成功呢？你不进步，跟你一起的同学都进步了，你不就落后了嘛！"

徐悲鸿的话给冯法祀很大启发。冯法祀请教道："徐先生，怎样才能把画画好呢？"徐悲鸿说，"要想把画画好，概括起来说，首先重在写生，次则勾勒，其次才到写意。不论画山水人物，还是画飞禽走兽，都要了解理、情、态三事。要观审名作，先着手临摹。不论今古名作，都要眼观手临，切忌偏爱；人各有所长，应该博采众长。不可专学一人，又不可单就自己的笔路去追求，要采取名作的精神，又要能转变它。这样，画家就可以把画画好，画家就有了创造万物的特殊本领。""造万物在我胸中，在我笔下，不为万物所驱使。画中要它下雨就可以下雨，要它刮风就可以刮风；这里缺少一个山峰，便可加上一个山峰，那里多了一棵树木，就可以删去这棵树木。这就是古人说的'笔补造化天无功'，今人说的'改造自然'。总之，画家可以得心应手地去表现社会。画家要表现现实，但又不能太实。和你们画的对象比，应该在似与不似之间，这才有趣味，这才是艺术。"冯法祀又问："古人所谓读万卷书，行万里路，这对画家有什么意义呢？"徐悲鸿笑了笑回答道："因为一个画家的见闻广博，是要从实地观察得来，不能光靠书本，需要两者相辅而行。名山大川，熟于心中，胸中有了万千丘壑，下笔自然就有所依据。山水如此，其他飞禽走兽都是一样。行万里路不仅是绘画资料的源泉，而且可以窥探宇宙万物，养成广阔的胸怀。所以，万里路是要必须行的。"

徐悲鸿在指导学生作画时，除了自己示范，还不止一次地对学生说："作画如同吃东西，要把最好吃的一口留在最后吃，作画时最精彩的一笔是最后画上去的。因为每吃一口，剩下的都比原先的好吃，才觉得越吃越有味，画画也是一个道理。同学们知道画龙点睛的故事吧？这龙的眼睛是最后一笔点上的。"

"老师，您讲课通俗易懂，生动形象，特别引人入胜。我爱听，听不够。"孙多慈走近徐悲鸿说。

"是吗？不是故意夸奖我吧？"徐悲鸿微笑道，"多慈同学，你对我说话可要真实哟！"

"老师，我向您发誓，我对您说的每句话、每个字都是发自我内心，绝没有丝毫虚情假意。"孙多慈怪不好意思地说，"我敬佩您、崇拜您，这是真的。像您这样的好老师我不佩服、不崇拜、不赞美，我佩服谁，赞美谁呀！"

徐悲鸿的感觉早就告诉他，她对他说的话，的确都是发自内心的，是她的心声。

"过一会该吃饭了，我们一起走吧。"悲鸿说。

"哎，等等，我这里有好东西，想给您看看。"多慈说。

"那好，我非常乐意欣赏你的好东西。"悲鸿说。

"老师，您得先把眼睛闭上，然后……"孙多慈神神秘秘地说。

徐老师很听学生的话，把眼睛轻轻地闭上了。

"嗳，老师，请您把眼睛闭得再紧些。"

徐悲鸿把双眼又收紧闭了闭。这时，孙多慈把右手伸进胸前，慢慢掏出那神神秘秘的小东西。然后说："请老师把您的右手伸出来。"徐悲鸿活像个听话的乖孩子，把右手乖乖地伸了出来，"老师，请您把手轻轻地张开。"悲鸿把右手轻轻张开。这时，孙多慈把她的右手轻轻放到老师的右手上，然后松开，将她刚才在那棵高大的红豆树下捡到的两枚又大又圆的红豆，轻轻放到老师的手心中。学生有意，老师有心，两颗红豆一触及悲鸿的手心，他就情不自禁地说出了"红豆"两枚。"红豆出南国啊！"徐悲鸿感慨道。纯洁少女孙多慈像是触了电，朦朦胧胧地说："此物最相思。"于是，两枚红豆瞬间让两颗相爱的心，融化到一起了。如此僻静处，四周又无人，情到浓烈时，两人情不自禁地相拥而吻……

孙多慈、徐悲鸿都没想到，这精彩的一幕，竟然被写生的学生悄悄速写下来了。尔后，徐悲鸿以两人在天目山的经历为素材，创作了一幅油画《台城月夜》。《台城月夜》画的是一男一女，静静地坐在一块石头上，男士悠然而坐，女士羞涩地侍立一旁，她项间围着一条随风飘扬的丝纱巾，天空一轮明月。据说，这两枚红豆，后来被徐悲鸿精心装饰成两枚戒指。

如果说以往的徐悲鸿与蒋碧微的恋爱，是流言蜚语的话，而如今这段由"南国红豆"引起的故事，应该称得上是一个非常浪漫的师生恋了……

在天目山这一周，徐悲鸿和同学一起吃住，晚间就地睡在寺庙里。同学们的生活全靠徐先生卖画的收入。他给庙里的道士画了几幅速写。道士们为了表示谢意，不仅拿出最好的山珍美味款待大家，在这偏僻的高山上，居然还让大家吃到了"锅巴肉片"，同学们高兴极了。徐悲鸿和同学们的关系特别亲近，他没有师长架子，又关心同学。同学们也经常同他闹着玩。他带了一个搪瓷缸，里面装了一些花生米。一天，趁他不在时，同学们就把搪瓷缸中的花生米"分而食之"。等到晚上徐先生再找花生米吃时，发现里面已"空空如也"，于是他就用镇尺敲着搪瓷缸，对大家说："同学们注意，山上这庙里的老鼠太多，眨眼就把我的花生米给偷吃光了。我不知道这里的老鼠是几条腿的，据我观察，这里的老鼠确实很大很大……"同学们听了老师诙谐的说笑，一个个都会心地发出一阵大笑，老师徐悲鸿自然也跟大家一起笑了起来，笑声在山谷间回荡……

世上没有不透风的墙。尔后不久，悲鸿与多慈在天目山这短暂的甜蜜，被师母派传送到蒋碧微的耳朵里。她除了狠狠骂了徐悲鸿一顿，还向徐悲鸿发出了要离开他的威胁。

对于孙多慈和徐悲鸿来说，天目山台城是刻骨铭心的，是他们两人最美好最值得珍惜、最值得回忆的月夜。徐悲鸿和孙多慈无形中给天目山增添了一段浪漫绚丽的色彩，留下一个童话般美丽的爱情故事。

徐悲鸿率领学生天目山写生，他创作了中国画《老殿古杉图》《西天目老殿》和油画《天目秋色》。《天目秋色》是徐悲鸿的心爱之作。

第七章 创伤在扩大

48

1935年2月,田汉在回家的路上,被国民党特务盯上,回家后,连同妻子、女儿一起被国民党逮捕,开始关押在上海警察局。后来,夫人和女儿获释,田汉被转移到南京坐牢。田汉的夫人林维中按照田汉的叮嘱,找到了徐悲鸿。

徐悲鸿与田汉是志同道合的莫逆之交,徐悲鸿听了林维中的诉说,拍案而起,斥责国民党特务头子陈立夫之流迫害文艺界进步人士"无耻透顶"。

田汉的被捕,让徐悲鸿坐卧不安。当他从来访的朋友中得知,国民党特务正在加紧迫害所谓的共产党嫌疑分子时,更加重了他的焦灼不安。

徐悲鸿前往监狱探望田汉。这时,刚受过严刑拷打的田汉,正看着在牢房门外来回走动的国民党看守。田汉面容憔悴,可他那一双炯炯放光的眼睛,却喷着怒火。

徐悲鸿站在田汉的牢房前,大声喊道:"寿昌兄,我来看你了。"

田汉定睛一看是悲鸿,急忙伸出双手。徐悲鸿双手握着田汉伤痕斑斑的双手,看着他被折磨成这副样子,不由得流出了泪水。田汉反而安慰徐悲鸿:"不要为我难过!在这个社会里要战斗,流血牺牲总是在所难免。"徐悲鸿擦了擦泪水模糊的眼睛,赶忙低声说:"你的病,我已经知道了,千万别着急,一定要保重,我会尽快想办法保释你出狱。有我在,就有你寿昌兄在,你放心好了!"田汉看见看守快要走过来了,别的话不好再多说,只好低声吟诵了他在狱中作的一首七言绝句:"生平一掬忧时泪,此日从容作楚囚……"徐悲鸿在看守的吆喝下,不得不离开了田汉。

徐悲鸿忧心如焚,决心尽快保释田汉。保释田汉遭到蒋碧微的反对。蒋碧微质问徐悲鸿:"你为什么总和田汉这帮子危险分子搅和在一起?他们会把你美好的前程毁掉的!你若是执迷不悟,再同田汉这帮子危险的穷朋友继续鬼混,那就对不起了,我们只好各人顾各人,各走各的道了。一意孤行,你不怕受田汉的牵连,我还怕受你的牵连呢!"

徐悲鸿继续不顾一切地营救田汉,为此四处呼喊奔走。几天过去了,却毫无收获,而田汉的病情也越来越严重。徐悲鸿心里明白,田汉的被捕跟张道藩有关。他就来了个明知山有虎,偏往虎山行。徐悲鸿选择了没有办法的办法——登门拜访昔日的老同学、今日的国民党要员张道藩。一天,徐悲鸿找到张道藩,张道藩请徐悲鸿坐下,故意嘘寒问暖道,说什么"我们都是留学法国的老同学,有事好商议"。

"无事不登三宝殿!"徐悲鸿毫不掩饰地说,"你们把田寿昌抓起来坐大牢,今天我是专为保释田先生出狱而来'求'你的。"

"田汉被捕了,我怎么不知道呀?"张道藩惊讶地说,"悲鸿兄,我早就让嫂夫人转告过你,田汉的事不要管,也不能管,因为他的确是个很危险的人物。可你呀,总是不听老同学的劝。我担心这样下去,害了你也害了嫂夫人。我担心他的被捕,对你的前途恐怕也会有影响的!不过,悲鸿兄,你尽管放心,这方面我会尽量做工作的……"

"你这位内政部次长大人对我的前途如此关心,我实在不敢当啊!"徐悲鸿不愿多磨嘴皮子说,"张次长,田汉是个什么人,我心里清楚,你心里也应该清楚。"

"好了好了,悲鸿兄,我看今天你就没必要再坚持独持偏见、一意孤行了。你我老同学,我看也就不必再争论下去了。"张道藩说,"这样吧,看在老同学和嫂夫人的面子上,我去打听打听,如果真有此事,我会好好说说的,让他们同意保释放人。成不成,也可以试试看嘛!"

徐悲鸿离开张道藩,走在马路上边走边想,他越想越觉得这个社会太黑暗,需要像田汉先生这样的勇士冲破这黎明前的黑暗!否则,光明何时才能到来。他决心要创作这么一幅画作,鼓舞生活在黑暗中的人们,为获得光明的明天,团结起来勇敢地战胜黑暗……

夜幕降临,徐悲鸿在回画室的路上,突然眼前闪出一幅冲破黑暗迎向光明的奔马图。徐悲鸿顿时激情燃烧画兴勃发,他快速走进画室,研墨理纸,挥毫泼墨,这幅冲破黑暗迎向光明鼓舞人心的奔马图,在徐悲鸿的笔端展现了……徐悲鸿在画幅的右边从上到下题款"百战沉疴终日起,首之瞻处即光明 悲鸿写"。徐悲鸿准备装裱后,在保释田汉出狱时送给他。

过了几天,张道藩来到徐悲鸿家。"悲鸿兄,我了解了,确有此事。"张道藩说,"看在老同学的情分上,经我再三说情,他们总算答应我同意保释田汉出狱。但有两个条件缺一不可:一、需要两位有身份、有名望的权威人士出面担保,二、必须得用身家性命作保,只有这样方能保释田汉。"

张道藩不仅身居内政部常务次长,还身居CC派要职。这是给徐悲鸿出的一道难题,表面上看是可以保释,但实际上很难做到。他们以为,即使徐悲鸿自己敢于拿身家性命作保,他也不可能再找到另一个既有身份又不怕死的社会名流作保。好死不如赖活着嘛!那些真正有身份有名望的人物,大都是明哲保身,像徐悲鸿那样天不怕地不怕的人,能有几个?少见。即使他徐悲鸿算一个,那个人呢?那个人恐怕就难找了。

"用身家性命作保，这个我能做到！"徐悲鸿果断地回答，"我算一个！"

"你当然可以算一个，另一个呢？"

"另一个我负责找。"徐悲鸿不改初衷地说，"大不了坐牢。面对小日本的侵略，有那么多人敢于同他们拼死拼活地斗争，不惧死的中国人，我看有的是。"

徐悲鸿经过几天的周折，宗白华教授表示愿意用身家性命作保。于是，由徐悲鸿、宗白华一起出面作保，终于把田汉先生保释出狱。

为了方便，不管太太如何反对，徐悲鸿还是毅然把田汉安排住在他的房间里休养。

徐悲鸿又走上中央大学艺术系的讲坛，把自己在法国临摹的德拉克洛瓦的油画《希阿岛的屠杀》，拿到课堂上进行剖析讲解。他说："看了动人心弦的戏剧演出而流泪之事是常有的，看了一幅画而使人流泪的事却是少见的。我看了《希阿岛的屠杀》，实在是忍不住了，泪水夺眶而出……"

整个教室坐满了听课的学生，鸦雀无声，似乎一根针掉在地上，人们都能听得见。学生加上一些专门来听课的老师，都在全神贯注地倾听徐悲鸿对《希阿岛的屠杀》的剖析。悲鸿动情地说："《希阿岛的屠杀》，画的是希腊人民抵抗土耳其侵略者时的真实情景。在这一事件中，希腊希阿岛被杀的岛民达两万人以上，剩下的人都变成奴隶被土耳其军队掳走。德拉克洛瓦采用火热的色彩，非常逼真地画出了暴力之前一筹莫展、愕然等死的希腊人之悲剧，让人悲痛欲绝、刻骨铭心。这一巨幅油画反映了作者尊重民族独立自主的可贵思想，但画面重在暴露、控诉封建苏丹的罪行。这幅将近15平方米的油画一诞生，顿时使法国画坛大为震惊……"

徐悲鸿说到这里，联想到了日本侵略者在中国东三省屠杀我骨肉同胞的情形……他擦了擦眼泪，感慨道："看到这幅画，不能不使人联想起我们祖国的社会现实。我们的民族也应该有我们的德拉克洛瓦，也一定会有我们的德拉克洛瓦！同学们，希望就寄托在你们身上……"

静静的教室里，突然爆发出长时间的热烈掌声。掌声感动了徐悲鸿，他双手示意要同学们静下来，然后注视着同学们说："研究艺术，务须真，务须吃苦耐劳，只有真诚和吃苦耐劳，才有可能把你要学的东西真正学到手。吾居欧洲学习八年，感到需要学习的东西太多，唯恐时间不够用，周日假日参观博物馆、艺术馆、展览会，总喜欢带上一壶水两块面包，早起晚归，渴了喝口水，饿时吃块面包，有时为了要把临摹的画临摹完，甚至连吃口饭都顾不上，因为担心关门。小时候，我听老人讲故事说，玉皇大帝有根钉阳针，只要需要，他随时随地把太阳给钉住。我就曾幻想着，如果我有根钉阳针就好了。有了钉阳针，我就可以不那么紧张了。一寸光阴一寸金，寸金难买寸光阴。时间宝贵，只有珍惜时间，才能学到更多的东西；只有学到更多的东西，才能报效祖国。德拉克洛瓦是位难得的伟大的现实主义绘画大师，如果他没有真才实学，没有强烈的爱人民、爱祖国的思想感情，他是创作不出这么伟大的作品的！即使他是天才，也不可能创作出如此辉煌的艺术品。我以为作为一名肩负重大社会责任的艺术家，必须明白，他所创作出来的作品，乃代表着这个时代的精神，或申诉人民的疾苦，或传写历史光荣。"徐悲鸿说到这里，环视了一下课堂，然后提高嗓门大声说，"我敢说，德拉克洛瓦做到了这一点！德拉克洛瓦手中的画笔同他本人一样，是伟大的，是值得我们用世界上最为最好的语言来称颂、来赞美的！同学们，你们不是说'中国需要徐悲鸿'吗？是的，我出国留学，就是因为祖国需要我去学习，我才去学习长能耐，回来报效祖国。我要告诉同学们：我们伟大的中华民族需要的不仅仅是我一个徐悲鸿，需要的是千千万万个徐悲鸿！只有千千万万的徐悲鸿才能实现们中华民族伟大的复兴梦。祖国是把希望寄托在我们身上了，你们是年轻人，年轻人是祖国的未来，说到底，祖国更把希望寄托在你们这些好学上进、有抱负的年轻人身上。"

又是一阵异常热烈的掌声……

徐悲鸿用自己的心光来点燃年轻人爱祖国、爱艺术的激情,为他们尽快实现理想,助一臂之力。

课后,徐悲鸿回家了,快走到傅厚岗4号的时候,发现张道藩的小汽车正停在大门外。他皱了皱眉头,快走到小汽车前边时,迎面碰上蒋碧微从楼里走了出来。徐悲鸿随便问道:"怎么,跳舞去?"

"是的,我想去舞厅散散心……"蒋碧微丢下这句话,一头钻进小轿车走了。

徐悲鸿苦笑了一下,迈进大门,直接走进画室。这是唯一一片属于自己的天地。进了画室,他奋笔疾书:

"富贵不能淫,贫贱不能移,威武不能屈,此谓之大丈夫。"

悲鸿写完字,想画幅画,可他怎么也画不下去,心很烦。他脑海里突然显现出18世纪大画家普吕东的形象。普吕东的夫人风流彪悍,到处挥霍,花销无度,还经常找普吕东的麻烦。自己如今和普吕东何其相似!普吕东后来把这件事全撇在一边,倾注全部心血于绘画事业,终于获得拿破仑亲自授予的勋章……徐悲鸿想到这儿,苦笑了一下,自我安慰道:做个普吕东,我有我的事业,由她去吧!

49

窗外,月明星稀;室内,一片静寂。徐悲鸿和蒋碧微,一个端坐在沙发上,一个斜靠在床被上,两人都默不作声,只有那嘀嗒嘀嗒的时钟在响……

室内静得可怕。

"……听说你要去广西,而且还是李宗仁的邀请?"蒋碧微终于憋不住了。

"你的消息倒也灵通。"徐悲鸿看了她一眼说,"我是有这个想法。"

"那倒也是。"蒋碧微嘴角上挂着一丝冷笑说,"你不是对我搞封锁吗？要想人不知，除非己莫为。你打算何时动身？"

"现在我还不能把准确的时间告诉你。"徐悲鸿坦诚地说，"因为有些事还没处理完，处理完了，我再同南宁方面商议具体行程。"

"哼！不愿和我说——看来，你是已经同你那个心上人商议好了，即使没打算私奔，是不是也要一起远走高飞？"

"我厌恶这儿浑浊的空气。"徐悲鸿坦言道，"现在小日本侵略中国，蒋介石奉行不抵抗主义，令我极为反感。还有，你的所作所为，也让我难以忍受。对于我来说，现在是国不像国，家不像家。人各有志，我离开南京这个污浊的地方，还可以多做些对中华民族有益的事情！"

"假如有一天你能跟你那位漂亮、温柔而又有才华的心上人断了往来，你什么时候回到我身边，我都欢迎。"蒋碧微板起面孔说，"但有一点我必须事先告诉你：如若是等她死了，或是嫁了人，到那个时候，你落得个无依无靠了再回来找我，对不起，傅厚岗4号这个家，是绝对不会接受你的。我这里不是收容所！"

蒋碧微的话音刚落，就听到外面拖长的汽车喇叭声。蒋碧微习惯性地从床边走到梳妆台，边梳头边尖刻地说："有人把你的魂都给勾走了，记住，到时候可别怪我翻脸……"

"你对着镜子好好照照自己吧，好好看看你，已经变成了什么样子！"

"只许有人喜欢你，难道就不许有人喜欢我吗？哼，我就天天照镜子，天天对着镜子欣赏自己，你看着别扭就别回来呀！"蒋碧微说完，换上高跟鞋，提起精巧的手提包，把头一扭，头也不回，咯噔咯噔地走了……

徐悲鸿冷冷看一眼，再也没说什么，还能说什么呢？她爱怎么说就怎么去说吧。就在这时，女儿丽丽突然从外面跑进来，扑到爸爸的怀里，噘着小嘴，很不高兴地说："这汽车喇叭，可讨厌了，它一叫，妈妈就得走……"

"丽丽，我们不说这个……"徐悲鸿厌恶地看了门外一眼，用手

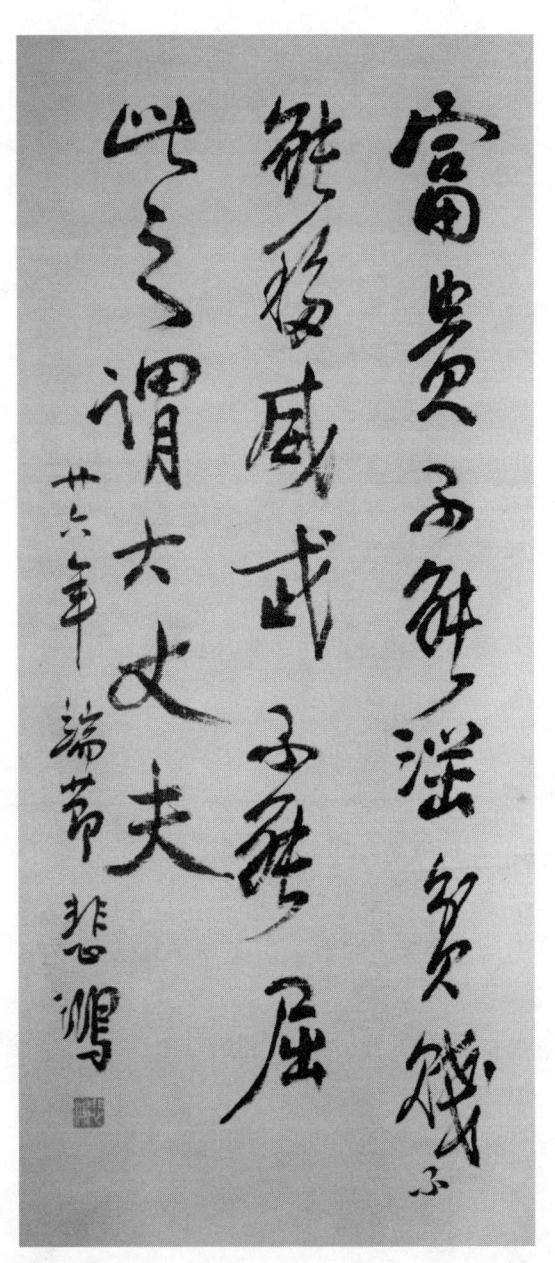

富贵不能淫贫贱不能移威武不能屈此之谓大丈夫

廿六年端节 悲鸿

徐悲鸿手书

抚摸着女儿的头发亲切地说,"丽丽,你能把法文字母都默写下来吗?"

"能。"丽丽点点头回答说,"爸爸,你说,我来写好吗?"

"好,好。"徐悲鸿说,"要是有一个字母默写不出,我可要拧你耳朵的呀!"

"爸爸,我要是全写对了,你可就拧不着我的耳朵了。"调皮的丽丽趁爸爸不注意,在爸爸的耳朵上捏了一下。徐悲鸿笑着说:"你这个小丫头,净占爸爸的便宜。"

丽丽得意地乐了。

徐悲鸿说一个字母,小丽丽很快就写一个字母。胖胖的小手紧捏着粗粗的铅笔头,写得十分认真。不一会,丽丽就默写完了全部法文字母,并准确地朗读了一遍。徐悲鸿非常满意地给女儿打了个满分。

丽丽高兴得拍着巴掌欢跳起来。

"丽丽,你是不是再给爸爸背一段法语课文?"

"行。"丽丽点点头,立即背着手,面向爸爸,背诵了一段法语课文。

"背得蛮好,不过有一个地方发音不够准确。"徐悲鸿一边纠正,一边教女儿应该如何发音。丽丽很快就掌握了那个字母的准确发音。

"丽丽,唐诗你读得怎么样了?可以背一首给爸爸听听吗?"

"可以是可以,我只会背你教过我的。"

"那好,我来选一首画了圈的。"徐悲鸿翻着《唐诗三百首》说,"你就背诵李贺的《雁门太守行》吧。"

"好吧。"丽丽站好了姿势,"背错的地方,请我爸爸徐先生多多指教。"

"你这个小鬼头,还学会了和爸爸开玩笑了。"

丽丽笑了笑,学着大人的样子背诵道:"黑云压城城欲摧,甲光向日金鳞开。角声满天秋色里……"

丽丽背诵得蛮有感情,爸爸听完,十分满意地笑了。

第二天是个阴霾的早晨。天空中浮着几块铅色的云,遮住了霞光。徐悲鸿抬头看看天空,自言自语地说:"我看,太阳过会就出来,不会下雨。"于是他没拿雨伞，夹起提包去学校了。

徐悲鸿刚跨出大门，不料，张道藩从小汽车里钻出来，挡住了他的去路。徐悲鸿没吭声，想赶快躲开他。张道藩满脸堆笑地迎过来说："徐先生好！我今日登门拜望，有件大事需要和徐先生相商。"

"那就快说吧！我还要去中大给学生上课。"

张道藩说："啊，这里……不是谈话的地方，还是到屋里说吧。"

徐悲鸿转身回家，张道藩随着走进客厅。"张次长请坐。"徐悲鸿说，"有什么事，快说吧！我还得去学校讲大课。"

"悲鸿兄，蒋委员长对你的绘画，一向评价很高。这个你是知道的。他曾多次称赞你爱国爱艺术爱人才，是位难得的大画家，党国寄希望于你。悲鸿兄，委员长特别欣赏你的油画和素描人物。他说在人物画上，古人没人能同你相比的。直到现在，今人也没人能同你相比，你可是当代第一大画家啊！"张道藩说到这里，把椅子往前挪动了一下，靠近悲鸿，放低声音说，"今年是蒋委员长50大寿，想请你挥展生花妙笔，为总裁画一幅油画肖像，送给他作生日纪念，你看如何？这可是个千载难逢的大好机会，有些绘画名家听到请你为蒋委员长作生日肖像画，一个个无不羡慕啊！"

"原来是这么回事。"徐悲鸿听到这里不冷不热地说，"我是个教书匠，这个你是很清楚的。我对给蒋介石画像没什么兴趣！张次长，你不是说有人眼馋嘛，那就让他们去画好了。我很乐意把这件好事让给那些羡慕的画家去做，这样也避免了对我徐悲鸿的嫉妒。一举两得，多好哇！"

"这怎么能成呢！"张道藩有些不高兴地说，"50岁大寿，委座要油画肖像，让我给他推荐一名德高望重的大画家。我一看，这是委座对我们这批留欧学生的最大器重，要想成就大事业，这是个难得的好机会。于是我就把你的大名摆在推荐名单中的头一个。没出我所料，委座一下子就看中了你。他可是在你的名字上画了一个大大的圆圈呀！这还了得，你是委座钦定的。我一看见画的那个大圆圈，打心眼儿里为悲鸿兄感到自豪！怎么能把这么严肃的一件大事，那么不负责任地交给别人去办呢！"

"张次长，其实，我看这件事，你没有必要花那么多的时间和精力，操那么大的神。据我知道，上海城隍庙有些摆地摊作肖像画的画家，画人头像就画得很逼真。"徐悲鸿说，"张次长，你不妨跑一趟城隍庙，一方面请地摊画家为蒋委员长画幅肖像画，另一方面也算是你体察民情，请《中央日报》记者写篇报道，一举多得，这么办不是也很好嘛……"没等徐悲鸿说完，张道藩的脸就涨红得像公鸡头上的冠子一样，结结巴巴地说："你、你不但对给蒋……蒋委员长画……画幅油画肖像没兴趣，还嘲笑我……你究竟对什么有兴趣？啊？你说，你究竟对什么有兴趣？"

因为徐悲鸿对张道藩素有戒备，今天他显得很沉静。他接着张道藩的话茬说："我本来无可奉告。但今天，我倒不妨说说，古人云：'社稷为重，君为轻。'我很欣赏这句话。至于我的兴趣，则在抗日救国，假如叫我为淞沪抗战中的抗日将领蔡廷锴、蒋光鼐画像，我将不胜荣幸！"

"这么说，你肯定不愿意为委座画像了？"张道藩瞪大双眼问。

徐悲鸿说："没错，正是这个意思！"

张道藩猛地站起身子说："徐先生，你我也曾同学一场，我愿提醒你注意：你的一些画作，已经给政府带来不少的麻烦！什么《田横五百士》，还有什么《徯我后》，这些大幅的油画，已经在相当一部分青年学生中间产生很坏的影响！听说，你还想通过什么《九方皋》，来刻意取笑我们的领袖不识人才，使民众失去对领袖和政府的信任！"

"张次长，你也太抬举我了，就那么几幅画，竟有那么大的作用？你若今天不告诉我，我还真没想到会有那么大的影响。"徐悲鸿心平气和地说，"谢谢次长大人！"

张道藩在原地踱了两步，绵里藏针地说："看在老同学的面上，我再奉劝你一句：一失足成千古恨。所以，我请老同学三思，免得后悔！"说完，他头也不回地告辞了。

徐悲鸿轻捷地踱了几步，一眼看见那副自己写的对联："人不可无傲骨，但不可有傲气！"心里总算踏实了些。然后打开窗户，一股清风吹来，他感到很痛快，但也感到这件事非同小可。徐悲鸿沉思片刻，他终于拿定主意，给广西绥靖主任、国民政府第五路军总指挥李宗仁发电：接受李宗仁的邀请……

一个抗日上将和一个布衣画家——李宗仁和徐悲鸿因抗日和艺术而结缘，为艺坛留下一段佳话……

50

时间步入1935年秋天，时任广西省政府秘书长的苏希洵，是徐悲鸿留法时的同学，他和李宗仁将军一样，也希望徐悲鸿能来桂林一游，趁这个机会和老同学见面叙旧。一直仰慕八桂山水的徐悲鸿，此时正被太太折腾得不得安宁，他也想借这个机会到桂林会会老朋友散散心，便接受了李宗仁的邀请，登上了开往广西南宁的列车……

徐悲鸿不光爱画入骨髓，爱国抗日也入骨髓；抗日名将李宗仁既爱国也爱画，尤爱胸怀大志的大画家徐悲鸿。拿枪杆子的李宗仁和手握画笔的徐悲鸿，志趣一致，目标相同，今天又走到一起了，成了一对难舍难分的好朋友。来桂林后，在李宗仁的劝说下，徐悲鸿把画室、起居室、会客室都迁至桂林。从1935年一直到1939年，徐悲鸿大都工作在桂林，生活在桂林。

徐悲鸿一到广西，时任国民革命军第四集团军总司令的李宗仁将军，便把他视为知己，奉若上宾。徐悲鸿的食宿和诸多活动安排，大都由李宗仁亲自过问，而且比较重要的社会活动，李宗仁也总是尽可能陪同徐悲鸿。

徐悲鸿是第一次来广西，但是他与李宗仁将军并非第一次见面。1925年，两人相识广州。当时，徐悲鸿在广州举办画展，出师北伐的李宗仁正在广州，素有儒将之誉的李宗仁与徐悲鸿就在这里相遇了。说北伐，聊画展，两人谈得特别开心，彼此都觉得相见恨晚。

李宗仁年长徐悲鸿四岁，他出身耕读世家，由父亲启蒙教导，濡染中国文化，因此对文人贤达素来推崇敬仰。两人从1925年在广州分手，十年后才广西相见，久别重逢格外亲切。李宗仁让徐悲鸿暂时生活在南宁共和路"乐群社"。徐悲鸿在"乐群社"展出了他随身携带的三十几幅书画作品，李宗仁、黄绍竑等到场观赏，评价很高。各种媒体大加称赞，报纸辟专版介绍。尔后，李宗仁邀请徐悲鸿一起出席部队专门为欢迎徐悲鸿举办的"将军与画家"联欢会。晚会气氛热烈，画家和将军其乐融融。晚间，广西省政府主席黄绍竑宴请徐悲鸿，军政要员济济一堂，一起欢迎徐悲鸿。徐悲鸿将他1934年（民国23年）创作的一幅纵75cm×横113cm的《奔马》，赠送李宗仁。画幅右上方题款："敬赠国民革命军第四集团军总司令。"画幅的左边题款："问汝健足果何用，为见生刍尽日驰 甲戌冬（1934年）悲鸿"。

1924年李宗仁、白崇禧击溃桂系军阀陆荣廷。1925年，由李宗仁等新桂系，统一广西，并拥戴广州国民政府为中华民国唯一合法政府，李宗仁率第七军两万余人，作为主力部队参加北伐。1928年4月李宗仁被国民政府任命为国民革命军第四集团军总司令，白崇禧任副总司令。第四集团军主要由新桂系部队和改编湖南军阀唐生智部队组成，总兵力达二十余万人。

李司令接过《奔马》图，感慨道："昂首嘶鸣，鬃毛迎风飞扬，富有动感，尽显奔马之雄健、之勇敢、之俊美。墨色浓淡变化浑然天成，奔马英勇善战，一往无前，可歌、可敬，军人理应有奔马精神！"

众人热烈鼓掌。

徐悲鸿经常借用笔下的奔马，抒发爱国情怀。他在《徐悲鸿覆问学者的信》中强调："我爱画动物，皆对实物用过极长时间的功，即以马论，速写稿不下千幅，并学过马的解剖，熟悉马之骨架、肌肉组织，夫然后详审其动态及神情，方能有得。"其实，徐悲鸿在年少时就喜欢画马，特别是他在欧洲学习的时候，迷恋有关马的写生，在德国动物园有关各式各样马的速写百张以上。他严谨地掌握了马的动态、结构、习性，经过千锤百炼，成功解决了充分运用中国笔墨的长处，把笔墨和马的筋骨结构和谐地糅合在一起，得心应手地塑造出马的各种形象，以表现他的审美理想，寄托他的爱国情怀。

徐悲鸿一生最爱画马，尤其爱画奔马。"问汝健足果何用，为觅生刍尽日驰"，这是徐悲鸿的奔马图上经常见到的题款。两诗句一问一答，淋漓尽致地抒发了画家对祖国、对人生的关切。配在此幅《奔马》图中，顿觉一种慷慨和激昂的情感跃然纸上。郭沫若曾对这一题款有过这样的解释："悲鸿善画马，每题'问汝健足果何用，为觅生刍尽日驰'。余曾代马作答，其词曰'非为生刍尽日驰，电光石火行千里。壮志雄心寄健足，国家建设当如此'。悲鸿有知，当为首肯。"

在李宗仁的陪同下，徐悲鸿参观广西省立第一高中时，眼前突然一亮，他发现前边墙上有一条非常引人注目的标语——明耻教战。这四个大字引起了徐悲鸿的思考，他对李宗仁说："'明耻教战'好！要让全民族都明白，我们为什么要奋不顾身地打击日本侵略者。"

徐悲鸿在桂期间，处处受到盛情款待。李宗仁邀请徐悲鸿出席孙中山纪念会；徐悲鸿还在李宗仁的陪同下，参观了军训大部队。他看到部队积极练兵，非常高兴。徐悲鸿情不自禁，挥毫画战马一匹。徐悲鸿在李宗仁陪同下进行访问时，两人交谈甚多，谈到时局，谈到如何发展广西美术事业，谈到举办广西省第一届美术展览等等，这些问题不但对徐悲鸿很有吸引力，而且他很赞同李宗仁的高见。徐悲鸿找到了知己，渐渐忘掉心中一些烦神的事，心情也就渐渐变得舒畅起来。

在南京时徐悲鸿的烦恼不断，徐悲鸿痛恨日本帝国主义的疯狂侵略，不满南京政府的不抵抗和节节败退，不满政府内部的派系斗争。徐悲鸿耗尽心血精心创作的《田横五百士》《傒我后》巨幅油画，被国民党当局认定是对当局别有用心。徐悲鸿亲近田汉、帮助田汉、保释田汉，徐悲鸿还坚决拒绝为蒋介石50岁生日画肖像。再有，蒋碧微越来越亲近张道藩,越来越疏远徐悲鸿。徐家的家庭纠纷弄得中大艺术系议论纷纷,闹得傅厚岗4号鸡犬不宁,徐悲鸿无法正常工作、正常生活。这些事情都促使他想换个环境。

徐悲鸿离家出走后,张道藩常常去蒋碧微家里。傅厚岗4号几乎成了张道藩的家,他想去就去。张道藩曾经在欧洲学习西方绘画七八年,他把西方世界的生活方式完全学到手里,在政治、情书、关系上,成为少有的高手。后来,蒋碧微在回忆录《我与道藩》一书中,写出了她和张道藩间的感情历程。他们两人写的情书多达15万字,蒋碧微在回忆录中写道:

"那一天你曾给我留下极深刻的印象,记得吗?"若干年后,道藩曾回味无穷地对我说,"你穿的是一件鲜艳而别致的洋装。上衣是大红色底,灰黄的花,长裙是灰黄色底,大红的花。你站在那红地毯上,亭亭玉立,风姿绰约,显得多么的雍容华贵。啊!那真是一幅绝妙的图画。"

"当时我静静地听着。报他以表示谢意的一笑,是的,我应该感谢他的恭维……在国外住了八九年,以女性的优越地位,我听过各式各样的赞美,甚至于一位中国同学说:'像你这样的女孩子到外国来,真为我们中国人增光。'

"是的,我在外国曾是一群男同学中的天之骄女。……1924年……徐志摩也到巴黎来了……我们在道藩的房间里打麻将,一打就是通宵达旦,直到晨光熹微,牌局结束,我已经累得精疲力竭,顺势往沙发上一坐,迷迷糊糊地竟会睡着了……

"他是那么忠实可靠,热情洋溢,乐于助人。悲鸿不在我的身边,他确曾帮过我很多忙,我对他寄予无比信任,常常请他充任我的男伴。一位研究东方文化的法籍白俄,玛库力埃斯,为了举办'东方民族游艺会',邀请我担任招待。事前他请客,问我想邀哪位男士做伴时,我毫不犹豫地说出张道藩的名字……"

从蒋碧微的文字来看,不难看出,她在男人面前喜欢装扮自己,尤其欣赏男人对她的当面赞美。显然，她是一位敢爱敢恨孤芳自傲的女性。显然她与张道藩早在法国时就已经很亲近了。

蒋碧微与张道藩相识于1922年，相识于成立不久的"天狗会"。关于"天狗会"，徐悲鸿对这个自发的组织有着自己的看法。他在1936年撰写的《法国艺术近况》中写道："关于巴黎留学界，今有中国画家二十余人，其团体之名称，不曰'天马'，而曰'天狗'，已觉奇特，而法国画家之团体，所谓狂母牛会者，更将令人望而却步矣！世界之大，真无奇不有也。"由中国留学画家部分人组成的"天狗会"，每次聚会都少不了张道藩与蒋碧微，而被中国留学生称之为"情圣"的张道藩，天狗会每次组织活动，不仅总要邀请蒋碧微参加，而且对蒋碧微总是百般殷勤侍奉。已经有了法国老婆苏珊（张道藩结婚前有法国女友"素珊"，结婚后将"素珊"字改为"苏珊"——作者注）的张道藩，成了众所周知的疯狂的追逐者。一天夜晚，张道藩写血书向蒋碧微发誓："雪妹妹，海枯石烂，斯爱不泯，誓终身不忘此语。"落款是"宗血书"。

从此，以"雪妹妹""宗哥哥"相称的情书不断。我们不妨随便翻开张道藩写给雪妹妹的若干情书中的一封：

> 亲爱的雪，我本来不愿意你用这个名字，因为雪虽然很洁白，但是太容易融化了。可是我现在叫你雪了，就让你自己所选的这一个字，永久留在我心坎上吧……我的雪本来是人家的一件至宝，我虽然心里秘密地崇拜她，爱着她，然而十多年来，我从不敢有任何企求，一直到人家侮辱了她，虐待了她，几乎要抛弃了她的时候，我才向她坦承了十多年来，深爱她的秘密，幸而两心相印，才有这一段神秘不可思议的爱，但是忽然人家又要从我的心坎里把她抢回去了……请问上天，这样是公道的吗？……雪：上月二十七、二十九、三十一各信，常在身边，夜间放在枕头下，不知已看过几遍了。

我们的问题,已经到了最严重的阶段,我总觉得不久就会发生什么事故,我真不知道应该怎么办才好,你说"我恨我没勇气脱离你……""要是有办法能够教你忘掉我,或不爱我,我真什么都愿意做……"过去我也曾想了许多办法,可是都做不到,就是做到了断绝关系,也未必会使你减少痛苦,甚至于也许会发生意外……

蒋碧微在回忆录中提到的给张道藩的信中写道:

宗,我有一个谜语,要请你猜猜,若猜中了,我会给你一千个吻作奖品,若猜不中,那就罚你三个月不准吻我,下面便是谜语:
心爱的,我想你,我行动想你,我坐卧想你,我时时刻刻想你,我朝朝暮暮想你,我睡梦中想你,我至死还是想你,到天地毁灭我也还想着你,可是有一个时候,怎么样也不想你。请你猜猜,那是什么时候?

蒋碧微在她的回忆录中写道:"到了1936年前后,我们夫妻由于情绪恶劣,常常争吵。横亘在我和悲鸿之间的,已经由丝丝的缝隙而成宽深的鸿沟,我看不出有什么重圆的征兆,或者是和好的契机。果然,悲鸿与我的距离越来越远,行为表现极端任性,绝顶荒诞。除掉回家睡觉外,整天都在中大,不是上课就是画画。"

蒋碧微从来没有否定过徐悲鸿是位国家少有的大艺术家,可她却不知道怎样支持和爱护这位国家少有的大艺术家。

在缺乏母爱的家庭里,母亲总是同父亲不和,总是忙于事业的父亲,对孩子是心有余而力不足,孩子会怎么样呢?伯阳长期受到父亲的爱国抗日思想的教育,他于1943年私自离开学校,参加了孙立人将军的新一军,赴缅远征抗日,直到抗战胜利后回到广州以后,父母才有了他的信息。徐伯阳在写给父母的信中说,他们在缅甸原始森林里与小日本鬼子浴血奋战，阻止了鬼子一次又一次的反扑。徐伯阳回到南京没待多久，给在北平艺术专科学校任职校长的父亲徐悲鸿写了一封信，希望能到北平继续上学。伯阳这才回到北平父亲身边继续读书。

1948年初冬的一天，时在金陵女大上学的女儿徐静斐写了一篇揭露国民党中央宣传部长张道藩的文章，贴在女大的墙报栏里。一时间，轰动了金陵女大。从此，徐静斐成了金陵女大大学生中的风云人物。可她的这一举动，却遭到了张道藩和母亲蒋碧微的严厉指责。张道藩极其愤怒地说："你是受了共产分子的指使才这样做的，我念你不懂事，只要你指出来是谁指使你干的，并写保证书，保证以后不再这样干了，我不再追究。"1949年1月，徐静斐在党组织的安排下，告别了南京，离家出走了。从此，徐静斐成为中国革命队伍的一员。

蒋碧微在她的回忆录中写道：

> 我内心里已经确定她（女儿静斐）走了，无可奈何，只好在上海的报纸上登了一则启事，要她无论到了哪里，希望她来信告知，家里的人是绝不会追究她的。道藩还去调查统计局请他们设法寻找，当然这些都不曾得着结果。伤心泪尽之余，我又回到了南京，孤独、凄凉，丧失了一切的一切。茫茫人世，除了道藩而外，我已一无所有了！

蒋碧微将《我与悲鸿》和《我与道藩》两本合成一本后，书名曰《蒋碧微回忆录》。蒋碧微与张道藩的文字占据了全部文字的将近三分之二，而大部分则是情意缠绵，恩恩爱爱的情书。

张道藩的妻子苏珊坚决不同意同他离婚。张道藩无可奈何，1956年，他最终放弃了雪妹妹而选择了苏珊和孩子。也许是张道藩企图洗清自己，他同蒋碧微分手后，受洗成为基督教徒。1968年，72岁的张道藩病死于台湾。张道藩和蒋碧微，他们是"同心而离居，忧伤以终老"。蒋碧微闻之潸然泪下。她情不自禁地感叹道:"唉,我的命好硬,我爱过的两个男人,都离我而去。"

1978年,蒋碧微在张道藩逝世十周年之际,也是她即将谢世前夕,给死去的张道藩写了一篇长信,以作纪念:

道藩:

　　你离开这个苦难的世界已经十年了,我深知道这十年里你已不可能再像以前那样的想念我,但我每个月总有几个夜晚会想念你,因为抗战时,当你在南京沦陷的前夕,曾经写信给我说,你看见月亮时,就会请求月里的嫦娥传达你想我的情愫。我现在卧室里的落地窗正面向着东南方,每当我睡前关窗时,看到皓月当空,就会想念起你。现在人类虽然已经登上月球,但你的这种想象,依然令人兴起遐思,也深具诗意。

　　……民国四十八年,在我们同居了十年以后,你要去澳洲探望你的妻女的时候,我突然警醒,感到内心的不安和沉重的压力,再加上你的一些亲戚朋友对我的误会,使我无法一一解释……

　　自从我们分手以后,二十年来,我孤独地生活着,回忆过去数十年的一些恩恩怨怨,虽然难免有无可避免的伤感,但我内心坦荡,毫无遗憾,也没有愧疚。记得有位朋友问过我,假如你再有这样的遭遇,你会怎样应付?我回答说,我还会像以前那样去做,因为我觉得我没有做错什么。

　　记得在重庆的时候,我们曾经谈过生死的问题,你忽然对我说:"我希望将来你比我先死。"紧接着你又声明,"这并不意味着我希望你早死,而是如果你死后,由我来料理你的后事,以尽我对你最后的一份心意,我会感到莫大的安慰。"可是天违人愿,也许是我福薄,到现在你去了已有十年,而我却活在人间。

　　……为了清检书画,偶然在书箱里面再度发现一本小册子,那里面是你所手抄我为你所写的几首不成样的诗,还有在重庆时我寄给你的两片红叶，上面也有诗句；另外还有我的一缕长发，不知你是什么时候捡起藏着的。这本小册子，四十年来深藏箧底，除了你我之外，从来没有第三人知道，记得我写回忆录时，曾经考虑过要否把这几首诗放进去，后来终于觉得诗写得不够好，又何必出丑呢？所以就把它搁下，没有提起。现在给朋友们发现了，凡看过的人都认为在这本小册子里，你所流露的真挚的感情，你书法的娟秀，可见你用情之深和用心之细，令人感佩。我想这正好作为你逝世十周年的纪念。

在这1600字的信里，字里行间无不透露着一个奇奇怪怪的"爱"字。她一生爱过的两个男人，都已先她而走了。信的文字虽不长，但蒋碧微的坦言，让人称赞。

蒋碧微于1978年12月16日早晨7点55分患脑溢血，凄凉而又孤苦地病逝于台北中心诊所，终年79岁，逝世时身边没有一个亲人！

51

徐悲鸿初次来到桂林，深感广西的自然风光和江南迥异其趣。许多玲珑剔透的奇峰拔地而起，直插云天……他带着画箱，欣喜若狂地爬象鼻山、探七星岩、登南天一柱独秀峰。独秀峰北与叠彩山相望，东与伏波山毗邻，从峰上俯瞰桂林山水，历历如画，尽收眼底。一天，徐悲鸿游览桂林，诗兴突发，即兴赋诗道："山水清奇民气张，雄都扼险郁苍苍。洞天卅六神州上，应惜区区自卫疆。"

常言道，桂林山水甲天下，阳朔山水甲桂林。从桂林放舟于漓江之上，顺水而下，行程83公里处，就是一街数巷的阳朔。徐悲鸿泛舟漓江之上，俯瞰江水，波光粼粼，山影幢幢；抬头望碧莲峰、毛笔峰、磨画山，奇峰突起，石壁如削，觉得这里的山水确又胜过桂林几分。尤其是在细雨迷蒙的早晨，江面上轻纱烟雨，山头上浮云蒙蒙，座座山峰在云遮雾罩之中，或隐或现，变幻莫测……

桂林之山，漓江之水，祖国山河是多么壮美！徐悲鸿突发奇想，他觉得若是在此创办一所桂林美术学院，那是再理想不过了。李宗仁知道徐悲鸿这一想法后，高兴极了。"悲鸿啊！你把我敢想不敢说的心里话说出来了，我们又是一个不谋而合，你这位艺术教育家真是叫我高兴。"乐得李宗仁嘴都合不拢地说，"你能为广西创办一所桂林美术学院，我责无旁贷地支持你。你说这美术学院建在桂林什么地方好？你说建在什么地方就建在什么地方。你是我们中国拔尖的大专家，我完全听你的，需要我们做什么，你就尽管说吧！"

徐悲鸿听罢大喜。"是，我们又不谋而合了，你李将军说话、办事这么痛快，实在让我发自心里地高兴啊！"徐悲鸿紧紧握着李宗仁的手说，"最好，再建一个美术馆。美术学院培养美术人才，美术馆收藏书画作品留给子孙后代。"

"好哇，两者互补，这就更加完美了。"李宗仁冲着徐悲鸿高兴地说，"到时候我们广西邀请你当院长，当馆长，你可不能拒绝哟！当然，你不能大材小用，当个兼职院长、馆长的我们也高兴。"

"好，一言为定。"徐悲鸿高兴地说。

"好，事情就这么说定了。"李宗仁说。

而后，徐悲鸿开始为桂林美术学院选址。

徐悲鸿，这位中央大学艺术系的系主任，到哪里都忘不了张大千。他到了桂林后，发函邀请张教授来漓江同游桂林山水。不出所料，张大千愉快地接受了徐悲鸿的邀请。徐悲鸿陪同大千，还有李济深先生，一起同游漓江，观山水。一起吟诗作画，好不畅快。大千先生离开桂林时笑问悲鸿："我张大千不能这样一走了之吧？想必悲鸿兄还有什么话要对我说。"

"我说过五百年来一大千。知我心中想什么者，大千先生也。"徐悲鸿开心地说，"我正在这里筹办一所桂林美术学院，待开学时，还得聘请你出任绘画教授哟！"

"好，好，只要仁兄说话，我当然要听从。不过我还是那句老话：我只画画，不讲课。"

30年后，大千回忆起这次游漓江时他画的那幅《漓江山色》，他在画上题款道："此写三十年前漓江旧游，时同舟者容南李任潮（李济深）、宜兴徐悲鸿。"

这天，徐悲鸿心情不错，他整理画箱时发现，这段时间积攒起来的速写稿，已不下百张，迷人的景色，淳朴的人民，瞬息间的风情全在画幅上一一再现。他看一张，爱一张，心里酝酿着画一幅最能体现最美漓江山水特色的大写意山水画……

1936年2月19日，蒋介石在南京励志社召开的新生活运动两周年纪念大会上发表了长篇演说，大谈礼义廉耻。南京各大媒体大肆吹捧。而在桂林的徐悲鸿看到南京的报纸后，则给蒋介石的演说来了个大泼冷水，大唱反调。6月2日，徐悲鸿在《民国日报》发表文章进行批驳，文章的题目是《为蒋介石的礼义廉耻诠注》。文章有段话是这样写的："何谓蒋介石的礼义廉耻？礼者，来而不往非礼也。日本既来中国，双手奉送东三省，谓之礼也。义不抗日。捐廉（沪语中钱和廉同音）买飞机，平西南。阿拉（沪语我）不抗日，你抗日，你就是无耻。"

1936年6月1日，粤系首脑陈济棠经与桂系领军人物李宗仁、白崇禧反复商讨，联合发动了以反蒋抗日为名的"六一事变"，通电全国，敦请国民党中央和国民政府立即对日抗战，此时，正值日本大举增兵华北，"停止内战，一致对外"成为举国上下一致的呼声。徐悲鸿一到南宁，便受到李宗仁的热情接待，被聘为广西省政府顾问。

李宗仁抗日爱国，在诸多问题上与徐悲鸿的想法一致。李宗仁是徐悲鸿可信赖的朋友。徐悲鸿一直将他珍藏的众多名家字画视为生命，他到哪里，这些被他视为生命的宝贝，就跟随着他搬到哪里。卢沟桥事变前夕的1936年6月，徐悲鸿大胆地做出了一个决定：把他视为生命的数十箱珍贵书画精品转移到桂林。徐悲鸿不顾太太的强烈反对，委托他的弟子刘汝礼、徐飞白押运，取道香港、广州，然后运到广西桂林。让徐悲鸿没有想到的是，当这些宝贝运抵广州时，被当地军方扣留，有人企图劫为私有。李宗仁闻之，饬令驻广州办事处负责人王逊志出面，经多方交涉，方得以放行。

藏品运到桂林后，徐悲鸿担心打起仗来，这些宝贝有可能在战火中损失，同李宗仁商议，想把这些画藏起来。于是，在二李（李宗仁、李济深）帮助下，徐悲鸿把珍藏的数十大箱书画精品，藏在桂林七星岩一个山洞里。为了确保安全，李宗仁还安排卫兵昼夜守护。

在徐悲鸿看来，生命的价值，就在于充分利用时间为社会多做些有意义的事情。所以，徐悲鸿总在同时间赛跑。一天，他急匆匆地走在马路上，逆风渐起，风力越来越大，行走也变得困难起来……徐悲鸿仰首一看，一群小小的麻雀正在同迎面的狂风勇敢地搏斗着，尽管风力加速，天空变得昏暗，但小小的麻雀表现得非常勇敢，毫无退缩之意，依然在同逆风奋力搏斗中坚持前进……

徐悲鸿被这群小小麻雀敢于以小战大的拼搏精神感动了，他情不自禁地感慨道，这不正是我们危难中的中华民族最需要的精神嘛！此时此刻，徐悲鸿忽然想到了田汉，想起了率领全军将士向强大的日本侵略者冲锋陷阵的蔡廷锴、蒋光鼐将军……徐悲鸿想到自己曾在课堂上向同学们讲过的话："小不可怕，弱也不可怕，可怕的是没有战胜黑暗、没有战胜敌人的信念和决心！"于是，徐悲鸿被小小的麻雀燃烧起来的创作激情倾泻于笔端,寓意深刻的两幅中国画《逆风》和《风雨如晦　鸡鸣不已》就这样诞生了。

人们都知道徐悲鸿喜欢画马，特别是奔驰的马，不知他对小小的麻雀也情有独钟。他多次画麻雀在恶劣的天气下，逆风飞翔。有朋友问徐悲鸿为什么？"一个画家画什么，都有他的思想，也就是人们常说的精神寄托。我画麻雀，就是要通过这小小的麻雀不怕恶劣的天气，画出敢于逆风而上、展翅飞翔的精神！这种精神值得提倡、值得歌颂，我非常赞赏这种以小胜大的精神。"徐悲鸿回答道，"鱼逆水而游，鸟未必逆风而飞。但画面所表现出来的《逆风》精神，正是我们当今社会所需要的小人物勇于反抗大坏蛋的精神。"

这两幅画像一股强劲的春风，很快吹遍祖国各地。周恩来在延安看到这两幅画，高兴地说："我很喜欢徐悲鸿画的《风雨鸡鸣》，它代表了当时重庆政治气氛，反映了时代的脉搏。"周恩来特别提高嗓门说，"毛泽东同志看到徐悲鸿创作的国画《逆风》的时候，十分高兴地赞扬这是一幅具有时代感的绘画艺术作品，很有思想。因这幅画作于1935年至1936年，当时革命处于低潮，它反映了弱小力量敢于顶风前进的精神。毛泽东说，对于我们那些正在起来战斗的人民大众来说，具有很大的鼓舞作用！有这样的艺术作品鼓舞着我们，星星之火是肯定能够燎原的，革命是一定能够获得胜利的……"

1936年夏天，山雨欲来风满楼，徐悲鸿冒着一定的风险，在广西军内任职的徐晓明的陪同下，再次来到广西，并在桂林为李宗仁、白崇禧、黄绍竑绘《广西三杰》。徐晓明时任李宗仁、白崇禧组建的第四集团军政治部政训处上尉、组训科科长，负责为军队编写抗日救国手册等资料，向广大士兵宣传北上抗日的重要意义。

徐悲鸿为鼓励徐晓明做好抗日宣传工作，他满怀激情地挥毫为徐晓明画《战马》一幅，并在画上题字："秋风万里频回首，认识当年旧战场　二五年夏日与晓明弟同来广西　晓明且躬与抗日之役多咏歌八桂健儿热烈情绪之作写此赠之　聊助他年回忆也　悲鸿。"

《战马》美在马的动势。它脖子扭动，头向后方张望，鬃毛在风中飞扬，四腿站姿优美。作者突出了马的肩部、胸部、颈部大块肌肉的形状，凸现战马的英俊、雄健有力的形象。画家简单的线条将柔韧的踝关节和坚硬的蹄子等转折关系惟妙惟肖地刻画出来，达到精微致广的境界。画面中，徐悲鸿不仅充分发挥传统笔墨的枯湿、浓淡、疏密、聚散的节奏韵律的抒情性，而且充分掌握笔墨作为"造型语言"的严格写生、写实的造型性，使两者巧妙地合二为一，成为中西艺术理论融会贯通的典范。

在徐悲鸿的鼎力支持下，广西第一届美术展览准备就绪。由于没有那么大的展览场所，只好分散展出。1936年7月5日，广西第一届美术展览会在广西省教育会、省博物馆、图书馆和南宁女中四个展出场地隆重开幕。此次展览的书画达五百余件。这五百多件书画大都是徐悲鸿带来的藏品，其中有齐白石、张大千、黄宾虹、高剑父、汪亚尘、陈之佛、张光宇、张书旂、马万里、张若凡等诸多名家名作。另外还有大量文物、图片、刺绣等数十件。社会各界代表人物争相出席开幕式，媒体纷纷报道，可谓规模宏大，盛况空前。本来安排展出两周，应观众要求，不得不再顺延一周，一直到7月27日展览才结束。

"徐先生，您忙着呢？"8月的一天，省政府秘书长苏希洵十分有礼貌地走近徐悲鸿说，"李宗仁先生让我向您报告，您的太太蒋碧微女士已到南宁，已派人专程去车站接夫人了，估计晚上七八点过来。"

这一意外的消息使徐悲鸿大吃一惊。嘴里没说，可他心里却在奇怪："她事先不透露半点风声，突然闯到这儿来干什么？"

52

徐悲鸿掏出老怀表看了一眼，晚上八点半过了。就在这个时候，蒋碧微坐的李宗仁的专车，在省政府办公厅行政处长的陪同下来到桂林。然后在省政府秘书长苏希洵陪同下，来到徐悲鸿的房间。苏秘书长寒暄了几句便告辞了。

徐悲鸿和蒋碧微四目相视，两人相对无言。

沉默片刻后，徐悲鸿打破僵局说："喝茶！"他端起服务员送来的茶水喝了一口说："伯阳、丽丽都好吗？"

"托你的洪福，总算都还活着！"蒋碧微坐在沙发上，冷冰冰地说，"这里的山好，水好，李宗仁先生待你又格外好，看这架势，你真的要在这儿安营扎寨了。"

"你来这儿有何贵干？"徐悲鸿并没有回答问话，而是坦言道，"怎么连招呼都不打就来了？"

"刚来就下逐客令了，不欢迎是不是？那位孙女士没在你身边？"蒋碧微十分尖刻地说，"徐先生，你不仅是位大画家，还是一位名教授。你应该懂得法律方面的起码常识，不管我们在感情上如何不和，在意趣上怎样不一，可从法律上来说你是我的丈夫，我依然是你的妻子。妻子来找丈夫，是人之常情，是天经地义的！"

"碧微，你既然来了，我看就别回去了，留在这儿好不好？"徐悲鸿非常平静而友好地说，"我看，桂林这里蛮好的，我正想回南京接你们来这里呢！"

"你是嘴对着心说的吗？你不希望我来，这是我料到的。所以，我来前也没必要写信或发电报、打电话告诉你。"蒋碧微一边说，一边取出两张报纸，往徐悲鸿眼前一放，又继续说，"徐先生，请你先看看这两张报纸，这上面登着你来广西后的业绩吧！"

徐悲鸿根本用不着去看那两张国民党的喉舌报。蒋碧微见他不看，便站起来，指着报纸文章的题目《艺坛败类徐悲鸿反动言行》说："你不看不要紧，不妨我来读两段你听一听。"接着她阴阳怪气地读道，"在广西南宁《民国日报》侮辱蒋委员长，并污蔑教育部长为腐化官僚……在南宁《民国日报》登载反动文章，痛骂政府当局，诬蔑万众一致拥戴之民族领袖蒋委员长为'媚日军阀狼子野心'。平日授课时，对学生屡谓'教育部长不知艺术为何物'，不过是现政府之一腐化官僚而已……"

徐悲鸿听到这里笑了起来。

蒋碧微睁大眼睛问道："你笑什么？"

徐悲鸿说："这帮子家伙如此器重我，我能不感谢他们吗？能不高兴得大笑吗？他们对我如此称赞，这就更加坚定了我奋斗到底的决心！"

"那你就一点也不感到前途可怕？"

"可怕？"徐悲鸿扬眉看了太太一眼说，"我已经说了，在我看来，下流的谩骂，反而说明我做对了。鲁迅先生早就对我说过，拿笔的作家和画家也是战士。是战士就要战斗，就要从黑暗中冲出一条光明的路来！……"

"勇敢的战士徐先生，"蒋碧微把手中的报纸扔在桌上，"你知道我风尘仆仆赶赴南宁的原因吗？"

"不知道。"徐悲鸿不屑一顾地说，"不过，我也不想知道。"

"不想知道？我也有责任让你知道，我是来请你回南京的。"蒋碧微说，"李宗仁和蒋委员长、桂系头目和南京政府唱反调，你为什么要同这些人一唱一和，同流合污？"

"胡说！"徐悲鸿实在是捺不住了，大声质问道，"谁跟谁同流合污？蒋介石奴颜媚日，南京政府丧权辱国，你仰仗他们的鼻息，居然还很得意！你作为一个中国人，良心哪儿去了？你有何脸面来广西见我？"

"徐先生不必激动，实话告诉你吧，我是为你的前途才来的。"显然，蒋碧微此次来广西身负重任，大有来头。

"你为了我的前途？"徐悲鸿诧异地睁大眼睛看着太太说，"是蒋介石还是陈立夫，或再加上一个跟着人家屁股后边转来转去的张道藩，派你来劝降的？哈哈，我看你是盲人骑瞎马，夜半临深池，还是关心关心你自己的前途吧！……"

徐悲鸿没有说错。蒋碧微此次广西之行，正是蒋介石把陈立夫、张道藩两人找去，狠狠地训斥了一顿，骂他们愚蠢，无能，不会办事，不能小看一个徐悲鸿。当然授意蒋碧微这般那般办法的还是张道藩。蒋碧微到南宁的第二天，正值广西当局召开反蒋抗日的"抗日会议"，各地代表麇集南宁。李宗仁、黄绍竑、白崇禧等人在省政府大礼堂设宴款待代表，群贤毕至。看在徐悲鸿的脸面上，蒋碧微也被邀请出席。宴会当中，李宗仁走到徐悲鸿面前频频祝酒，他向大家介绍说："借这个机会，我告诉诸君，徐悲鸿先生正用他手中的画笔，激发国民的抗日情绪，这是难能可贵的！"

人们报以热烈的掌声。

宴会后，蒋碧微索然寡味，那股火辣辣的抗日情绪，使她如坐针毡。她决意早点离开这个地方。她再三劝说徐悲鸿快逃离贼船跟她一起回南京。说什么"苦海无边回头是岸"，遭到徐悲鸿的拒绝和愤怒批驳！徐悲鸿稍微平静后，心里觉得很奇怪，南京有她情投意合的张道藩，她怎么会专程来桂林劝说自己回南京呢？肯定这是南京当局耍的什么阴谋，徐悲鸿当然不会上他们的当。

"你快回去向他们交代吧，蒋介石不抗日，我徐悲鸿是不会回南京的。"徐悲鸿斩钉截铁地说，"既然你我水火不容，那就请你快回吧！"

"徐悲鸿，我算是瞎了眼看错了人。"蒋碧微咬牙切齿地说，"在宴会上，我要是有颗炸弹，我就让它炸响，炸弹一响，大家都一块完蛋，那该有多好啊！"

"不是我看不起你，即便你手里有炸弹，我谅你也不敢炸。要炸，肯定先把你自己炸死。"徐悲鸿说，"因为你舍不得丢下那个人。所以最怕死的还是你！"

……

蒋碧微此次来桂，除了被徐悲鸿翻来覆去地训斥，别的什么也没有得到，只有灰溜溜地离开桂林。李宗仁等已经看出徐悲鸿与太太的矛盾，依然大度地送给她银洋一千元。徐悲鸿一再劝说她不要收，可蒋碧微还是毫不客气地收了。

53

1936年9月，国内舆论力主反对内战，逼蒋抗日。中国共产党代表云广英、救国会代表杨东莼到南宁传达中共中央"逼蒋抗日"的主张。后来，蒋桂妥协，李宗仁听从中央的指令，把邀请来的各方政要礼送出境。此时，徐悲鸿正在积极筹备桂林美术学院。一天，徐悲鸿正在为美院选址而奔波，在阳朔前街一号，发现有间临江房十分幽静，房前栽有两棵白玉兰，他很感兴趣。李宗仁闻知后，立即派人加以扩建重修，建成五室一厅的院落后，赠给徐悲鸿作生活起居、待客和画室，徐悲鸿非常满意。继而，由春秋书画印社的主人、金石篆刻家林半觉，为徐悲鸿精心制作一枚圆形阳文印章"阳朔天民"。

徐悲鸿在桂林阳朔有了固定的住处和画室，在这期间，他除了筹备广西美术学院，忙些应酬画外，还画了诸如战斗不止奋进不息的《奔马》等大量激励人们战胜邪恶、迎接光明的绘画。

2000年，阳朔前街一号作为徐悲鸿故居，已经被广西壮族自治区作为全省重点文物保护单位保护起来。

1935年初春，徐悲鸿完成了历时一年之久的大幅（横4米纵3米）油画《广西三杰》。三杰均骑战马，画面右边是李宗仁和黄绍竑，李在黄的前边；白崇禧偏左，背景是桂林山水。徐在画幅的右边竖写一行"广西三杰"四个字，另一行为"陶然俱乐部诸公指正 悲鸿 民国二四年三月九日"。此幅油画后被徐悲鸿改名《眺望》。

1937年，徐悲鸿从桂林赴香港、广州、长沙等地巡回举办画展。

抗日战争爆发，徐悲鸿怀着美好的愿望回到南京傅厚岗4号家中，想同太太蒋碧微和好，劝她离开南京同他一起去桂林。蒋碧微断然拒绝了丈夫的劝说。徐悲鸿一气之下，又独自回到桂林。

徐悲鸿回到桂林，蒋碧微不久也离开南京。不过她没去桂林，而是在张道藩的安排下，离开南京去了重庆。10月，中央大学迁移到重庆，校方迫于学生的强烈要求，恳请徐悲鸿回中央大学艺术系任教。1937年11月，徐悲鸿应邀从桂林去重庆中大授课。让徐悲鸿没有想到的是，他到了重庆，太太蒋碧微说什么也不接受他。弄得徐悲鸿有家不能归，无奈之下只好借住朋友家中。中央大学的名教授、大名鼎鼎的徐悲鸿一时成了流浪者。就这样，徐悲鸿坚持了一段时间，于1938年初春，又回到了桂林。此时李宗仁由于忙于军务，已经离开广西。桂林美术学院院址选在桂林独秀峰下，已经建起二层楼，然后就不了了之，美术馆亦如此命运。

就在这个时候,1938年4月,徐悲鸿突然收到孙多慈从浙江丽水寄来的一封信。信中说,她大学毕业后,一直找不到合适的工作,现在丽水县碧湖镇浙江省立联合高中担任美术教师。孙多慈在教学之余,背个画夹,穿梭于碧湖的乡村田野,拼命作画,以此排解心中的郁闷和对老师的思念。孙多慈在丽水,独自吞咽各种苦涩,以画解忧,以画消愁。她觉得很有必要把自己内心里的苦闷和秘密告诉思念着的恩师徐悲鸿。

孙多慈想来桂林见老师徐悲鸿……

54

徐悲鸿接到孙多慈的来信,让他想起了珍藏在箱底的一件小礼物——一粒凸镜形的红豆戒指。这粒明亮如珠的红豆,引出了徐悲鸿对许多美好往事的记忆……

徐悲鸿把这小巧的红豆戒指托在手中,遐思联翩:红豆生南国……此物最相思。在婚姻家庭问题上屡遭不幸的徐悲鸿,顿时感到这南国红豆的亲切与温暖,给他一种陶醉般的慰藉。

1935年夏初,孙多慈从中央大学艺术系毕业,比利时庚子赔款基金会的董事会7月底前召开,徐悲鸿希望能帮助孙多慈争取到一个官派留学名额,让孙出国深造。为了便于申请,他请好友舒新城在上海中华书局为孙多慈出版画集,舒新城答应了。但是,孙多慈出国留学之事,由于蒋碧微再三阻挠,终未成功。

徐悲鸿在1936年8月6日致上海中华书局舒新城的信中愤然写道:"弟月前竭全力为彼谋中比庚款,结果为内子暗中破坏,愤恨无极,而慈之命运益蹇,愿足下主张公道,提拔此才,此时彼困守安庆,心戚戚也。"

此时,蒋碧微同张道藩往来越走越近,张道藩和孙多慈成了徐悲鸿与蒋碧微婚变的催化剂。

徐悲鸿迎来了孙多慈。孙多慈身穿暖色半截袖旗袍，项间系着一条洁白的丝绸巾。孙多慈抵达桂林，一看到徐悲鸿，脸上的愁云瞬间消散，很快被桂林的景色深深吸引了，她那双明亮的眼睛里透露出她心底里的愉悦。

孙多慈给徐悲鸿带来了礼物——她的油画《自画像》和几张素描。徐悲鸿一张一张地看着、评论着，甚为满意。徐悲鸿曾忙里抽闲，为孙多慈画了一幅坐在椅子上休息的油画。画中的孙多慈富有神韵，光彩照人，可称得上清丽、文静中透着温柔的东方美人。

孙多慈这次来到她日想夜盼的徐悲鸿身边，没有告诉任何人，是独自悄悄过来的。在二人游览桂林山漓江水的小船上，孙多慈向徐悲鸿道出了郁达夫的妻子王映霞为她与许绍棣做媒一事。徐悲鸿听后，笑着提醒她："许绍棣这个人我在上海见过。他比我小5岁，人并不很讨嫌，有些文人风度，在北伐战争中还立过功。不过，他因曾行文通缉鲁迅而为世人所诟病。你没读过鲁迅、曹聚仁、郭沫若等人批判他的杂文与时评吗？"

孙多慈轻轻摇摇头，看了徐悲鸿一眼说："我没读过。"

不管孙多慈读过还是没有读过徐悲鸿提到的文章，她的到来，让徐悲鸿心花怒放，他的脸上总是荡漾着笑容。

对于徐悲鸿来说，事业在什么时候都是第一位的。爱情、家庭、创作、教学，还有他参加的一些社会活动，都是从属于事业的。他的案头总是放着厚厚的一摞邀请他举办画展、演讲、作画、教学的请柬，他总是如同他笔下的一匹不知疲劳的奔马，路遥而任重，昼夜奔驰。所以，他同孙多慈在一起的时间，很短很短。

中央大学艺术系的师生都知道，徐悲鸿与孙多慈，志同道合心心相印，是天生的一对。但是，现实生活是不允许他们生活在一起的。富有才华而性情温柔的孙多慈，不管如何爱着她的恩师，到头来，她还是不能按照自己的意愿来选择生活之路。深感孤独、痛苦的孙多慈最终告别了桂林，恋恋不舍地离开了徐悲鸿，走了。

孙多慈在桂林期间，同徐悲鸿一起常常泛舟于漓江，沉浸在诗情画意之中。

孙多慈离开桂林，并没有回浙江丽水，而是在父亲孙传瑗的逼迫下去了安徽省安庆老家。

55

1938年的六七月间，徐悲鸿曾三次到安庆同孙多慈会面。第三次，也是最后一次，隔上次仅仅半个月，7月15日清晨，徐悲鸿再次来到孙多慈的家乡安庆。上午9点，徐悲鸿在孙多慈的陪同下，出席在安庆初中举办的"孙多慈油画作品展"的开幕剪彩仪式。

两天过后，7月17日，是徐悲鸿离开安庆的日子。因为徐悲鸿乘坐的是夜晚12点多的船，孙多慈便先陪他去逛城东皖江公园，然后从那里直送徐悲鸿上船。皖江公园的这一夜晚，在孙多慈与徐悲鸿的爱情生活中，是颇为温馨甜蜜，而又浪漫和富有诗意的，让人刻骨铭心。

孙多慈与徐悲鸿的师生恋遭到孙多慈的父母，特别是她父亲的坚决反对。徐悲鸿每次到安庆见孙多慈，她母亲都要派多慈的表妹小陆跟着。陆表妹回忆说："每次我都十分坦诚地告诉表姐多慈：姑妈交给我一项重要任务，就是让我监视你和他。有什么情况我得向姑妈汇报。然后姑妈再向我姑父报告。表姐和徐先生不管到哪儿我都得跟在后面。"不过孙多慈的这位小表妹，倒也乐意接受姑妈交给她的这一重要任务。她之所以乐意，倒不是因为她喜欢监视，是因为她早就听表姐多慈讲过有关徐悲鸿的许多故事。她早就仰慕徐悲鸿，早就梦想着有一天能目睹徐悲鸿的风采。天真活泼可爱的陆表妹，做梦也没想到天赐良机，这一天突然从天而降，姑妈给她创造了这个求之不得的大好机会，她终于见到了赫赫有名的徐悲鸿。陆表妹回忆道："机会来得这么快,这么突然,这几天,我总算能天天见到这位才华横溢的大画家了。徐悲鸿中等偏高的身材,清瘦而儒雅,具有大艺术家的气度。那时他已是43岁了,眉宇间表现出忧郁而伤感的样子,脸上几乎见不到笑容。他在安庆时穿着长袍,棕色皮鞋,很朴素。徐悲鸿对我很和气,问我是否也爱绘画,还问我读过哪些欧美古典小说和中国文学名著。我一一作答。但我总也摆脱不了心中的拘束,因为他的名气实在是太大了。"陆表妹还记忆犹新地说,"我曾亲眼看见表姐与徐悲鸿在安庆逛森林(皖江)公园时相偎低语。他们两人并不避忌我这个小表妹。表姐似乎郁郁寡欢,她不止一次哭泣过。她面临着父母与情人之间的两难选择。"

弦月如钩,繁星如织。孙多慈挽着徐悲鸿的手臂,小鸟依人,走在洒满月光的林荫道上。只有这个时候,他们才是一对没有任何压力的知心爱人。皖江公园内的林荫小道,在他们的脚下没有尽头。他们似乎说了很多,但似乎什么也没有说。小径通幽,几分宁谧,几分寂静。这天地,这园林,仿佛只属于他们两人的。

但是,徐悲鸿与孙多慈总是感到爱长夜短,最终还是要分手离别。临走时,徐悲鸿拍拍陆表妹的肩膀,对她说,"表妹,你要记住:你的表姐永远是这个世界上最好、最美丽动人的女孩子!"

此时,立在一侧的孙多慈满眼泪水,月光下映照得晶莹发亮。

从皖江公园出来,孙多慈把徐悲鸿送到河边招商局码头,看着徐悲鸿边回头边挥手走上趸船,多慈眼睛湿润了,泪流了。她就这样站在码头,久久不肯离去,直到徐悲鸿乘坐的趸船在夜色中最终消失。陆表妹看着表姐那个痛苦的样子,情不自禁地感慨道:"唉,看见表姐同徐悲鸿分手的时候,是那么凄美,太令我难忘了!"

孙多慈对徐悲鸿的爱是委婉的、温顺的,因为中间波波折折太多,还夹有一丝淡淡的忧伤。这种感情,在多慈的诗作中,曾多次出现过:"极目孤帆远,无言上小楼。寒江沉落日,黄叶不知秋。"如此凄凉的诗句。这真是伤心泪流成河,伤心泪流成无底的河……

56

徐悲鸿回到桂林，乘兴邀请孙多慈偕父母游览桂林山水。就在孙多慈陪同父母游桂林玩得正高兴的时候，徐悲鸿做了一件蠢事，不知何君给他出的馊主意。他在1938年7月31日《广西日报》上，刊登出一则很是吸引人们眼球的花边启事："徐悲鸿启事：鄙人与蒋碧微女士久已脱离同居关系，彼在社会上的一切事业概由其个人负责。特此声明。"

徐悲鸿在报纸上刊登这样的启事，其结果如何呢？蒋碧微坦言道："徐悲鸿对艺术的狂爱，超过爱自己。那份超然淹没了常人和常情，是他的性格上的悲剧，造成现实生活的悲楚。"她还说："徐悲鸿是一个伟大怪特的艺术家，他自己定的'独持偏见，一意孤行'的原则，在不知不觉中，伤害到别人。"

徐悲鸿在《广西日报》上刊登的花边启事，蒋碧微作如何反应，徐悲鸿不一定都能料到，但他也许会想到一些；而孙多慈的反应，特别是孙多慈父亲的反应，显然是徐悲鸿没有意料到的。

有些好心人喜欢帮忙，但不了解情况，本来是想办好事的，结果帮了倒忙。当有人把这张登着徐悲鸿启事的《广西日报》，送到多慈的父亲孙传瑗面前，本以为这位老爷子看了报纸会答应女儿同悲鸿结婚的。没料到，老爷子不看不知道，一看就火了。老爷子看了徐悲鸿登在报纸上的花边启事，当即痛斥女儿多慈不是真心喜欢许绍棣，而是暗中爱上了徐悲鸿。他也毫不客气地批评徐悲鸿胡来。孙传瑗非常不满地带着夫人和女儿多慈，迅速离开桂林去了浙江丽水。

此时，已丧妻几年的浙江省教育厅厅长许绍棣，正梦寐以求地追求着比他小十多岁的孙多慈，并发誓要想尽法子娶她为妻。只是苦于多慈对他不感兴趣，说什么也不理会他。人算不如天算，有些事情，往往是天赐良机。就在这个节骨眼上，王映霞站了出来，她乐于为许厅长做月下老。王映霞原是郁达夫的妻子，由于两人感情不和离婚了。王映霞在她还是郁达夫妻子的时候，就同许厅长和孙多慈是好朋友，且走得很近，彼此往来频密。所以，她熟知俊美而又软弱缺少主见的孙多慈。在王映霞一再好言相劝不厌其烦地说合下，再加之父母的不断施压，脆弱的孙多慈终于抵挡不住了，勉强答应嫁给许厅长。孙多慈的父母，甚至连王映霞、许绍棣心里也都清楚，孙多慈心中只爱徐悲鸿，她根本不喜欢别的男人。她对许绍棣毫无感觉。不过，她父母坚决支持女儿嫁给许厅长。孙多慈心里也明白，不管她多么爱徐悲鸿，父母总是要出面反对的。老爷子为何就是不允许女儿嫁给徐悲鸿呢？究其根本原因，并非因徐悲鸿有太太，而是因为有一年老爷子在省里坐大牢时，是许绍棣厅长托多方面关系，最后将其父保释出狱。老爷子想用这种方式感谢许厅长。就这样，一向孝敬父母的孙多慈迫于感恩和无奈，在这种情形下，孙多慈才在徐、许二人之中，最终选择了许绍棣。不过，尽管孙多慈同意嫁给许绍棣了，却为此大病一场。正好，许绍棣趁孙多慈生病的机会，大献殷勤。

平心而论，孙多慈对许绍棣的感情是复杂的，这从她晚年回忆录中可略见一斑。"急雨狂风避不禁，孤舟一叶独沉沉"。这是她心境的真实写照。一方面，许绍棣有恩于她的全家，对她也疼爱有加，在这离乱之世，找一个疼人爱人的依靠也不容易；另一方面，徐悲鸿给她心灵的撞击实在太深刻了，让她永远忘不了她和徐悲鸿那种超脱世俗观念的纯洁而热烈的恋情。

天下有爱有情的人，未必能成眷属；而天下无爱无情的人，也未必不能成为眷属。

57

1938年4月，徐悲鸿接到了时任国民党军事委员会政治部第三厅厅长郭沫若的邀请函，邀请他出任第三厅六处三科科长，主管音乐和美术。这是国共合作后,国民党军事委员会新增设的一个机构。陈诚任政治部主任,副主任是周恩来、黄琪翔。徐悲鸿熟知郭沫若,既然郭这么诚恳地邀请,他也就接受了郭沫若的邀请。于是,徐悲鸿来到国民党军事委员会政治部第三厅上班。但是,由于政治部主任陈诚对徐悲鸿有宿怨,所以,陈对徐总是冷眼相待。"独持偏见,一意孤行"的徐悲鸿,并不吃陈诚这一套。就在这个当儿,徐悲鸿接到了印度著名诗人泰戈尔的邀请函,请他赴印度举办画展、写生画画,进行两国文化交流。徐悲鸿很是高兴。他心里正在琢磨着:"我徐悲鸿心中有祖国,手中有画笔。鲁迅曾对我说过:'画家也是战士。'我在哪里都可以为抗日救国做事情。既然在三厅不好干,活人不能让尿憋死,我就换个地方好了。"徐悲鸿便决定接受泰戈尔的邀请。他计划着,凭着自己满腔抗日救国的热情和手中的画笔,先到香港,然后到新加坡、马来西亚,再到印度等诸国举办各种形式的画展义卖,为抗日救国筹集资金。

徐悲鸿为到南洋诸国举办画展做准备。这时,已经迁至重庆的中央大学也在请他回校授课。他拂袖走出三厅,离开武汉,回到重庆中央大学,登上中大艺术系的讲坛,继续为他的学生讲课,大讲艺术与抗日、艺术为民众、艺术与人生。他反复强调:艺术不能离开现实,画笔要表现人民大众。画家也是战士。徐悲鸿除了授课,还抓紧时间创作鼓舞人民斗志的绘画。一天,他满怀激情地挥毫书写了一副对联:"英雄造时势 危言开太平"。1938年5月20日,挥毫泼墨作势不可挡的《八骏图》。

一些离开艺术系的师生听说徐悲鸿先生又被请回来上课了,他们也陆续回来,有些朋友赶来拜访他。其中有位王姓朋友前来看望徐先生时说,他有位叫陈汝言的朋友,江苏人,是你的宜兴老乡。他说你的大名如雷贯耳,早就听说过。他发现重庆沙坪坝这个地区,有许多国立学府随政府迁来,却没有一家像样的书店。这里的人,特别是大学的师生们想购买些书籍画册,感到很不方便。陈汝言琢磨着,想办一个书店。徐悲鸿一听到"书店"两个字,便很高兴地说:"办书店,好哇!这是件好事,我们应该支持。"

其实,徐悲鸿高兴的根本原因,是因为他可以通过这样的一家书店,宣传他的抗日救国的艺术思想。

这位王姓朋友一看徐悲鸿对办书店很有兴趣,他心里就有底了,便试探性地说:"徐先生,你这位大画家是不是打算支持陈汝言先生创办一家书店?"

"支持他办书店,没问题。"悲鸿痛快地说,"你说我怎么支持法?"

"他需要的是钱,正在发愁没有办书店的钱。"

"可我手头也没钱。"

"对于你来说,没钱这算不了什么难办的事,画幅画不就全解决了嘛!"

"我看没那么容易,光有画还不行,还得有人买。"

"只要有你的画,就不愁没有钱。"王姓朋友非常高兴地说,"徐先生,你是不知道,现在社会有很多人都为能有你一幅画而自豪!想买你的画的可不少,可就是买不到。所以我才说,只要有了你的画,就不愁没有钱。"

"画幅画没问题。你看我画什么好呢?"

"画马呀!"王姓朋友说,"只要有幅马,不管是你画什么马,只要是你画的,一幅马开一个书店,富富有余。你若是画幅奔马,开两个书店问题也不大。"

"好,我现在就给他画幅奔马。"悲鸿说,"不过我有个条件。"

"什么条件?徐先生你尽管说就是了。"显然,这位王姓朋友了解徐悲鸿的脾气秉性,知道徐悲鸿重情义爱艺术,喜欢办好事;他尤其是不爱钱财爱人才,喜欢助人为乐。

"条件简单易行。"悲鸿说,"这个书店要能答应我,把有关宣传抗日救国的书籍、画册、刊物,设两个专柜出售就成。只要你那位朋友陈汝言先生能办到这一条,他想要我画什么马,我就给他画什么马。"

"哎呀，徐先生，你真是位天大的画家，天大的好画家呀！"王姓朋友异常兴奋地说，"我先替陈先生谢谢您了！"朋友说着，就给徐悲鸿深深地一鞠躬。

"大可不必大可不必。你快说让我画什么神态的马吧！"徐悲鸿说，"什么时候他把书店办起来，我再去感谢感谢他。"

"随便画，随便画。"王姓朋友说，"徐先生你笔下的什么马，我都喜欢。"

"我先给陈先生画幅奔马开书店。等书店开张了，我再给你画幅马。"悲鸿说，"王先生，你今天来看我，是不是就是为这件事来的？"

"徐先生，没这件事我也会来看望你的。"朋友说，"顺便我就把这事也给办了。我也是帮朋友做好事嘛！"

徐悲鸿哈哈一笑说："你也是办好事，我也应该谢谢你。"

当时，徐悲鸿画了幅奔马，交给王先生，请他交给陈先生，并预祝书店开业大吉。

徐悲鸿画马帮助陈先生办书店的事，在中央大学一时间被传为佳话……

58

1937年7月7日卢沟桥的炮声，点燃起中国人民全面抗战的烽火。1938年日寇侵占了大半个中国，国土沦丧，生灵涂炭。抗日战争的星星之火正在全国燎原，第五战区司令李宗仁将军离开广西，率领全军将士奔赴抗日前线血战台儿庄……

面对日本帝国主义对中国人民的残酷烧杀掠夺，愤怒至极的徐悲鸿，满怀愤慨地创作了一幅大画《侧目》，画面中一只雄狮发现一条毒蛇入侵，表现出高度警惕和无比的愤怒的神态。

这是一幅现实主义和浪漫主义结合的艺术珍品。被称作东方"睡狮"的中国，被日本帝国主义侵占了中国东北大部分国土，醒来的"睡狮"，正在侧目怒视，决心把这条毒蛇赶出属于自己的地盘……

1938年秋，视祖国高于一切的徐悲鸿，在大吉岭豪兴浓烈，热血沸腾，一鼓作气作长卷《天马由来万匹强》，题跋曰："南使宜天马，由来万匹强。浮云连阵没，秋草遍山长。闻说真龙种，仍残老骐骥。哀鸣思战斗，迥立向苍苍。二十七年秋于大吉岭　悲鸿　钦印徐　江南布衣"。

据考证，徐悲鸿创作了若干幅群马图，但像如此长的万马长卷却仅此一件，实在是难得一见。整个长卷一气呵成，整个画面是千军万马从四面八方汇集而来，波澜壮阔，气贯长虹。在那个祖国在呼唤、祖国在危急的艰难岁月里，每一位有良知的中国人看了，都会受到鼓舞，都会摩拳擦掌，热血沸腾！她在鼓舞着中国人民要团结起来，齐心协力赶走日本侵略者！徐悲鸿在用画笔告诉中国人民：抗日战争的胜利是属于中国人民的！一定是属于中国人民的！！

1938年深秋，徐悲鸿回到桂林阳朔。诗情画意的桂林山、漓江水，已经留不住决心要为抗日尽心尽力的徐悲鸿了。创办桂林美术学院和美术馆的计划，也只好忍痛放弃了。

在即将离开桂林时，徐悲鸿怀着深情厚谊，为好友许地山画了一幅《奔马》图。这是徐悲鸿在阳朔前街一号画室画的最后一幅画，也是他离别桂林时画的最后一幅画。徐悲鸿在《奔马》图的右下角意味深长地写下了"直须此世非长夜　漠漠洪荒有尽头"两行七言诗句。落款是农历"廿七年十月晚秋为地山兄补壁　悲鸿于独秀峰下"。

地山先生姓许，祖籍广东揭阳，生于台湾一个爱国抗日的志士家庭。20世纪20年代曾与瞿秋白、郑振铎等人联合主办《新社会》旬刊，积极宣传革命。他比徐悲鸿年长两岁，他们已经是老朋友了。

徐悲鸿笔下的这幅奔马和他本人一样，对这块热土，对这里的山山水水一草一木，都是有感情的。他恋恋不舍，所以，深思着的奔马，一边奔驰，一边不断回首看着，让人们看了，难免触景生情，也同作者一样，眷恋着事业，眷恋着友人，眷恋着热土上的一草一木……

但是，为了这块热土，我们每个有良知的中国人，都应该用各自的方式去参加战斗，把日本侵略者早日赶出中国。

徐悲鸿从 1935 年来到广西桂林，到 1939 年初离开桂林，在这期间，他除了到长沙、广州、贵州、香港等地举办画展，有时应邀到中央大学艺术系讲课，及出席有关社会活动外，以奔马精神战斗不停，作画不止。他创作的国画、油画、素描、速写等达三百余件。例如：著名国画《逆风》《风雨鸡鸣》《漓江烟雨》《桂军誓师北伐图》《漓江春雨》《巴人汲水》《风雨鸡鸣》《贫妇》《船夫》，油画《鸡鸣寺道中》《广西三杰》等；徐悲鸿笔下的《奔马》《战马》《群马》《立马图》等等各种形态的马超过百幅。这些感人肺腑、激动人心、催人向上的艺术品，已经成为我们中华民族不可缺少的精神食粮。

榜样的力量是无穷的。在现实主义大画家徐悲鸿的影响和带动下，许多爱国画家，纷纷走出象牙塔，走向现实社会、走向现实生活，走向前线，创作出一大批具有时代感染力的美术作品，诸如吴作人的油画《重庆大轰炸》《不可毁灭的生命》、冯法祀的油画《平型关大捷》《开山》、阳太阳的《战士的归来》、王式廓的《台儿庄大血战》、刘汝礼的《流亡曲》等等。

第八章 南洋怀故国

59

徐悲鸿为了宣传抗战和赈济灾民,决心赴南洋举办画展。这是徐悲鸿精心准备的一次为抗日救国筹备资金的画展。他为此用尽心血。

徐悲鸿计划经由香港去新加坡,由于途中受到封锁,耽误了不少时光,直到1938年年底,才辗转到了香港。次年的元月4日,他在香港乘荷兰轮船直驶星洲。行前,他给儿子伯阳和女儿丽丽写了一封短信:

伯阳、丽丽爱儿同鉴:我因为要尽到我个人对于国家之义务,所以想去南洋卖画,捐于国家。行未到半路(香港)便遭封锁,幸能安全出国。但因未曾领得护照,又多耽搁近两个月,非常心焦,亦无法可行。兹已定今夜(1月4日)乘荷兰船 Van Heufze 赴新加坡。在路上有四日,如能一切顺利,二月中定能返到重庆。国难日亟,要晓得刻苦用功。汝等外祖父母亲想安好。我虽在外,工作不懈,身体不好亦不坏,可勿念。你二人用功算学及体操。旧邮六张两人分之。外祖父前代我请安,母亲代我问安。父字从这封信里不难看出，徐悲鸿对儿女是很关心的。即使他和蒋碧微的关系那么不好，徐悲鸿也没忘了岳父大人蒋梅笙和太太，请孩子代他问好。

　　徐悲鸿为支持祖国抗日救国，在南洋举行义卖募捐。1939年元月4日，徐悲鸿在香港登上开往新加坡的荷兰万福士（Van Heufze）轮船，1月9日下午，徐悲鸿身着夏威夷T恤衫，带着用毕生心血和精力换来的一千多幅绘画精品及历年收藏的中西字画，第六次来到他所熟悉且印象深刻的新加坡。那里不仅有他的二哥黄曼士，还有诸多好朋友。轮船一靠岸，二哥黄曼士便带着助手迎接，把徐悲鸿安置在有着宾至如归感觉的江夏堂。

　　徐悲鸿一踏上新加坡的土地，便受到广大爱国华侨及各方代表人士的热烈欢迎。

　　徐悲鸿已经数次来新加坡，他已经成为江夏堂最受欢迎的老朋友。徐悲鸿在这里的朋友很多，经常有来来往往的客人造访。在准备画展的繁忙中，在和友人的欢乐中，迎来了1939年的农历大年初一。黄孟圭大哥、黄曼士二哥，还有他的老朋友郁达夫等，一清早都来到江夏堂给徐悲鸿拜年。

　　朋友的到来，徐悲鸿画兴突发，即兴作画，随意挥毫，即兴画疏梅一幅。呀，画得好潇洒，好好看哟！风流多情才子郁达夫，乘兴作诗张口就来："各记兴亡家国恨，悲鸿作画我题诗……"

　　在场的先生们、女士们，报以热烈的掌声助兴。

　　有这么多的朋友同徐悲鸿一起过年，他感到这个大年过得很开心。

　　筹赈画展，由展览工作委员会在精心落实。在正式开幕前，徐悲鸿应比利时时驻新加坡副领事勃兰嘉之邀请，为其祖籍广东的新加坡籍华裔女友珍妮小姐，画了一幅非常成功的油画人物肖像。画中珍妮小姐栩栩如生，身着白色立领旗袍，安然地坐在南洋特有的藤椅上，画面定格在她回眸的一瞬，面容恬静清丽，温婉典雅，时髦的卷发和她手中的书本还有她的坐姿，展现了珍妮小姐作为华裔女性的时尚、优雅和自信的美。这幅作品不动声色地融合了西方油画的写实和中国传统水墨的渲染、白描技法于一体，突破了传统肖像画的东西界限，极具艺术特色和感染力。据记载，此画完成后得到众人赞赏，勃兰嘉为徐悲鸿的才华赞叹不已，曾专门举办了盛大的画作揭幕仪式，珍妮小姐也是喜爱有加，在作品完成后慷慨解囊，尽一己之力捐款救国。这在当时传为佳话。此画筹得四万新币，为这一时期南洋募捐中筹款最多的一幅（总数超过11万新币），徐悲鸿本人也是非常满意这幅作品，特意请摄影师为其和画作拍照留念，后成为《悲鸿在星洲》一书的封面。

为筹备画展，新加坡社会各界专门成立了一个二十余人的筹委会，推举新加坡中华总商会副会长林文庆为筹委会主席。还组建了一个八十多人的展览工作委员会。

1939年3月14日，徐悲鸿教授作品展览会在新加坡维多利亚纪念堂隆重开幕，"南洋华侨筹赈祖国难民总会"主席陈嘉庚、副主席庄西言、李清泉等华侨领袖，新加坡徐悲鸿教授作品展览会筹备委员会主席、新加坡中华总商会副会长林文庆，以及"百扇斋"斋主黄曼士等纷纷出席开幕式，并设宴欢迎徐悲鸿的到来。展出义卖作品包括《田横五百士》《傒我后》《箫声》《广西三杰》《湖上》等油画；《奔马》《巴人汲水》《德京旧梦》《壮烈的回忆》《狮》等八十多幅彩墨国画。另外还有李宗仁、蒋梅笙等人的素描。徐悲鸿临摹欧洲各国名家油画102件，是他从千余件作品中筛选出来的。

展出办法有两种：一、发售筹赈名义券，分200元和100元两种，购100元券，可得徐悲鸿的画一幅；购200元券，除可得徐悲鸿的绘画作品一幅外，还可以指定徐悲鸿先生另画一幅。二、将《田横五百士》和《傒我后》拍成照片各数百张，凡有徐悲鸿签名的，5元一张；另有《广西三杰》《奔马》等拍成照片，凡有徐悲鸿签名的，3元一张。新加坡总督夫妇亲临参观，倍加称赞徐悲鸿的素描功力是"东方第一"。

油画《珍妮小姐》。徐悲鸿作

对徐悲鸿的奔马更是交口称赞,总督夫妇并和徐悲鸿一起合影留念。《南洋商报》《晚报》专门开辟专刊介绍徐悲鸿教授作品展览会。陈嘉庚、庄西言、李清泉、黄曼士、王莹等众多知名人士和许多爱国华侨从报纸上看到徐悲鸿为祖国抗战筹赈的消息,都纷纷赶到展览会,争相购画,并请徐悲鸿签名留念。徐悲鸿也兴致勃勃地向侨胞宣传祖国的抗战情况,并呼吁爱国侨胞多为祖国抗战胜利尽力。这次画展相当成功,开幕前就已经筹得现金新加坡币 15900 余元。突破了新加坡的卖画纪录。

徐悲鸿教授作品展览会在维多利亚纪念堂展出结束后,又应邀转移到新加坡中华总商会继续展出……

60

时针指到 5 月,有两封信徐悲鸿需要在这个月写好发出,一封是写给名将李宗仁的信,一封是孙多慈的来信积了好几封了,不能再拖下去,需要在这个月了断。

近期,徐悲鸿接连收到孙多慈写给他的来信,其中一封信表明了她和许绍棣结婚的后悔之心,当时结婚是被迫无奈的。孙多慈对徐悲鸿仍然有着无法割断的思念之情。信中说:"老师,您教我做人,您教我作画,您四处奔走给我争取官费去巴黎留学,您请中华书局为我出版画集……您为了培养我,不知付出了多少心血!我最喜欢聆听您讲课,听您说画,您的每一句话都深深铭记在我心里……"

孙多慈在信的最后有一段话大意是:我后悔当时因为父亲的竭力反对,没有勇气和您结婚。但我相信今生今世总会有一天再看到应该属于我的徐悲鸿……我以为您也不会忘记,我的名字是您给我取的,您有一枚印章上面刻着"大慈大悲"。这就是说慈离不开悲,悲也离不开慈。不管何时何地,不管在什么情况下,我都应该属于徐悲鸿您的……

徐先生看完信,沉思片刻,然后拿起一支狼毫笔,饱蘸墨汁,在信末重重地写了三句话:"我不相信她是假的,但也不信她是真心,总之我要作书绝之。"

人的脾气秉性往往起着决定命运的作用。徐悲鸿的"独持偏见,一意孤行"成就了他辉煌的绘画事业。然而,也酿成了他情感上的悲剧。徐悲鸿写完这三句话,放下狼毫,遥望蓝天,连连长叹。长期以来孙多慈与徐悲鸿一直情书不断,前些时候他还在孙多慈的一封信里读到她写的一首小诗:"一片残阳柳万丝,秋风江上挂帆时。伤心家国无限恨,红树青山总不知。"

在徐悲鸿同孙多慈的关系上,他坚持奉行"独持偏见,一意孤行"。但他举笔沉重,话如涌泉流向笔端,一口气写下了宽近一尺、长过一米、1800多字的书信长卷。这是徐悲鸿一生留下的文字最长的手书,徐悲鸿想用这种方式告诉他的学生和朋友们,他是如何了结同孙多慈的那段恋情的。

长信没有写明是写给谁的,也没有抬头。但开头却有"吾得弟最后一书"七个字。这就告诉人们,他在动笔写信的时候,就没打算直接写给信中的"汝"孙多慈。他要写给一位比他年龄小的同事或朋友。徐悲鸿之所以要这么做,说明他已经下定决心,不仅要通过这封长信把他与孙的恋情告诉读信的人,更为重要的是,他要把自己如何对待和怎么处理这段动人的恋情,让关心这件事的人那些人都能知道,并能迅速传播出去。关于这一点,我们不妨看看徐悲鸿在5月2日信中是如何写的:"惜汝得见此书已太晚(我测为今年九月),且恐汝之终不得见此书也。"按照徐悲鸿的预测,孙多慈可能在9月能见到此信。不过,他还担心孙多慈始终见不到他回复的这封信。

我们不妨从信中摘录一二,看看徐悲鸿先生是如何思想的。徐悲鸿写道:"最后一书虽令吾灰心,但吾早具超越于灰心之上之情感。吾纵自悲远,不若吾之目击屈抑不能再伸高标绝俗之梅花为尤戚戚也。帝乎汝知吾于慈,初虽萌有自利之心,而终自克止,辄再三谋其自致。完成之道,欲听其自然变化。使慈早得去国者,不过略得我臂助而已……即吾现存死灰之余烬，较汝自以为热烈者亦高出不知凡几！已矣！已矣！""吾理想中可爱之慈，其灵魂已失真情……吾生平不怨天尤人，难自承为吾之爱人者，亦未尝余负仅无灵魂而已。大理石制之 Athena 方有灵魂伤哉。其为幻想也。吾今收回其既失之一半，将洗刷其蒙蔽迨复旧观。吾之躯□，当不值重视，Athena（再见）！吾永不责备慈，吾惟回想云母石制之 Athena！ Athena！悲鸿五月二日释迦诞，星州酷暑。"

长信全文抄录如下：

吾得弟最后一书，乃知为吾不能来温州之果，并恐为吾抵港不相告之果，慈倘责我至港无消息，当知我不能冒此险也。试问我苟贸然电汝而汝不来，吾岂能再□颜于世（汝不能以吾不到温州为口实，因汝第一自计之步骤为来星加坡，且汝亦明知我离港之前情况）。吾又胡能遽自委弃，且以尔时古井之我，理应自省。若子展先生之不能以我至港相告者，因我至港既久方得汝之书，又知君子之交如是，则恐贻害于我。子展遇我至厚，故尤不敢有此尝试，也为我既后然南行，竭吾心力与友好之协助，尽艺人之天职，譬如为山功已及半，汝于尔时忽发出闪烁之强光，欲吾星展毕返国去温州，使吾侪向为寻情直往之人。吾当不顾一切如赴汤火，特以吾之愚，宁不知有变之，决不我待。而星展必旷日持久 [今虽结束人之认□已交，但廿六张二百星币（合国币六百七十元）之画当有十三四幅待写，我如何能走?] 当时既不能抛弃此为个人画展，而欲为违背良心深可预知之数，写一空头支票以付爱人，吾不能也。至吾之为汝，有当何待言？若汝之为吾，有（汝书中语）颇似存款于银行者，焉能遂以为银行之主乎。吾自愧以其毫无价值之爱，被汝认为生命中之原素，上帝当知吾从未有所蕲，惟恐汝生命尚需多量之其它原素，比之向汪洋无际之大海中投一石，并溅激之泡沫都不见也。但其为石者，又自幸其得沉大海耳。尊人固可入黔依友避难，惟其爱女在浙，当然来浙，而来书言将去安庆去乎，以向有地位之人而携眷返，没为人逼，其将奈何，不从而成仁。慈又将奈何？吾思至此，汗如雨下。吾当日倘真至温州与汝成婚，南行此责任讵不全由余负！今也而糊涂□之慈，与其谋为之！于是，慈纵欲今当不然矣。万里相从纵欲如其毕生唯一之情，书所昭示之。愿与悲鸿死在一起，恐与悲鸿同死，计划之先便真不了也。古人云："穷则通。"今身处如是困境，而聪明全塞，智慧顿亡！使慈而真与悲鸿同一线，徒见其意念总相左耳。抑人当苦斗酣战之际，方需战侣，一旦时和世泰，则甲兵可熔作金人，纵是英雄已无用武之地，而悲鸿亦将息机退隐于山涯水角，因吾之义务已几尽矣。吾亲爱之慈，汝之真性情，已泪没无余。一切由强制之伪性情所发出之，理智乃如毫无神气之刊板文章，汝治美术，当深知此类形式格调，吾昔曾解放苏州老圃屈之梅花，既历两年，未尝不长。但其枝干纹理久曲，乃终不可伸直，夫毁自然，以就型□，或为宋儒精神，而为艺术所大恶也。最后一书虽令吾灰心，但吾早具超越于灰心之上之情感。吾纵自悲远，不若吾之目击屈抑不能再伸高标绝俗之梅花为尤戚戚也。帝乎汝知吾于慈，初虽萌有自利之心，而终自克止，辄再三谋其自致。完成之道，欲听其自然变化。使慈早得去国者，不过略得我臂助而已。数年工力处此情势，无敢断定已在英有所树立。在吾二人辟系上，更增奇丽。兹沉沦数年，身逢巨劫，致吾二人必致于此。慈在非有不堪许多鬼脸之经验乎，再就悲鸿谓悲鸿者能相负乎，吾不忍不信（尽管太夫人告王女士说你是哄我的），慈之爱吾尤深，体谅慈之环境在无一人同意下而必出于此之弥可珍！吾亲爱之慈，吾且忠信断定汝生平为第一次向一异性之人现其桎梏既深之真。如汝最后前一书者。但汝肯平心一度相衡，当审不建我之加于汝者千分之一也，即吾现存死灰之余烬，较汝自以为热烈者亦高出不知凡几！已矣！已矣！惜汝得见此书已太晚

（我测为今年九月），且恐汝之终不得见此书也。

吾书之屡恳展兄转者，辄心冀汝万一能早赴港，吾书不致流落不谓汝耐心坐待以重价买到机巧空灵之误会，又不肯自省，嗟夫！吾理想中可爱之慈，其灵魂已失真情，一掷而罄，遂了此一重公案。汝不必徒然回忆，假定悲鸿为无情可矣。若然者，吾自担承一切罪恶于他日忏悔时益有辞也，而葆此孙念劬于玉洁冰清，完整无稍损也。吾茕茕居于炎荒，但以工作销我生命，幸间得佳作以自排遣，亦妄冀温州可通为最后之诀别，今则空谷足音已成泡影，□犹孔炽蝼蚁何求，且幸未若汝梦中之病，否则此梦中人乌乎觅之。顾吾亦以劳而尝病，病吾必强起，愿力既宏，施倦之肢体、官能部分恢复，亦速所谓预支精神，用视吸鸦片吗啡为略善也。

幻想重叠都无着落，惊造化之巧妙，为云为雨，灭其痕迹不若，吾人之灵魂尚刊有伤口也。昔 Murret 叠咏诸月之夜，以□咀其爱人想汝智慧，日长已乏才力，吾生平不怨天尤人，难自承为吾之爱人者，亦未尝余负仅无灵魂而已。大理石制之 Athena 方有灵魂伤哉。其为幻想也。吾今收回其既失之一半，将洗剖其蒙蔽迨复旧观。吾之躯□，当不值重视，Athena（再见）！吾永不责备慈，吾惟回想云母石制之 Athena！ Athena！

悲鸿

五月二日释迦诞，星洲酷暑。

最终，徐悲鸿把这封事关重大、又没写明抬头的长信寄给了中央大学艺术系主任、他的学生吕斯百教授。

吕看过信后，便把此信件交给了同徐悲鸿已经长期分居的蒋碧微，蒋碧微又是怎么处理的？她会不会把信继续转给其他人？这个人又是谁？会不会按照写信人的想法，这封信转来转去，到了9月，孙多慈到底见没见到这封信？皆不得而知。知道的是，孙多慈已经同浙江省教育厅厅长许绍棣结婚，蒋碧微成了张道藩的情人，而后徐悲鸿与孙多慈再也没有见过面，也没有任何往来。

写信人徐悲鸿没有预料到，看到这封信的吕斯百和蒋碧微也没预料到，其他人更想象不出，七十年后，有一个人悄悄把这封长信送到佳士得拍卖（香港）有限公司，在2007春季艺术品拍卖会上以89万元港币的落槌价成交。

徐悲鸿这封唯一的书信长卷，最终落到了一位不知姓名的竞拍人手里。

徐悲鸿把信发给吕斯百以后，某一天，偶然从一位友人那里获悉，孙多慈同许绍棣结婚后，满腹愁伤，情绪低落，无法振作，已经病倒不起。她经常在梦中呼唤着"悲鸿，悲鸿"的名字。悲鸿难免有些动情，虽然他已经下定决心，不再见她了，甚至也不会再给她写信了，但他心里还是在默默地感谢她、记着她，她曾经真真切切地爱过他呀！于是，他研墨理纸，精心绘制了一幅手法写实、富有诗情画意的彩墨画小写意《浇花少妇》。注意，这里用的是少妇，而不是少女。画中女子已经结婚了，理应为少妇。

61

1938年3月16日至4月15日，第五战区司令李宗仁令第二集团军死守台儿庄阵地，并严令庞炳勋部南下，协助第二集团军解决台儿庄之敌。至3月31日，中国军队将进入台儿庄的日本侵略军完全包围。4月3日血战台儿庄，中国军队向日本侵略军发起总攻击……

1939年5月，正值血战台儿庄大捷一周年。徐悲鸿要把筹赈画展获得的15900余元新加坡币，全部捐献给广西第五路军阵亡将士遗孤。为此，徐悲鸿于5月31日，给李宗仁将军写了一封信。信中写道："德公元戎麾下：鄂中大捷举世腾欢。屈指台儿庄正届一载，此悲壮惨烈之五月将以我公之威，改变四万万五千万人情绪，而友邦态度于以坚定，最后之胜利在望……鸿于四月间在星洲举行画展，曾得国币三万金以献国家，并指定以半数捐与广西第五路军阵亡将士遗孤。拟于下月赴吉隆坡槟城两处举行同样意义之展，以尽国民之责。八月之后将应大诗人泰戈尔之请往印度各邦展览，凯旋之时必当归来与民众共迎公与全军石头城下。海天万里，曷胜神驰，敬叩勋安　悲鸿顿首……五月三十一日星洲"。

徐悲鸿满怀激情，灯下给李宗仁将军写下这封洋溢着爱国情怀的信。徐先生在信中盛赞李宗仁的抗战功绩，表示用手中的画笔尽到国民职责，提到已将义卖所得款项的半数捐助第五路军阵亡将士遗孤，表现出徐悲鸿对抗战必胜的信心。这封书信短短数言，把徐悲鸿在南洋举办画展义卖、访问等活动一一反映出来，无疑成为徐悲鸿爱祖国、爱人民，决心抗日到底的见证，成为徐悲鸿与李宗仁之间深厚友谊的见证。

国事、家事、天下事，徐悲鸿事事关心。但是，他最放不下的还是国事。1939年6月的一天，徐悲鸿走在新加坡街头，看见前边围着许多人，他快步走了过去，原来是人们正在观看由著名演员王莹主演的抗战街头剧《放下你的鞭子》，观众深受感动。徐悲鸿立即拿起画笔开始素描，没多大工夫，一幅非常生动感人的素描，把主演王莹、看戏的观众，十分生动地表现出来，题款为《放下你的鞭子》。徐悲鸿还在素描的左下角写着一行字："人人敬慕之女杰王莹"。

王莹，原名瑜志华，后改名从母姓为王克勤，安徽芜湖人，1913年生，少女时代她受继母虐待，13岁时被卖到南京城南薛姓富商家当童养媳，受尽折磨。16岁那年，一个偶然的机会王莹得到正在南京金陵协和神学院执教的美籍女作家赛珍珠的帮助，几经周折，得以逃往汉口，投奔担任校长的舅母王世懿，考入长沙湘雅医院护校读书，从此改名王莹。1927年，她前往上海，投身文艺界，经过十年奋斗，能歌善舞的王莹成为蜚声沪上的影星。王莹对时任南京中央大学艺术系主任的徐悲鸿一直很崇拜，她在上海时，还曾经托田汉先生向徐悲鸿求画，徐悲鸿慨然作画《梅花图》相赠。王莹则一直珍藏着这幅心爱的《梅花图》，时时观赏……

1939年4月下旬，金山、王莹率领剧团到南洋各地为抗战筹款义演，两年之中，行程两万多里，深受华侨赞誉。

这次徐悲鸿来新加坡为抗日举办画展，获悉王莹在一次筹款义演之后，捐出自己唯一的金戒指，于是，徐悲鸿更是为王莹的高尚品质与爱国精神所感动，他决定用画笔把王莹的美好形象定格下来，让我们的后人世世代代相传下去。

徐悲鸿用接近真人的比例，大约花了十天的时间，创作了这幅抗日题材的油画《放下你的鞭子》。王莹身穿白底蓝纹的服饰，服饰上有祥麟瑞凤的图案，手持红绸，翩翩起舞。背景是老老少少的观众，有人衣衫褴褛，有人着军服持枪，双手交叉，神情陶醉，徐悲鸿将抗战时的生活状态及群众的神态细腻地刻画出来。

《放下你的鞭子》是徐悲鸿绘画作品中题材非常独特的一幅抗战名画。它是徐悲鸿创作中最为重要的油画巨作之一。

油画画好后，王莹邀请徐悲鸿和她一起在这幅油画前留念。

徐悲鸿向王莹赠送这幅油画时，黄孟圭先生还特地举行宴会款待二人，孟圭大哥当场赋七言诗一首："大师绘事惊中外，女杰冬梅艺绝优。驰骋文坛为祖国，今名岂止遍星洲。"

徐悲鸿的油画《放下你的鞭子》完成于他在江夏堂的画室。徐悲鸿在这里为二哥张曼士题百扇斋、创作《十骏图》，为新加坡华侨筹赈会各家分会主任林师万作《八骏图》。一日，舒新城带着王莹来江夏堂拜访徐悲鸿，徐悲鸿挥毫为新城创作了《六骏图》，为王莹创作了《八骏图》。还有其他题材的许多作品，大都诞生在江夏堂画室。在画面上留下的大都是"星洲曼士斋"的落款。在1925年、1939年、1941年这几年间，徐悲鸿在南洋创作的数百幅水墨骏马和其他内容的一些重要作品也都是在这里诞生的。

在这期间，徐悲鸿还收到了吴作人介绍共产党抗日情况的信件。徐悲鸿在给吴作人的复信中写道："吾人虽非共产党人，但他们的'先天下之忧而忧、后天下之乐而乐'的精神实足钦佩……"他在共产党抗日精神的鼓舞下，一心为祖国筹集抗战资金举行画展。田汉出狱后曾称赞过徐悲鸿："悲鸿先生爱国爱人民，爱护南国（艺术学院），他愿意为无产阶级青年做事，甚至牺牲。因此，同学们益感悲鸿先生誓守他的信仰、他的战线。"

徐悲鸿原定2月中旬返回重庆看看孩子处理一些事情的，然而，他为了能够筹集更多的资金支持抗日，不仅没能回重庆，连封信都没顾得上给女儿丽丽回复，直至1939年8月，他才给女儿丽丽写了一封回信，信中说："你做的手工甚有趣，我谢谢你这可爱的礼物。我现在没有什么赏你玩，但你能好好用功，你将来玩的东西一定很多……国家大难临头之际，各人须尽其可能尽的任务，事变之后，我们不见得会比人家更不幸福的。父字八月廿五日世界大战前。"

徐悲鸿此次来新加坡举办抗日救国赈灾画展，在新加坡忙了近一年，于1939年11月18日，携带近六百件精品字画，应印度大诗人泰戈尔的邀请，从新加坡起程赴印度举办画展。

62

1939年11月24日，徐悲鸿经缅甸首都仰光，游览大金塔、维多利亚湖、唐人街，撰写游记《真西游记》。11月29日，徐悲鸿到达印度加尔各答。泰戈尔在他的故乡圣提尼克坦为徐悲鸿举行欢迎会和举办画展。在欢迎会上，几位印度著名男女歌唱家演唱了泰戈尔创作的歌曲。

1940年元月，应印度国际大学校长泰戈尔的邀请，徐悲鸿前往加尔各答国际大学美术学院讲学。徐悲鸿受到该学院院长、印度著名画家南达拉尔·鲍斯的盛情款待，并为他在讲学和生活上作了周到细致的安排，东道主的热情，让徐悲鸿感动。

泰戈尔是孟加拉族人，不仅是一位著名的诗人、作家、哲学家、艺术家和社会活动家，还是第一位获得诺贝尔文学奖的亚洲人。他被印度教徒视为"圣贤"。泰戈尔不仅在印度，在亚洲也颇有名望。

徐悲鸿被泰戈尔安置在他的故乡圣提尼克坦。他的住处离泰戈尔的家仅一园之隔，早晨可以清晰地看到泰翁默坐在阶前的高背椅上看书。泰翁第一次走进徐悲鸿的住处时，一进门便看到墙上挂着的那幅彩墨中国画《醒狮》——

一只醒来的狮子，居高临下，一双警惕的眼睛看着对方……

泰翁驻足，仔细看着这幅画，惊喜道："意新笔奇，画得好啊！这是一只时刻在警惕着，绝不允许任何侵犯者入侵的雄狮，寓意深长。悲鸿先生胸怀祖国，放眼世界。你不同于那些为画而画的画家，你是位值得国人骄傲的大艺术家。"

徐悲鸿在画雄狮的时候，不仅聚精会神，且将满腔激情和浑身气力倾注笔端。

泰翁亲自陪着徐悲鸿到国际大学参观或演讲，也时常邀徐悲鸿到家里做客。他盛情款待了从中国远道而来的大画家徐悲鸿。

1940年2月17日，印度"圣雄"甘地与夫人一道来圣提尼克坦拜访泰戈尔。泰戈尔在风景如画的芒果林里，为甘地夫妇举行欢迎集会。泰戈尔对甘地十分尊敬，曾赞誉他是"裹在乞丐衣服里的一颗伟大心灵"。甘地感念泰戈尔，他高兴地说："接受祖师的祝福，我高兴得心花怒放。"

就在这次集会上，泰戈尔特别把徐悲鸿介绍给"圣雄"甘地。甘地很高兴地祝福徐悲鸿。在拥挤的人群中，徐悲鸿用他的画笔，在短短几分钟的时间里，为甘地画出一幅十分传神的盘坐速写像。徐悲鸿落款："廿九年二月十七日下午三时半 悲鸿"，甘地看到徐悲鸿为他作的速写肖像，愉快地在上面也签下自己的名字。

泰戈尔与甘地谈到徐悲鸿的绘画时，他向甘地建议为徐悲鸿举办一次画展，以表达中印两国人民的美好情意。甘地当即表示赞许。当天晚上，泰戈尔和甘地一起，举行了祈祷。那唱颂和平的祝祷歌声，给徐悲鸿留下美好而深刻的记忆。

泰戈尔的建议，给了徐悲鸿一个展示自己才艺的机会。

徐悲鸿在印度国际大学艺术学院、圣提尼克坦和加尔各答分别举办个人画展开幕式，泰戈尔亲自揭幕并致欢迎词。

泰戈尔亲笔为画展写了序言："美的语言是人类共同的语言，而其音调毕竟是多种多样的。中国艺术大师徐悲鸿在有韵律的线条和色彩中，为我们提供了一个在记忆中已消失的远古景象，而无损于他自己经验里所具有的地方色彩和独特风格……我欢迎这徐悲鸿绘画展览，我尽情地欣赏了这些绘画，我确信我们的艺术爱好者将从这些绘画中得到丰富的灵感。既然旨趣高奥的形象应由其本身来印证，多言是饶舌的，这样，我就升起谈话的帷幕，来引导观众走向一席难逢的盛宴。"

当时国内抗日战争正酣，徐悲鸿希望利用这个机会能筹款支持抗战。印度各界知名人士，特别是那些爱国华侨争相参观和购买画作，以支持祖国正在受难的民众。

甘地携全家观看了画展，他对徐悲鸿的高超画艺及其对印中文化交流所做的贡献，给予了高度评价。由于甘地和泰戈尔对画展的赞美和支持，画展获得圆满成功。

两次画展筹得的款项，徐悲鸿全部寄给了正在战乱中的祖国。

徐悲鸿为了领略印度乡土风情，他曾长途跋涉至东北崇山峻岭中的大吉岭城。1940年4月1日，徐悲鸿来到大吉岭。印度天气渐热，徐悲鸿在甘地和泰戈尔的关照下，被安排到大吉岭山居住了三个多月。徐悲鸿漫游在辽阔的大平原上，骑马驰骋于风光旖旎的克什米尔。恒河景色与克什米尔的骏马，都使他赞叹不已。他通过对马的细致观察，更加深入地领悟到马的骁勇、驯良和忠实,他此后的"奔马"更加奔放，更富有光彩。徐悲鸿还骑马深入到锡金边境之法鲁体验生活，作长诗

《一气横空色界天》《余兴一章》两首。

他在这三个月里潜心绘事。这里环境优美，生活宁静，徐悲鸿得以畅游于艺术之海。为了捕捉印度特有的景物，他常常漫步在校园附近的乡间小道上，一旦发现激起他灵感的情景，便立即停步，坐在一块青石板上，或蹲在草地上开始写生，先勾画草图，回住处后泼墨成画。画出的田间、农庄的水牛千姿百态，栩栩如生。有群牛在阳光下懒散地反刍或打盹，有睡眼惺忪的水牛躺卧在水中，露出半截身子。他还画过印度各种缤纷夺目的花卉、艳丽玲珑的小鸟。这些翎毛花卉笔法自然，具有浓厚的异国风韵。

徐悲鸿在大吉岭三个月里作画颇多，画了不少形态各异的马，如一匹红鬃烈马与一匹白鬃烈马，三匹黑鬃烈马的《三鬃烈马飞奔图》《四马图》：三马面朝前方站立着，它们好像是一起远望着前方，又好像在警觉着什么。另一匹马则朝着观众的方向静静地吃草。徐悲鸿在画的左上角写着"廿九年五月悲鸿时客西马拉雅之大吉岭"。

徐悲鸿说过，登喜马拉雅大吉岭为"平生第一快事"。

徐悲鸿在印度讲学之余，经常与60岁才开始作画的泰戈尔畅谈中印友谊，切磋画艺。泰翁在国际大学着意培养中国学生，目的是使他们成为沟通中印文化的中坚。他非常称赞中国的文化传统，当徐悲鸿提到1924年4月12日，泰戈尔应北京大学之邀来到中国讲学并访问的时候。泰戈尔记忆犹新地告诉徐悲鸿，他游览杭州西湖时的情景。他说，轻舟荡漾在西湖里，凭栏遥望着山顶的尖塔，我像是置身在画卷之中……

徐悲鸿静静地听着，心里在思索着如何为泰翁画一幅能表达他那高尚情操和美好心灵的肖像。

泰翁又说，西湖边有个艺术家组成的团体，它叫西泠印社。他在那里看到了很多幅布局宏伟、笔法豪放的山水画和富丽工细、栩栩如生的花鸟画，都是很成功的作品。特别使他高兴的是，一位中国金石专家，送给他的两方精美石料印章。一方刻着"古鲁特父"（国际大学师生对他们校长泰戈尔的尊称），另一方刻着梁启超给他取的名字"竺震旦"。

泰戈尔说到这里，挺激动，他开心地告诉徐悲鸿："一踏上中国的土地，我不知道是什么缘故，就像回到自己的故乡那样亲切。"泰戈尔谈到离开中国的时候，伤感地说，"我人回到印度了，可我的心却留在中国了。"回国后，他积极筹划建立沟通中国和印度文化交流关系的永久而固定的机构。1937年，泰戈尔在国际大学里建立了一所中国学院。

泰戈尔是一位伟大的诗人、文豪，同时又是一位画家、音乐家和舞剧导演。泰戈尔多次请徐悲鸿与他一起，同师生一起席地而坐，观看他编导的舞剧和其他戏剧。徐悲鸿被他的中国情结感动了。他一再思考着如何为泰翁画一幅肖像画。

徐悲鸿在印度期间，把自己对泰戈尔的感情倾注于笔端，先后为泰戈尔画了《泰戈尔在工作》《泰戈尔在其书斋中工作》《泰戈尔彩墨像》《泰戈尔素描像》等，为泰戈尔画了10多幅素描、油画和中国画。当徐悲鸿听到甘地正在进行绝食斗争的消息时，心情很激动，又经泰戈尔的详细介绍，便为甘地画了一幅素描人像——《绝食中的甘地》。

这些惟妙惟肖的肖像，线条色彩用了中国绘画的传统手法，并吸收西画的长处，称得上是别具一格的传世之宝。异国风情点染了徐悲鸿的画笔，他除去画了大量的写生和人物速写，还创作了《喜马拉雅山山林》《喜马拉雅山之晨雾》等自然景观。由于在漫游期间他曾骑马驰骋，他笔下马的形象也更富表现力，更加千姿百态而有了人格化的魅力。更值得惊喜的是，徐悲鸿在大吉岭完成了他早已构思却一直无法集中精力画的《愚公移山》。

之后的几个月，徐悲鸿在印度各地游历。对他原先没有十分在意的印度艺术和社会，有了深入的认识。他曾经到加尔各答，在博物院见到数千年前一石牛，叹为观止："简约华妙，不愧埃及名作，足以代表印度极盛时代之伟大精神。"在看了更多印度石刻后，徐悲鸿不由惊叹石雕的鬼斧神工。他形容这些石刻说,"如划豆腐,无不如意。"甚至说,这些石刻大概是"上帝先做软石",等印度人"雕镂成功,再使之坚硬……"

徐悲鸿不足一年时间的印度之行即将结束。在国内或其他地方,他常常有大量绘事之外的杂务需要应酬,难有大量时间和精力进行创作。而在印度,他几乎可以全身心地投入他所热爱的事业之中。这些,当然得感谢泰戈尔。是他提供了机会,使徐悲鸿获得了这么美好的感觉和优异的成绩。

1940年11月,离别印度前,徐悲鸿怀着感激的心情向泰戈尔告别。这时的诗翁,大病初愈,他在躺椅上,听说徐悲鸿要走,便郑重地嘱托悲鸿:"在你离开印度之前,请你为我的画集选画。"原来,60多岁开始绘画的泰戈尔,此时,已作画两千余幅。十分称赞徐悲鸿绘画眼光的诗翁,正打算出版画集,他考虑再三,决定请徐悲鸿来为他即将出版的画集选画。

徐悲鸿高兴地接受了泰戈尔的嘱托,花了整整三天,与国际大学美术学院院长一道,在两千多幅画作中,选出三百余幅精品,又从三百余幅中择出最精者70幅,交付国际大学出版。泰戈尔不拘一格的绘画作品,让徐悲鸿浮想联翩,徐悲鸿非常感慨地挥毫赞美道:"送

《愚公移山》。徐悲鸿作

琼浆与劳工,假寝床于巨蚌,夺梅妃之幽香,食灵芝之鲜,吻河马之口,绝壑缀群玉之采,茂林开一线之天,利水泐之积,幻为群鸿戏海……"

徐悲鸿在印度期间,热情地接待了每个来访者。其中有位苏蒂·森是在美国定居的经济学家。苏蒂·森经常用最美的语言称赞徐悲鸿,说他非常平易近人,对人总是笑脸相迎,与周围人都友好相处,既矜持又坦率,思想丰富又喜爱沉思,令人感到他外表冷静而内心沸腾,对绘画艺术有执着追求和刻苦精神。苏蒂·森称赞徐悲鸿讲一口流利的英语和法语,并对欧洲文化十分熟悉。他们相互谈起各自在欧洲的经历,以及巴黎的卢浮宫,特别是陈列在卢浮宫里的那幅达·芬奇的《最后的晚餐》等名画。

苏蒂·森非常喜爱徐悲鸿的奔马,为此,徐悲鸿特地作奔马一幅赠之。

徐悲鸿离开几个月后,泰戈尔在加尔各答去世。1941年,在泰戈尔度过最后一个生日的那天,他口述了一首题为《我曾踏上中国的大地》的感人诗篇,用深情的笔调回顾了他在中国度过的美好时光。

此时的徐悲鸿,正在新加坡举办画展,听到这个消息,他十分悲痛,徐悲鸿以文言的形式写了一篇题为《泰戈尔翁之绘画》的文章,徐悲鸿用这种形式,表达出他对泰戈尔最真挚的怀念之情!

63

徐悲鸿虽然远离祖国,但他的脉搏每时每刻都在跟随祖国的心脏一起跳动。他通过画展,又为抗日救国筹得了数万美金。

在旅居印度的日子里,他为了要创作一幅表达中国人民团结战斗、誓死打败日本侵略者的新作,无论走路吃饭或躺在床上,都在绞尽脑汁地思索着……究竟用何种绘画形式来表现这一主题。

一天,他从《列子·汤问篇》中的一个名曰《愚公移山》的神话故事中，受到启发。这个故事说："北山有一个老人，名叫愚公，年纪已快 90 岁了。他的家对面是太行、王屋两座大山，出入很不方便。愚公率领子孙，下决心要移掉这两座大山。邻居一个刚满七岁的儿子，也蹦跳着来帮忙。河西有个老头儿，人称智叟，讥笑愚公说：'你怎么傻成这个样子，像你这样风烛残年的人，哪动得了山的一根毫毛！'愚公回答说：'你眼光太短了，我死了有儿子，儿子死了有孙子，子子孙孙是没有穷尽的。这山上的土和石却是不会增加了，怕什么！'智叟理屈词穷，无言可对。这件事感动了上帝，他就派了两位有力的天神把两座大山背走了。"

这个美丽的神话，给徐悲鸿以深刻的启迪，他的灵感来了，绘画主题豁然明朗：突出表现愚公是如何率领他的子孙移山的。眼前涌现出一群手刨、肩挑、力大无穷的农夫在齐心协力，不畏艰险地开山筑路……

徐悲鸿创作巨幅画卷《愚公移山》的构思就这样形成了。为了创作这一巨幅画卷，徐悲鸿通过一段时间的实地考察写生，画了大量的草稿，终于拿定主意，画面通过中国人民一锨一镐修筑滇缅公路时感人肺腑的情景，来表现中国人愚公移山的豪迈精神。徐悲鸿认真分析研究有关资料，紧紧扣住主题人物寻找模特儿，画了一张又一张人物速写和素描稿。有的是人体、肌肉、脸孔的速写，有的是劳动工具和景物的写生，有的是肩挑、手刨等动态的勾画。一天、两天过去了，一个月、两个月过去了，功夫不负有心人，徐悲鸿终于初步画成了大型油画《愚公移山》。可他自己对这幅油画很不满意，一气之下把它卷起来扔进火炉里烧了。但徐悲鸿并没有放弃创作《愚公移山》的努力。失败往往孕育着成功。

泰戈尔经常称赞徐悲鸿热爱民族绘画事业，说他思想高尚，在艺术上精益求精。有一次，泰戈尔在拂晓起床后，见徐悲鸿卧室里的灯光通宵地亮着，便轻轻叩开悲鸿的房门，看见徐悲鸿还在忙着挥毫作画，这让他深受感动。

油画《愚公移山》没有画成功,他便改画国画。后来,他暂时离开加尔各答,到喜马拉雅山大吉岭写生作画。1940年4月,徐悲鸿遥望着无比雄伟的喜马拉雅山,运用了国画工具,继续完成他没有完成的《愚公移山》。

徐悲鸿在1940年前后创作过三幅《愚公移山》,如果把烧掉的油画《愚公移山》算作第一幅的话,后来被拍卖公司拍卖的油画应属于第二幅《愚公移山》,而第三幅则是中国画《愚公移山》,现藏于北京徐悲鸿纪念馆。

《愚公移山》,用了写实略带写意的手法,画面上的人,大多只穿一条很短很短的短裤,看上去几乎是裸体,动作幅度略加夸张,人体筋肉突现;画面中的老人、妇女,尤其小孩形象,在后面作为映衬,显现了团结一致的凝聚力和生生不息的坚定信念。画作动静相合,延展出时间空间的深度和广度,是一幅极难得的艺术杰作。

《愚公移山》整个画面气势磅礴:在大山脚下,一个个腰大膀粗的愚公的儿孙们,为打通前进的道路,正豪迈地挥镐舞耙,开山劈岭,搬土运石。画面的左方穿插了愚公和京城氏的寡妇正在讲话的生动场面。愚公笑嘻嘻地用手指着孩子,好像在说:"我死了,有这些孩子们接着干,还怕移不走这座山、开不通这条路吗?"

《愚公移山》中的众多人物,身上只穿一件很短的短裤,几乎裸体,徐悲鸿为什么要这么做呢?一位印度朋友看了这幅画,特意请教徐悲鸿:"徐先生,您为什么要把正在拼命干活的一些人,画成几乎裸体的样子呢?"徐悲鸿回答说:"不画裸体不足以表达我们中国人民为赢得胜利而不怕流血牺牲的决心。通过人体的肌肉、筋骨的活力,可以让人们真真切切地感受到出现在画面上的人,个个都有一种不可战胜的力量。这种力的作用是巨大的,大到可以顶天立地!"

这位印度朋友听了徐悲鸿的介绍,茅塞顿开,连连称赞:"的确如此,的确如此!经徐先生这么一点拨,我明白了,感受到这种力量是不可战胜的,愚公的奋斗目标一定能实现。"

徐悲鸿在当时竭力创作《愚公移山》，其意义重大。国内抗日战争正酣，这幅取材古代寓言故事的巨制，表现了中国人民不屈服、不惧艰辛、持之以恒的精神。无疑，在民族危亡之时，全国人民共同抗敌的时候，徐悲鸿下这么大的气力创作《愚公移山》，是想鼓舞亿万人民的斗志，坚定抗日信念。

徐悲鸿把西画技法融汇于中国彩墨写意画之中，在中国绘画史上开创了一代新风。因此，他的作品不仅受到国内人民的喜爱，也深受南洋各国人民的欢迎。许多人，特别是一些社会名流，如果能得到一幅徐悲鸿的画，都引以为荣。一个收藏家的藏品中要是没有几幅徐悲鸿的作品，被认为是终身憾事。

1940年7月6日，徐悲鸿从大吉岭返回加尔各答国际大学。然后，徐悲鸿写信给中华书局的主持人舒新城，告诉他《愚公移山》大画已完成，但由于尺寸过大（宽1.5米，长达4米之多）无法装裱，也就不能展出。徐悲鸿还把国际大学的一位学子介绍给舒新城，因为他已经把泰戈尔的十首长诗翻译成中文，希望中华书局能给出版发行。由此可见，徐悲鸿对泰戈尔的文学作品，是很看重的。

徐悲鸿通过文学巨匠泰戈尔与印度结缘。两位大师通过一年多的接触，建立起深厚的友情。

国难当头，家破碎，徐悲鸿身在国外，心系祖国。一天，他在圣提尼克坦的住处送走客人，画完一幅奔马，非常感慨地拿起笔留下这样一句话："孑然一身。良朋渺远，故园灰烬，祖国苦战，时兴感慨耳。"

日本大举侵略中国，马来西亚爱国华侨闻知义愤填膺，奋起组织了筹赈祖国人民委员会。会长邀请徐悲鸿来马来西亚举办画展，为国内抗日战争筹集资金。时间已进入1941年初春。徐悲鸿如同他笔下奋进不息的奔马，昼夜马不停蹄地奔跑着，他用手中的画笔为祖国而战。徐悲鸿没有马上返回祖国，随即应邀从印度赶赴马来西亚举办赈灾募捐书画巡展。筹赈祖国人民委员会主任李孝式在华侨中积极宣传买画抗日。他四处发表学说："……有钱人百年后无人知晓，唯有生前请名画家画像、画画，收藏名家字画，借名家之名传诸后世，方可与名家字画流传千古。徐悲鸿是世界有名的大画家。捐一百元，可得徐悲鸿亲笔画一张；捐二百元，可请徐悲鸿先生另画一张。这是一个既为祖国抗战做了贡献，又可以流芳百世的大好机会，我们爱国华侨怎么能放弃呢！"于是，前来求画的人纷纷而至，接连不断。徐悲鸿为抗战筹款，在槟榔屿画展筹款12000元，在怡保筹款10000元，在吉隆坡筹款17856元。三地展卖及馈赠字画五百余件。

徐悲鸿不管走到哪里，都满怀激情地画到哪里。画笔是他最有力的战斗武器，在这期间，徐悲鸿用手中的画笔，创作了许多具有强烈时代感的国画作品。

64

2000年10月30日，《徐悲鸿——现代中国绘画的开拓者》画展，在大洋彼岸的美国丹佛市丹佛艺术馆隆重开幕。这里既有久负盛名的经典力作，又有鲜为人知的馆藏精品。这些热爱东方绘画艺术的美国观众，第一次走进东方绘画大师徐悲鸿的绘画世界，看到洒脱豪放的泼墨奔马、可以完全同西方绘画大师的经典作品相媲美的油画、生动传神的人物素描、栩栩如生的动物速写、精彩纷呈的山水与花卉，真正领略到了中国传统绘画的艺术魅力。特别是那些中西绘画技巧融合的巨幅油画《田横五百士》《徯我后》，让参观者无不震撼。

美国的媒体，给予了画展很高的评价。徐悲鸿早在1941年末已经准备赴美举办画展，70年后才心愿得偿……

时间回到1939年，一天，徐悲鸿接到美国援华总会从美国发来的函电，邀请他赴美举办画展。到美国举办画展，既能展示中国博大精深的绘画艺术，又能促进中美两国民间文化交流；既能通过绘画作品向爱国侨胞宣传抗日，又通过书画义卖为抗日筹集资金。于是，徐悲鸿愉快地接受了这一邀请。

徐悲鸿于1941年夏末，从马来西亚再度来到新加坡，为赴美举办"中国现代第一流的画展"，他在新加坡江夏堂画室分秒必争，抓紧创作，在近两个月的时间里创作人物、山水、花鸟、飞禽走兽百余件。天有不测风云，1941年12月8日，就在徐悲鸿正要赴美的时候，太平洋战争爆发。日本飞机对新加坡开始了狂轰滥炸……徐悲鸿逃过一劫，幸免一死，但是，徐悲鸿随身携带的珍贵的书画精品，损失了四百余件，为此，徐悲鸿痛心疾首。他的这次赴美画展，也就泡汤了。

由于战乱，这些幸存的金石书画，难以运送回国。他只好暂时把它们存在新加坡，等待时机运回国。就在这个关头，徐悲鸿结识了一位正在新加坡募款、支持抗日游击队的抗日将军。这位将军听说徐悲鸿要孤身留在新加坡与他的艺术品共存亡后，大为惊讶，找到徐悲鸿说："这是为什么？别人可以留下，你徐先生却不能不走！因为你是国际闻名的大画家，万一有个三长两短，那将是我们祖国不可弥补的巨大损失呀！"徐悲鸿听了将军的话，很是感动，他皱着眉头说："我并不担心自己的生死；我担心的倒是我收藏的这些艺术品的命运。这些藏品比我的性命更加重要！"

"徐先生，我负责替你将这些东西运回祖国，这回你放心了吧？"这位将军手按着胸脯慨然说。徐悲鸿被爱国将军深深感动，非常放心地把这些宝贝托付给了这位将军。于是，徐悲鸿本人也在这位抗日将军的热心帮助下回到祖国。

徐悲鸿这次南洋之行，往返于印度、新加坡和马来亚，最后回到新加坡，历时三年。三年间，徐悲鸿在南洋各地宣传了祖国正在进行的抗日战争，把筹赈画展所得的十万余美金，全捐献给了抗日救国大业。

第九章　风雨重庆

65

　　1942年初，徐悲鸿取道缅甸途经云南畹町返回国内。徐悲鸿不顾长期奔波的劳累，在回重庆的途中，继续举办画展，为抗战筹集资金。他在滇西保山举办了回到祖国后的第一个画展。由于国人对徐悲鸿的画特别喜欢，有十余万人前来参观。一位绘画爱好者听说徐悲鸿在保山举办画展，急忙从腾冲带着自己的作品赶来参观画展，求教徐悲鸿。悲鸿被其感动，不顾疲劳，耐心认真看他的画，然后仔细帮他分析。在徐悲鸿的指点下，他终于学有成就。

　　徐悲鸿应邀又到云南其他地方接连举办了几个画展，终于在1942年6月下旬回到重庆沙坪坝国立中央大学。

　　徐悲鸿的归来受到中央大学师生的热烈欢迎。1942年6月29日，中央大学艺术系隆重举办了欢迎徐悲鸿教授返校师生联欢会。全体师生又唱又跳，好不热闹。联欢会上，悲鸿热泪盈眶地说了一句话："今天我终于又回家了。"师生心里都明白，徐先生说的这个"家"，是中国，是国家，是学校，不是人们常说的他的那个"家"。徐先生的那个家已经破碎不堪了。

大家被徐悲鸿的这句话感动了。摄影师举起相机，特意为全体师生拍照留念。

徐悲鸿回到重庆以后，住在观音岩中国艺术社。没过几天，他收到蒋碧微寄来的一封信。信中说：你终于回来了，明日中午来家中吃饭，我要借此招待亲朋好友吃饭。蒋碧微这一反常态的意外举动，使徐悲鸿一时感到不可思议。特别想看看孩子的徐悲鸿，带着行李按时到了蒋碧微住的"光第"。徐悲鸿一进家门，发现家里已摆好了酒席。蒋碧微声称："听说你从南洋胜利归来，特地为你洗尘，举行一次盛大家宴。"

中大的许多教授和学生听说徐先生从南洋归来，都争先恐后地赶到"光第"出席宴会。来宾热情地向徐悲鸿问好。徐悲鸿点头致谢。他还主动走到蒋碧微面前，诚恳地说："过去我有好多事情对不起你；今天，我向你道歉！"蒋碧微苦笑不语。这时，王临乙、陈晓南、吕斯百等高高地举起酒杯，提议为徐悲鸿从南洋归来干杯。徐悲鸿高兴地把酒杯举了起来。蒋碧微说："过去的事现在不必再提了。不过，你知道我们今天请你来的目的吗？我今天请你来，是为了办理移交的。孩子我已经带到这么大了，我希望今后由你负责教养他们……"

不仅是徐悲鸿，所有在场的来宾，都被她"突如其来"的这番话给惊呆了。徐悲鸿默不作声，一语不发。饭后不久，朋友们散了，徐悲鸿也跟着走了……

徐悲鸿渡过嘉陵江，走进沙坪坝中央大学。"徐先生回来了，徐先生回来了！"这消息像拂面吹来的一阵春风，迅速吹遍了中央大学校园。许多教师、学生听说徐悲鸿教授回来了，都蜂拥着跑了过去……师生们把他一下子簇拥着围住了。有人还燃起鞭炮，噼噼啪啪地放个不停，热烈欢迎徐悲鸿从南洋胜利归来。特别是在徐悲鸿的帮助下，在法国学成归来，又应他的邀请已在中央大学艺术系任教数年的吴作人、王临乙、吕斯百、滑田友等，一个个都高兴得不得了。

中央大学自从1937年迁到重庆以后，艺术系有徐悲鸿的办公室，但却没有他的单身宿舍。晚饭后，有人便劝徐悲鸿回"光第"住宅，他坚决不肯。吴作人、王临乙都请他去他们家住，徐悲鸿也婉言推谢了，他执拗而又风趣地说："我哪里也不去了，睡在桌子上不是蛮好嘛！这比我在上海当马路天使的时候好多了。"

第二天一早，系主任吕斯百去看望徐悲鸿，问他可以不可以抽时间为新来的同学讲演一次。徐悲鸿说："为同学上课，不是可以不可以，而是应该，必需的，今天我就去讲。"说话办事都痛快的徐悲鸿，早饭后便去大课堂为一年级新生讲课。大家听说是徐先生讲课，全系的师生都赶来了，把大课堂挤得满满当当的，连窗台上都坐满了人。

师生们用热情而有节奏的掌声，把徐悲鸿迎上讲坛。

徐悲鸿依旧穿着蓝布长袍站在讲坛上，用手理了理垂到前额的头发，笑着说："我给同学们先讲个故事吧。"徐悲鸿环视了一下挤满了人的大课堂说，"还是在我去南洋之前，四川省政府要招考一批中学美术教员，聘我当主考官，当就当吧，我也没推辞。考试这天，我就在黑板上画了一棵黄桷树，树下站着个四川人。当时有很多人就指着我理直气壮地说：'徐先生，你画得不对，黄桷树和四川人，在芥子园画谱上都没有。'我笑了笑，问道：'芥子园画谱上有飞机大炮吗？'他们都说'没有'，我又问：'要是叫你们画日本鬼子用飞机大炮轰炸我们的人民怎么办？'他们不吭声了。我告诉他们：'画是从生活中来的。生活丰富多彩、千变万化。如果后人都完全照着芥子园画谱上套，那中国画就走进了死胡同、走进了牛角尖。这种绘画上的八股是万万要不得的。再说，中国有了芥子园画谱，绘画就不需要提高了吗？若是如此，还要你们这些美术老师干什么呢？'有人又问我：'你为什么非要画棵黄桷树呢？画别的树不成吗？'我毫不含糊地说：'不成！因为你们是四川人，而黄桷树是四川特有的树，生长在四川的人连家乡的黄桷树都不会画，那算什么美术老师呢？还怎样教自己的学生呢？'……"

满场的学生都笑了。

徐悲鸿说完这个小故事，停顿了片刻，提高了嗓音接着往下说："我的意思是想说明：对一个艺术家来说，生活好比是酿酒，要创作，不经常丰富生活感受是不行的。艺术作品只能来源于生活，不可能来源于什么画谱。同学们，你们在艺术系学画，有一个弱点，就是接触实际不足，了解生活不够。怎么办呢？那就是要经常地接地气。也就是，要经常不断地到人民群众中去生活、去写生。1937年，我创作的画作中有幅叫《巴人汲水》。这幅《巴人汲水》怎么来的呢？来自我随中央大学入蜀所见所感。同学们都知道，在重庆吃水是一大难事。这幅画的上半部画面有一丛翠竹和几枝怒放的梅花。我在画上题写了这样几句话：'忍看巴人惯担挑，汲登百丈路迢迢，辛苦还添血汗熬。'同学们，我为什么要这么画？为什么要这么题款？同学们，你们到重庆人的生活中去生活生活就明白了。"

听徐悲鸿讲课的师生们，都报以热烈的掌声。讲完课，徐悲鸿走出阶梯式的大课堂，连水也没顾得上喝一口，便请吴作人、王临乙、艾中信等前面带路，引领他去看学生们的绘画作业展览。悲鸿走进教室，一眼发现站在高梯子上的宗其香同学，正往墙上钉钉子挂画，他便笑嘻嘻地说："同学们看见了吧，其香钉钉子也很有艺术性，一手抓住钉子，一手拿锤子，哐哐两下子，就把钉子稳稳当当地钉好了。"徐悲鸿从宗其香钉钉子，联想到了画画用笔，他继续说道，"我们无论是用炭笔画素描，还是用毛笔作水墨画，都应该像宗其香同学钉钉子那样，抓住要领，几笔就把你要画的对象勾画出来了……"

同学们听了徐悲鸿的一席话，颇受启发。助教艾中信说："请徐先生多多指教。""好家伙，我要是天天指教，那还了得！"徐悲鸿一句风趣的话，逗得周围的人都乐了。

徐悲鸿非常认真地观看了同学们的绘画作业，他发现有不少同学的绘画，由于受形式主义和自然主义的影响，问题严重，立刻严肃地指出："形式主义是泥坑，自然主义也是泥坑，是人民大众所讨厌的！"

他赶忙翻箱倒柜,找出一批欧洲画片和国画原作。他先指出一批自然主义的代表作对同学们说,那老人肖像,毛发历历可数,面部皱纹、衣服的质感似可触摸,但极少情趣……然后,他又拿出提香、鲁本斯、德拉克洛瓦、达仰等人的作品画片和任伯年、吴昌硕等中国名家的作品给同学们看。他指着德拉克洛瓦的《希阿岛的屠杀》和国画《朱云折槛图》说:"这些才是真正的好画,可谓天下第一,是你们要学习的。"徐悲鸿为了教学时便于学生更好理解《朱云折槛图》的文化内涵,他还临摹了这幅宋人的《朱云折槛图》,悬挂在课堂上,充满激情地向同学们介绍道:"朱云折槛,了不起啊!你们看那位老人,他就是敢于顶撞皇帝的朱云。他敢顶撞皇帝,指名道姓要杀老百姓恨之入骨的大奸臣张禹。朱云被拖出殿门还不服气,手抓住门槛,一下子就把门槛折断了……"

徐悲鸿接着往下说:"自然主义与现实主义的作品,有天壤之别。一幅优秀的现实主义作品,对后人总是有着深刻的启发激励作用。所以,歌德说得好:'生命短促,而艺术永恒。'"

徐悲鸿看了李斛同学的习作以后,高兴地说:"中国纸墨用西洋画法写生,自中大艺术系迁蜀后始创之,李斛仁弟为其最成功者。"当他走到一幅彩墨《重庆嘉陵江夜景》时倏然大喜。徐悲鸿近前一看,原来是宗其香创作的嘉陵江夜景,他感叹道:"用中国绘画之笔墨,贵州土纸,创作出如此逼真美丽的嘉陵江夜景,把嘉陵江夜景画得如此有意境、有情趣,这是一大创举!恭喜其香仁弟。"为此,徐悲鸿并著文说:"宗其香用贵州土纸,用中国画笔墨作重庆夜景灯光明灭,楼阁参差,山势崎岖与街头杂景,皆出以极简单之笔墨。昔之言笔墨者,多言之无物,今宗君之笔墨管含无数物象光景,突破古人的表现方法,此为中国画的一大创举,应大书特书者也。"

他把宗其香叫到身边,认真听取他创作这幅山水夜景图时,前前后后的思想及其收获……

在徐悲鸿的记忆中,他从来没见过宗其香,可通过往返信件,见字如面，他们彼此早已熟悉了。徐悲鸿在南洋举行筹赈画展时，有一天，他收到一封寄自重庆中大艺术系的厚厚的信件，打开一看，原来是一位从未见过面的学生宗其香写来的。信中自我介绍说，他是从苦水里泡大的穷孩子，只读过二年小学。他从小喜欢画画，在南京一家工厂当学徒时，崇拜徐悲鸿和他的画，开始学画入迷。他报考中大艺术系，是为了能见到所崇拜的大画家徐悲鸿，在画画上能得到他的教导，可到校以后才知道，徐先生为了抗战事业，到南洋各地举办筹赈画展了。于是，他便给徐悲鸿写了这封长信，并寄去了他画的一小幅彩墨画《重庆嘉陵江夜景》。徐悲鸿读完这封信，非常赞赏这位有志气的青年人，便在百忙中给宗其香亲笔回信。信中写了这样一段话："其香小弟，中国古代曾有人用水墨画过月下桃园三结义，但画得并不成功；你却不同凡响，用水墨笔法描绘了重庆嘉陵江边美丽的夜景。我以为只要你肯下功夫，不怕挫折，不怕失败，就一定会取得成功的……"

宗其香收到徐先生的信，高兴极了。他经常在夜深人静的时候，独自一人跑到嘉陵江边，细细观察体味夜景，有时还在路灯下画几幅素描。以后，他又花了三个多月的时间，画了许多幅苍茫夜色中的重庆街巷院落，以及嘉陵江水面闪烁的灯光月影。

如今，宗其香腼腆地笑了笑说："徐先生，我打算到嘉陵江边画纤夫。"

"蛮好，蛮好！"徐悲鸿看着宗其香，满意地说，接着他又加了句，"我建议你背上铺盖卷，到那里同纤夫生活在一起，劳动在一起，而且至少要一个星期。只有这样，你才有可能真正了解纤夫艰难的生活和他们美好的内心世界。"

宗其香十分感激地点点头，表示一定要照徐先生说的话去做。第二天，他便带上铺盖卷，高高兴兴地到嘉陵江写生去了。

徐悲鸿对吴作人寄予很大希望。在吴作人34岁的时候，徐悲鸿一再鼓励他宁可不当大学教授，也要背起画箱离开雾气弥漫的重庆，到浩瀚的草原去驰骋，到高山之巅去呼吸清新的空气。由于他的鼓励和支持，吴作人毅然深入到戈壁大沙漠，和蒙、藏兄弟同宿一顶帐篷，共饮一壶酥油茶。他不仅把西藏特有的牦牛入画，而且吴作人笔下的牦牛，给人以雄奇、勇猛、奋进和不可战胜的力量。吴作人创作出大量又新又美的绘画作品，得到徐悲鸿的高度称赞，受到大众的喜欢。徐悲鸿看了吴作人那些在祖国大西北的写生作品，非常高兴，情不自禁地说："你这些作品透露出中国文艺复兴的曙光，实在是鼓舞人心。"

当常书鸿告诉徐悲鸿，自己打算离开重庆去甘肃敦煌时，徐悲鸿高兴地说："书鸿仁弟，你这个打算很好，我支持。艺术家的道路是靠艺术家走出来的。我们从事艺术工作的人，就是得有股子唐玄奘苦行西天的精神，要抱定'不入虎穴，焉得虎子'的决心，把敦煌民族艺术宝库的保护、整理、研究工作做到底！"他为此感到兴奋，不仅为常书鸿作了一幅《奔马》，还特意画了一幅《五鸡图》相赠，鼓励常书鸿去敦煌石窟，在那里塌下心来，干一番大事业。

常书鸿决心下定了，在行前举行了一次个人画展，徐悲鸿特地为他的画展作了序言。

让徐悲鸿怎么也不曾想到，一天傍晚，张道藩突然来了，说是专程前来看望徐悲鸿。"欢迎我们的绘画大师从海外归来！"张道藩说，"哎，我们如雷贯耳的大画家悲鸿先生，何必和夫人吵吵闹闹，都是些鸡毛蒜皮的小事，我看趁这个机会就赶快和解吧！"张道藩此时已深恋着蒋碧微，但作为朋友，他不得不劝说徐悲鸿夫妇的复合。

徐悲鸿住在嘉陵江北岸山上一座名叫磐溪的祠堂里。他一方面继续在中央大学艺术系任教，一方面着手筹办研究性质的中国美术学院。聘请张大千、吴作人、陈晓南、李瑞年、张安治、张英倩等为研究员，艾中信、冯法祀等为副研究员，宗其香等为助理研究员。

这座祠堂有房子数间，是徐悲鸿专为筹办中国美术学院租来的。后来，他请在国民党政府担任要职的老朋友朱家骅想办法拨了一部分款子，帮助解决了教学用房问题。

众所周知，徐悲鸿不仅是位大众喜爱的绘画艺术大师，还是一位为中华民族培养了无数艺术人才、享誉国内外的美术教育家。他对朱家骅很感激。精心创作了彩墨人物画《山鬼》送给朱家骅。

徐悲鸿在这里吃的是发霉的"平价米",点的是煤油灯,过着极其艰苦的生活,创办了这所研究中国画的中国美术学院。徐悲鸿白天多半是过江到沙坪坝中央大学艺术系教书,晚上便在油灯下作画。

1942年10月,徐悲鸿看了在重庆举办的解放区木刻展览会,欣喜若狂,写了一篇热情洋溢的评价古元木刻的文章。文章写道:"毫无疑义,右倾的人决不弄木刻。(此乃中国特有之怪现象。)但爱好木刻者,决不限于左倾的人。我在中华民国三十一年10月15日下午三时,发现中国艺术界中一卓越的天才,乃中国共产党中之大艺术家古元。……古元之《割草》,可称为中国近代美术史上最成功作品之一,吾愿陪都人士共往欣赏之……"

徐悲鸿心里十分清楚,国民党当局控制的报纸,是绝不会刊登他赞赏共产党的文章的,所以他把稿子送到了重庆一家私营报纸——《新民报》编辑部。《新民报》以显著位置很快刊登了出来。

徐悲鸿的文章震动了重庆,国民党当局张道藩等人惊呼徐悲鸿真的成为赤色分子了,要组织人写文章批判……

不几天,延安《解放日报》转载了这篇文章,给解放区的广大艺术工作者以很大的鼓舞。延安鲁迅艺术学院艺术系主任蔡若虹拿着《解放日报》,非常激动地对学员们说:"同学们,请你们认真读一读徐悲鸿先生的文章……我们解放区所从事的文化艺术事业,肯定是光辉的事业,得到了当代中国大艺术家徐悲鸿先生热情赞美,受到全国人民的欢迎。我们所从事的艺术事业,肯定有着无限光明的前途。"

66

徐悲鸿自1935年春告别南京后,一直是一个人生活,他解除因家庭问题所产生的痛苦的唯一办法,就是国内外举办画展,为抗战筹集资金、教学、作画。徐悲鸿从南洋归来，在重庆组建中国美术学院，院址就选在重庆磐溪石家祠。其实，石家祠就是一座依山而建的几间木质结构的房子，既不通水也不通电，房屋还破旧待修。但是，具有影响力的徐悲鸿，很快请来了许多名家教授前来做研究员。其中有张大千、吴作人、李瑞年、张安治、黄养辉、冯法祀等人。徐悲鸿既要到艺术系讲课，又要作画，他十分辛苦地筹建着中国美术学院。

1942年年底的一天，徐悲鸿应欧阳予倩的邀请，在广西桂林一家剧院看了一个由青年学生演出的抗日小节目。一位年轻姑娘怀着抗日救国的激情，演唱了一首《中国不会亡》的歌曲。看完戏后，徐悲鸿特地向演员赠送了花篮，特别向那位演唱《中国不会亡》的年轻姑娘表示感谢，并希望她今后多演唱一些这样的爱国歌曲。虽然第一次见面，她却给徐悲鸿留下一个优雅清丽积极上进的好印象。

徐悲鸿的朋友也看出了那位演唱《中国不会亡》的女孩对徐悲鸿有意思，徐悲鸿对这位姑娘也动了心。于是，师父派的学生还有徐的一些老朋友，主动向他提出一条很好的建议，就是通过在报纸上刊登广告，招考一名图书管理员。已经有心的徐悲鸿很高兴地接受了建议。1943年，徐悲鸿便在《广西日报》刊登一条广告，内容是中国美术学院招考一名具有中等学历、思想上进、未婚、年龄30岁以下的女性图书管理员。

许多年轻女子听说徐悲鸿筹办的中国美术学院招考图书管理员，都非常乐意工作在这位大画家身边，几天内报名超过50人。无疑，其中就有那位演唱《中国不会亡》的漂亮女孩。笔试由张安治先生主持，口试由徐悲鸿主审，初选确定三人。这三位女孩，经由徐悲鸿先生亲自面试。最后录取的是湖南姑娘廖静文。

廖静文是湖南浏阳县人，1923年出生，比徐悲鸿小28周岁。她很快到中国美术学院报了到。

廖静文知书达礼，聪明伶俐，举止温雅，是一个富有爱国心的女孩子。她很快得到徐悲鸿的赏识，渐渐成了徐悲鸿的贴心人。廖静文对徐悲鸿十分敬重，也热爱所从事的工作。随着时间的推移，彼此的了解和友谊日渐增进，爱情悄悄来到了他们之间。廖静文同情徐悲鸿在家庭问题上的坎坷，体贴入微地照顾徐悲鸿的生活。徐悲鸿再一次尝到了爱情给他带来的甜蜜。

抗战时期，长期的艰苦生活和过度辛劳，致使徐悲鸿患上了严重的高血压症和慢性肾炎。但他仍然坚持工作，每天上午按时到中央大学教书，晚上伏在油灯下勤奋作画。由于过度劳累，营养和休息严重不足，他浮肿得厉害，后来终于病倒了。给他看病的大夫说："他的肾炎已经影响到了心脏，而且血管也开始硬化。"另一位权威大夫把廖静文叫到一边，郑重其事地对她说："徐先生的病万万不可忽视，调养得好，治疗得好，还是可以痊愈的。要是调养得不好，休息得不好，那就难说了……千万不可掉以轻心，还有要尽可能地避免房事……"

有位好心肠的友人提醒廖静文："这慢性肾炎很难治好，若是老得避免房事，时间长了你能受得了吗？"

"你胡说什么呀！"廖静文羞红着脸说。

"好好，算我胡说。"那位沾亲带故的女士很不高兴地说，"我是好心提醒你。"

徐悲鸿在廖静文和朋友们的劝说下，勉强住进了医院。白天廖静文伺候他饮食起居；夜间，守在他病床前，悉心看护。

徐悲鸿躺在病床上，非常想念女儿丽丽和儿子伯阳。一个星期六的下午，丽丽果真到医院来看他了。丽丽走进病房，一见爸爸这副憔悴的样子，眼含泪水低声说："爸爸，爸爸，您的病好点了吗？"

"丽丽，我正想你，你来了！"徐悲鸿听见女儿的声音，嘴角间露出一丝微笑，"你今天下午没上课呀？"

"爸爸，今天星期六，下午没课。"

"丽丽，十多里路，你是怎么来的？"徐悲鸿关心地看着女儿问道，"你妈妈知道吗？"

"爸爸，我是走着来的。"丽丽摇摇头说，"妈妈不知道，我是偷着跑来的。"

悲鸿听着女儿的话,脸上露出了十分痛苦的表情。他坐起来,一边给女儿擦眼泪,一边说:"你还是应该告诉妈妈一声,不然她会为你这么长时间没回家着急的。快回去吧,好女儿,听话。以后可别一个人来看我了,别让大人不放心。你要好好用功读书……"

丽丽点点头,眼泪忍不住夺眶而出。她一面用手擦着泪水,一面恋恋不舍地离开了爸爸。徐悲鸿此时也忍不住地流泪了。

徐悲鸿对廖静文非常满意。他为了妥善解决好同蒋碧微的关系,于1944年2月9日,在《贵阳日报》上郑重刊登声明:"悲鸿与蒋碧微女士因意志不合,断绝同居关系已历八年。中经亲友调解,蒋女士坚持己见,破镜已难重圆。此后悲鸿一切与蒋女士毫不相涉。兹恐社会未尽深知,特此声明。"

尔后,徐悲鸿和廖静文在贵阳订婚。

徐悲鸿虽然病魔缠身,骨瘦如柴,但他没有气馁,没有绝望。他对身边的廖静文说:"死并没有什么可怕。但只要我一息尚存,我就要愉快地去干我为之奋斗的事业!"他让廖静文找来了鲁迅为亡友瞿秋白编辑的遗著《海上述林》和鲁迅的《呐喊》。大夫和护士不让他看书,他总是苦恼地解释:"每天光睡觉吃饭怎么行,让我也动动脑子,每天看几行书还不行吗?"

徐悲鸿在医院里整整躺了四个月,后来,身体稍稍好些,又缺少住院费,只好搬回祠堂居住,由廖静文照顾他在家继续养病。

67

1945年2月,重庆依然比较冷,徐悲鸿又犯了肾炎。5日上午,他从床上起来,便半躺在炉火边的一只旧沙发上。

廖静文把煮好的一剂汤药端到他面前,轻声说:"悲鸿,你该服药了。"徐悲鸿接过药碗说:"静文,好,好,我这就服药。"

窗外并没有起风,可屋门吱呀一声开了,接着闪进来一个人,来人边掩门边幽默地说:"好啊!看你们好的,连我敲门的声音也听不见了!"

"静文,郭沫若先生来了!"徐悲鸿特别高兴地说,"是什么风把你吹来的?"

他说着就要起身迎客。

"不要动!"郭沫若赶忙走到徐悲鸿身边,按住他说,"你最近的身体不太好,我都清楚。"

徐悲鸿和郭沫若于1925年在上海初次见面;尔后,又重逢于武汉;再见面,则是在重庆了。今天,郭沫若突然光临,使徐悲鸿高兴不已。他把郭先生拉到自己的身边坐下,说:"我记得文天祥说过:'人生自古谁无死,留取丹心照汗青。'……"

"身体可是革命的本钱。没有一个好的身体,你怎么给学生讲课?又怎么画画呢?依我看,在可能的条件下,还是要有一个好的身体,才能干好一番事业!"郭沫若亲切地拍着徐悲鸿的肩膀说,"悲鸿,你猜,我这篮子里装的是什么?"

"是小米?"

"还有呢?"

"还有……"悲鸿思考着说,"还有,那我可就猜不透了。"

"好好想想,使劲猜。"

"你看。"郭沫若掀开盖在竹篮子上的那条毛巾笑道。

"啊,红枣,小米!"徐悲鸿高兴地说,"这么好的营养品,你是从哪里弄来的?"

"猜猜看!"郭沫若微笑着看着悲鸿说,"反正都不是我花钱买的。我已经告诉你一半了,你就接着往下猜呀!"

"我猜到了。"徐悲鸿蛮有把握地说,"是延安,准是从延安。"

"为什么准是从延安呢?"

"因为延安的小米是天下第一米,出了名的好,出奇的好吃。"悲鸿兴奋地说，"我的学生都知道，延安的小米神了，延安的八路军吃了延安的小米，喝了延河的水，在毛主席和朱老总的指挥下，硬是把日寇打得屁滚尿流。哈哈……"

郭沫若高兴地说，"好，算你猜对了。"

"不是算我猜对了，就是我猜对了。"病中的徐悲鸿活像个孩子，认真地纠正说。

"好好，悲鸿真是好样的，延安产的小米猜对了。"郭沫若像是哄孩子似的说，"悲鸿，我已经说了，这小米反正不是我花钱买的。现在你只猜对了是延安生产的，可这篮子中的小米、红枣是怎么到我手里？又怎么会送到你这里来了？"

这两个问号，可真把徐悲鸿给难住了。徐悲鸿活像个天真的孩子，他想了又想，看来，这回是真的猜不出来了。

"好了，悲鸿，这个问题确实有点难。"郭沫若神秘地靠近悲鸿的耳朵压低声音说，"哎！我告诉你吧，这红枣和小米是周恩来副主席委托我捎给你的。他非常关心你的身体情况，让我转告他对你的问候。特别关照你有病要住院治疗，一定要注意劳逸结合，不能累坏了身体。"

"是周副主席！"徐悲鸿看看这红艳艳的干枣和金灿灿的小米，苍白的面孔顿时泛出了光彩，激动地说，"谢谢周副主席，谢谢周副主席！周副主席工作那么忙，还惦记着我，我惭愧啊！"

徐悲鸿立刻精神焕发，他伸手从篮子里拿起一颗红枣，洗也没洗，用手擦了擦，便放进了嘴里，"呀！又甜又香，真叫好吃。"

廖静文说："看你馋的，不洗洗就吃，也不怕病从口入。"

徐悲鸿爽快地说："嗨！俗话说不干不净吃了没病。劳动人民没那么多的讲究。"

"你呀，简直像个大孩子，连静文对你也没有法子了。"郭沫若微笑着冲着廖静文说，"是不是，静文？"

廖静文有点难为情地低头笑了。

徐悲鸿对妻子说："静文，我想中午就喝这红枣和小米一起熬的粥，它对治我的病会有奇效的……"

"看把你馋的，也不怕郭先生笑话你！"廖静文说完就忙着去淘米洗枣熬粥去了。

郭、徐两人热烈地谈起来。他们谈论着时局，谈论着文艺界的近况，话音就像山间潺潺的小溪一样，涌流不止。徐悲鸿凝神倾听着郭沫若的高见，自己也很感触地说："这些年来，我别的长进不大，但是，是非曲直总算看清楚了。说一千道一万，救国还得靠这个——"他用手比画了一个"八"字。

"对，八路军是真心抗日，彻底抗日。"郭沫若感慨道，"共产党得到了老百姓的真心拥护！"

徐悲鸿侃侃而谈，猛烈地抨击美术界的保守派和形式主义。谈到时局，徐悲鸿对蒋介石十分反感，说："依我看，当前急需要一个由中国共产党参加的各爱国力量组成的民主联合政府。"提到"联合政府"，郭沫若笑了，他不慌不忙地从口袋里掏出一份由他起草的《陪都文化界对时局进言》文稿，并把它展现在徐悲鸿面前。徐悲鸿看完了这份文稿，眼里闪出激动的光。他很快站立起来，紧紧抓住郭沫若的手连声说："太好了！太好了！字字句句都是我心里想说的话，也是许许多多人的心里话。我举双手赞成！"

"既然你举双手赞同，那就签上你的大名吧。"

"静文，快给我拿来笔墨。"

廖静文拿过笔墨，徐悲鸿挥毫在文稿上签下"徐悲鸿"三字。

1945年2月22日，《新华日报》全文刊登了《陪都文化界对时局进言》和312人的签名，倡议成立民主联合政府。此签名一见报，全国文化艺术界赞同声四起。蒋介石十分愤怒，把国民党中宣部部长张道藩狠狠训斥了一顿。

廖静文为了使两人谈话暖和些，又走过来往炭盆里加了几块木炭，把火拨弄得更旺了些。

"静文，今天我想留郭先生在家里吃饭，你是不是到街上买点酒和下酒的菜来，让郭先生喝上几盅，驱驱寒气，同时，也让我们高兴高兴。"

廖静文答应了句："好，我就去买。"又冲着郭沫若微微一笑说，"请郭先生多说会儿话，稍候片刻。"

廖静文披上头巾，拎起篮子就往外走。郭沫若赶忙阻止说："静文，还是听我的，大冷的天，别出去啦，等悲鸿兄的身体完全恢复了健康，我再来做客，到那时，你们两人也该花好月圆了。到那时我们再一起开怀畅饮！"徐悲鸿坚决挽留郭沫若说："今天，我们是主人，你是客人，你得听从我们的安排。为庆祝我们的签名，这酒是一定要喝的，无论如何也不能让我和静文扫兴哟！"

"你的脾气我是知道的，那我就恭敬不如从命了。"郭沫若又说，"我需要先声明一下，小米枣粥我可没有权利享受，因为那是周恩来专门送给你调养身子的，专粮专用，我必须遵守这条纪律的！"

徐悲鸿被郭沫若风趣的声明逗乐了。

这时，小米粥锅咕嘟咕嘟沸腾着，不时飘来阵阵扑鼻的醇香。徐悲鸿闻到了这香味，连声说："真香，真香，闻到这股香味，真是浑身都舒适，我真想马上就喝它个痛快。"

隔了一阵子，随着楼梯响，廖静文挎着一篮子采购的东西回来了。

徐悲鸿看着脸盘被冻得红红的未婚妻，问："静文，买到酒没有？"她面带笑容地回答："买到了一瓶四川大曲，还顺便买了些下酒的菜。"

静文放好桌子，摆齐碗筷，请郭沫若坐在上席，她给郭沫若斟满一杯酒。徐悲鸿满以为廖静文也会给他倒一杯酒的，可静文就是不给，只是给他端来了一碗香喷喷的小米粥。

徐悲鸿今天的胃口特别好。他端起小米粥，喝了一口，大为称赞："好吃，好吃，郭先生，延安的小米天下第一！天下第一！"郭沫若见他有滋有味吃得好香，心里高兴。廖静文怕他吃多了，就劝他说："好了，少吃点吧，剩下的明天接着再吃，没人和你争！"徐悲鸿喝粥，郭沫若喝酒，两人喝着笑着，这是人逢知己胃口好，喝啥都好喝。

张道藩多次派人用软硬兼施的办法，要徐悲鸿在报纸上发表个声明，说明自己是被欺骗的，遭到徐悲鸿的断然拒绝："是你受骗了，我头脑清醒得很，我对自己的签名完全负责！"

68

张道藩的法国妻子苏珊，早就发现张道藩与蒋碧微的隐情，她发现后，要丈夫断绝和蒋的关系，被张道藩一口拒绝了。张向苏珊提出离婚。她告诉张："你不爱我，那是你的事；可我爱你，难道犯法吗？如今我老了，我是不会签字离婚的！"苏珊说完以后，便带着女儿远赴澳大利亚了。

蒋碧微在精神上也备受折磨，她自己已经无力摆脱。怎么办呢？她就给张道藩写了一封信，叙说了自己无所适从的矛盾心理。张道藩在给她的复信中提出四点解决办法，供其选择：一、离婚结婚（双方离婚后再公开结合）；二、逃避求生（放弃一切，双双私奔一起逃向远方）；三、忍痛重圆（忍痛割爱）；四、保存自由（与徐悲鸿离婚）。结果，蒋碧微选择了最后一点。

在新加坡、印度、印度尼西亚等地为抗战筹集资金达三年多的徐悲鸿回到国内。对此，蒋碧微感到十分尴尬，作为徐悲鸿合法妻子，她无法拒绝丈夫返家，但她心里只有张道藩。

这个时候的徐悲鸿，也和年轻女子廖静文相识相爱，并且渐渐公开了。

在徐悲鸿病情最严重的时候，廖静文一直在床前照顾着他，蒋碧微提出与徐悲鸿正式离婚。徐悲鸿考虑到当初蒋碧微为他做出的巨大牺牲，他让蒋碧微提出具体要求，予以补偿。徐悲鸿说："只要我能办到的，你提出的所有条件，我都可以接受。"于是，蒋碧微郑重提出，要徐悲鸿给她古画四十张、徐悲鸿的画一百张、现金一百万元。让蒋碧微感到意外的是，提出的三条要求，徐悲鸿全部接受。

徐悲鸿和蒋碧微旷日持久的婚姻问题，终于通过正式办理离婚手续，彻底解决了。

1945年12月31日，离婚签字仪式在重庆沙坪坝中央大学教授宿舍里举行。出席仪式的除了徐悲鸿、蒋碧微、证明律师沈钧儒先生外，还有张道藩苏珊夫妇，以及证人吕斯百等。

办完了离婚手续后，蒋碧微对徐悲鸿说："我非常喜欢你为我画的油画肖像《琴课》，你能把它送给我当纪念吗？如果不能，那就算了。"

"既然你喜欢，我能办到，肯定会送你的。"徐悲鸿说，"我把早年在法国为你画的那幅油画肖像《琴课》送你。"

从蒋碧微此时此刻说话的声调和她的眼神里，看得出，不是她不爱徐悲鸿，是她很爱徐悲鸿，很敬佩徐悲鸿，但是她心里也比谁都清楚：徐悲鸿过去是她的丈夫，但不属于她；今后，还会有一些女孩喜欢徐悲鸿，追求徐悲鸿。但是，徐悲鸿绝不会永远属于某个女子。徐悲鸿已经死心塌地献给他所追求的艺术，任何人也不能改变他的这一追求。所以她敢说，任何女人都无法永远占有徐悲鸿。

徐悲鸿注意到，他的态度让蒋碧微的脸上浮现出一丝满意的笑容。这让徐悲鸿心里顿时感到了一丝安慰。徐悲鸿在思想着：尽管他与眼前的蒋碧微从法律上已经正式分手了。但他们的过去已经融入到他的灵魂深处。此时此刻，徐悲鸿眼前浮现出在"私奔"之前已经名花有主的大家闺秀蒋棠珍，为追求婚姻自由而不顾一切、抛弃一切同他私奔东瀛的情景。这对于生活在那么个大家里的女孩子来说，能有如此勇气，确实了不得。她称得上是个伟大的新女性。而后从东京到上海又到欧洲，是她陪他吃苦受累多年。徐悲鸿想到这里，从心里感慨道：啊，昔日的蒋棠珍今日的蒋碧微，毕竟曾是我28年的妻子。28年，人生能有几个28年？到了离婚分手的时候，我没有任何理由不好好善待她，没有任何理由不郑重其事地感谢她！虽然从此分手了，但在我的眼里，她依然是我的朋友，曾经全力帮助过我的朋友。我没能给她带来她所需要的幸福，让她失望了；但我希望她离开我以后能寻找到属于自己的那份幸福。我要永远祝福她……

徐悲鸿想到这里，眼圈红了，泪水不知不觉地从心灵深处，从他的情感世界里悄悄地流了出来……

男儿有泪不轻弹。徐悲鸿很快控制住自己的感情，悄悄抹去泪水。

善感多情的蒋碧微，从小受到良好的教育，见多识广，不同于一般女性，她在离婚书上签字后，情不自禁地感叹道：我虽然不愿与他共同生活在一起，但我永远承认，他是一位在中国历史上少有的艺术大家，他那种不达目标永远奋斗不息的精神，我很敬佩，也很感动。我相信，他会赢得许许多多女人喜欢，但谁也不可能占有他……

蒋碧微没有说错，廖静文就是其中的一位。1946年元月，徐悲鸿终于和廖静文在重庆七星岗中苏文化协会礼堂举行了结婚典礼。婚礼简朴而隆重，沈钧儒和郭沫若两位先生自告奋勇当了他们的证婚人；重庆文化界一百多名各界爱国人士前来祝贺。郭沫若还乘兴写了一首诗：嘉陵江水碧于茶，松竹青青胜似花；别是一番新气象，磐溪风月画人家。

徐悲鸿与廖静文结婚是徐悲鸿第二次结婚。廖静文是徐悲鸿的第二任妻子。

在徐悲鸿与廖静文结婚之前，已经生活在痛苦、矛盾、后悔中的孙多慈，得知徐与廖已经结婚的消息后，痛苦万分，险些晕倒……

对于任何一个人来说，结婚都是一件愉悦的喜事儿。可是孙多慈同许绍棣结婚后，很快失去了这种感觉，同王映霞所介绍的，父亲所说的，特别是许绍棣自己对她讲述的，大不一样，她一直生活在痛苦中。婚后，孙多慈为许生下一对儿女，孙多慈自己为了寻求解脱，经常借故去美国，而且大都住在女物理学家吴健雄家里，并经常居住在纽约的王少陵府上。

王少陵是徐悲鸿的朋友，当年从大陆到美国，临行前向徐悲鸿告别时，徐正在画室写诗。徐悲鸿知道少陵兄即将去美国，要画幅画送他纪念，因急着赶飞机时间来不及了，王少陵便要了这首写给孙多慈且墨迹未干的七言诗。诗的全文如下：

　　急雨狂风势不禁，
　　放舟弃棹迁亭阴。
　　剥莲认识心中苦，
　　独自沉沉味苦心。

　　落款是"小诗录以少陵道兄　悲鸿"。
　　徐悲鸿在隐痛中写的这首七言诗，王少陵居纽约后，一直悬挂在客厅中，知情者一看便知这是写给一位心爱的女性的。孙多慈每次去见王少陵，总要站立在客厅中默默看着挂在墙上玻璃框中的这首诗。她知道这是徐悲鸿写给她的。所以，善感柔弱的孙多慈看着看着就忍不住地落泪了……
　　徐悲鸿和廖静文结婚后，两人相敬如宾，感情甚好，当时生活得虽然并不富裕，但日子却过得美满幸福。
　　徐悲鸿和廖静文结婚后，继续居住在嘉陵江北岸那座山间的祠堂里。山腰间乱石丛中有一股清泉喷涌而出，汇成溪流，所以名曰磐溪。每天清晨，他步行下山，走到嘉陵江畔乘小船过江，到对岸的沙坪坝中央大学艺术系授课。徐悲鸿从小喜欢吃山芋（北方人称之为红薯），常常在江边的小摊上买一二块烤山芋当早点。廖静文是一位贤惠而又温存的妻子，每当徐悲鸿下午快回家时，她总是站在长江边望着滚滚的江水，耐心地等待着丈夫归来。哪怕刮风下雨，她也从不间断，直到徐悲鸿过江来了，这才相偕而归。
　　每当徐悲鸿在家里作画的时候，廖静文总是喜欢帮丈夫洗砚、调色、理纸。廖静文十分钦佩丈夫在绘画方面的超人本领。她记得1943年秋初，悲鸿在谈笑中曾随意给她画了一幅半身像，笔墨简单，快要画完时，只见他在人物的眼睛处点了淡淡两笔，她的形象顿时栩栩如生，呼之欲出。

廖静文看了画像非常高兴。她觉得画像她又不完全像她。画中人的面容、眼神，特别是通过眼睛所反映出的内心世界，确确实实像她；可看上去却比她本人更加可爱可亲。廖静文深情地问他："悲鸿，为什么你画的我不花哨、艳丽，却又这么吸引人，越看越觉得意味深长。"徐悲鸿脸上浮现出亲切地微笑，回答说："静文，人美不美也不尽在姿色。我画的女性着重在表现其神韵。为画你这幅肖像，我在神韵上下了点功夫，所以才会产生这样的效果。"

第十章 艺苑伯乐

69

徐悲鸿是一位爱艺术入骨髓、视艺术为生命的艺术家。他把一生的心血、精力全都倾注在中国的文艺复兴和革新中华民族的绘画艺术事业上了,都倾注在发现和培养艺术人才上了。只要是有益于国家和民族的艺术,徐悲鸿都视为生命倍加珍爱;只要是有益于国家和民众的艺术人才,他都尽心尽力地扶植。徐悲鸿同一般艺术家不同,不仅表现在他在艺术上的创新,更为重要的还在于他善于发现艺术人才,善于培养和团结艺术人才。这是他最为难能可贵之处。1977年夏日的某天,笔者登门拜访李可染先生,当谈到徐悲鸿的时候,他深有感触地说:"我是杭州艺术专科学校毕业的。尽管我不是徐先生亲自教出来的学生,但是,徐悲鸿先生对我的教育、培养和影响,比教过我的所有的老师都大、都深刻感人。他就是我的好老师,我的好师长。我在绘画上之所以能获得今天的成果,这和徐悲鸿先生对我的关心提携是密不可分的。"

徐悲鸿从欧洲回国后,他一方面在不停地作画,一方面把很多精力都用在了美术教育上，特别是他出任北平艺术学院院长以后，更加深切地感受到，中国绘画事业需要勇于创新的美术工作者，急需要伯乐去发现蕴藏在人民大众中的千里马。

徐悲鸿就是当代中国艺坛最好的伯乐。经他发现并争得留学名额、资助他们赴外国学习深造的就有吴作人、王临乙、傅抱石、滑田友、吕斯百、陈晓南、张安治等人，他发现并竭力支持齐白石、蒋兆和、李苦禅、李可染、董希文、黄胄、李桦、韦江凡、蔡亮、刘勃舒等等艺术人才。即便是他为抗战赴南洋举办书画义卖巡展，也没有忘记发现并培养李曼峰、马骏二位年轻的画家。特别值得一提的是对少年刘勃舒的发现和培养，中国书画界有口皆碑。当代中国画坛的两块"巨石"——北方的齐白石和南方的傅抱石，都经过徐悲鸿精心雕琢，齐白石说："生我者父母，知我者徐君也。"傅抱石说："没有徐悲鸿就没有我傅抱石。"

徐悲鸿从上海到日本，从日本到北京，然后又从北京到上海、到南京、到重庆……

在徐悲鸿的脑子里，他一直在考虑中国画坛缺少的不是千里马，而是真正的伯乐。这个问题十分突出，应该解决，可当局又不可能解决。徐悲鸿最大的优势，就是他可以随时随地用他手中的画笔向邪恶的势力进行战斗。于是，他要运用手中的画笔，创作一幅表现这方面题材的画卷。他想用这种方式，提醒当局和那些真真假假的伯乐们，请你们采取措施发现和培养我们中华民族自己的艺术人才。

1931年的一天，徐悲鸿读《列子》，看到伯乐暮年向秦穆公推荐九方皋寻找千里马的故事。于是，这个寻找千里马的故事，在徐悲鸿的头脑里渐渐发酵，最后发酵成为一幅完美的画卷《九方皋》。他在创作《九方皋》时的激情一发不可收。这一年，徐悲鸿在给中大艺术系学生讲课之余，把自己关在斗大的画室里，采用中国绘画的表现形式，充分而巧妙地运用以线条为主要表现手段和描绘方式，从而，把一个精彩而完整的故事《九方皋》，更加生动有力地活现在宣纸上。

这幅令人深思的彩墨画，一经刊载，顿时得到社会广泛的好评。

这幅画取材于《列子》。大意是说春秋时代的相马名士伯乐，有一个砍柴挑水的朋友名曰九方皋。他也很善于相马，辨认好马的眼力，一点也不比伯乐差。秦穆公想求一匹好马，和伯乐商量，伯乐便把九方皋保荐给他。九方皋在外面寻找了三个月，回来报告秦穆公说，一匹十分罕见的好马找到了！秦穆公欣喜之余就问："这匹马是公的，还是母的？啥颜色？"九方皋说："母的，黄颜色！"

秦穆公叫人牵来一看，原来是一匹黑色的公马，不禁大失所望，便把伯乐找来说："你保荐的九方皋连马的雌雄、颜色都弄错了，还谈什么相马？"伯乐笑道："九方皋相马的时候，往往得其精而忘其粗，在其内而忘其外；皮毛外相等弄错了，没啥好奇怪的。我相信他这回肯定为你大王找到了日想夜盼的良马……"秦穆公叫人一验证，果然，是一匹天下难寻的千里马……

徐悲鸿画这幅画，七易其稿，匠心独特，画面上有五个人四匹马。四个年轻人看来都是驭手。其中一个人上身赤裸、筋骨突出、肥肉隆起，他右手持鞭子，左手把一匹难以驯服的黑马牵到一位老者面前。老者瘦高个儿，农夫模样，袖子和裤腿高高卷起。那硬朗的身子骨告诉人们：他虽然须发银白，但只要一跨上马背，仍然可以翻山越岭驰骋千里。最引人注目的，是老人一双微微凹陷但却炯炯有神的眼睛，仿佛有两道豪光从里面射出，可以穿云破雾，可以洞幽察微，什么潜藏的缺陷祸患全逃不脱他的眼睛。这双具有神力的眼睛，正是画面的焦点……

有趣的是，徐悲鸿在《九方皋》画面上的黑色雌马，被戴上了缰辔，有人问徐悲鸿这是为什么？他笑着答道："马也和人一样，愿为知己者用，不愿为昏庸制约。"

伯乐也好，九方皋也好，就凭着这双神眼，在漫山遍野的马群中，搜求出千里马。难怪韩愈要感叹说："世有伯乐，然后有千里马。千里马常有，而伯乐不常有。故虽有名马，只辱于奴隶人之手，骈死于槽枥之间，不以千里称也。"

徐悲鸿当时所处的年代，正值国家民族忧患重重，日寇侵凌。人才难得！而政府到处在糟蹋人才！他苦心孤诣地创作这幅画，其用意也就在此：要发掘人才，培养人才，让祖国的一匹匹千里马都能奋发驰骋起来……

徐悲鸿的一生，他自己既是九方皋，更是难得的千里马。在徐悲鸿的案头，总放着一摞新收到的画稿和信件。这些画稿和信件有的寄自城市，有的寄自农村，还有的寄自日本的东京和法国巴黎，一封封书简无不洋溢着对于绘画大师的仰慕之情。每当黎明的曙光透过玻璃窗，悄悄照射到他床前的时候，他便睁开睡眼，舒展舒展腰臂便起床了。为了不惊动熟睡中的妻子和孩子，他总是蹑手蹑脚轻轻地走进自己的画室。

三九天，滴水成冰，画室里没生炉子，寒气逼人。可徐悲鸿不在乎。他搓了搓双手，用冷水洗了洗脸，环视了一下室内十分简单的陈设、堆在屋角当教学研究用的那匹马的骨架，就开始工作了。第一件事，他是逐一拆封，忙着修改各种各样的画稿，回复前一天收到的信件，解决他们提出的有关美术创作上的各类难题。改稿也好，复信也罢，总是那么认真，哪怕是一丝长处和一点毛病，都不肯放过，该肯定的就热情肯定，该指出毛病的，就不厌其烦地指出。第二件事，就是自己动手把包裹包好，准备等会儿寄走。

为此，夫人廖静文几次委婉地劝他说："悲鸿，单是学院里教学上的事儿，你已忙得团团转了，而身体又总是不好，需要休息，像复信这类小事，就请别人代劳一下吧，何必牵扯进去那么多的时间和精力呢？"第一次，他默不作声；第二次也只是含含糊糊，不加理会。到了第三次，他就反过来劝说妻子了："静文，我不同意你的说法，这不是小事一桩。我这是在为中华民族的艺术事业发现人才哪！这也是在办教育。我们终归都是要老、要死的，我希望能培养出更多的年轻人，比我懂得多，比我画得多。在我死后，能有更多的人来为我们为之奋斗的事业继续奋斗下去……"

传说孔夫子有弟子三千贤者七十二人，徐悲鸿究竟有多少弟子呢？连他自己也无法说清楚。他的弟子遍及全国各地，桃李满门，可谓遍天下了！

70

徐悲鸿是位好交友的大画家，喜欢同学生一起写生、交流的美术教育家。他家里经常高朋满座，同友人或学生一起谈诗、论画，一起用餐畅聊，一起摆龙门阵。徐悲鸿在为《张大千画集》作序时写道："大千蜀人也，能治川味，兴酣高谈，往往入厨作羹飨客。夜以继日，令失所忧，与斯人往来，能忘世为二十世纪。"

1943年夏天刚过，余中英先生邀请徐悲鸿作画，徐悲鸿特邀张大千一起前往。两人到一起，一是作画，二是探讨绘事，徐悲鸿为余先生画了几幅文武钟馗图，而大千先生画了山水人物数张。悲鸿与大千，两人还合画一幅《竹石仕女图》。由徐悲鸿在右边竖写一行字：三二年大暑写少陵诗意　大千悲鸿合作。从画幅上的笔墨来看，大都是悲鸿所画，但徐悲鸿在写落款时，却将大千名字摆前，自己的名字放后。悲鸿实为谦虚也。

徐悲鸿在南京中央大学任艺术系主任时，邀请张大千做教授；徐悲鸿到北平艺术专科学校任校长的时候，他更没有忘记老友张大千，他特别请张大千到北平艺术专科学校当教授。而每次邀请大千，大千总是欣然接受。

由于徐悲鸿对张大千的绘画和为人太熟悉了，从他嘴里说出了一句名言："五百年来一大千。"这句话成为徐悲鸿评价张大千最为经典的名言。

徐悲鸿十分赏识张大千独具个性的创作，尤其张大千的山水画和花鸟画。他在《中国今日之名画家》一文中，是这样介绍张大千的："大千潇洒，富于才思，未尝见其怒骂，但嬉笑已成文章，山水能尽南北之变（非仅指宗派，乃指造化本身），写莲花尤有会心，倘能舍弃浅绛，便益见本家面目。近作花鸟，多系写生，神韵秀丽，欲与宋人争席。夫能山水、人物、花鸟，俱卓然自立……"

张大千写莲为何尤有会心？徐悲鸿在为《张大千画集》作的序中有言道："大千以天纵之才，遍览中土名山大川，其风雨晦冥，或晴开佚荡，此中樵夫隐士，长松古桧，竹篱茅舍，或崇楼杰阁，皆与大千以微解，入大千之胸。大千往还，多美人名士，居前广蓄瑶草琪花、远方禽兽。盖以三代两汉魏晋隋唐两宋元明之奇，大千浸淫其中，放浪形骸，纵情挥霍……入莲塘，忍剜朱耷之心。其言谈嬉笑。手挥目送者，皆熔铸古今；荒唐与现实，仙佛与妖魔，尽晶莹洗练，光芒而无泥滓。徒知大千善摹古人者，皆浅之乎测大千者也。壬申癸酉之际，吾应西欧诸邦之请，展览中国艺术。大千代表山水作家，其清丽雅逸之笔，实令欧人神往。故其《金荷》藏于巴黎，《江南景色》藏于莫斯科诸国立博物院，为现代绘画生色。……呜呼，大千之画美矣！"而张大千在1972年侨居美国时所撰写的《四十年回顾展自序》中，专门写了一段当年和徐悲鸿在一起时的一段谈话："先友徐悲鸿最爱予画，每语人曰：'张大千，五百年来第一人也。'予闻之，惶恐而对曰：'恶！是何言也。山水石竹，清逸绝尘，吾仰吴湖帆；柔而能健，峭而能厚，吾仰溥心畬；明丽软美，吾仰郑午昌；云瀑空灵，吾仰黄君璧，文人余事，率尔寄情，自然高洁，吾仰陈定山、谢玉岑；荷芷梅兰，吾仰郑曼青、王个簃；写景入微，不为境囿，吾仰钱瘦铁；花鸟虫鱼，吾仰于非暗、谢稚柳；人物仕女，吾仰徐燕孙；点染飞动，鸟鸣猿跃，吾仰王梦白、汪慎生；画马，则我公与赵望云；若汪亚尘、王济远、吴子深、贺天健、潘天寿、孙雪泥诸君子，莫不各擅胜场。此皆并世平交，而老辈丈人，行则高矣美矣！但有景慕，何敢妄赞一辞焉。五百年来一人，毋乃太过，过则近于谑矣！'悲鸿笑曰：'处世之道，对人当自称天下第二，自然无怍。君子执谦，不亦同予之天下第二者（非）耶？'此一时笑乐，忽忽已是四十余年事，言念及此，可胜感叹！"

这段文字记录了悲鸿和大千间的深情厚谊，以及他们当年在一起时的言谈笑意，也反映了他们对当时画坛人物的品评。

71

吴作人来到北平艺专后，成了徐悲鸿的左膀右臂。他每听到有人赞美自己的绘画成就时，总是谦逊地一笑说："这都是徐先生精心培养的结果，他在我身上可是花费了不少心血。"

在一个星期天的晚上，他向来访的学生详细讲述了怎样巧遇徐悲鸿，徐悲鸿如何关心帮助他成长的故事——

1925年初夏的一天，在苏州工业专科学校附设高中部念书的吴作人，偶然间从上海《申报》上看到了一整版徐悲鸿的绘画，他认真拜读了徐悲鸿的每幅绘画，肃然起敬，高兴得跳了起来。从此，吴作人梦想着有一天自己也能成为徐悲鸿那样的大画家。就在这个时候，上海艺大为了招学生，就四处散布艺术大师徐悲鸿将来该校任职授课的消息。不知真伪的吴作人很天真，因仰慕徐悲鸿而改变了原来填写的毕业志愿——本校专科建筑系，而改为上海艺大。可是，1927年当他考进上海艺大，一连数月连徐悲鸿的影子也没见到。这让吴作人感到有些怅惘，很是失望。

深秋时节的一天上午，上海艺大在礼堂小舞台举行全体师生大会，吴作人参加了。外国文学教授田汉先生向大家介绍说："请全体师生注意，我们请从巴黎回国不久的艺术大家徐悲鸿先生，今天来艺大为大家讲演……"

接着，响起了一阵长时间的热烈掌声。会场里响起了"欢迎你——徐悲鸿！徐悲鸿——欢迎你！"的有节奏的欢呼声。

整个会场顿时沸腾起来。

江南布衣徐悲鸿，衣着朴素，他在此起彼伏的欢呼声中走向讲坛。他微笑着，用亲切的目光看着大家说："我们中国是世界最早的文明古国之一，有着光辉灿烂的历史……我们常说，青年一代是民族的希望，祖国的未来。你们的成长直接关系到我们祖国的前途和命运。为了祖国光明的、美好的明天，同学们，我们一定要努力奋斗，发愤学习……古诗云：'不畏浮云遮望眼，只缘身在最高层'。考察人类历史，凡是想成大事业者，皆不是坐井观天鼠目寸光者，而是高瞻远瞩的人。这就要有胆识，即远见卓识。亚里士多德曾说过，人类的知识有三种，就是理论的知识、实践的知识和鉴别的知识。打开我们中华民族的历史，就可以清楚地看到，每当遇到重大灾难时，总是以社会的更大进步加以补偿。战国动乱，楚汉相争，换来的是被后人称颂的文景之治；'白骨露于野，千里无鸡鸣'之后，出现了唐朝贞观之治；今天，在中国人到处受屈辱、受奴役的日子里，许多青年人都有着早日成材、立志创业的信心，有振兴中华之热望，这是最难能可贵的！但是，也有些青年人，缺乏胆识，缺乏'理论的知识、实践的知识和鉴别的知识'这三种知识，因此不善于察根本，这又是我们应该努力弥补的……"

徐悲鸿身材并不魁梧，他也不善于讲演，没有特别引人注目之处，但他这朴实无华的即席演讲，却博得了同学们的热烈欢迎。他的语意，把人们紧紧地吸引住了。他继续讲道："现在我们中华民族正面临着生死存亡的严重关头，学习艺术必将碰到很多困难，比如，有人就把上海艺大查封了。但是，不要怕，不要气馁，十多年的生活实践告诉我一条真理：那就是不管遇到狂风暴雨，还是洪水猛兽，都要奋斗！在奋斗中求得生存与进步。在困难面前，要么你就像勇士一样冲杀过去，要么你就像逃兵那样败退下来，除此之外，没有第三种选择！风雨征途，誓死不回头地往前冲，这才是中华民族的好儿女……"

徐悲鸿的话，如同干柴堆里投进了一把火，一下子把同学们的爱国热情点燃起来了。一个身体魁梧的学生激动地站了起来，举起手臂高喊着："徐先生，你是我们的榜样！是我们的骄傲！我们要走你的爱国道路！……"

这头一个站起来喊话的学生，就是年纪刚刚18岁的一年级新生吴作人。徐悲鸿的话句句扣动着他的心弦。他在自己的本子上飞快地记录着徐悲鸿的每一句话："……艺术的生命力在于创新。要创新，就要敢于冲破旧的，勇于到人民大众中间去观察，去生活。我徐悲鸿得出的结论是：艺术的成功，首先在于一个'诚'字，天资只占三分，而勤奋加毅力要占七分。我们的先辈说得好：宝剑锋从磨砺出，梅花香自苦寒来；书山有路勤为径，学海无涯苦作舟……"

徐悲鸿在经久不息的掌声中结束了他的讲演。接着，又请田汉先生领着他去观看学生的绘画作业。田汉先生领着他从一个教室走到另一个教室，最后到了初级班。他仿佛是在欣赏名家之作："好，这幅石膏人头习作画得好！"徐悲鸿指着一张画，满脸欣喜地连声称赞。并对陪同他的田汉说："这个学生用笔不俗，很有潜力，是个少见的艺术人才，这幅画的作者在吗？你能不能把这位同学找来，我很想见见他。"

这个同学就是吴作人。在场的教师们一看，这张画是刚入学不久的吴作人的作业，就有些不以为然。徐悲鸿立刻察觉出他们的疑惑神色，便笑了笑，非常恳切地说："这个学生确实有非凡的观察力和创作力。诸位先生都知道，初学素描的通病是容易'谨毛而失貌'，这张画不但没有这个通病，而且对所画对象有所感受，初具'致广大，尽精微'之感，在这幅习作中已孕育着创作的能力。"

吴作人被找来了，他惴惴不安地站在徐悲鸿面前。徐悲鸿笑嘻嘻地询问了他的年龄和家庭情况，然后热情鼓励他："你在艺术上颇有天赋，目前需要在基本功的练习上下功夫，着重注意明暗交界线的调子和关节部位的刻画。"然后，又说起了学习。谈起课程，吴作人也就不拘束了，他抓住这个难得机会，把学习中遇到的疑难问题，拣紧要的一股脑儿地提出来。徐悲鸿不厌其烦地一一做了回答，吴作人用感激的目光看着徐悲鸿，连声说了几声"谢谢"。临走时，徐悲鸿亲切地嘱咐他，要多观察，多思索，多练习，要下定决心成为一名人民真正需要的大画家！徐悲鸿说完，从衣袋里取出一张名片交给吴作人，说:"我们今天聊得蛮好,我很高兴。作人同学,我很想找你继续聊聊,倘若你乐意的话,请你照着这上面的地址,在星期天上午七时半到我家里来,我等着你。"吴作人没想到能有这种机遇,求之不得啊!他赶忙向徐先生弯腰九十度,深深行了个鞠躬礼。

徐悲鸿紧紧握住吴作人的手,用满意的目光看着他鼓励道:"要下决心成为一名真正的人民艺术家!如果学美术的学生不努力争取当个名副其实的大画家,我看这应该算作是个没有出息的学生。青年人不论做什么,都应该有雄心壮志!"

吴作人点头称是,他从此认识了徐悲鸿。

是的,吴作人做梦也没想到,他仰慕已久的徐悲鸿,居然如此慷慨地邀请他到家中做客。这使他感到幸运,兴奋得一夜没睡好觉,只盼着星期天赶快到来。

吴作人盼望的星期天,终于到来了。星期天天刚亮,吴作人就睡不着了,他早早地起床洗漱,还不到七点半,就提前来到了霞飞坊,轻轻叩响了徐悲鸿的家门。正在屋里忙着整理画片和书籍的徐悲鸿,亲自开门、泡茶,热情欢迎吴作人的到来。

徐悲鸿把自己珍藏的中外名作,拿出来让吴作人观摩。徐悲鸿结合介绍这些作品,讲述作品的作者所走的艺术道路,以及他们的主要代表作。徐悲鸿深有感触地告诉吴作人:"画家要'虚己之心,察万变之象'。'先深知造化而后方能使役造化',这样才能使自己的作品不至于距离生活太远。"

而后不久,上海艺大突然被法国巡捕房查封了。吴作人后来才知道,上海艺大被查封,是国民党反动派勾结上海殖民统治势力干的,目的是为了破坏共产党在艺大的地下活动。所以,上海艺大不可能恢复了。之后,艺大的吴作人和一部分学生转到了以徐悲鸿为系主任的南国艺术学院美术系。从此,吴作人不仅经常听到徐悲鸿讲课,而且在课外也经常得到徐悲鸿的指点。星期日他常常进出徐悲鸿的家门,渐渐成了徐悲鸿最为得意的学生。

让吴作人意想不到的是，徐悲鸿还为他画了一幅素描头像。对于吴作人来说，这既是恩师对他的奖赏，又是他最为得意的宝贝。

一个星期天的下午，吴作人吃过午饭从学院出去，走到门口时，正迎面碰上匆匆走进来的徐悲鸿。徐先生一见到吴作人，就把他叫到一边悄悄地说："不瞒你说，我的家眷和我闹矛盾，现在我去找田汉先生商量商量……"又忙问吴作人住在哪里，吴作人回答说："我住在日晖里一家理发店楼上亭子间里，很不好找。"徐悲鸿告诉吴作人："你先回去，不要外出，过些时候，我就去你的住处，找你有事商量。"说完便快步急匆匆地走了。

吴作人在日晖里北边一条小巷子里租了一间四面漏风的亭子间，由于不在闹市，比较僻静，很不好找。一个多小时后，吴作人站在门口，来回踱足翘望，正在担心徐先生找不到的时候，徐悲鸿快步如飞地朝他走来了！徐悲鸿办事、说话都十分爽快，他走进小屋，往占据了居室一多半地方的床上一坐，开门见山地说："现在的处境，已经不允许我再来'南国'兼课了，但我并不放弃和那些自称大师的现代形式主义画派作斗争。我一定要培养一批搞写实主义、为劳苦大众所喜爱的艺术家。在我看来，你在上海是学不到什么的，我也想把你带走。作人，你看怎么样？你先好好考虑考虑。刚才我也和田汉先生说过了，假如你不反对的话，就跟我一起去南京吧！"吴作人心里很矛盾，说："……徐先生，我是打心眼里愿意跟你走的，可是我想来想去还是不行呀！我南京没有亲戚朋友，吃、住等都不方便……"

"这些问题你不用担心，我都想过了，学费、住宿费你都可以不管。"徐悲鸿亲切地说，"你到了南京中央大学以后，就同我的学生王临乙住在一起，要是有人查问你，你就告诉他：'我是徐悲鸿先生带来的旁听生！'他们要是再问别的，就让他们来找我好了。"

吴作人听了徐悲鸿说的话，立刻表示跟去南京。

"在对艺术的理解上，田汉和我完全一致，不管在什么时间、什么地点，我们都不会改变自己的艺术主张。"徐悲鸿临走时特别关照吴作人,"你转告同学们,今后我虽然不能来兼课了,但我同南国师生的友情常在。在艺术上我是始终不渝地支持田汉先生,支持南国的!"

1928年9月,吴作人到南京中央大学艺术系当了旁听生,跟着徐悲鸿学画。由于吴作人思想进步,结识了共产党地下党员谢伟荣,并与之经常往来,当局便给他妄加了"不轨行为""捣乱分子"等罪名,校方据此,将其摒出校门。

"妄加罪名!有何不轨?何谓捣乱?扼杀中华民族的人才,可耻!"徐悲鸿对校方如此屈服于当局的举动十分气愤。他回到家里,愤愤地向来访的朋友说,"他们可以把吴作人赶出中大,但世界之大,他们的手再大,也休想一手遮天。难道他们能把吴作人赶出中国,赶出地球?"

徐悲鸿从不信邪。发生这事后,他对吴作人的培养更上心了。他把吴作人约到家里做客,鼓励他说:"我看没什么大不了的!你不要气馁,不要屈服。一个人最可怕的是对未来失去信心,一定要坚持奋斗下去,中大不行,世界还大着哩,可以想法去巴黎学习!"吴作人轻轻叹了一口气,说:"徐先生,我想去巴黎学习,可我没这个条件……"

"人家富有富办法,我们穷有穷主意!"徐悲鸿再三鼓励吴作人说,"只要你有做一天人就得争一口气的思想,主意我来拿。在巴黎我有达仰先生、弗拉孟教授等许多熟人,还有很多爱国华侨,到了那里,没有钱,可以请他们帮忙找工作做,以工养学,是绝对饿不死你的。"在徐悲鸿的鼓励下,吴作人振奋起精神说:"也好,那我就试试看!"徐悲鸿在把吴作人送到门口时,又叮嘱道:"一定要有个奋斗目标:一生的奋斗目标,一个时期的奋斗目标,一年的一月的奋斗目标!"

徐悲鸿为此事奔走四方,凭着他的努力和名望,终于替吴作人搞到了一张教育部的自费留学证明和外交部的出国护照。从上海到马赛最便宜的是四等舱客票,徐悲鸿托一个法国朋友,好不容易才从上海法国轮船公司花110元买了一张特价的"水手舱"票。吴作人起程去巴黎的那天,徐悲鸿亲自把他送上船。轮船鸣笛起航了,徐悲鸿向站在甲板上眼含泪水的吴作人挥手叮嘱道："到了巴黎赶快来信,遇到什么困难及时写信告诉我……一路上要多加小心!"

后来,吴作人在巴黎确实遇到了困难。徐悲鸿又及时伸出了热情之手,把他推荐给在比利时的朋友谢寿康,和比京皇家美术学院院长巴思天,吴作人这才考取了比京皇家美术学院,在"巴思天工作室"学习,并获得了可以保障学习的"庚款助学金"。吴作人的考试成绩,引起了巴思天的格外注目,他特意把吴作人介绍给同学们:"孩子们,这位中国同学就是吴作人,你们好好看看他的作业,他将会成为你们学习的榜样。"一年后,吴作人在全院油画大会考中,名列第一名,获得了少有的金质奖章和"桂冠生"的称号。这是到欧洲学习绘画的中国留学生第一次取得这样优异的成绩。吴作人为祖国争得了荣誉。徐悲鸿闻知消息后,高兴得举杯饮酒。徐悲鸿为何如此高兴呢?他说:"对于我来说,人生最大的快事,莫过于看到青年学生获得成功。"

吴作人的绘画水平不断提高,令人惊奇。徐悲鸿觉得吴作人日趋成熟,可以为祖国培养美术人才尽力了。同时,祖国才是吴作人这些胸怀雄心大志的人施展才能的大舞台。于是,徐悲鸿在1935年秋天,从南京中央大学给吴作人发出一封加急信,请他回国任教。

吴作人收到恩师的信,心情十分激动,很快起程回到了南京,被徐悲鸿安排在中央大学艺术系当讲师,而后晋升为副教授、教授。

吴作人是真正的千里马,徐悲鸿则是真正的伯乐。徐悲鸿是吴作人的良师益友,吴作人则是徐悲鸿的得力助手。因此,徐悲鸿一被任命为北平艺专校长,他首先想到的是请吴作人出任艺专教务处主任。可是,活动在学校训导处的一些人却把吴作人视为眼中钉。他们借助学金的分配不符合上边的要求为由,煽动三青团的打手掀起"倒吴作人"的风潮,还联名诬告徐悲鸿任用以吴作人为首的危险分子,并扬言要采取所谓行动。恰好在这个时候,英国文化委员会邀请吴作人去做为期三个月的考察访问。徐悲鸿为了保护吴作人,劝说他:"你应该出国,这样可以暂时避一避风。时局会发生变化的,看他们能横行

1946年徐悲鸿任北平艺专校长时与教职人员合影

到几时？眼下，李宗仁是我多年的老朋友，他是支持我办艺专的；一介书生何思源何市长，也是支持我的，还有，这个傅作义将军，也和我比较熟悉。在这里我比你安全，那些宪兵、特务对我是不便轻举妄动的。过去蒋介石不敢杀害蔡元培，而是杀害了杨杏佛，亦是此理。"

于是，吴作人便去了英国。1948年元月，吴作人返回北平艺专。新中国成立后，吴作人又协助徐悲鸿，全心全意办好中央美术学院。

如今，吴作人也是桃李成荫、誉满中外的绘画大师了。

72

在中国当代绘画名家的行列里，在全国各美术院校的教师中，为数不少的人当初都是在徐悲鸿的指点下走向书画道路的，有些人后来成长为大艺术家。比如北平艺专教授、被称之为新中国"列宾"的蒋兆和，也是其中的一员。

蒋兆和家境贫寒，从没进过学堂门。他16岁的时候，一个人流浪到上海。后来找到了画广告的商业美术工作，才算安下身来。做商业美术广告须掌握素描、油画、水粉画和雕塑的技能,但无人加以指导,只好自己在暗夜中摸索……

1927年,徐悲鸿从欧洲回来不久,就在这个时候蒋兆和听到了徐悲鸿归来的好消息。苦于无师指点的蒋兆和,多渴望拜这位大名鼎鼎的画家为师呀!怎么才能见到徐悲鸿呢?有人告诉他,商务印书馆发行所的黄警顽是徐悲鸿的好朋友,黄热情仗义,能见到这位黄先生,就能见到徐悲鸿。于是,蒋兆和迫不及待地找到了黄警顽。黄说:"行,我把你的想法告诉徐悲鸿先生,你就等我的话好了。"热心的黄警顽当天就把这件事告诉了徐悲鸿。徐当时就满口答应了。黄警顽说:"徐先生回到上海没多久,他还没有找到合适的房子,现在就暂住在黄震之先生家。"

"这太好了,我认识黄震之先生。"蒋兆和高兴地说,"他曾经热情地帮助过我。"

"那,这实在是太好了!"黄警顽问道,"你知道震之先生住的地方吗?"

"知道,我知道。"

"那好。你去他那里找徐先生就行了。"黄警顽担心他路不熟悉,还特别告诉蒋兆和怎么走。

蒋兆和见徐悲鸿心切,当日下午,他就带着最近画的一张油画自画像、几幅素描半身像、几张图案设计卷成一个卷儿,往腋下一夹,直奔黄震之家里。快到黄家大门口时,他犹犹豫豫地放慢了脚步,心里打起鼓来:徐先生在欧洲拜名师门下苦苦习画八年,如今已是享有盛名的大画家了,能看得起我这无名之辈吗?……蒋兆和拜师学画心切,转而一想,看得起也罢,看不起也罢,既然来了,也不能不进去。进去看上一眼,然后转身就回去也好。蒋兆和想到这里,他又加快了脚步,径直来到黄震之的家门。他轻轻叩开大门,开门的是黄震之先生。黄先生热情地请他去客厅。蒋先生说:"黄老师,我听说徐悲鸿先生住在你的府上,今天我来找他看看我的画,请他给我指点指点,点拨点拨。"蒋说明来意后，黄以为他认识徐先生，用手指了指西厢房，说："徐悲鸿就在那个房间，你稍候，我去看看他在不在。"很快黄先生回来说："他在，你去吧。"蒋兆和轻步走近徐悲鸿住的西厢房，走到门口，他停住了脚步，不好意思敲门，又犹犹豫豫地站在门口，他透过玻璃窗发现徐悲鸿正悉心收拾书画。他的画以及各种各样的印刷品，摆满了一床一桌子。就在他迟疑敲不敲门的时候，徐先生在屋里说话了："是不是蒋先生？请进来吧！"

蒋兆和听到声音就推门进去了。悲鸿抬头上下打量着眼前这位衣着朴素、腋下还夹着一卷纸的陌生青年。徐悲鸿放下手中的东西，睁大眼睛高兴地说："不用问，你就是蒋兆和仁弟了。"

"是，我正是蒋兆和。"蒋兆和连忙鞠躬称是，惊讶地问，"徐老师，您怎么知道我就是蒋兆和呢？"

"黄先生告诉我的。"

"快里边坐，我就是徐悲鸿。"边说边让进屋，搬过一把椅子。蒋兆和有点拘束，没敢马上坐下。他见徐悲鸿说话随和，上身穿的是一件旧西装，下身穿的是旧布裤，打着法国艺术家十分流行的黑色大领花，看上去，他一点架子也没有。蒋兆和心里也就慢慢放松了。

徐蒋二人一见如故。蒋兆和有幸见到徐悲鸿，高兴得不得了。

悲鸿告诉蒋兆和，他在这里吃饭不犯愁，作画看书有这么好的地方，都是黄震之先生的安排。

徐悲鸿关切地询问了蒋兆和家庭和个人的情况。蒋兆和一谈起这些，拘谨就消失了。他说他小时候如何喜欢绘画艺术，又如何在父亲的督促下读书、习字、作画，以及幼年怎样丧母，父亲如何生病，以后如何沦落上海，想学美术又苦于无师指导，等等，都详细地告诉了徐悲鸿。徐悲鸿听了他的叙述，很自然地勾起自己十多年前漂泊上海、浪迹街头的辛酸回忆。他十分同情地说："我姓徐，你姓蒋，虽然我们经历不同，却有着类似的遭遇。天下有多少穷苦人，为取得做人的资格在苦苦挣扎啊！"

然后，徐悲鸿认真看了蒋兆和的习作。他把那幅手持画笔在画前凝思的半身自画像竖起放在桌子上，仔细地看了又看，一边看，一边说："好，好，画得蛮好哇！"接着又拿起蒋兆和画的素描，也是一边很细心地看，一边眼不离画地称赞好。"时代在变化，艺术也应该随着时代发展。可是许多画画的人脱离实际，不从实际的人物出发，对人物观察得很不够，连形体、结构也画不准。"徐悲鸿十分感慨地说，"像你这样从现实生活出发的人，在中国还少见。照这样坚持下去，前景定会很光明的。"接着，徐悲鸿又十分具体明确地指出了哪个地方画得好，哪个地方用色不够恰当，哪个地方形体刻画得还不够微妙……站在徐悲鸿面前的蒋兆和，想着自己学画以来，还没有一个人像徐先生这样细细分析他的画，字字句句又说得这样中肯，这让他终生难忘。徐悲鸿语重心长地说："在艺术上一定要走写实的道路，我们国家就应该多多培养这样的人才。我学西画的目的就是为了改良我们中华民族的绘画，使我们的国画走上写实主义的道路。"通过徐悲鸿的指点，蒋兆和的脑子里顿时豁亮起来，眼前出现了一条宽阔明亮的写实主义绘画道路。他在徐悲鸿的启发和鼓励下，决心从西画中汲取有益的东西，扎扎实实地把握造型的本领，探索出现代人民形象的新的写实技巧，改变中国现代水墨人物画脱离现实的倾向。

从此，蒋兆和经常拿着自己的作品去请教徐悲鸿。徐悲鸿每次都热情接待，促膝相谈。他还针对画坛的时弊，一再提醒蒋兆和千万注意摒弃抄袭古人，须凭写实，以达到惟妙惟肖之境地。

徐悲鸿对有才华、有抱负的青年人，不论其出身门第如何，他都是尽心竭力扶植。他在同蒋兆和的多次接触中，发现这个年轻人在绘画艺术上潜力很大，很有发展前途。于是，徐悲鸿尽可能多挤点时间教蒋兆和作画；还叫太太蒋碧微每日抽出一定的时间教蒋兆和学习法文，为出国学习做准备。徐悲鸿为了尽快把蒋兆和送到法国去学习，他又四处奔走，托人帮忙。后来，终因经费问题难以解决，徐悲鸿心愿未遂，蒋兆和未能去法国留学。

1928年，徐悲鸿来到南京中央大学艺术系任教，他便把蒋兆和安排住在自己的一间书房里学画。这不仅使蒋兆和有机会到艺术系去旁听，还使蒋兆和有机会饱览了他的全部藏书。他的藏书以西方名画家的画册最为丰富，还有印刷精美的单页复制品。这都是徐悲鸿在欧洲学习时节衣缩食省下钱买的。蒋兆和常常在夜阑人静之时，翻阅这些画册，真是爱不释手，得益甚深。特别是伦勃朗、德拉克洛瓦、委拉斯贵兹、戈雅、米勒、库尔贝等现实主义画家的作品。成为蒋兆和学习绘画技巧的借鉴。这些名家对人物内心世界的深刻刻画，给了他很大的启发。尽管徐悲鸿力不从心，没能把蒋兆和送到国外留学，但把蒋兆和安排住在书房里，日夜陪伴着这些书籍与画册，也使蒋兆和感激万分。他犹如一只勤奋的蜜蜂驻足在那绽开的花丛中……

1930年，蒋兆和的生活碰到困难，走投无路了，上海美专校长刘海粟去法国讲学，由徐悲鸿在法国留学时的同学王远勃代理校长，徐悲鸿便把蒋兆和推荐给老同学，因而蒋兆和被王远勃聘为上海艺专素描教授。可惜好景不长，1932年"一·二八"上海淞沪抗战之后，上海艺专的人事发生了很大变动，蒋兆和被解聘失业了，一度穷得连房租也交不起。他有心想再次投奔徐悲鸿先生，后来一打听，这时徐悲鸿已不在国内，去欧洲举行中国近代绘画展览了。无奈，他只好去找徐悲鸿的朋友黄震之先生，以解一时之艰难。

1934年，徐悲鸿结束了在苏联举行的画展，回到南京。一日，徐悲鸿正在家中整理出国新买回来的画册、画片和油画原作。忽而传来一阵敲门声，在玩耍的丽丽忙跑去开门。门开了，走进一个年轻人。丽丽问："叔叔，您找谁呀？"

"我找徐先生，他在家吗？"来人答问。

徐悲鸿已从说话的声音中辨别出是几年不见的蒋兆和，没等女儿说什么，他就赶忙大声说："我在呀，在呀！快到屋里来。"一边把头探出了窗外。

"徐先生，您好啊！我这就上去。"

"叔叔，跟我来，从这儿上楼。"蒋兆和跟在丽丽后面，来到二楼徐悲鸿的书房。

"我此次欧洲之行，举行画展，宣扬祖国的绘画艺术，轰动了欧洲大陆，为祖国争取了荣誉，真是令人兴奋。这更增强了我改革中国绘画艺术、走写实主义道路的信心。"徐悲鸿一见蒋兆和，就兴奋地说起来，"我一走就是近两年，你这两年来在上海生活得怎么样？我经过上海，就听朋友说，你在淞沪抗战中曾为抗日将领蔡廷锴、蒋光鼐画了像？"蒋兆和点头称是。

"你画得好哇！"徐悲鸿称赞道，"作为中华民族的一位画家，当前就是要通过手中的画笔，来表现那些抗击日寇的英雄……这是为祖国、为民族、为劳苦大众效劳！"

接着，徐悲鸿又向蒋兆和谈起了在苏联的见闻和感受。一边说一边找出从莫斯科买回来的苏联大画家列宾的画片，递给蒋兆和说："这是一个还没有得到苏联美术界足够重视的大画家——列宾的画。依我看，人物画，在苏联当推列宾，他完全可以跻身世界名家行列。他也是你学习的榜样，只要你长久地坚持走写实主义道路，你就一定能成为我们中华民族的列宾。"

列宾的画片使蒋兆和眼界更加开阔；徐悲鸿的话更给他极大鼓舞。

蒋兆和告诉徐悲鸿说："我从报纸上看到，南京正在为给孙中山先生塑铜像举办征集雕塑稿活动，我打算试一试。"

徐悲鸿起初有些犹豫，忽而又想到他目前还没有什么正式职业，就说："你可以试试，成不成都没关系，吃住就在我家里。"

蒋兆和内心深为感激。从此，蒋兆和与徐悲鸿同住一层楼，同吃一锅饭，同在一起作画，研究古今中外名作，夏日晚间同在一起乘凉，切磋绘画技艺。在和蒋兆和一起作画或聊天时，徐悲鸿特别强调写生的重要性，他一再提示蒋兆和："可先用石膏模型练习描写，然后再至野外写生，由简趋繁。但画本亦宜多备，常常浏览，取法既广，资材丰富，临画时就可以得心应手了。"

蒋兆和写生的时候，徐悲鸿专心致志地画了一幅素描像。素描像形似神似，惟妙惟肖，蒋兆和十分喜爱。

蒋兆和住在徐悲鸿家，时间过得很快，花落又花开，一晃一年多时光过去了。他把全部精力都用在中国现代水墨人物画的探索上。他努力吸收西画的科学成分，积极画现实中的人，走现实主义的道路，发展中国的绘画事业。自1936年创作了《卖小吃的老人》以后，又相继创作了《阿Q像》《流浪的小子不值钱》《卖子图》《甘露何时降》《流民图》等一系列优秀现实主义作品。当徐悲鸿看到他的巨幅长卷中国水墨人物画《流民图》后，连声赞扬："难得的一幅好画。如今，兆和仁弟已超过了许多人，完全脱离了古人的窠臼，这很不容易。看来，我们中国也有了自己的列宾。"

1946年，徐悲鸿任北平艺专校长以后，立即聘请蒋兆和任国画教授。蒋兆和在兴奋之际，对妻子萧琼说："古人云人生得一知己足矣，知我者恩师悲鸿，爱我者亦恩师悲鸿也。"

73

在北京举行的一次国画展览会上，一幅奔马图立轴吸引了众多参观者。

只见那奔马四蹄生风，奔腾呼啸而来，人们仿佛听到了马儿奔跑时笃笃的马蹄声……

有人一眼看到这幅奔马图便非常自信地断言："看那气势，准是徐悲鸿笔下的奔马！"

但是，近前一看署名，作者原来是徐悲鸿的学生韦江凡。

韦江凡是一个很小就失去母爱的孤儿，四处流浪，天下为家。1946年9月，他听说徐悲鸿到北平当了北平艺术专科学校的校长，便慕名从古都西安跋涉数千里，辗转来到北平，打算投奔徐悲鸿，拜师学画。

1946年10月30日清晨，徐悲鸿手里托着一块烤红薯，像往常一样，早早地走进他的办公室。

徐悲鸿打开一扇窗子，然后坐在桌边一边吃着烤红薯，一边翻阅着一年级学生石膏素描作业。"徐校长，门口有个衣着不整的外乡汉子非要见你不可。"老传达走进办公室报告说，"我怎么劝说，他也不走，疯疯癫癫的，说见不到你他今天就不打算走了，你看这……"

"有多大年纪？"徐悲鸿问。

"大概有二十出点头。"

"噢，这倒是个怪有趣的年轻人，我喜欢这位疯疯癫癫的年轻人。——那就快请他进来吧，告诉他我非常欢迎他的到来！"徐悲鸿笑着说，接着又补充道，"请您老人家告诉这位年轻人，既画画又教书的徐悲鸿，很高兴见见这位怪有意思的年轻人，徐悲鸿正在办公室等着呢！"

过了片刻，老传达领着一位头发蓬松、衣服补丁叠补丁的乡下人进来了。一看，就知道是个苦水里泡大的穷孩子。徐悲鸿笑着迎了过去。年轻人深深弯腰鞠躬，然后毕恭毕敬地站在那里，像是不知两只手往哪儿搁好。徐悲鸿亲切地搬过一把椅子，亲切地微笑道："小弟弟，你不是要见徐悲鸿嘛，我就是，请你坐下说话吧。我等着认真听你说话。"韦江凡胆怯地坐下，徐悲鸿为韦江凡倒了一杯热茶递给他，问道，"年轻人，你叫什么名字？"

"我叫韦江凡，长江的江，平凡的凡。"

"听口音，你是陕西人了？"

"是的，我是陕西关中人。"

"父母都是庄稼人吗？"

"是的，父母都是种地的。"韦江凡垂下头，用低沉的声调回答说，"在我六七岁的时候，他们就去世了。我已经没有父母了。"

徐悲鸿从他那双饱含着泪水的眼睛里，完全明白了他的身世，就不再问下去了，而是叹了口气说："你找我，让你等了那么长时间，对不起，我心里着实过意不去。我深知登门求人的难处，你要是事先写封信给我，那就好了……以后有什么事再找我，就用晚上的时间吧，直接到我家找，那就方便多了。"说着，取出一张名片交给了韦江凡，并把具体住址写给了他，还叮嘱他："若是有人问你找谁，你就告诉他：我找北平艺专的徐悲鸿。"

韦江凡捧着名片说："徐先生，要是守门人不让我进可怎么办呢？总不能……要知道，您……"

"我已经告诉你了：我找北平艺专的徐悲鸿。"徐悲鸿亲切地微笑道，"谁要是敢不让我请的客人进门，我首先就不让他进门。你永远用不着再说'见不到徐悲鸿我就不走了'。你要是提前通知我，也许我到时候会亲自迎接你这位千里迢迢跑来的不速之客；若是我有事不能亲自迎接你，会叫我太太廖静文迎接你呢！好了，闲话少说，你把夹着的那卷画给我看看吧，我猜那是一卷画！"

徐悲鸿从韦江凡手中接过一卷画，刚一打开，眼前一亮，两只眼立刻被韦江凡笔下的难民图紧紧吸引住了，一张、两张、三张、四张……一共七八张，他把从西安到北平沿途看到的逃难农民，通过他手中的画笔记录下来了：一个看上去年约十八九岁瘦骨伶仃的女孩，骑在一只孱弱的小毛驴上，低头怜视怀里吮着干瘪乳房的婴儿；一个小脚老妇，双目失明，拄着一根拐棍，累得张着嘴喘着粗气，吃力地向前挪动着；乌鸦呆立枯枝，毛驴啃着草根；在黄尘扑面的道路上，有一群难民正在艰难跋涉，他们像是被判长期苦刑的囚犯，衣不蔽体、垂头丧气、精疲力竭地走着……

一幅幅逼真、生动、感人的画面呈现在徐悲鸿的眼前。这是最好的写实主义绘画作品。徐悲鸿一张接一张激动不已地看着、评论着："好，好，好哇！这是难得见到的艺术品。假如中国能有三分之一的美术作家像你这样深入生活、观察生活、表现生活，我们中国的美术事业就大有希望了。江凡同学，你的作品非常真实，且富有深刻的感染力，你就照此认认真真地画下去，必将成为中国明日绘画艺术之栋梁！"

徐悲鸿喜出望外地看着称赞着，然后对韦江凡说："我打算收你上北平艺术专科学校做我的插班生，你愿意吗？"

"愿意！愿意！……"韦江凡忙不迭地说，"我太感谢——太感谢徐校长了！"韦江凡说着就要跪地叩头。

"江凡同学，不要这样，可别这样，你大老远为找我，目的是想学富五车的，不是来找我叩头的。"

徐悲鸿就是这样，一旦发现艺术人才，他就无比兴奋，尽力提携培养。"我能认识你，收你成为北平艺专的学生，是值得高兴的事，有什么可谢的。"徐悲鸿满脸笑容地说，"要说感谢的话，应该感谢你到艺专来找我！要是你不来我这里，我怎么能认识你韦江凡啊！那我也就发现不了你这个绘画艺术人才了。北平艺专的校门，是永远向你这样的年轻人敞开着的，它特别欢迎那些愿意献身于祖国艺术事业、胸怀大志的年轻人！"

韦江凡憨厚的脸上漾满了幸福的笑容。

徐悲鸿还询问韦江凡是怎样抓住这些生动感人的事的？韦江凡回答说："在我从西安来北平的路上，没有钱买车票，只能和难民一起扒车，冒险地坐在车厢顶上；同这些难民一起步行，一起露宿，一起讨吃的……难民生活的许多艰难景况，我都亲眼看到，有着亲身的感受。这些难民，面容憔悴，皮包骨头，如同路旁的枯树一样干枯。他们大都咬着嘴唇，闷声不响，可心头的担子却有千斤重。他们个个疲惫不堪，连乌云一样擦着头顶上飞过的成群乌鸦，他们也懒得抬头看上一眼。我就把这些，几乎全用铅笔给画下来了。"

徐悲鸿在同情难民之余，越发关切地问韦江凡："你现在住哪儿？打算何时来校上课？"

韦江凡叹了口气说："徐校长，不瞒您说，我现在连吃饭的钱还没有着落哩！怎么上得起学呢！我没想到，您……"

"啊！原来这样！是我考虑不周。"徐悲鸿皱了皱眉头思索片刻问，"你会刻蜡版吗？"

"会。"

徐悲鸿这才舒了一口气说:"这就好办了。"

徐悲鸿拉开另一个房间的门,唤出文印科的一位女职员,向她交代道:"我给你们找了个业余刻蜡版的,今后这活你就交给他干,每月工资二万元(旧法币)。至于在哪儿刻,何时刻,由他来具体安排。"

从此,韦江凡除了按时到艺专上课,还时常应约,到徐悲鸿家打牙祭——吃饭、看画、学画。

徐悲鸿去韦江凡上课的那个班级讲课,一走进教室,发现地上扔着一张不太大但也不太小的宣纸,上面已经被人踩了一些脚印,显然,这张纸已经被人扔在地上有会儿了。徐悲鸿赶忙弯腰捡起这张宣纸,心疼地说:"同学们,我们应该知道,片纸点墨,工人生产出来有多么不易呀……"他说着,当即用手弹去纸上的尘土和脚印,用随身带来的笔墨,洋洋洒洒画了一幅水墨画《涑柳归鸦》图,并郑重地写了落款。他扫视了一下,问道:"有没有同学喜欢它?喜欢的请举手。"徐悲鸿的话音未落,"唰"的一下子,几乎全班同学都高高地举起了手。徐悲鸿说了声"请同学们把手都放下吧"。然后拿着刚才画好的画,走到韦江凡课桌前说:"江凡同学,这幅捡来的画,我就送给你吧!江凡同学,上面的脚印仔细看还能看得到,但无大碍,装裱以后就没有了。我想,你一定很喜欢它,喜欢就留着吧。下课后,请你拿着这幅画到我办公室一趟。"

同学们对校长徐悲鸿的举动肃然起敬,整个课堂鸦雀无声,那个丢弃宣纸的同学很不好意思地低下了头。

下课后,韦江凡来到徐悲鸿办公室。徐校长打开画幅,在右下角工工整整地盖了一枚朱文篆字印章"徐悲鸿"。

徐悲鸿讲课理论联系实际,生动有趣。他上绘画课时,总是带着纸和笔墨,他不光用嘴说,还嘴手并用,一边说一边用手写画,这对加深同学们的理解和记忆大有好处。同学们上素描课,他和同学一起画素描。不过,他画的往往不是同学们所画的对象,而是正在画素描中的某位同学。上完素描课，这位同学还很可能得到这幅徐老师画他的素描人物像。

这是一堂内容十分意外的课，同学们收获特别大，过了很多年以后，一说起北平艺术专科学校校长徐悲鸿，他们就会想起这堂刻骨铭心的国画课。

韦江凡学习刻苦，思想进步，徐悲鸿很赏识他。有个星期天，韦江凡遵照徐悲鸿的叮嘱，带着他最近一个时期画的素描，又来到东受禄街16号徐宅聆听老师讲画。

吃过午饭，徐悲鸿一张一张，十分仔细地看着韦江凡的素描，还不时地用炭笔在上边做一些标记。忽然间，徐悲鸿翻到一张描写黄宾虹教授授课时的速写，便情不自禁地惊喜道："好！这幅速写称得上是神来之笔，妙极了！江凡同学，快过来！"

于是，正在另一边看画的韦江凡赶快跑了过来问："徐先生，叫我有事？"

"江凡，这幅速写你是什么时候画的？"徐悲鸿拿着那幅速写，兴致勃勃地说，"看，虽说只是寥寥数笔，但勾画得何其逼真，何其传神！"

"噢，这是黄先生前几天讲课的时候，我偷着画的。"韦江凡怪不好意思地低头又说，"徐先生，您批评我吧！"

"批评你？哈哈……"徐悲鸿快活地笑起来，"我批评你什么？批评你紧紧抓住了这扣人心弦的一瞬间，画了一幅非常成功的人物速写啊？还是批评你不应该画——要是批评你不应该画，如此有趣的速写怎么会产生呢？作为一个画家，就是要有这种善于抓住最生动的一瞬间的本领；善于用极少的线条把人物的神情勾画出来。看来，你已经在这方面取得初步的成功。为了祝贺你学业上的突飞猛进，今晚上我要好好招待你，吃一顿丰盛的晚餐！"

说着，徐悲鸿把妻子廖静文请来安排道："多做几样江凡同学喜欢吃的陕西风味菜，今晚我要为小韦在素描上的新成就庆贺一番。"

《涷柳归鸦》。徐悲鸿作　吴作人补题
图片由韦江凡子女提供

"今天中午吃饭前,你还说感到特别疲劳,不想多说话,也懒得动……"廖静文说,"可小韦一幅速写,一下子就把你的精神给提起来了。学生的成功,是医治你疲劳的仙丹妙药!"

"那是自然了。"徐悲鸿得意地说,"一个老师最愉快的事,莫过于看到自己的学生又有了进步,又有了成功。江凡画了一幅在我看来,是超好的一幅人物速写,怎不叫我当老师的精神焕发哩!"徐悲鸿说完,便爽朗地笑起来。

"这幅速写就送给我吧,我要把它收藏起来,还得用它来教我今后的学生。"接着,徐悲鸿意真情切地征求韦江凡的意见说,"你不会反对吧?"

"徐校长,这、怎、怎么能成呢!"

"啊,怎么不成呢?"

"……你收藏的都是中外名家之大作,我这拙作哪值得您收藏呀!您能多看上一眼,我也就心满意足了。"

"你这个看法可有点形式主义哟!"徐悲鸿说,"名家自然能画出名画,不过,许多名家都是在有了名作之后,才被称作名画家的。但他们成为名家后的作品也未必都是好的!我收藏作品的一条重要原则,就是首先不看是谁画的,而是首先要看这件作品画得成功不成功,有没有它的独到之处?只要我认为有收藏的价值,即使是小学生画的,乡间无名艺人创作的,我都乐于收藏起来。倘若作品不好,没有收藏的必要,即使是世界名家的,我也不考虑!"

说到这里,徐悲鸿非常感慨地谈起天津"泥人张"。他说:"泥人张是位了不起的艺术家——"

1931年4月,徐悲鸿应邀到天津南开大学讲学时,参观了泥人张的彩塑,并亲自登门拜访了泥人张。他赞美泥人张泥塑传神微妙,"会心于造化之微",可以和世界大雕塑家媲美。还特别称赞了泥人张埋头进行创作、不求闻达的精神,是真正的无名英雄。徐悲鸿那么器重民间艺术泥人张,一下子震动了美术界,轰动了天津市,人们常作为佳话传诵着。

徐悲鸿意味深长地对韦江凡说："在我们中国，民间艺人从来不为官方所重视，不为艺术家所承认。其实，像泥人张这样的民间艺人，是不折不扣的艺术家，不被艺术界承认，实在太不公平。我就不管这些，特地收藏了他的泥塑精品若干件，我认为有收藏价值，而且很有收藏价值……"

徐悲鸿边说边把那些泥塑藏品找了出来，让韦江凡看，并告诉他："要很好地学习、研究这些泥塑的造型艺术技巧，要学习民间艺人不为名利、埋头事业的精神！"

徐悲鸿收藏了韦江凡的一幅速写，这对韦江凡来说，是个很大的鼓励，令众多师生羡慕、敬佩，刮目相看。

师生情谊水乳交融，密切无间。北平警备司令部把韦江凡等三位同学抓走后，徐悲鸿亲自干预，他被释放出来以后，背景复杂的学校训导处钻头觅缝地找碴儿。一天，训导处把韦江凡叫去，一个胖子摇头晃脑地威胁说："我们要看一看你的高中毕业文凭，明天就拿来，否则，我们就开除你的学籍，听清楚没有？"

韦江凡从小无父母，家境贫寒，连初中都未念完，哪有高中毕业文凭呢？他非常着急，晚上便匆匆地跑到恩师徐悲鸿家里，一见到徐悲鸿开口就说："徐校长，他们故意刁难我，非要我明天就拿出高中毕业文凭，否则就要开除我的学籍。"

"这些无耻、无知之徒，是有意同我过不去！"徐悲鸿愤愤然说，"江凡，不用担忧，明天一早你就去训导处，理直气壮地告诉他们：我跟徐校长学画多年，要文凭，你们就找徐悲鸿先生要去！"

"……我不敢说谎。"老实憨厚的韦江凡说。

"怕什么？"徐悲鸿说，"对待那些国民党派来监视我和进步老师的走狗，绝不要客气！只要我在北平艺专，他们就休想赶走我的一个学生！"

之后，当徐悲鸿得知韦江凡经济上比较困难时，他当即拿出二百万元（法币）交给韦江凡。韦江凡恳切地说："徐先生，您的钱我无论如何不能接受。如果您要赏脸的话，就送我一幅画吧！我能保存就把它保存起来，实在没办法了我再卖掉它。"徐悲鸿看着眼前这纯朴的青年人，心里暗暗说："小韦是个像我一样固执的人！"他微笑道："那就照你的意思办吧！你明天晚上到我家里来拿画就是了。"

"谢谢！"韦江凡向徐悲鸿深深鞠躬。

翌日晚上，韦江凡又来到了徐悲鸿家中。徐悲鸿忙取出最近创作的几幅奔马图，轻轻放在画案上展开，说："江凡同学，你就自己从中挑选一张吧！"

"不，徐先生，您就随意送我一张吧！只要是您画的，哪一张都好。"

"好，那我来给你选一张！"徐悲鸿把画好的四张奔马图都挂在墙上，经过对比，又审视了良久，最后摘下一幅说，"就送你这一张吧！祝愿你就像这匹奔马一样，永远奔驰，不断向前！"接着，徐悲鸿挥毫题字，写好上下款，亲手交给了韦江凡。

韦江凡兴奋异常，双手郑重地接过奔马图，感动地说："徐先生……我一定照您教导的那样去做人、作画，决不辜负您的期望！"

韦江凡后来不光成为画马名家，在人物画上也颇有建树，他以恩师徐悲鸿为榜样，画出了劳动人民喜爱的全国劳模、淘粪英雄时传祥等诸多先进人物的美好形象。

也许是年轻时的苦难生活造就韦先生一副结结实实的身子骨，年已九十多岁的韦老，还经常向造访者说起恩师徐悲鸿对他的关怀培养。

74

一天，徐悲鸿到学校去了。廖静文走进丈夫的画室，打算帮他收拾东西。她打开一个柜子，见里面的东西，特别是字画，放得很零乱，她就全部拿出来一一整理。她一轴一轴地打开，察看，又一轴轴地卷起，放好。当打开傅抱石的山水画《仰高山图》时，她凝视良久，引起一段回忆——

1945年7月19日，在徐悲鸿50寿辰的日子里，傅抱石为祝贺他的生日，精心绘制了这幅《仰高山图》，把徐悲鸿比作自己心目中仰望的一座巍然屹立的高山……

傅抱石为何如此崇敬徐悲鸿呢？这要从1932年说起，当年徐悲鸿利用暑假带领学生们去庐山写生。

徐悲鸿和他的一些学生从庐山写生归来，中途住在南昌。消息传开，每天都有许多人到他寓所登门求教，其中尤以青年人居多。他们带着自己的习作，希望得到徐悲鸿的指教。由于来访的人比较多，他的学生不得不请客人们先在门外稍候，让徐先生一个个接待。

一天上午，一位年近30岁的年轻人走进门来。他走到徐悲鸿面前，深深地弯腰鞠躬。只见他身穿一件旧蓝布长衫、腋下夹着一个小包裹。徐悲鸿请他坐下，他没坐，轻轻打开卷了好几层的小包裹，从层层包裹里取出一卷儿画。

徐悲鸿把画小心翼翼地接了过来，一张一张地仔细观看，发现这些全是山水画。虽则幅度不大，却气势恢宏，构图、用墨都有其不凡之处。一展开画卷，仿佛有一股灵气迎面扑来。徐悲鸿面对画面，久久凝视：烟云缭绕，层峦叠嶂；云海如波涛，峰尖似浮沉……

徐悲鸿激动得猛然拍了一下桌子，大声说："妙！妙极了！一颗艺术新星将从这里升起！"徐悲鸿急忙问站在旁边的年轻人，"你现在做什么差事？"年轻人腼腆地回答道："在一所小学校里当代课老师。"徐悲鸿又问："你进过美术学校吗？"年轻人摇摇头说："没，我是自学画画儿的。"

徐悲鸿拿过一把椅子，请年轻人在他身边坐下，又询问了关于画山水画方面的一些基本常识。最后，他要求年轻人再多拿几幅作品来看看，还特意关照："白天客人太多，你晚上送来，最好在九点半左右来，这样我们两人可以单独多谈会儿。"徐悲鸿问年轻人叫什么名字？年轻人回话说："我叫傅抱石，抱负的抱，石涛的石。"

徐悲鸿一听"石涛"二字，笑道："嘀！那你又是怎样爱上画画的呢？"傅抱石低首思索片刻，说："小时候我家附近有个裱画铺子，铺子里经常挂着裱好的石涛、朱耷等名人的字画。我就经常去那里看画，时间长了，铺子里的掌柜便让我去临摹，然后用到我自己的写生稿上。"

"你常外出写生？"

"是的，我常外出写生。"开始有些拘谨的傅抱石，言辞越来越顺畅地说，"我特别喜欢祖国山河的壮美，用画笔去描绘祖国的河山，是我生活中最有意思的事情。"

"胸中装着祖国大好河山，难得。"徐悲鸿又问傅抱石，"青云浦，是画家都要去的地方，你也去过吧？"

"常去。因为朱耷也是我崇敬的大画家。"傅抱石说，"我常去朱耷建的道院。"

徐悲鸿深有感触地同抱石交流起来："这回，我看了青云浦和八大山人书画作品之后，仿佛看到了坚贞不屈、铁骨铮铮的朱耷，在那不堪回首的故国土地上，忽而奋笔作画，忽而中夜看剑、仰天长啸！"

徐悲鸿说着，顺手找出了他从南昌旧书摊上买的一本十分破旧的八大山人画册。他一页页地翻着，请傅抱石看，并指点说："你看，这山水，是断山残水；这树木，是枯树朽枝；这花鸟，是落花寒鸟；这诗跋，充满了愤懑之情；这款识，寄寓着深沉的家难国危之痛……这幅《古梅图》轴，恐怕最能表现朱耷的艺术造诣和思想感情。唉！非常的时代，造就非常的人物，产生非常的艺术作品。"

徐悲鸿这一番话，字字句句都深深印在傅抱石的脑海里，字字句句都带着火热，闪着光……

傅抱石多么想同徐悲鸿继续交谈下去，无奈还有人在等着徐先生，他只好鞠躬之后，告辞出门。

傅抱石简直像《儒林外史》中范进中举一样高兴。他嘴里哼着家乡民歌，步履轻快，一溜小跑回了家。还没等进家门，老远就冲妻子嚷道："见到了，见到了，我真的见到了！"

"见到谁了？值得你这么大喊大叫的。"妻子时慧问他。

"我见到徐大师，见到徐悲鸿大师了！"傅抱石气喘吁吁地说。

傅抱石一进屋门，就打发妻子赶快把他作的画全都找出来，说："悲鸿大师对我的山水画很感兴趣，还要多看几幅哩！"妻子时慧听了，先是疑问地看他一眼，有点不相信，看丈夫的神态和翻箱倒柜地翻腾仍然将信将疑。傅抱石忙得连午饭也没顾得上吃，和妻子一起从一大堆画里，仔细挑选了二三十幅自己比较满意的山水画，卷在一起包好。傅抱石早早吃过晚饭，盼着天黑，熬到八点半过后，便夹着画往徐悲鸿住处走去。

真是不凑巧，徐悲鸿不在寓所。他的学生告诉傅抱石："徐先生晚饭后因有急事要办，被几个老朋友硬接走了。他走时留下话说，请你把画放下，过两天你再来。"傅抱石放下画，悻悻地走了回去。

第三天天还未亮，就淅淅沥沥地下起雨来。傅抱石瞅着窗外密密雨丝，愁上心来，坐卧不安。现在，他多么想知道悲鸿先生对他送去的那些画的看法啊！傅抱石回想自己由于家境清贫，为了学艺历尽艰辛。他没进过专门学校，为了自学画画，不知吃了多少苦头。父母没有能给他留下什么财产。傅抱石从小就为生活到处奔波，先是跟着一个修伞匠人学徒，挑着担子走街串巷，吆喝揽客。傅抱石凭着从小的爱好，勤奋自学画画。他想把自己的未来，付给水墨丹青——以水墨丹青，描写祖国壮美河山。但是，南昌虽是八大山人朱耷居住过的地方，却找不到一位能给傅抱石引路的人！如今，傅抱石已经29岁了，三十而立，必须尽快决定自己安身立命的道路。他怎么也没想到，富有传奇色彩的徐悲鸿大师，真的到南昌来了，这可是他决定自己命运的好机会啊！

已经中午了，雨还是下个不停。

房檐下，滴着水；房舍里，也滴着水，这是从房顶缝隙漏下的雨水，正滴答滴答地滴在一只很大的陶制笔洗里。

傅抱石警觉地听到大门口有人问话，而且还提到了他的名字。他赶忙从窗口向外看去，立刻惊喜地叫起来："呀，来了！"

正在忙着做针线活的妻子问："看你大惊小怪的，是谁来了？"

"徐悲鸿大师来了！"

"你别白日做梦了，人家徐大师那么有名气，那么忙，还有闲工夫冒雨登门来看你这无名之辈？！"

"是他，就是他！你看，他已经推开院门进来了。"

傅抱石的妻子赶忙丢下手中的针线活，急得团团转，不知所措地说："这……这可怎么办？屋子里摆得乱七八糟，连个下脚的地方都没有……"

同时，傅抱石慌忙披上大褂，趿拉着鞋就冲了出去，三步并做两步，把打着一把旧雨伞的徐悲鸿迎进屋里。徐悲鸿上身穿一件旧白布中式短衫，腋下夹着一卷用他的夏布长衫包裹得严严实实的画。雨水漏过那旧伞缝隙，顺着头发朝脸上流。他放下雨伞和包裹，笑呵呵地说："好难找哇！跑遍了半个南昌市，才找到你的府上。你送去的画我都看了，蛮好，蛮好！最大的特色是一种自然气势的表现，以及独特的皴点之法。有些地方我改动了一下，你打开一看就明白了，用不着我再啰唆了。"

手足无措的傅抱石，看着淋湿了身子的徐悲鸿，接过没沾一点雨水的画卷，心头一热，也不知道说些什么好。他回头找妻子，可妻子却不见了，他喊了两声，也没人答应。这时，徐悲鸿一眼看见滴答滴答的雨水落在笔洗里，便风趣地说："难怪傅先生的山水画，画得如此富有神韵呢，原来你是用的天水呀！"说完，徐悲鸿爽朗地笑了起来。

这么一说一笑，傅抱石紧张、局促的情绪顿时松弛了下来，也不由自主地跟着嘿嘿笑了起来。

徐悲鸿十分随和地往床边上一坐，说："傅先生，你的山水画有着广阔的前程。我看你应该去留学，开阔眼界，下决心沿着这条路走下去，去攀登光辉的艺术殿堂！"

傅抱石亲耳听到徐悲鸿这段话后，不太相信自己的耳朵，甚至怀疑自己是在做梦。可徐悲鸿就在眼前，这完全是真的。徐悲鸿又说："你乐意去巴黎学习美术吗？你不要担心经费问题。关于出国的经费问题，我会尽力想办法解决……"

妻子感到自己穿的衣服破旧、土气，怕徐悲鸿先生见了笑话，就在丈夫出门迎接徐悲鸿的时候，悄悄溜到后面柴草屋里，想在这里暂避一下。她虽躲起来却不甘心，侧耳倾听，她听着听着，又从破门缝里暗暗向里看。这一看，她紧张的情绪也消失了：徐悲鸿原来和普通的老百姓也没什么区别呀！跟自己见过的小学校长差不多。她这时又听见丈夫"时慧！时慧！"的喊叫声，她就一边理扯着衣襟，一边从屋后跨了进来。她低头走到徐悲鸿面前，眼里闪动着感激的泪花说："徐大师，您对抱石的恩德，我们夫妻一辈子也报答不完……请您接受我这妇人家三拜。"

"傅太太，看来你也得接受我徐悲鸿的三拜了。"徐悲鸿笑着忙搀起时慧说，"我在南昌能结识傅先生，实在令人愉快呀！从他的山水画中，不难看出，傅先生非常崇拜石涛，所以他才取名'抱石'，用心是效法石涛。"徐悲鸿提高嗓门大声称赞道，"抱石皴点、君璧云海，可谓中国近代山水画的两大独创之法。傅先生的有些山水画，比石涛画的更见气势，他名为'抱石'，实是'抱玉''抱璧'，他将成为我们中华民族的和氏璧！"

傅抱石听了徐先生说的这些话，感到非常惊奇：我也没同他说过，他怎么知道我崇拜石涛，并发誓要抱住石涛的画不放呢？正是因为这个，我才由傅瑞麟改名为傅抱石的呀！……徐悲鸿名不虚传，在绘画艺术上，他可以称得上明察秋毫……傅抱石对徐悲鸿又增加了一层敬意，徐悲鸿先生夸奖的话，他觉得那正是自己努力奋斗的目标……

中午，傅抱石夫妇再三挽留，徐悲鸿总算答应吃了顿便饭。徐悲鸿对傅太太做的拿手菜——白绿两色分明的素菜"翡翠羹"（韭菜炒豆芽）特别感兴趣，他一尝味道，就称赞说："爽口，好吃，可谓天下第一，天下第一啊！"傅抱石夫妇见他爱吃，就一个劲地往他碗里夹，他也毫不推辞客套，几乎把整盘"翡翠羹"全吃了。

饭后，徐悲鸿让傅抱石研墨，为他的妻子时慧画了一幅彩墨鸭，上款写道："时慧夫人清正。"

为了及时解决傅抱石留学的经费，徐悲鸿又特地登门拜访了江西省主席熊式辉。

熊式辉不光是个武夫，还是个画迷，他看到哪幅画好，做梦都想得到。他对徐悲鸿的奔马图更是朝思暮想。他花了三百块大洋托人好不容易从画商手里买来一幅徐悲鸿的画，遗憾的是不是奔马。他十分恼火地把画商臭骂了一顿。

熊式辉万万没有料到，今天，徐悲鸿却偏偏找上门来了。他喜出望外，亲自出门迎接不请自来的贵宾。

徐悲鸿开门见山地说："南昌出了个画山水的傅抱石，很有才气，你知道吗？"

满脸堆笑的熊式辉轻轻摇摇头，表示不知道。

徐悲鸿又说："傅抱石的出现，是我们中华民族的骄傲，更是你江西省的一大骄傲啊！他的山水画，将使整个中国的山水画出现勃勃生机！你省主席应该拨出一笔钱来，让他出国深造，为我们中华民族培养让世界画坛为之震惊的艺术大师来！你把这件事办成了，你会名垂青史，中国人都会念你的好。"

不管徐悲鸿怎么想方设法说服熊主席，熊式辉都不感兴趣。徐悲鸿见他无动于衷，便取出一张奔马图，往案头一放，说："我把这张奔马图留给你，请你考虑傅抱石先生的出国留学费用问题。"

"徐先生，这幅奔马图你打算要多少钱？"熊式辉一见徐悲鸿的奔马，心里就痒痒起来了，但又怕徐悲鸿开价太高。徐悲鸿偏不说价钱，而是说："我徐某人不是卖画的，钱财事小，为祖国培养人才事大。为了帮助傅先生出国深造，我才来找你，你这位省主席大人就看着办吧！"

徐悲鸿说完，就告辞了。

熊式辉送走了徐悲鸿，回头看着那奔马图，乐得眼睛鼻子都不在原位了。他一边观赏奔马图，一边拨拉起心中的小算盘。他随手写了张便条，派人送给傅抱石一笔小款，就把这件事搪塞过去了。由于钱数远不够去法国留学的费用，徐悲鸿只好另打主意，促成傅抱石先去日本留学。

傅抱石于1933年东渡日本，进入东京帝国美术学校学雕塑以及东方美术史。后来，傅抱石在东京经济上又遇到困难，就在行将辍学时，徐悲鸿赶忙四处奔走，又筹借了一笔款额，及时汇到东京。对于傅抱石来说，这是雪中送炭，让傅抱石得以完成学业。在日本攻读三年，傅抱石回到祖国，又经徐悲鸿介绍，在中央大学艺术系任职，教授美术史及美术理论方面的课程。

抗日战争期间，傅抱石的山水画在徐悲鸿的关切下，开始形成了个人的独特风格，把歌乐山一带的风物，画得矫健而洒脱，浑厚而峭拔。徐悲鸿称赞傅的山水画，是作者身历其境所激发出来的胸中意气。他多次向自己的朋友和学生预言道："傅抱石山水画的出现，预告着人造自然山水末日的来临。中国的自然主义出现了浪漫派，中国山水画的复兴有了真正的希望！"

在人民大会堂有一幅全国人民都称赞的巨幅山水画《江山如此多娇》。这幅由毛主席亲自题写画名的《江山如此多娇》，就是大画家傅抱石执笔画成的。

高5.5米、宽9米的《江山如此多娇》，是照着毛泽东的词《沁园春·雪》词意创作的。这幅画分量之重、意义之大、影响之深远，都是众所周知的。画由傅抱石和关山月合作完成。整幅画都集中体现在《江山如此多娇》的一个"娇"字上。画中包括长城内外、大河上下，季节也包括春夏秋冬，概括了祖国的壮美。画家用最简洁的笔墨把祖国的壮美概括出来，用笔墨把全国人民对祖国山河的热爱和赞美，充分表现出来，要在四个月内完成这幅空前的巨制，这可难坏了傅抱石。

好在之前傅抱石已经成功地画过不少幅毛泽东诗词，用他的神奇之笔，画出一幅幅完美的画来配毛泽东的诗词，受到诸名家的好评。这也许是请傅抱石画这幅最难的画的根本原因。若是徐悲鸿在世的话，他也会推荐傅先生来完成这件巨幅画作的。

傅抱石和关山月合作的这幅画完成后，周恩来审定，他非常满意，他决定把这幅庄重典雅、尺幅之大创下历史纪录的辉煌巨制《江山如此多娇》，悬挂在进入大会堂宴会厅的必经之地。

傅抱石说："在画面上，我力求把关山月先生的细致柔和的岭南风格，和我的奔放、深厚融为一体，而又各具特色，必须画得笔墨淋漓，气势磅礴，绝不能有一点纤弱无力的表现。"他完成后，面对着《江山如此多娇》描述道："近景是高山苍松，采用青绿山水重彩画法，长城大河和平原则用淡绿，然后慢慢虚过去。远处则云海茫茫，雪山蜿蜒。右上角的太阳，霞光耀目，光辉一片，冲破了灰暗的天空，使人感到红装素裹，分外妖娆。"

徐悲鸿当初的预言没错："傅抱石山水画的出现，预告着'人造自然山水'末日的来临。中国的自然主义出现了浪漫派，中国山水画的复兴有了真正的希望！"

75

1950年2月，春节刚过，画家尹瘦石和夫人邢琏正计划着登门看望徐悲鸿先生。就在这个时候尹瘦石收到一封信，拆开一看，是徐悲鸿先生亲手写的邀请帖：

尹瘦石先生　邢琏女士：

　　请于本星期日正午十二时，驾临东受禄街16号敝处午餐。

徐悲鸿　廖静文同订

星期五

星期日，风和日丽，尹瘦石在去徐悲鸿府上赴宴途中，兴致勃勃地向夫人谈起当年徐悲鸿对他的扶植培养，以及自己对徐悲鸿的崇敬……

尹瘦石是江苏宜兴周铁桥人，距徐悲鸿的家乡屺亭桥仅十八里路。1933年，15岁的尹瘦石考取了江苏省立宜兴陶瓷职业学校艺徒班。一日，他从同学那里偶然看到了一本上海南国艺术学院出版的刊物，上边刊有徐悲鸿的画和关于徐悲鸿的故事。他如获至宝地看呀，读呀，简直入了迷。"人不可无傲骨，但不可有傲气！"徐悲鸿的这句话，深深地刻在尹瘦石的心上。他被徐悲鸿为中华民族绘画艺术事业的奋斗精神所感动，暗自立下誓言："走徐悲鸿的绘画道路，把青春献给中华民族的绘画事业！"

尹瘦石在艺术道路上，始终紧紧踏着时代节拍而歌，深得徐悲鸿的赞赏。在日本侵略中国、国难当头的日子里，有志青年为抗日救国，纷纷奔向大后方。尹瘦石也流亡到了武汉，就读于武昌艺专。不久，武汉告急，艺专又要迁移，尹瘦石听说徐悲鸿已亡命广西，于是他也带上画箱往广西流亡，想拜

1929年徐悲鸿在南国艺术学院。中为徐悲鸿

徐悲鸿为师。

1940年夏日的一天,尹瘦石从报纸上读到一条振奋人心的好消息:广西省立艺术馆在桂林成立,徐悲鸿先生将出任美术部主任。

尹瘦石心里燃起一团烈火,他立刻赶到了桂林。可是徐悲鸿此时根本不在桂林,正在南洋各地举行画展,为祖国的抗日战争筹集资金。一直到1942年秋,徐悲鸿回国后,尹瘦石才见到日想夜盼的徐悲鸿。徐悲鸿非常喜欢尹瘦石的画品和人品,他认真看了尹瘦石画的每幅新作,连声说:"蛮好,蛮好,画得喜人!"他根据自己的多年实践,告诉尹瘦石画人物怎样才能达到惟妙惟肖。他说:"'妙'属于美;'肖'属于艺。所以画画首先要写实,要以造化为师,画马即以马为师,画牛要以牛为师,画人物即应到各类人物中间去厮混,去观察,这也是拜师。这样才能画到惟肖。得心应手以后,或无须凭写实,下笔亦未尝违背真实,生动逸雅的神致更能活脱于纸上,这就属于美了。美是无止境的,妙不可言,是美的集中表现……"老师一席话,胜读十年书。经徐悲鸿这一指点,尹瘦石心中这盏灯的火苗,就越来越亮了。

次年春天,在徐悲鸿即将返重庆的时候,尹瘦石和熊佛西在住处"榴园"为他饯行。饭后,悲鸿画兴勃发,泼墨作《奔马》一幅,赠尹瘦石。一匹勇往直前的奔马,四蹄生风,奔雷闪电,时时都在激励着尹瘦石的斗志!

徐悲鸿在作画时,偶然看见在尹瘦石案头上有只旧笔洗,他赞不绝口,说这是明代广窑的遗物,如今已十分难寻了。尹瘦石见老师喜爱,就悄悄把笔洗洗刷干净,在底下贴上一张敬赠的纸条,待老师临走时,作为纪念品相赠。

受到徐悲鸿寓意深远的历史题材油画《徯我后》《田横五百士》的启发,尹瘦石也接二连三地创作了《屈原》《史可法督师扬州图》《伯夷、叔齐》《正气歌》等一批爱国主义题材的历史人物画卷。他的人物画注重以形写神,人物的性格、气质、特征流于笔下。1944年日军侵入湖南、广西,尹瘦石携书画辗转西南经贵阳、遵义来到重庆。在

1945年10月国共和谈期间，尹瘦石在重庆为毛泽东作写生肖像。此肖像和其他进步人士肖像一起在重庆与诗人柳亚子共同举办的《柳诗尹画联展》中展出，毛泽东亲自为诗画联展题字。联展引起轰动，影响巨大，郭沫若、徐悲鸿、翦伯赞、丰子恺、刘开渠诸名家先后著文刊于《新华日报》《华西日报》等。特别是刊登在《新华日报》上的徐悲鸿撰写的那篇热情洋溢的介绍文章，让读者走进尹瘦石的绘画艺术世界里，给尹瘦石本人以很大鼓舞，给读者留下深刻难忘的印象。

1945年8月，抗日战争胜利，尹瘦石在周恩来的帮助下，到达晋察冀边区，任华北大学文艺学院教员。1946年3月，尹瘦石告别了徐悲鸿、告别了重庆，来到解放区，不久又到了内蒙古大草原。他立志要走徐悲鸿老师告诫的写实主义绘画道路。他到大草原后，和牧民同住一个蒙古包，同喝一壶酥油茶，骑上马背，驰骋内蒙古广阔美丽的大草原，走过了好多地方，画了大量有关马的各种速写，并吸收了徐悲鸿画马的笔墨技法。当然，尹瘦石画马的目的也同徐悲鸿一样，不仅仅是为了表现马的形体和神态，而是借助于马的形体和神态，来抒发热爱人民、热爱祖国、对未来充满向往的美好情感。

1949年初，北京和平解放，10月1日，中华人民共和国宣告成立。尹瘦石看见报纸上登载的徐悲鸿出任中央美术学院院长的消息，十分高兴。他主动给老师写信联系。不久，徐悲鸿回信赞赏："……足下见义勇为，早赴共方得献身塞外，奔驰大漠为人民革命服务，完成壮志于艺事……"

徐悲鸿的这些鼓舞人心的亲切话语，经常响在尹瘦石的耳畔，不断激励他扎根于人民群众之中，创作出一幅幅深受人们喜爱的画卷。如今，尹瘦石已成为名满画坛的书画家了。

尹瘦石所画奔马，神态生动，气象万千，具有个性特色。在书法上，他早年涉猎众多名家，工于小楷，擅长行草书。书法结构严谨沉稳，气势宏伟，流畅温润，遒峻内蕴，诚为难得之一家。

尹瘦石向夫人谈着这不可忘怀的往事，很快来到了东受禄街16号。

悲鸿夫妇设丰盛的午宴款待。这天，徐悲鸿由于尹瘦石在绘事上取得的显著成就而极为高兴，不仅赠他奔马图，而且题上款："戊寅岁阑，北平将解放之际，悲鸿兴奋写之"。另将他1929年的一幅素描，题款后赠予尹瘦石。

中华人民共和国成立后，尹瘦石当选为中国美术家协会内蒙古自治区分会美协主席、北京画院副院长、中国美术家协会北京分会主席、全国文联副主席、柳亚子研究会会长。

76

以画毛驴独树一帜、享誉画坛的黄胄，他虽没进过美术院校，同徐悲鸿也有一段难忘的师生情。

1949年，那时黄胄还在兰州部队工作。当时，他只是一个靠自学成才的业余美术工作者。黄胄为了得到专业画家的帮助，他选了一批自己较为满意的画稿，寄给在北京画院工作的师兄弟韦江凡，请他提意见，并请转其他美术界前辈批评指导。韦江凡展开黄胄的一幅幅画稿细看，立刻感到一股浓郁的生活气息扑面而来，西北高原那种特有的气氛似乎弥漫着他的画室。韦江凡很快想到他的恩师徐悲鸿对积极上进、勇于探索的青年美术工作者，从来都是爱护备至，尽心扶持帮助。于是，韦江凡便把黄胄的这批美术习作，交给悲鸿师过目。

不出所料，徐悲鸿认真地审视了黄胄的全部画稿，感到有一种特殊的泥土气息。其中最吸引眼球的，是一幅彩墨画《爹去打老蒋》。徐悲鸿看了黄胄的这幅彩墨画，连声惊呼："蛮好，蛮好啊！意新笔奇，称得上是一幅难得的绘画精品。"徐悲鸿看完了黄胄的一幅幅作品，大有"众里寻他千百度，蓦然回首，那人却在灯火阑珊处"的感觉。他又一次发现了美术新星，这对徐悲鸿来说，是件值得庆贺的大喜事。在这幅《爹去打老蒋》的画面上，妻子抱着孩子，怀着依依难舍但又十分骄傲的心情，欢送丈夫上战场。那位新战士披红挂彩、器宇轩昂地骑在一匹昂首蹄动、待命奔驰的骏马上。徐悲鸿满心喜悦地对身边的韦江凡说："爹去打老蒋，妻子送郎上战场，画得实在是太好了，有着多么强烈的时代感啊！一个字，好！一幅难得一见的好画啊！"

徐悲鸿预见到新中国的画苑中一位新星即将脱颖而出，他决定把这幅洋溢着西北高原泥土气息的作品，推荐给全国第一届美术展览会评选委员会。于是，徐悲鸿派人把黄胄的这幅《爹去打老蒋》送到了全国第一届美术展览会评委会。

参加展览的作品要经过初选、二选、终选三道关口。初选那天，徐悲鸿为了推荐黄胄的《爹去打老蒋》，他亲自参加了评委会。他指着黄胄创作的《爹去打老蒋》，一再向评委会的同志介绍。可一些评委看到作者是个从未听说过的黄胄，便不置可否。徐悲鸿自有主见，见没有明显反对意见，信手把它放入初选通过的画堆里去了。二选时，徐悲鸿又来了，他拿起《爹去打老蒋》郑重其事地介绍道："黄胄的这张画形象生动，内容真实，非常富有感召力，新中国的美展就应该展出这样的作品。所以，我赞成这幅让人耳目一新的优秀作品入选。"

还是徐悲鸿的话有说服力、号召力，因为他是中国美术界的权威。就这样，第二关顺利通过。最后一关是评委终选。终选那天，徐悲鸿因为有更重要的事没能参加，评委会中有的评委面对黄胄的画，仍然难下断言，主意不定。他们总觉得黄胄这名字过去没听说过。郁风发言说："徐院长一再推荐黄胄同志的这幅画，多次说好，这是有道理的，我看就通过吧！"

"徐院长一再推荐，多次说好，是有道理的。"关键时刻，权威的评语是非常重要的。郁风这么一透露徐悲鸿所说的几句话，评委们也就没人再说别的了，顺利通过。

徐悲鸿在对人才的关心培养上是无可挑剔的。只要他看上的人才，不管有什么困难，只要他活着，他就会想方设法地把他推上去。哪怕把自己累死,只要能把新人推向前,他都心甘情愿。所以,第二天他一上班,第一件事就是关心地打听《爹去打老蒋》这幅画最后选上没有。工作人员告诉他选上了,他这才放心地松了一口气,说:"好,这就让我放心了。"

经裱画师刘金涛装裱成轴,《爹去打老蒋》在全国第一届美术展览会上展出了。

《爹去打老蒋》展出后,不仅受到了在京绝大多数美术家们的赞赏,而且也受到广大观众的欢迎和赞扬。就这样,人们开始从这幅画上,认识并熟悉了黄胄的作品和名字,直至黄胄笔下毛驴闻名中外,蜚声画坛……

全国美展结束后,徐悲鸿希望把《爹去打老蒋》作为佳作收藏起来,以便将来放到艺术馆里留给后人欣赏。徐悲鸿担心黄胄不忍割爱,便找来韦江凡商量:"江凡,《爹去打老蒋》这幅画我想收藏它,不知作者黄胄是否同意?办法或是用我自己的一幅画同他交换,或是我出钱买……"

"老师,您可别那么说……"被徐悲鸿诚恳而认真所感动的韦江凡赶紧打断老师的话,"对于我们这些做学生的来说,只要老师您能收藏我们的画,这是求之不得的大喜事、大好事,感谢老师您还来不及呢!这还有什么好商量的。我打心眼里替师兄弟黄胄(他们两人都曾在长安画派创始人赵望云门下学过画——作者注)高兴……"

老师徐悲鸿说的是真心话,学生韦江凡说的也是真心话。别说是一位无名之辈的一幅画,即使是当代名家的一幅画若是能被徐悲鸿看上而收藏,这本身就是一种难得的荣誉,也是提高知名度的最好宣传。这对黄胄来说,当然是一件求之不得的大好事。所以,韦江凡立刻打包票说:"老师,您用不着跟他商量,我全权代表师兄弟黄胄了,把他画的这幅《爹去打老蒋》送给您收藏。黄胄那里由我去说,保证他不光要感谢老师您,还会感谢我主动代表他办了这件再好不过的事。我了解我这个师兄弟,他肯定会登门感谢您的。"

"感谢我就大可不必了。"徐悲鸿十分高兴地说,"不过,你一定要把我的意思告诉他。"

尔后,没等黄胄登门感谢徐悲鸿,徐悲鸿便主动安排在北京见了黄胄。他不仅用最美好的语言赞扬了黄胄的画,而且还十分关心地询问了黄胄的工作、生活以及创作情况。这给黄胄极大的鼓舞,让他受益匪浅。

徐悲鸿对黄胄的关怀、指点、提携,成为他勤奋作画的动力……

不平凡的经历和丰富的经验,使得徐悲鸿的目光非常敏锐,他对于绘画的鉴定和人才的识别,总是令人交口称赞,不得不佩服。从此,黄胄走遍了天山南北,用他手中那支传神的画笔,画出了西北地区少数民族多姿多态的风情、人物。那些戴着维吾尔族小花帽、编着数不清细长辫子的姑娘,特别是毛驴背上的少女,更是千姿百态,活泼健美,深受国内人民群众和外国朋友的喜爱。特别是栩栩如生、跃然纸上的毛驴,和西北地区的壮美风情,使黄胄成为中国画坛上的一员罕见的骁将。

77

徐悲鸿不管走到哪里,都时刻不忘自己作为美术教育家的责任。身为中央美术学院院长的徐悲鸿,他深知自己所肩负的责任,不光自己要把画画好,更重要的任务是发现艺术人才、培养艺术人才。1939年到1942年间,徐悲鸿在新加坡、马来西亚、印度尼西亚、印度等南洋诸国,为支援祖国的抗日战争,紧张地作画巡展义卖筹集资金。在这期间他不仅筹集了大量资金,还发现、培养了几位年轻画家,李曼峰、马骏就是其中的两位。

1939年徐悲鸿在新加坡举办画展,住在江夏堂。一天早餐后,正在作画的徐悲鸿听见敲门声,他抬头一看,推门进来一位年轻人。没等徐悲鸿说话,这位年轻人先开口了:"您就是徐悲鸿大师吧?"

"是，我就是徐悲鸿。"徐悲鸿上下打量着这位不速之客说。

"我听朋友介绍说，您最近来到了星洲，我是慕名来请教大师您的。"不速之客说，"我夜里想，白天盼，今天总算见到徐大师您了。"

徐悲鸿看了老怀表问，"吃早点了没有？没吃的话，我请师傅给你做。"

"吃了，我真的吃了。"年轻人说，"我早早地吃完早饭就往这里赶，生怕找不到你。"

"吃饭了，那就请坐下喝杯茶吧。"

徐悲鸿请人送来一杯茶。

"年轻人，你既然来了，那就请坐吧。你坐下，我们慢慢地谈。"徐悲鸿放下手中的画笔微笑道，"你叫什么名字，今年多大了？"

年轻人自我介绍："我姓马，叫马骏，骏马的骏，今年刚刚23岁。我出生在上海，是上海人，从15岁就在上海一家日本工厂学徒。工厂里每天都有报纸从日本寄来，我从那些废弃的日本报纸上看到许多漫画。报纸上的字我不认识，报纸上的画我能看得懂。我喜欢画画，就照着葫芦画瓢，一有空就照着画。后来，我看到叶浅予先生的漫画《王先生》在巴达维亚城（今印度尼西亚雅加达）的《时报》彩色版上连载，我被吸引住了，就每期必读，不光读，还临。后来我就自己编、自己画。"……

"马骏同学，你一般都用什么笔画画？"

"我一般都是用钢笔和铅笔画。"

"马骏同学，别着急，先喝杯茶，你慢慢说。"徐悲鸿了解年轻人，他关切地说。马骏喝了杯茶又接着说："1936年我20岁那年，参加了银月歌舞团，在中国巡回演出了整整十个月。1937年，我到了南洋，在泰国和马来西亚各地跑了一年。1938年我到了新加坡，1939年脱离了歌舞团，到了丁加奴州甘马挽华校教课。我曾画过不少漫画投寄到《星洲日报》。徐大师，您在新加坡的名字如雷贯耳，大家都知道您是位了不起的大画家。我今天就贸然来向您请教画画的事。"

"你不光喜欢画画,还能歌善舞、多才多艺啊!"徐悲鸿微笑道,"你喜欢画画,能坚持这么长时间,精神可嘉啊!我跟你一样,小时喜欢画画,看见香烟盒上的画,也照着画过。马骏同学,你需要我怎么帮助你,说吧。"

"我带来一些自己的画,想请您看看,给我指点指点。"马骏一边说,一边从书包里取出一卷画。徐悲鸿打开画卷,一张张地看得很认真,他看完马骏的画,亲切地说:"马骏贤弟,我给你提出两点意见:第一,你用铅笔起稿,用钢笔画线条,无论如何你的线条都不可能画粗,不可能有毛笔的效果;第二,你不需要用铅笔起稿,要自己练得很纯熟,如果你用毛笔先上颜色然后再用毛笔勾线,就是一幅漫画。建议你练习用毛笔勾线。如果画在宣纸上,就是一幅中国风格的彩色漫画,而且你想画多大都可以。"

后来,马骏练习画画就不用铅笔起画稿了。他再次到江夏堂请教徐悲鸿时,这一回徐悲鸿不是用嘴给他讲,而是用示范的方式,一边画一边讲。徐悲鸿告诉马骏:"你把手贴在桌子上画画,画圆圈不过茶杯口、碗口那么大。如果你把手腕抬高一点,就可把圆圈画得像大碗、大碟子那么大。你要是把手腕再提高一些,就可以画到脸盆那么大……"徐悲鸿一边画一边讲,一边讲一边画,这回马骏算是听明白、看明白了。徐悲鸿这是在耐心启发他、教他,为何要把手腕抬起来用悬腕写字作画的道理。徐悲鸿做完示范后,又手把手教他悬腕画圆圈,画别的……

马骏在向徐悲鸿告别时,徐悲鸿满脸笑容,充满希望地说:"年轻人,好好努力吧,天下无难事,只怕有心人。用心作画,不懈努力,马骏马骏,你一定能成为一匹了不起的骏马!"

对于马骏来说,有人对他说一万句,也不顶徐悲鸿对他说一句。徐悲鸿的话字字句句都铭记在马骏心里,而且还不停地发酵。徐悲鸿的这一简单易懂的教学法,很快就让马骏掌握了用笔的要领,而后进步很快。花开花落,一晃到了1964年冬天。马骏回到上海,一天,他去拜访著名漫画家丰子恺先生，吃完午饭，丰先生睡午觉，马骏就在画室画画，丰先生的女儿丰一吟就站在旁边看。后来父亲同她说起马骏先生的画，她告诉父亲说："爸爸，马先生画画是先上颜色，后勾轮廓。"丰先生高兴地称赞道："好啊，马骏先生他照这个路子继续画下去，无须再变，准能成功！"

其实，马骏先生的这一画法是徐悲鸿先生教他的。马骏先生在艺术之路上，如同一匹骏马，马不停蹄地奔跑着……

在新加坡、马来西亚、印度尼西亚，甚至在整个南洋，画家李曼峰的名字几乎家喻户晓。谈论起李曼峰的老师，人们不约而同地谈到徐悲鸿。南洋一位十分熟悉李曼峰的画家是这样说的："'南洋画风'的先驱无疑是李曼峰，而他的鼻祖则是徐悲鸿。李曼峰受徐悲鸿影响最大！"

李曼峰，原名李绍昌，1913年11月14日，出生在广州郊区河南龙尾渡的乡村里。1915年夏天大灾，父亲李灵溪把妻儿接到新加坡。小李的父亲在新加坡是孙中山领导的同盟会会员。李绍昌从小喜欢画画，喜欢用炭笔画人像。

1932年初，李绍昌把画稿投到巴达维亚城（雅加达的前身）华文报《时报》。而后，年仅19岁的李绍昌，很快被《时报》主编看上并聘请到《时报》任美术编辑。从此，李绍昌在印度尼西亚开始了正式的美术工作。李绍昌创作的时事漫画、广告插图，使《时报》面貌一新，很受读者欢迎。不久，血气方刚的李绍昌毅然辞职，开始了以李曼峰为笔名，在报刊上发表自己的美术作品。由于创作需要，建立了属于自己的画室。随着时间的推移，笔名李曼峰的知名度越来越高，渐渐地李绍昌这个名字就被李曼峰替代了。从此，李曼峰被人们越来越熟悉。

李曼峰早在十四五岁时，曾在新加坡中华书局发现并翻阅了两本线装画集：《徐悲鸿素描集》和《徐悲鸿画集》。那是在宣纸上用柯罗版单色印刷的徐悲鸿书画作品。徐悲鸿的件件绘画和素描，都深深地吸引着这位酷爱美术的少年。徐悲鸿的画和徐悲鸿这个名字一起，深深地刻印在他的脑海里了。他想拜师徐悲鸿，并一直在心里念叨着，让他犯愁的是，怎么才能见到徐悲鸿，这个机会太难遇上了。

说来也巧，李曼峰的堂叔李天马不仅是位书法家，还是徐悲鸿的朋友。李曼峰通过堂叔李天马，轻而易举地知道了徐悲鸿经常住在江夏堂作画、接待来自四面八方的客人。于是，远在巴达维亚城的李曼峰给徐悲鸿写信并把自己作品照片寄到黄曼士家，希望能得到大画家徐悲鸿的指教。令李曼峰高兴的是，他寄给徐悲鸿的书信和作品照片，不仅全部收到，收件人还全部一一回信了。让李曼峰更意想不到的是，徐悲鸿还给李曼峰寄去自己的绘画和大幅照片相赠。徐悲鸿在信里不断给予热情的鼓励，并坦诚地提出了一些很具体又很重要的修改意见，还有一些特别好的建议和希望。徐悲鸿的谦逊认真，特别是对他那种热心、关心、爱心，毫无保留地指点他如何做人如何作画，让李曼峰特别感动。他万万没有想到，世上还有这么好的老师。李曼峰慢慢意识到，他虽然从来没有见过徐悲鸿，然而，徐悲鸿正在天天影响着他，改变着他，徐悲鸿在不停顿地促使他永远奔跑在无限光明的艺术道路上……

徐悲鸿就是这样一位艺术家、一位艺术教育家，不管他有多么忙，总是把发现和培养人才放在第一位。他说："人才不是天生的，是需要有人发现和培养的。"徐悲鸿像对待其他人一样，正在尽最大的努力，同年轻的李曼峰保持书信往来，用心培养他、影响他。

就这样，一晃就是一年。1941年11月，太平洋战争的帷幕渐渐拉开，战火眼看着快要燃烧到马来半岛，时局越来越紧张。在新加坡的徐悲鸿应美国援华总会邀请，正在紧张地为赴美国办画展做准备。李曼峰欲与"神交已久"的徐悲鸿老师见上一面，他费尽周折，冒着风险，乘船来到新加坡。黄曼士是李曼峰的妹夫，黄曼士便安排李曼峰住在自己家里。李曼峰是奔着徐悲鸿来的，1941年的11月7日上午，他带着堂叔李天马的一张名片，步入江夏堂徐悲鸿的住处。徐悲鸿并不认识这位短发高瘦的青年人。李曼峰一见到自己所崇拜的徐悲鸿，就赶紧自我介绍……

站在眼前的年轻人就是李曼峰，徐悲鸿很高兴，操着浓重的江南口音说出了第一句："曼峰，我没想到你这么年轻。"

在客厅里，徐悲鸿把李曼峰一年来寄给他的作品照片摆在桌上，他挑选了《古老的回教堂》《乐工》《待运》等，徐悲鸿问曼峰："这是你挑选出来的自己满意的画吗？"

"是。"李曼峰有点腼腆地回答道。

"这些画还在吗？"徐悲鸿又问。

"有的还在，大都卖掉了。"李曼峰继续回答道。

"和第一流的画家一起展览，价钱很高，卖掉了，就回不来了。"徐悲鸿十分惋惜地说，"这些都是你的代表作，为什么卖掉呢？"

"徐先生，自己满意的作品为什么不应卖给他人呢？"28岁的李曼峰，虚心求教比他年长18岁的徐悲鸿。

"你可知道，我们画几百张画，往往才能从中挑选出几幅自己比较满意的作品。你好好想想看，这样的作品能卖吗？"徐悲鸿毫不客气但又语重心长地说，"价钱好，好到价钱高到十倍好不好？十倍的价钱还是不能卖。因为卖了就收不回来了。要卖的话，就画一二十幅普通的作品卖好了……你将来会懊悔。如果外国邀请你去展览，你拿什么去展览？拿普通的作品吗？……"

徐悲鸿还建议李曼峰，画家要好学，要多走勤看，有机会的话最好能去欧洲看看文艺复兴时期的一些大家的作品。这对开阔眼界，提高自己的绘画能力会大有好处。徐悲鸿深有体会地告诉他："艺术的生命力在于创新。要创新，就得学习就得深入到实际生活中去。画画是苦活，画山水画就是要咬定青山不放松，仔细观察，反复地画。所以，学画要坚持读万卷书行万里路，一定要坚持写实主义。要想办法把西画的技法学到手，融会贯通运用到你的作品中去，从而创作出更新更美的绘画作品。"

徐悲鸿鼓励李曼峰及时出版自己的画集。徐悲鸿还告诉李曼峰，你出画集我可以为你的画集写序言。徐悲鸿说到做到，后来，他真的为李曼峰画集作了序言。徐悲鸿在序言中写道："英年大志，才气纵横，自不恋恋陈旧之馆阁形式。""作风雄肆，其取材而抉择有雅趣。所以人物风景多生气蓬勃，充满乐观情绪，盖久居炎方能体会融融之日光，故其画之容颜辉煌而沉着，所写动物亦有同等精妙，汇揽众美，从之求难能……"

徐悲鸿还把存放在江夏堂赴美展出的"中国第一流美术家展览"的部分作品，先让李曼峰学习。徐悲鸿亲自担任讲解，对一些重要作品介绍得特别细致。曼峰受益匪浅，一再感谢悲鸿老师，称他是天下最好的老师。由于李曼峰吃斋，徐悲鸿还特地请他到斋堂吃素食。

徐悲鸿对李曼峰的潜质与才能极为赞赏，称他"才艺使人动心"，并鼓励他立志成为重量级的艺术大师。

相见恨晚的十多天，徐悲鸿送给李曼峰一幅鹰、一幅鹤、一幅《饮马图》《柏鹿图》和一副对联。徐悲鸿在饮马图上题道："曼峰先生特由巴城造访，深感其意，写此报之"。

李曼峰回到印度尼西亚没几天，新加坡、马来西亚陷入日军手中。他遭受日军囚禁。1943 年，李曼峰从日本军事法庭监狱被释放出来的那一天，一位目光炯炯的人走进李曼峰的家，这人便是后来印尼的第一任总统苏加诺。苏加诺很喜欢李曼峰的画。二人高兴地谈了一个晚上。李曼峰从此成为苏加诺在艺术上的挚友。以后，苏加诺喜欢大清早拉李曼峰一起去看画展。1952 年 8 月，李曼峰从荷兰官费留学回到印度尼西亚时，这里已经起了翻天覆地的变化。印度尼西亚在苏加诺领导下已摆脱了荷兰 350 年的殖民统治，苏加诺成为印尼独立后的第一任总统。1952 年 11 月的一天，苏加诺和夫人、随从及卫兵人马开到李曼峰家。苏加诺身穿军服，一下车便握着李曼峰的手，哈哈大笑道："李！我们又可以在一起谈艺术了。"一切像以往一样，他无拘无束，不时拍打着李曼峰的肩膀，鼓励李曼峰多以印尼风情为题材画画，相约今后继续一起看画展。苏加诺临走时还不忘选购李曼峰的几幅作品。李曼峰深感苏加诺总统和过去一样，仍是艺术家的朋友。苏加诺情辞恳切，打消了李曼峰与总统交往的顾忌。李曼峰没加入外国籍，他的身份一直是中国人。有一天，苏加诺问他在印尼住这么久了，为什么不加入印尼国籍。李曼峰回答："这个，您得让我考虑一下，然后再征求家长的意见。"

后来苏加诺命他的副官在两星期内办好李曼峰的入籍手续，最后签字批准的是苏加诺。苏加诺的帮助，确立了李曼峰在印尼甚至南洋的艺术地位。

1955年第一届亚非会议在万隆召开，李曼峰以《南洋》画报记者的身份，创作了《中国代表团在亚非会议席上》。会议休息时，他把画好的素描送给周恩来总理看并请他签名。周恩来问："你是哪家报社的记者？"曼峰如实作答。周总理高兴地签名后，又让廖承志、陈毅、叶季壮、黄镇、浦寿昌、达浦生等签名。这幅画和李曼峰在会议期间画的尼赫鲁、甘地夫人、吴努、纳赛尔、范文同等各国首脑的肖像速写曾刊登在《南洋》画报和许多国家的报刊上，影响不错。

1955年3月20日，在雅加达华侨总会大厅召开了印华美术协会成立大会，李曼峰被推选为主席。1956年8月4日，李曼峰率印尼华侨美工团由雅加达起程，经新加坡、香港来到北京。他见到了艺术大师齐白石、梅兰芳、泥人张、面人汤，为齐白石、郭沫若及工人农民劳动模范画像。

李曼峰再次到老师徐悲鸿墓前献上鲜花凭吊，寄托哀思。徐悲鸿的大弟子吴作人，特请李曼峰到家中做客。印尼华侨美术家组团到中国是历史上的第一次。五个月内，李曼峰等在北京、大连、鞍山、长春、哈尔滨、上海、杭州、厦门、广州、肇庆等十多个城市，受到当地美术家的热情接待。他抽空回到广州河南龙尾渡的祖居去探望。这是李曼峰出生后第二次踏在故乡乡间的小路上。

苏加诺是总统，也是画家和绘画艺术品收藏家。1961年，李曼峰被任命为总统府顾问画家和藏画主管，为苏加诺整理藏画和主编《苏加诺总统藏画集》第五、六集（画集一共六集，每集100幅画，六集600幅画，前四集1961年前出版）。值得一提的是，在《苏加诺总统藏画集》中有毛泽东签名赠给苏加诺的齐白石绝笔《富贵长青》，还有周恩来总理赠送的徐悲鸿的奔马。周总理在画的右上方题款"苏加诺总统阁下惠存"，左下方题款"周恩来一九五六年十月四日于北京"。

李曼峰在临终前曾感慨道："中国是我的出生地，新加坡是我的第一故乡，我的童年和一生中大部分时间是在这里度过的，印尼是我的第二故乡，在那里我获得一生中最大的荣誉与成就。无论如何，我都希望这三个国家友好和强盛。"李曼峰交代，一定要把他收藏多年、价值不菲的那幅徐悲鸿创作的油画《母女图》，赠送中国美术家协会及徐悲鸿纪念馆。1986年6月26日，《母女图》送达北京西郊花园村华侨公寓吴作人家中。吴先生是中国美术家协会主席，画作请他转送徐悲鸿纪念馆。吴作人当即撰写"情联海内外"五字，并题："李曼峰先生以所藏徐悲鸿先生1939年作油画《母女图》捐赠中国美术家协会，深感李先生珍藏数十年徐师精构，况李先生在南洋艺誉久驰，亦为徐先生所重，兹谨以此珍品转赠北京徐悲鸿纪念馆，俾观众能了解其经过，暨志谢李先生高谊，并呈以慰徐先生其遗作免流失海外。"

北京八宝山革命公墓徐悲鸿墓

78

  1950年6月初,一个明朗的清晨,徐悲鸿像往日一样,回复前一天收到的各地来信,就在他往信封上粘贴邮票的时候,忽然传来一阵敲门声。他赶紧放下手里的邮票走到院子里,听见厅外传来略带稚气的南方口音:"请问,大画家徐悲鸿是住在这儿吗?"徐悲鸿快步去开大门,只见外面站着一个身背行李、有些羞涩腼腆的少年。他瘦瘦的,个子不很高,毛茸茸的脸上布满风尘,显得有些疲惫。一望而知,眼前这位有些羞涩腼腆的少年,是长途跋涉来的。

  "大画家徐悲鸿在家吗?我是从远道来投奔他的。"还没等徐悲鸿开口问他,这位少年就急切地说,"三年以前,他曾经回信给我,让我初中毕业以后就来北京找他……"

  "啊,是的,是的。我就是你要找的徐悲鸿。"徐悲鸿一边回答,一边思索着这个少年可能是谁。因为徐悲鸿的朋友和学生遍布各地,这位小客人究竟是朋友的孩子,还是自己没有见过面的学生?一时想不起来,也难以断定。于是,他只好一面帮小客人拿着行李往屋里走,一面问:"小弟弟,你是不是刚下火车呢?"

  "是呀!我从前门一下火车就找您来了。"小伙子笑着述说道,"一上火车我就一直担心,真怕到了北京找不到您。离家的时候,我妈说,那么大个北京城,你上哪儿找一个人去。可我下了火车一打听,好多人都知道您的大名,没费什么事就找到您这儿来了。"

  小伙子有趣的话使得徐悲鸿直想笑。他说话时,不时地闪动着那双又黑又亮的大眼睛,长长的睫毛,上下忽闪着,显得格外可爱。

  "小弟弟,听口音你好像是江西南昌人。"徐悲鸿轻轻拍着他的额头,忽然想起了来客是谁了,"你大概是勃舒小弟吧?"

  "是呀,我是刘勃舒,南昌那个画马的小学生。怎么,您把我给忘啦?"纯真可爱的小伙子心直口快,不知语言的轻重,心里想到什么就说什么。他哪里会想到,他只认识一个大画家徐悲鸿,一下子就记住了;而徐悲鸿的学生成百上千,很多还没见过面,哪能一见面就知道是谁呢!徐悲鸿听了小伙子直率的话语,带着歉意地说:"你看你看,我怎能把画马的勃舒小弟给忘了呢!三年前的邀请,今天你按时来了,太好了,我们全家欢迎你!"

随着刘勃舒的到来,徐悲鸿的眼前又浮现出三年前的一天发生的那件让他喜出望外的一段往事:

那是1947年7月21日,徐悲鸿在拆阅各地寄来的一沓信件中,发现一封寄自南昌实验小学的信,落款是一个名叫刘勃舒的小学生,信封里还放着两张不足盈尺的小画《马》。一幅画上写道:"三十六年七月 勃舒。"另一幅画上写着:"卅六年除夕临悲鸿大师笔意 勃舒十二岁于洪都。"信是用练习本上的纸写的,字虽写得不怎么好看,却相当工整,一看就知道是下了功夫的。徐悲鸿高兴极了,他如获至宝地拿着刘勃舒画的马,走到正在梳妆台旁的妻子身边,亮着画笑道:"静文,你看这位小学生画的这马多有意思,虽说毛病不少,可我已经从这两幅画上,看到了这位小作者的才华和前程!嘿,在我们祖国960万平方公里的土地上,我又发现了一个艺术人才!"徐悲鸿大呼,"后生可畏,后生可畏!我们中华民族绘画艺术后继有人,大有希望……"

廖静文温存地一笑,说:"看把你高兴的。"

"那当然,这比你我个人的事情意义更大呀!"他说着,又回到书桌前,拿起笔墨,在一张画幅上写下了六个醒目的大字:"有美丽之远景。"落款是:悲鸿。并端端正正地盖上了一方"江南贫侠"印章。他又在另一幅习作上用饱满而淋漓的字体写了这样一句话:"此画确有意味。悲鸿。"还盖上了"江南布衣"的朱文篆字正方形印章。然后,为了辅导远在南昌的刘勃舒,他在几张长条素描纸上,接连不断地画了一幅幅像是连环画一样的,有关马的骨骼、关节、肌肉等各个部位如何起笔和收笔的示意图解。他把原画和图解叠好,装进一个大信封。

接着又摊开了信纸,思索了片刻,挥毫写道:

"勃舒小弟:你的来信及作品使我感动。我的学生很多,今又在数千里外得一颖异之小学生,真喜出望外。学画最好以'造化为师'。故写马必以马为师,画鸡必以鸡为师。细察其状貌动作神态务扼其要,不尚琐细(如细写羽毛等末节)。最简单的学法是用铅笔或炭条对镜自写,务极神似。以及父母兄弟姊妹朋友,因写像最难。此须在幼年发挥本能。其余一切,自可迎刃而解。"

徐悲鸿写到这里,忽然想起了什么。他搁下笔,翻箱倒柜,在寻找什么重要东西。找了一处又一处,总算找到了他急需要的东西——一沓关于画马的全过程图解照片。这组照片不仅图解明了,而且还有详细的文字说明。徐悲鸿满意地笑了。他又在桌前坐下,继续往下写道:

"我附寄你几张照片,聊备参考,不必学我。真马较我所画之马,更可师法也。我爱画动物,皆对实物用过极长时间的功。即以马论,速写稿不下千幅,并学过马的解剖,熟悉马的骨架、肌肉组织。又然后详审其动态及神情,乃能有得。你如此聪明,他日定有成就。但须立志,一定要为世界第一流美术家,毋沾沾自喜渺小成功……"

如何让这一小学生成长为我国第一流的美术家呢?他手支前额想了想,又往下写道:

你好好读完初中即可应考国立北平艺专。假如三年后我仍在北平艺专,我很希望你来此校用功,那时候我必亟愿意亲自指点你,此须努力文、史、生物、数、理、化等普遍课程,必要之常识不可忽也。此问近好。

悲鸿手复
七月二十一日北平

徐悲鸿写好信后,又仔细看了一遍,觉得字迹有些潦草,怕五年级的小作者看不明白，于是又拿起毛笔，一丝不苟地重抄了一遍，这才放心地寄出去。这正如南宋诗人杨万里在一首题为《小池》诗里写的那样："泉眼无声惜细流，树阴照水爱晴柔。小荷才露尖尖角，早有蜻蜓立上头。"

刘勃舒幼年时，就酷爱画画，尤其爱画动物画。他上学以后，到了四年级时，放学后总是喜欢跑到附近一家书店里看画册。有一天，他看到一本线装的徐悲鸿画集，爱不释手。可是他父亲是位清贫的小学教员，要养活他兄弟五个，已经够艰苦的了，哪里还有钱买画册呢？没法子，小勃舒只好天天去看，还拿起铅笔，一张张地照着画，不多久，他画了好多各种姿势的马，同学们和邻居都说他中了画马邪。

刘勃舒给徐悲鸿写信寄画，事先他连父母也没告诉，是一个人偷偷地寄出去的，因为他也只是想试一试，收到收不到，回信不回信，他也没抱多大希望。所以，信寄出后，他就把这件事放在一边了。大约过了十多天，刘勃舒突然收到了从北平寄来的一封厚厚的挂号信。他先是一愣："我北平又没亲戚，谁还给我寄挂号信？！"他眼睛一转，想到了自己曾给大画家徐悲鸿写过信："难道是徐悲鸿写给我的回信？不会吧，他事那么多那么忙……"小勃舒迫不及待地拆开信封，嗨！里面有信，有画，还有两张徐悲鸿的照片。照片的背面签有"悲鸿"的名字，还写了这样几个字："勃舒仁弟留存。"刘勃舒的心激动地跳着。他又迅速打开信纸，如饥似渴地读着："……啊，'悲鸿手复'。是徐悲鸿，一点没错。"他手舞足蹈，又跑又嚷："噢！大画家徐悲鸿给我回信了……"他把这一好消息宣布给同学；他跑进教室办公室，把这一好消息告诉老师；他跑回家里，又把这一好消息告诉父母和家人。人们为他高兴，纷纷向他祝贺，他那慈祥的母亲流着热泪，说："你的命比我们家谁的命都好，连远在北平的大名人徐悲鸿也这么关心你，他还真是个特别关心穷苦百姓人家孩子的大画家，一点架子也没有，心眼可真好啊！一个穷苦人家的毛孩子拜他为师，他一点都不嫌弃。"刘勃舒的父亲是位小学教员，自然见闻要比妻子广得多，忙对她说："你妇道人家不晓得,徐悲鸿也是个穷人出身,人家可比我们勃舒有骨气、有志向。"他压低声音又说,"听说当年蒋介石请他画像,他硬是不画,断然拒绝了。可他为了让青年人成名成家,宁愿自己掏腰包培养青年人。吴作人、傅抱石那些大画家,都是他指点、资助培养出来的。像徐悲鸿这样热爱祖国、珍惜人才、热衷艺术事业的大画家,古今中外少有。"

刘勃舒经父亲这么一说,对徐悲鸿更加肃然起敬了。他故意调皮地走到父亲面前,悄悄地问:"爸,你当初不是说,徐悲鸿是世界名家,不会理睬我这个小毛孩子写的信吗?今天不是理睬了吗,嗯?……"父亲高兴地看着儿子,笑嘻嘻地说:"怎么?老子就不能有说得不对的时候吗?我又不是圣人……"父子两人面对面,对着一起乐了起来。

徐悲鸿的回信,给了刘勃舒及时的指教和很大的鼓舞。从此,他确立了走徐悲鸿的道路,献身于祖国美术事业的奋斗目标,并发誓:"为此百折不回!"

就这样,没有见过面的师生开始了"函授"式的教学。刘勃舒经常通过书信向徐悲鸿请教,而徐悲鸿也总是有问必答,有求必应。从1947年至1950年的三年中间,刘勃舒给徐悲鸿写的信有十多封,徐悲鸿接到信后总是及时手复,也回了十多封信,而且总是指点得十分明确具体,显示了为人师表的伟大胸怀。

徐悲鸿的每一封信,都给刘勃舒提供了动力,促使他在前进的途中,克服重重困难,坚持不懈。这件事生动地表明,一个青年人在前进的道路上,是非常需要名家、先行者的一句鼓励的话,或一个具体指点,可以使他增强毅力,闯过险滩,战胜困难,从而走上广阔的成功之路!

就是这样,刘勃舒果真到了徐悲鸿的身边,开始了新的生活。

徐悲鸿如同关心自己的孩子一样,关心着刘勃舒。由于他工作多、事情忙,就由妻子廖静文多关心小勃舒的生活,嘱咐大孩子伯阳陪他外出洗澡,游览北京名胜。他自己则尽量挤出时间具体指导小勃舒画素描。报考美术学院必须补上这一课。徐悲鸿常利用假日，领着刘勃舒到郊外写生，并反复告诫说："写生是绘画的基础，必须要闯过这一关！"

徐悲鸿一向喜欢孩子，当然也很喜欢刘勃舒。吃饭时，他总有意让刘勃舒挨近自己坐，这样便于往刘勃舒碗里夹菜。他一边夹菜，一边说："吃吧，喜欢吃的就多吃点。你当前的主要任务就是吃饱肚子，抓紧时间准备升学考试。"徐悲鸿还提醒他说，"当然啦，也别忘了给父母写信，免得老人家惦念。俗话说：儿行千里母担忧！"

过了一些日子，刘勃舒那瘦巴巴的面孔变得胖乎乎红润润的了。他觉得在这短短的时间里，学到了很多知识。徐悲鸿的心血没有白花，刘勃舒终于通过了考试。一个年纪刚刚15岁的少年，被破格录取为中央美术学院国画系学生，这在美术学院包括它的前身北平艺专的校史上，也是没有先例的。

刘勃舒的录取，使徐悲鸿一家都感到高兴。开学那天，徐悲鸿帮他换上了新衣服，送他上学，慈祥地笑着说："从今天起，你就是我们新中国的大学生了，住在学校，要学会自己管理自己。往后，每个星期日都要回家吃饭，我们星期日等着你回来，一起改善伙食。"还一再叮嘱他，"需要添置些什么东西，你就尽管说，你父母日子过得不富裕，不要向老人家要钱。"

刘勃舒在徐悲鸿的关怀下，幸福地学习着、生活着。冬天即将到来时，廖静文已为他准备好了棉袄、棉裤，因北方天气较南方冷，还特地给他做了一件厚厚的棉大衣，为的是让他外出写生不挨冻；夏天未到，又为他准备好了夏装和蚊帐。一到星期六晚上，刘勃舒就和他的同班好友蔡亮，一起走进徐悲鸿的家门。

蔡亮也是班上的小同学。他是陶行知在上海办的育才学校绘画班的高才生，号称"小才子"，这回是以优异的素描成绩考进中央美术学院的。徐悲鸿对他们一直寄予很大的希望。

他们一边吃着师母亲手炒的花生、瓜子，一边听着徐悲鸿讲令人陶醉的有关艺术和人生的动人故事。

　　徐悲鸿有时还给他们讲些唐诗、宋词、音乐、摄影、京戏艺术与绘画的关系。"诗是无形的画,画是无声的诗。"刘勃舒和蔡亮经常听到老师和同学这么讲,可这话的真正含意,他们当时谁也说不清楚。徐悲鸿非常巧妙地引用李白"黄河之水天上来"的诗句,向他们着重说明诗人的气魄与画家的意境有着相通之处。徐悲鸿认为画写意山水画,就得要有"黄河之水天上来"的气势。徐悲鸿说:"黄山谷说过:'李侯有句不肯吐,淡墨写作无声诗。'这就是说,有时候用画来作诗更能表达自己的思想情感。诗与画,是彼此相通的。'依依杨柳,喜柔条于芳春''飒飒秋风,悲落叶于劲秋'是诗情,也是画意。'清泉白石,皓月疏风'是诗材,也是画本。所以画家应该有多方面的艺术修养,特别是诗词方面的修养。"

　　为了讲清诗画之间的密切关系,徐悲鸿特别以齐白石作为例证。他说:"人们都知道白石翁是个大画家,很少有人知道他还是位诗人。其实,白石翁不仅画画得好,而且诗也写得好。你们注意到没有?他的许多幅画上都题有很精彩的诗词。比如他画的一幅画,画面上是一只鸽子、两个柿子。题句是'世世太平'。发人深思啊!白石翁喜欢画大白菜,而且笔墨、构图都很有趣,经他再题上几句诗,妙趣横溢,更起到画龙点睛的作用了。比如在一幅白菜上题云:'牡丹为花之王,荔枝为果之先,独不论白菜为菜之王,何也?'白石翁为人民大众都喜欢吃、价钱又便宜的白菜鸣不平,多有意思!白石翁有时还在他画的大白菜上题句'一生清白',把做人比喻为要像白菜那样'一生清白',意味深长,引人深思。画上题诗,可以弥补画的不足,使画更显得有神,这也是中国画的优良传统。"

　　刘勃舒和蔡亮被徐悲鸿绘声绘色的讲解迷住了,甚至连花生米、瓜子放到嘴里也忘了嗑,忘了吃。在一旁的廖静文不断提醒说:"哎,不要犯傻,你们吃呀!"

　　"一幅优秀的美术作品,既是画又是诗。"徐悲鸿继续说着,顺手找出一本名家画册，翻到齐白石画的《蛙声十里出山泉》，指着画面，向他们介绍说，"我们从这可视的形象里，'听见了'没有直接出现在画面上的蛙声。假如白石翁没有很高的诗词修养，是不可能画出如此精彩的作品来的。这原是老舍先生为他出的一个画题。白石翁熟读唐诗，老舍一说'蛙声十里出山泉'，他立刻想起李白写的这句诗。白石翁为了思考这个画题，彻夜未眠，终于想出了一个巧妙的方法。他没有直接画青蛙，而是在山泉里画了一些蝌蚪。人们一看到这些蝌蚪，便自然而然地想象到这里是可以听到蛙声的。你们看，这就把'蛙声十里出山泉'的意境充分表现出来了。这是一幅技法新奇、意境无穷的山水画：从远方云雾缥缈的丛山之中，一条清澈的溪水涌流到眼前，六只蝌蚪分三对游水嬉戏着，由远而近，人们仿佛清晰地听到了画面外不远处青蛙的叫声……"

为了把问题引申一步，徐悲鸿又顺手拿出一本古代名画集，打开以后，让他们细看一幅三国时代的大画家曹不兴的作品，"这是画家笔下的苍蝇使孙权上当的故事。孙权以为是真的苍蝇，赶忙用手去弹它，足见曹不兴的艺术成就之高了。白石翁所说的'作画妙在似与不似之间'，就是诗和京戏中所运用的夸张手法。我的写意水墨马，在实际生活中也是找不到的，因为它是经过了艺术加工。实际生活中的马腿没那么长，奔跑起来，尾巴也不是翘得那么高……京戏中的唱腔，在实际生活中也是找不到的，哪有一个字要哎——哎十三下才说出来的哩，这也是典型的艺术夸张。有时唱到高峰时，突然断音了，这时声断气不断，从艺术效果上来讲，应该是此时无声胜有声。作画也是，有时突然断笔，但笔断意不断，其意无穷……"

每当蔡亮在临摹悲鸿的画时，徐悲鸿总是告诉蔡亮说："画画要以生活为师，不要学我，要取众家之长。比如，古元同志的木刻就是最富有诗意的；彦涵同志的木刻则是感情奔放、感染力极强的。"这位关心学生的师长还特别对蔡亮说，"你作画有一个很突出的长处，就是能够注意掌握人物的精神状态，能画出人物在一瞬间的表情、情绪，甚至内心世界来。这是善于捕捉特点的结果，应当加以巩固才好。今后，不管怎么创新，也一定不要把自己原有的长处丢了！"

刘勃舒和蔡亮越听越想听，从中受到很大的启发，眼界宽了，思路广了。他们经常是夜深了，才走出徐悲鸿的家门。这时，徐悲鸿也总要提醒一句："你们下次来这里时，别忘了带几幅新近画的素描给我看。"他们边走边议，毫无倦意，兴致勃勃，回味无穷。

又是一个星期日，他们遵照徐悲鸿的嘱咐，带着素描，又一起来到了东受禄街16号。

勃舒和蔡亮走进画室，见徐悲鸿正在一些废纸上练字。悲鸿叫他们坐下，他们没坐，而是静立在案边观看徐院长写字。"常言说，书画同源，是这样。"徐悲鸿一边书写，一边说，"中国书法绘画有着密切的关系。我笔下的马、狮等，不是画出来的，而是写出来的。所以，我叫写马。掌握了书法的规律，想法把它灵活自如地运用在绘画上，就更能丰富中国绘画的造型和笔墨趣味。所以，中国画家从来都讲究笔墨。一个优秀的画家，也应该是一名合格的书法家。画水墨画，要深知笔墨值得珍贵之处……"

是的，如果一个人写字能达到"入木三分"的功夫，那么，他如果是个画家的话，那肯定是笔墨味道浓。画山水定会画得险峻雄奇。

"素描拿来没有？"徐悲鸿一边洗笔，一边说，"打开我看看。"

他们都把自己的素描打开，放在案上。这些都是他们精心挑选出来的得意之作。可徐悲鸿看了不满足，还要看他们画得不好，甚至画坏了扔到字纸篓里的素描。徐悲鸿说："一张画画好固然是进步，如果把它画坏了，能认真找出画坏的原因，以及如何纠正，这也是一条收获。"徐悲鸿说着，又从案头找出一幅前几天他从一个教室的字纸篓里拾来的素描稿。他把纸片摊开，用炭条指点着说："从这幅被扔掉的素描中，只要我们仔细观察一下，就能发现还有可取之处。你们看，作者的线条画得很有力量，个别地方用笔也比较简练，右眼画得也算有神……"接着，徐悲鸿又告诉蔡亮和勃舒应该如何修改那些画坏了的地方。他一面说，一面用炭条修改。果真是名不虚传，这幅被扔掉的画，经徐悲鸿稍加修改，顿时增添了神采，立刻变成一幅惹人喜爱的艺术品。

在吃饭前，徐悲鸿还把珍藏的一些名作拿给他们观赏，鼓励他们要树立"画不惊人死不休"的雄心壮志。嘱咐他们要虚心向这些名家学习，认真研究名家的代表性作品。不过，徐悲鸿也一再提醒他们注意，千万不能迷信名家。名家也不是每一张画都好，难免有败笔。有些人，只要一看是名家的作品，不管作品本身如何，就闭着眼睛胡吹乱捧，这是一种很坏的作风！真正的艺术家，应该有这样的眼力和胆略：能识别名家作品之不足，扬长避短，从前人的作品中得到启发，创造出具有自己独特风格的作品来。这才是成功的必由之路！傅抱石就是如此。只有这样，才能做到长江后浪推前浪，世上新人超旧人，人民的艺术事业才能不断地向前推进！

徐悲鸿为了把这个问题说得更具体，更容易为他们所理解，特别找出了他所推崇的任伯年的一幅人物画，恰如其分地指出这幅画在人物构图上的败笔，刘勃舒和蔡亮看了大长见识，茅塞顿开。悲鸿又将自己修改的一幅拿来对照。显然，后者要比前者好多了。前者只是名人画，后者可以称为名人佳画。他们看着，对比着，啧啧称赞，感叹不已。

饭后，刘勃舒又问起应当怎样画好素描时，徐悲鸿用自己的亲身体会说："要把写生、理解、记忆、默写、想象、夸张等有机地融合在一起。比如，要画好运动中的马，就必须真正地去观察、研究运动中的马。为了研究在奔跑中马的肌肉变化，我曾多次紧追在奔马后面加以观察、用心默记，尽力掌握马在奔跑时的神态，特别是肌肉变化的规律……"

唐代诗人杜甫在他的一首《春夜喜雨》诗中写道："好雨知时节，当春乃发生。随风潜入夜，润物细无声。"徐悲鸿正是这样浇灌着年轻人心灵的春雨，他呕心沥血，循循善诱，哺育着祖国画坛新一代的成长……

时间步入20世纪80年代,刘勃舒已成为著名国画家、中国画研究院常务副院长。他画的奔马,气势豪放,笔墨雄健,成为徐悲鸿水墨马的后继人之一。在他的画上,经常盖有"悲鸿门下"的印章。蔡亮已成为著名油画家、中国美术学院教授。他的油画构思独到,功力深厚,《贫农的儿子》《花灯迎春》《枣园来了秧歌队》等,已为中国美术馆所收藏;《三大主力会师》《白求恩大夫》已为中国人民革命军事博物馆所收藏;《延安的火炬》,已为中国革命历史博物馆所收藏。

79

北平艺专教授艾中信,也是徐悲鸿的学生。自从1940年从重庆中央大学艺术系毕业后,他一直是美术园地里的辛勤园丁,在送走一批又一批莘莘学子,迎来一批又一批茁壮成长的新苗之间,熬白了乌黑的头发。艾中信的弟子门生中,有不少已经成为名家。艾先生这些被人们称为"蜡烛精神"的优良品质,是与他的老师徐悲鸿当年的言传身教分不开的。他每次谈起中国美术教育事业的发展,总是满含怀念之情地赞美美术教育家徐悲鸿的丰功伟绩。

艾中信第一次见到徐悲鸿,是在中央大学迁蜀后的1937年。一天早晨,他和同学刚刚起床,就有人报告了一条振奋人心的好消息:同学们日想夜盼的徐悲鸿先生,今天就要来中大艺术系了!

听说徐悲鸿要来,大家都早早地登上沙坪坝的松林坡,眼巴巴地望着前方。此时,时间过得真慢……突然,谁喊了一声:"来了来了,徐悲鸿先生来了!"他们看到徐悲鸿在中央大学艺术系主任吕斯百的陪同下,迈着坚实的步伐,大步流星地翻过了小山岗。只见他头戴宽边黑色大呢帽,身穿蓝色布袍,从环山小路上匆匆地走了过来。同学们立即跑上前去,把他围拢起来,并紧跟其后,同徐悲鸿一起到了系里。徐悲鸿连口水也没顾得上喝,就直接走进画室。他不等介绍,也没说一句初次见面时的任何客套话，就走到每个人的画桌、画架旁边看作业。画室里一时异常寂静，同学们的目光都集中在徐悲鸿的身上，他仔细观看了画架上的油画老人头像，满意地点了点头，并指着画面告诉艾中信："在这老人额部的转折部位，色调上'缺了一个音节'，再画人物肖像时要注意。"当他看到艾中信画的一幅描绘开山石工的水墨画时，又立即亲切地指出，"这个构图应当画竖幅，而不应画横幅……"徐悲鸿这种致志教学、切中不足的诚恳作风，使艾中信深受教益，铭记心中。其他同学对于徐悲鸿孜孜不倦的作风，也暗暗钦佩，

1942年中大艺术系师生欢迎徐悲鸿教授返校联欢会合影

觉得徐先生是位可亲可敬的好老师。

就这样,艾中信及同学们与徐悲鸿朝夕相处,师生沐浴在融洽和谐、相亲相敬的春风之中。

徐悲鸿在中央大学,住在教员单身宿舍里,与助教顾了然同居一室。同学们每天都一早就到教室,温习一会儿功课,然后再去餐厅吃早饭。徐悲鸿经常与学生一同到教室,进行辅导。

"一年之计在于春,一日之计在于晨。"这是徐悲鸿经常挂在嘴边的一句话。他自己就是这么做的。徐悲鸿有时一早起来,便开始作画,或临帖学书。他最喜欢临魏碑,手握毛笔,一写就是一个多小时,常常忘了去餐厅吃饭。因为从宿舍到餐厅要走一段路,他实在舍不得为吃早饭花费掉清晨的大好时光。于是,他往往以同学们捎带回来的"锅盔"之类干粮充饥。他写的字,只要同学们喜欢,当场就送给他们。在这里,他送给艾中信两张条幅,一条是他手录的达·芬奇的一句名言:"美术者乃智慧之运行。"另一条字是他游桂林登独秀峰时写的那首诗:"山水清奇民气张,雄都扼险郁苍苍。洞天卅六神州上,应惜区区自卫疆。"

在徐悲鸿的动物画中,比较起来,大动物除了马,可以说狮子画得很有特色,艾中信十分欣赏。一天清晨,艾中信很早就一个人到教室里去学老师画狮子。他在一小块高丽纸上勾了一个草稿,画了三只狮子的头——雄狮、母狮和幼狮。正当艾中信拿起笔来准备上墨的时候,突然听到背后有人制止道:"慢着,还不能上墨。"他回头一看,说话的不是别人正是徐悲鸿教授。其实,站在艾中信背后的徐悲鸿,已经不声不响地看了他作画的全过程。起初,徐悲鸿怕打乱了艾中信的构思,影响作画,只是袖手旁观。到了此刻,徐悲鸿才提出告诫。他说着,便拿起木炭条,把雄狮的侧面重新勾了几笔,特别把雄狮的下巴画得更加突出了一些,鼻翼往上微微掀起,并把狮子的眼睛修改得炯炯有神。徐悲鸿一边动手修改,一边向艾中信解说狮子头部的结构。告诉他侧面的那只眼睛为什么要画得符合透视,否则斜眦着眼不是直视前方，就没有神采。他用木炭条作了修改后，就教艾中信怎样上墨。这时，同学们都已陆续走进教室，纷纷围拢过来观看。徐悲鸿问艾中信："你不敢接着画下去了吧？"这时，艾中信正看得入神，很希望老师再接着画下去，自己确实心里有些发怵，怕动手把这幅珍贵的《三狮图》糟蹋了。于是，艾中信坦率地说："不敢画了。"徐悲鸿又接着画了下去。这时，有位同学捅捅艾中信的后背，低声说："这回你可能会得到一张难得的精品《三狮图》了。"艾中信摇摇头悄声说："我看不一定，这样的好画很可能徐先生自己留着了。"可是，他估计错了，徐悲鸿画好之后，竟然在画幅上题写了"中信仁弟存"的上款，并亲手把这幅难得的精品《三狮图》交给了艾中信。此时此刻，艾中信内心充满了喜悦，所有在场的同学都流露出了羡慕的目光。

　　这幅画和上边写到的两幅字，一直珍藏在艾中信身边。每当看到这字、这画，他就告诫自己："不论在什么情况下，我都要像徐先生那样教学、做人、作画！"

　　由于中国封建传统思想的因袭，人们对艺术院校使用模特儿议论纷纷，不少人十分鄙视模特儿。而徐悲鸿为了给予模特儿以应有的尊重，他称模特儿为"范人"。徐悲鸿在美术教学中惯常沿用外来用语，而着意把模特儿改称为"范人"。他说："在对于模特儿的认识上，我们远远不如法国人。他们不仅没有轻视的看法，相反，以能充当模特儿为荣。"

　　为了改变对模特儿错误的轻视观念，徐先生让艺术系的同学和他一起在日常生活中亲近模特儿，并经常领着艾中信等几个同学和模特儿同桌就餐。徐悲鸿的这些行动，触犯了一些顽固保守的老先生的"尊严"。历史系有个老学究破口大骂，说什么："哼，伤风败俗，不成体统，徐悲鸿要是再不改变那种做法，我们就不再去餐厅吃饭了！"徐悲鸿听到这种话，笑道："我行我素，于尔何干？你们爱吃不吃，悉听尊便！"

　　1940年，艾中信在中央大学艺术系毕业后，留在徐悲鸿身边当助教；1943年，徐悲鸿在磐溪创办中国美术学院时，又聘他为副研究员。

抗日战争胜利后，徐悲鸿到北平任北平艺专校长，艾中信也来到了北平艺专，同董希文、李宗津教授等，一起教素描课。他也继续得到徐悲鸿的指点。艾中信读了艾青的诗《青纱帐》以后，受到启发，构思了一幅以描写游击战争为内容的画稿。徐悲鸿看后觉得很有意义，立刻给取了个《枕戈达旦》的画题。并且解释说："我国有'枕戈待旦'的成语，我在这里只改动了一个'待'字，其意义就不同了。'待旦'是等待天亮的意思，有些被动，而'达旦'是积极的，比较符合我们游击队的实际情况。"

在这幅油画的创作过程中，徐悲鸿给艾中信多次指导和鼓励。徐悲鸿结合自身的感受，用非常形象的比喻告诉他："生活好比酿酒，如果缺少了生活，是酿不出好酒来的。搞艺术创作亦如此，如果缺少了生活，创作出的作品就好比在酒里掺了水，淡而无味……"徐悲鸿的一席话就像一把钥匙，触发了艾中信创作的灵感，促成了他在油画创作上的飞跃。

名师出高徒。尔后，艾中信当了中央美术学院副院长，他教学的路子，也像他的老师徐悲鸿一样宽广，以培养美术界的新人为己任，为社会主义祖国的新天地，输送了一批又一批高素质的绘画艺术人才。

徐悲鸿每当发现一名艺术人才，总是喜出望外，不惜用"天下第一"等最美的语言加以鼓励，用最实际的行动加以提携。他为什么要这样做呢？有一回他对来访的朋友说："有人曾批评我誉人太过。可我心中是有分寸的：如一人或一物不值得赞美，不管别人如何说好，我总是一声不响；如果有人身怀一艺，出类拔萃，我便喜欢加重语气赞扬他，尽自己菲薄之力扶助他。也可以说，这是我对待青年人的一点体会吧！"

"落红不是无情物，化作春泥更护花。"徐悲鸿总是把自己当作培养艺术人才的一块沃土。吴作人、蒋兆和、李苦禅、傅抱石、滑田友、吕斯百、王临乙、尹瘦石、张安治、黄养辉、陈晓南、冯法祀、艾中信、宗其香、戴泽、刘勃舒、蔡亮、韦江凡、李曼峰、马骏等等成百上千的美术家都是在这块沃土上扎根、滋养、生长起来的，以至开出了鲜艳的花朵，结出了累累硕果。他们在徐悲鸿开创的写实主义绘画道路上，奔驰如骏马！在中国画坛上，如星辰灿烂。

80

经常出入徐悲鸿家门的，除了画家、学生之外，还有其他劳动群众，比如画家的朋友裱画师。多年来，当人们谈论起徐悲鸿在艺术方面的造诣和风格时，总是要提到裱画师刘金涛。因为，徐悲鸿对于艺术人才的发现、关心、培养，不仅仅限于绘画人才，同绘画有关的人才他依然十分关注。刘金涛是个庄户人家出身的穷孩子，他就是在徐悲鸿的支持、帮助下，从一个学徒工到京城裱画界一位装裱高手，直到被众多书画名家誉为"装裱泰斗"。

一天，裱画师刘金涛特意来到徐悲鸿家，把齐白石准备送给毛主席的《松鹰图》挂起来，请徐先生对他的装裱技艺提出意见。徐悲鸿为刘金涛沏了一杯茶，也为自己沏了一杯，端起来品尝了一口，一边欣赏刘金涛装裱的《松鹰图》，一边评论道："画得蛮好，装裱也蛮好，实在难以提出还有什么不足之处。"徐悲鸿喝了一口茶，又说，"装裱好一幅画，也同创作一幅画一样，不是一件容易的事。装裱画除了严格要求工料和精益求精的态度外，还要求能辨季节，审气候。一幅画拿到手，反复揣摩，然后相机着手装裱。天气太干燥不行，过于潮湿也不行。在北京的一年之中，秋季，特别是9月和10月，裱画为最宜。金涛，你说呢？"

刘金涛品着龙井茶的甘醇滋味，点头称"是"，然后说："徐院长，你句句都说在点子上了。原来你对裱画也很内行，很有研究啊……"

"哎，岂敢，岂敢！"徐悲鸿打断刘金涛的话说，"我在你刘君面前评论装裱字画，也只能说是个班门弄斧，得老老实实地当你的小学生，向你金涛贤弟好好请教哩……"

老实的刘金涛听了徐悲鸿对他如此赞美，脸都羞红了。刘金涛怪不好意思地说了句："这些还不全是您徐大师帮助我的结果。俺本是个庄稼人的苦孩子，过去就知道种地，后来两眼一抹黑，一路乞求来到北平当学徒，要不是您那么关心俺、帮助俺，俺能懂得什么。您是俺刘金涛的大恩人啊！"

刘金涛问徐先生最近又画了些什么画，需要不需要装裱时，一下子勾起了徐悲鸿心头的一件事。"嗨，我想起来了，"徐悲鸿一拍脑门说，"我为你画了一幅《孺子牛》，老说送给你，可总忘。今天你回府上时，就请你把它带走吧。"

刘金涛手头已经存有徐悲鸿送给他的奔马、竹石等画卷。徐院长今天又告诉他，还专门为他画了一幅《孺子牛》，激动得刘金涛憋了半天，才说了句："徐院长，如今你的画成国宝啦！这、这合适吗？"

"这有什么不合适的！"徐悲鸿说，"画画的是半个艺术家，裱画的是半个艺术家，只有画画的和裱画的密切配合，共同付出辛勤的劳动，才能创作出一件完美的绘画艺术品。人们看画时，往往只注意是谁画的，很少问问是谁裱的，这说明人们对'名'比较注意。不过，人们只注意画画的艺术家的'名字'了，却忽略了裱画的艺术家的'名字'。依我看，这裱画的埋头事业的精神更为可贵，理应受到社会的尊敬。我建议在装裱完的字画上，应该写明是哪位装裱艺术家装裱的。"

徐悲鸿把一幅足有 2 尺×3 尺的水墨画《孺子牛》从柜子里拿了出来。一展开画卷，刘金涛便拍手叫绝！一头生气勃勃正在埋头耕耘的牛，占据了整个画面的绝大部分。徐悲鸿借这头"孺子牛"，把劳动者那种不为名利、任劳任怨、一心为劳苦大众服务的高尚品格，充分表现出来了。他把无名的艺术家刘金涛比作孺子牛，不仅有着意味深长的赞美，而且有着无比深刻的社会意义。徐悲鸿在画幅的上端情真意切地题跋云："吾虽出卖劳力，但也求其值得，一生伏地耕耘，寻些青草吃吃。世上尽有投机，奈性愚笨不识。甚多负荷一犁，听听劳人鼻息。己丑岁始，为刘金涛君写，北平解放之日悲鸿躬逢其盛。"

这是 1949 年，徐悲鸿送给刘金涛过春节的一件礼物。徐悲鸿从 1946 年结识刘金涛那年开始，每年春节，徐悲鸿都要送给刘金涛一幅画，以表示对他辛勤劳动的赞赏。

刘金涛回到家，又展开画卷，看看这头耕牛，又看看题字，眼睛不由自主地湿润了。他感慨万端，往事又一幕幕浮现在他的眼前……

刘金涛出生在河北省枣强县一个贫寒的农民家庭里。1934 年，刚刚 13 岁的刘金涛，为了生存告别了父母，从河北老家步行七天到了北平。刘金涛进城后，流浪街头，东求西求，好不容易才在琉璃厂宝华斋找了个裱画学徒的饭碗。他为人厚道，刻苦学艺，学艺进步很快，手艺越来越好。1949 前，刘金涛没有社会地位，经常受人欺凌。有一回，一位"老财"裱完字画，不但不给钱，还动手打了他一记耳光。刘金涛为了混碗饭吃，不得不逆来顺受，忍气吞声地混日子，盼着能有个好世道。

1946 年 8 月底的一天晚上，刘金涛去齐白石家送裱好的字画时，白石先生对他说："金涛啊，我的恩人徐悲鸿来北平艺专当校长了，他是个很有名气的大画家，心眼很好，也是个大善人啊！我打算把你介绍给他。"说完，就找了张明信片，给刘金涛写了几行字，叫他拿这个明天就去见徐悲鸿。刘金涛脚上连双囫囵鞋都没有，忙问道："齐先生，我这样去见徐校长行吗？"齐先生说："那怎么不行啊！徐先生可不是那种看不起穷苦人的势利眼，你就这样去吧，没关系。"临走时，齐白石还叮嘱刘金涛，"见了徐先生不要怯场，他可是个好人，会欢迎你的。"

刘金涛照着齐白石写下的地址，来到了徐悲鸿家。徐悲鸿看了明信片，热情地说："欢迎，欢迎！我来到北平后已经有三个人向我提到你了，我正想见见哩，今日幸会！"忙叫妻子廖静文搬椅子、泡茶。徐悲鸿笑着请刘金涛坐下喝茶，亲切地问起他今年多大岁数啦？什么地方人？裱了多少年的画啦？家里还有些什么人？刘金涛都一一做了回答。然后，徐悲鸿坐在竹椅子上，把身子探向刘金涛说："我在南京时，字画都请侯介仁裱。这个人手艺还好，我有一回去他那里，发现他正躺在裱画案底下抽大烟。从那以后，我也就不叫他裱画了。在重庆时，我的画都请刘少侯裱。这两位师傅手艺不错，你都认识吗？"

刘金涛连忙回答："认识。"

这时，站在徐悲鸿身侧后的廖静文插话道："我见过的裱画师傅都是上了年纪的，你这么年轻轻的，能裱得好吗？"

"哎，静文，你可不能从年岁上取人哟！"徐悲鸿赶紧岔开妻子的话，说，"裱好裱不好，也不在岁数大小啊！"

刘金涛要告辞时，徐悲鸿招呼廖静文："静文，你把我的《愚公移山》和《九方皋》拿来，请金涛君重裱一下。"廖静文急忙说："今天这么晚了，画装在箱子里不好找，过几天再说吧。"徐悲鸿执意要找，廖静文见丈夫自己要去找，无奈，只好去西屋取画。

廖静文把两张巨幅国画找来，并由徐悲鸿交给刘金涛，对绫边颜色、尺寸一一做了嘱咐，又问刘金涛大概要多少钱？刘金涛回话说："需要三十块大洋。"徐悲鸿惊奇地说："三十块大洋？这太便宜了！要是裱得好，我付给你六十块大洋。"

徐悲鸿送给刘金涛一张名片，又把刘金涛的住址记在一个小本子上，这才送客人走。

廖静文不理解丈夫的意思，说："人家刘金涛要了三十块大洋，您不还价也罢，为什么反而要给他六十块呢？"徐悲鸿笑着说："你不知道，裱这么大的两张画要花费多么大的辛劳，这是精细的技术活，依我看，六十块也不多呀！"

1946年，刘金涛在琉璃厂十六号石墨斋内，租了一间用门道改建的斗大小屋，开始经营裱画生意。刘金涛从徐家回来后的第三天上午，徐悲鸿和夫人一起坐着小汽车来了。刘金涛赶忙放下手中的活，把徐悲鸿夫妇迎进小小的裱画铺里。徐悲鸿见到刘金涛的第一句话就问："金涛君，你就在这间小屋里裱画啊！这么小的地方，怎么能做活呢？"又说，"我给你的那两张画能裱得开吗？"刘金涛忙说："徐校长，我裱大件能上别处借地方。"

徐悲鸿看到房子这么狭窄，又听说需要借地方才能裱他的画，心情郁闷地走了。

过了些日子，刘金涛把裱好的两大幅画送到了徐悲鸿家里。徐悲鸿展开一看，啧啧称赞，非常满意，当即拿出六十块大洋放到刘金涛手中，说："你装裱得好，请收下吧。"刘金涛看着眼前的这位大画家如此器重他，不由得眼眶里涌满了泪水，模糊了视线。

此后，徐悲鸿每遇机会便宣扬刘金涛装裱字画的技能。智者千虑必有一失，刘金涛也有失误的时候。有一次，徐悲鸿将送朋友的字画拿去请他裱，结果把字画装裱反了。这怎么向徐悲鸿交代呢？刘金涛正愁得吃不下饭睡不着觉的时候，这事让徐悲鸿知道了。徐悲鸿心里明白，这件看来事小，但给刘君带来的压力实在是太大了，于是，徐悲鸿主动上门，他一看到刘金涛已经愁得不成样子，便哈哈一笑，拍拍他的肩膀说："这有什么了不得哟，来来，我们来个将计就计不就成了嘛！"悲鸿说着就拿起毛笔，在裱反的字画上写了几句很有趣味的散文诗。经大师这么十分巧妙的题跋，就使得这幅被反裱的字画，顿时变成反裱倒比正裱更有意味、更有故事、裱工独到、笔墨趣味更加深厚的一幅字画了。刘金涛转愁为喜，大为惊讶地说："大师就是大师，您这一招绝了。一幅裱错的字画，沾了您的神来之笔，在说笑中写了几句话，顿时就变成一幅人见人爱的绘画精品了。徐先生，您的艺术、您的为人，同许多艺术家就是不一样！我崇拜您，崇拜得五体投地。"

"哎，刘君，话可不能么说哟！我就是个画画的教书匠。你是装裱艺术家。你做的活，我徐悲鸿不是也做不了嘛！工笔画裱反了很难救，这水墨写意画就大不相同了。水墨过浓过多的写意画，有时反裱倒比正裱更能凸显水墨之韵味。我在画上题跋了几句，就是想用文人那一套，写上几句诗，意在暗示水墨写意画不光能表达作者的思想，有时用反裱之法还更能凸显笔墨之韵味，此画亦是矣。"

当徐悲鸿的朋友拿到这幅经刘金涛反裱、悲鸿题跋的字画时，格外高兴，情不自禁地感慨道："画中有诗，诗中有画，笔墨韵味如此之浓，妙，妙，实在是妙不可言！"此君手持字画，一再感谢金涛和悲鸿。

坏事通过徐悲鸿的题跋变成了好事。旁边的刘金涛就甭提有多高兴了。

徐悲鸿常把刘金涛请到家里做客，有一回，徐悲鸿同刘金涛对饮时，说："作为绘画艺术品，除了画面的艺术性主要取决于画家外，装裱是最重要的一关。装裱得好，不但可以增加作品的美色，而且可以使画幅延年益寿，你的功劳不可小看啊！……"

一天上午，徐悲鸿又来到了刘金涛小小的裱画铺。"看来生意还不够兴隆，要想个办法破解一下才好。"徐悲鸿对坐在那里正犯愁的刘金涛说，"金涛君，请你研墨！"说罢，便忙着理纸润笔，手握大抓笔，在一张黄毛边纸上写了"金涛斋裱画处"六个刚劲有力的大字。落款处写道："江南贫侠徐悲鸿"，并盖上印章。然后，他告诉刘金涛说，"老弟，快把它贴到门上去！"

刘金涛喜出望外，把它端端正正地贴在门口。这六个字顿时为这陋室小铺增添了光彩。从此以后，这小小裱画铺光顾的人多了，生意也一天比一天热火起来。

旧社会有句老话，叫"好马快跑也赶不上飞涨的物价"。刘金涛以往总是先裱画后收款，价是先定的，结果往往连料钱也收不回来，有时甚至只能顶上糨糊钱。怎么办呢？即使生意好点也无用啊！甚至更赔本。徐悲鸿知道这种情景，又给刘金涛出主意说："金涛君，我给你写个声明，从明天起改为先付半价。"于是，徐悲鸿当即在刘金涛既作裱画案又当床铺用的条桌上，写了如下声明："裱画诸君请注意，自今日起装裱字画先付半价。"写完后把它交给刘金涛，交代说："你把它托一下，明天一早就把它贴在显眼的地方。"

刘金涛双手接过声明，深深鞠了一躬说："徐先生，您老这样帮助我，我真不知道怎么感谢您了。"

"别客气！"徐悲鸿哈哈一笑说，"画画的和裱画的，本来就是一家人嘛！相互帮助完全是应该的。以后有什么需要我做的，你尽管说就是了。"

1947年的大年三十，徐悲鸿又把刘金涛请到家里过除夕。他说："你离家多年，还是个单身汉，只有孤独和贫困伴随着你。俗话说，每逢佳节倍思亲，你就在我家过年吧！"

听了徐先生的话，刘金涛顿时一股暖流涌向全身。司机老曹说："金涛师傅，徐校长真拿你当自己的亲人一样看待啊！"

"是啊是啊！自打认识徐校长，他就处处关照我，就没把我当外人，真像我的老叔啰！"金涛说着，感激的泪珠涌出了眼窝。

吃过饺子，在客厅里喝茶聊天的时候，徐悲鸿对刘金涛说："我有件事需要同你商量，就是你的房子的事。我想了好久，才想出一个办法：由我出面请在北平的名画家们到我家吃顿饭，让他们每人画几张画送来，办个画展，凑一笔钱，为你扩充门面。你看行不行？"

刘金涛直点头，激动得不知道该说些什么才好。他真想马上跪下，"嘣嘣"地磕几个响头，可徐悲鸿先生不兴这个，所以他才没敢那么做，只是憨笑。

3月的一天，徐悲鸿又特地跑去告诉刘金涛，说："此事我已与叶浅予先生讲过了，还需你明日上午九点钟陪我去齐老先生家一趟。"

次日，徐悲鸿和刘金涛一起到了齐白石家。徐悲鸿向齐白石讲了请画家作画捐助金涛的事。"要得，要得！"白石老人当即满口答应，很赞赏这个主意。

尔后不久的一天上午，徐悲鸿夫妇老早和孩子们一起，将院落、客厅和画室打扫得干干净净。收拾完了以后，徐悲鸿叫司机老曹开车去齐家接齐白石，他和妻子一起，站在门口，同院内正在吐芽的葡萄和绽满花朵的桃树一起，笑眯眯地迎接客人。

齐白石、叶浅予、于非闇、李苦禅、李可染、王青芳、黄钧、田世光、宗其香等多位名家应邀按时到来。徐悲鸿夫妇把他们一一迎到备好烟茶的客厅里。

平日粗茶淡饭的徐悲鸿夫妇，今天不惜破费钱财，特地从东安市场"森隆"请来了做菜的名厨师，大办酒宴。

中午一到，徐悲鸿请诸位名家到南屋入席。一共两桌，桌上摆满了名酒名菜，极为丰盛。

大家入席后，徐悲鸿首先站起来，把刘金涛叫到身边，向在座的诸位名家做了介绍。然后，徐悲鸿开门见山地说："今天诸位名家光临，我徐悲鸿非常高兴。所以把诸君请来，我有件事要与大家商议，刘君金涛，为人厚道，尽管有较高的手艺，但却得不到社会上应有的重视。和绘画一样，一位字画装裱高手的产生也是非常不易的，既要有才干，更需要勤奋。一纸上案，不但手足要有规矩，而且还要屏声静气，细致入微。刘君装裱字画有两大特点：一是干净、平整、柔软；二是颜色搭配得恰到好处，色彩协调，明朗雅致。装裱字画在我国有着悠久的历史，与我国画画的有着密切的关系。我向来对装裱艺人很尊重，他们是绘画艺术上的无名英雄。大家也都去过金涛君那间陋室，那么间小屋怎么能裱画呢？今天特请诸君来商议商议，为扶持刘君裱画，以继承和发扬我们民族优秀的装裱字画传统艺术，我提议在座诸君发挥自己的一技之长，来助刘君金涛一臂之力。具体办法是，请诸位名家每人为刘君作画三张，多则不限，七天内把画交给我……"

徐悲鸿刚把话讲完，满座的诸位名家就交口议论徐先生用心良苦，一再热烈鼓掌，表示赞同。耿直爽快的李苦禅一高兴，举杯一饮而尽，夹了口蜜汁樱桃肉，就放开嗓门唱起了京戏《甘露寺》。然后又是一杯，接着又唱了起来。这时坐在徐悲鸿身边的廖静文看了李苦禅一眼，说："悲鸿，你快劝劝李先生吧，要不他又该喝醉了。"没等徐悲鸿开口，李苦禅就赶忙说："今天我同悲鸿先生、白石老人两位恩师坐在一起，真是个令人高兴的喜庆日子，还能不痛饮几杯？师母，你还记得吗？有一次我喝多了，醉倒在东单街头，是我恩师徐悲鸿先生用汽车把我送回家的。"说着，又是一杯，又唱了起来。

席间，大家喝得愉快，谈得开心，气氛热烈，谈笑风生，这时，徐悲鸿站了起来，给李苦禅斟满了酒，笑道："喝七杯，唱七段，然后吃饭、作画。"

"好哩！"李苦禅爽快地答应着，满席又是一阵笑声。

李苦禅端起满满的酒杯，一仰脸，"吱——"的一声喝了下去。他用手一抹嘴巴，唱着《借东风》，离开座位，走进徐悲鸿的画室。

画案上已经备好了笔墨纸砚。李苦禅画兴勃发，一边嘴里唱着京戏，一边吮笔理纸，接连画了《鹰石》《荷花翠羽》《竹石兰草》三幅写意花鸟画，旁观的人一再叫好。这时，齐白石在廖静文的搀扶下进了画室。悲鸿亲自为他理纸、研墨。齐白石站在案前拿起笔问徐悲鸿："您看这头一张，我画什么好啊？"徐悲鸿笑着说："您在上边画茨菇，下边我来补双鸡。"

"好，我就照你说的画。"齐白石画完了一张，又问："徐先生，您看这第二张画什么好呢？"徐悲鸿说："这张您画两只小鸡，我来补石头和野花。"

"好，我听徐先生的。"齐白石又在另一张纸上画了两只小鸡……

大家都把这次活动看成是一件大事，没到七天，那天参加聚会的画家都把画送来了，齐白石、李苦禅还每人多交了三幅。蒋兆和先生因故未去赴宴，事后知道，也捐赠了作品，总共送来作品四十多幅，而且件件都称得上精品。

为了办好这次展览，徐悲鸿亲自拟好了请帖，并请北平艺专的刘君衡先生精心刻印。请帖是这样写的："本月二十七日至三十日，同人为协助刘金涛君共捐画四十余幅，在中山公园董事会陈列，请惠临指教。徐悲鸿、齐白石、叶浅予。"徐悲鸿还为报界亲自撰写了题为《艺坛近事》的新闻稿。文章写道："琉璃厂金涛斋裱画处主人刘君为人诚厚，艺术家多愿与之往来。此次扩张铺面，齐白石翁，叶浅予、于非闇、蒋兆和、李苦禅、李可染、王青芳、黄钧、吴幻荪、田世光、宗其香等诸名家咸捐画助其成，而悲鸿尤力为赞助。闻诸人作品将于四月二十七日至三十日在中山公园董事会展览四日云。"文章署名"徐悲鸿"。

4月27日,刘金涛抱着托好了的一大卷画快步走向中山公园,只见徐悲鸿已在大门口等得发急了。两人一起三步并做两步来到集贤山房。画框这时也已送来。徐悲鸿夫妇又急忙帮刘金涛把装裱好的字画装到镜框里。装好后,徐悲鸿吩咐廖静文帮刘金涛擦干净玻璃镜框,他自己又忙着编号、写作者名字和标定价,快到十一点钟,才把所有的作品摆好。参观、买画的中外人士早就来等着了。还不到一个小时,四十余幅字画几乎全售光。中午,徐先生不放心,没回家,在公园内来今雨轩吃过饭后,马上又来到展室。他看到展出的四十余幅字画就要卖完了,心情愉快地笑了。

此次画展,得钱不少。徐悲鸿让刘金涛陪他与振古斋经理卢丹舟洽谈房子的事,当场谈妥,卢经理把他的后院租给了刘金涛,为期两年,先付押金两千元(法币),每月交面粉两袋。自此,刘金涛在琉璃厂15号增加了三间裱画室,还添置了两块宽四尺、长八尺的裱画案子。徐悲鸿又亲笔为铺面书写了十分醒目的门匾金涛斋裱画处。刘金涛又兴致勃勃地重新油饰了门面。

院子整洁,铺面宽阔,刘金涛摆脱了困境,精神为之一振,在琉璃厂活跃起来了。

1948年的春节到了,徐悲鸿一如既往,照样约刘金涛去他家过大年除夕。三十那天下午,徐悲鸿见刘金涛来家较早,特别高兴。刘金涛活像个孩子似的说:"徐校长,明天是初一,荣宝斋、伦池斋的玻璃窗上都贴上画了,一块玻璃贴一张,可好看了,我也想在玻璃窗上贴一张,徐校长您能给我画吗?"

"好好,我来给你画。"徐悲鸿笑着说,"你那玻璃窗有多大啊?"

"我把纸带来了,就这么大。"刘金涛说着,打开了包袱,取出一张丈二旧纸。徐悲鸿拿起纸看了看,说:"纸很好,你去东屋把墨海拿来,带两支大笔。"刘金涛把墨海和笔拿来以后,徐悲鸿又说:"金涛,你来磨墨。"刘金涛站在画案旁研墨。

徐悲鸿等一切准备妥当,便在丈二宣纸上画了两只相斗的公鸡。并题云:"问汝何事相侵,打到羽飞血满身。算是鸡虫争得失,眼看收拾待他人。"

刚写完"人"字,突然停电。徐悲鸿叫刘金涛去厨房取蜡烛。刘金涛取来蜡烛点燃一支,还是黯淡,徐悲鸿又叫他再点燃一支。徐悲鸿在烛光下,继续写道:"乙亥停电之际暗中摸索,为金涛君糊窗。悲鸿。"

这时,饭菜做好了,廖静文催他们喝酒、吃饭。

酒足饭饱,徐悲鸿把刘金涛请到客厅去喝茶闲聊。"金涛,你也是二十五六岁的男子汉了,我看也该成家啦!"徐悲鸿喝了口浓茶,笑着,很认真地说,"我给你相中了一位东北姑娘,她是一位十分正直的爱国学生,人品、相貌,我看都蛮好,当你的太太怎么样?要是你乐意,我们夫妇来做这个红娘,这件事就全包在我们身上了……"

"徐先生,承您好意……不瞒您老说,我在乡下老家已经有家眷了。"

"嗨!你怎么不早告诉我呢?"徐悲鸿一拍后脑勺说,"我们结识的时间也不算短了,可从没听你说过老家有太太呀!我从来不愿意过问朋友的私事,近年来我一直在为你物色合适的太太。"

"徐先生,您那么忙,平常无缘无故的,我哪好意思说这个。"刘金涛解释说,"再说,您老也没有问过我呀!"

"对对,这都怪我关心你还不够。"徐悲鸿说,"哎,告诉我,太太做什么的?"

"种地的呗!"

"干什么都一样,只要她本分,知道疼你,两人合得来就成。"徐悲鸿笑着说,"以后要想办法把太太接到这儿来,也是你的帮手嘛!"

刘金涛听了,嘿嘿直笑。

徐悲鸿对刘金涛的身世和为人越来越了解,也越加信任。在金涛斋裱画处开业的第二年，徐悲鸿又把自己盖有"悲鸿生命"印记的《八十七神仙卷》交给刘金涛揭裱。如此珍贵而又破旧的古画，没有高超的技能是绝对不敢接受的。刘金涛妙手回春，经他精心揭裱后，古画焕然一新。

不久，刘金涛在徐悲鸿等人的帮助下，把妻子从家乡接到了北平。

这回真的花好月圆了，刘金涛多么希望妻子为他生个大胖小子呀！1950年4月，妻子却偏偏生了个女孩，刘金涛脸无笑容，显得忧心忡忡。徐悲鸿得知后，带着30年代他在南京同何香凝、陈树人合作的一幅岁寒三友图《松竹梅》，亲自登门祝贺。他一看到刘金涛那么不高兴的样子，就知道媳妇给他生了个姑娘，中国的农村都是重男轻女！徐悲鸿非常高兴地说："听说你媳妇给你生了个姑娘，生姑娘好啊！这是先开花，后结果，好，太好了！哪能只生男伢子哩！我就喜欢女儿。一看是女儿，可把我给乐坏了。"刘金涛听徐悲鸿这么一说，也禁不住扑哧一声笑了。

"金涛，新中国成立了，太太也进京了，女儿也有了，往后可要好好照毛主席说的全心全意为人民服务去做哟！"于是，徐悲鸿又挥毫书写了四尺整张的一幅大字："全心全意为人民服务。"上款写着"金涛斋主人"然后，把岁寒三友图《松竹梅》一并赠给刘金涛。刘金涛这下子可乐开了花。

1952年夏日的一天，刘金涛应邀来到徐悲鸿家里做客。因为天气闷热，刘金涛顺手从衣兜里掏出一把纸扇，刚要扇，被坐在旁边的徐悲鸿发现了，他微笑道："金涛，我在你这把白纸扇上写几句话，你乐意吗？"刘金涛大喜："行，这忒好了！"他忙把纸扇递给徐悲鸿，悲鸿挥毫写道："茂林尽处百千家，极目寒江啼晚鸦；最爱盈盈东逝水，清名让与恒河沙。"并写下这样的落款："金涛弟拂暑 悲鸿"。

徐悲鸿是艺苑伯乐，他不光识人才，还慧眼识国宝……

第十一章　慧眼识国宝

81

徐悲鸿不仅是位著名的大画家、美术教育家,还是一位非常有修养的书画鉴赏家、收藏家。他爱画如命,对于一些历史上有记载、流传有序的珍贵书画艺术品,他看得比生命还重要。为此,他特请一位金石篆刻界的好友,刻了一枚朱文"悲鸿生命"的方形印章。凡属名贵藏品,他都要恭恭敬敬地盖上这个印记,以示珍重。

徐悲鸿收藏中外艺术品不惜任何代价。他从上海到香港、从东京到巴黎、从柏林到伦敦、从罗马到列宁格勒、从南京到桂林、从重庆到南洋到北平,无论走到哪里,徐悲鸿都要节衣缩食,尽力收藏。徐悲鸿在他短短的一生中,为国家收藏了从唐宋元明清,一直到五四运动各个历史时期的名家字画(不包括抗日战争时期在新加坡损失的四五百件中外名画)及欧洲名家油画达一千二百余件。

徐悲鸿一生粗茶淡饭,一贯生活俭朴,脚上穿的鞋坏了,他也舍不得到鞋店去买双新的,而是到小市上去买处理鞋,有时还去小市上买旧鞋穿,这真让人难以置信。徐悲鸿一生有个最大的癖好,就是不舍得吃和穿,舍得购买书画艺术品。只要看到一件喜欢的艺术品,他便不惜一切,想尽办法把它买来,否则就像丢了魂似的坐卧不安,不管在多么艰难困苦的情况下,徐悲鸿总在日复一日,月复一月,年复一年,宁肯饿着肚皮,也在随时随地寻找着,拼命地收藏着绘画艺术品。是什么力量支撑着他,如同自己笔下的一匹奋进不息的奔马那样一直坚持着这么做呢?因为徐悲鸿有个一生的梦想:有一天在国内能建一个高水平的美术馆。

为此,徐悲鸿1946年来北平以后,他经常去的地方既不是繁华的王府井,也不是热闹的前门外大栅栏,而是琉璃厂的旧书画摊。当他在旧书画摊上翻腾半天,突然发现一张有价值的字画时,便眉飞色舞,情不自禁地说:"蛮好,蛮好!又获得一件值得收藏的书画艺术品……"由于徐悲鸿经常到琉璃厂一些固定的书画摊,一些书画商早就摸透了他爱画如命的脾气,只要他喜欢的字画,他没有嫌贵的时候,多要些钱,他也是照买不误。有的画商就乘机抬价,本来打算卖一二十块钱大洋的字画,一下子就提高到百八十块大洋,而且是一口价。而徐悲鸿呢?一口价就一口价,只要身上有钱,也照样买下。即使身上没带那么多的钱,他也不还价,而是和画商商量:"这样吧,我带的钱不够,先交点定金,把画给我先收起来,过一两天,等我凑够钱再来取。"一些画商想乘机捞一张徐悲鸿的画作,于是,就装作十分慷慨的样子说:"徐先生,我们都是老交情了,少几十块就少几十块吧,老交情不在乎这点钱。您先把画拿走,过两天我到您府上去拜访您。到那时,您随便画一幅马给我就成了。"徐悲鸿买画心切,对这些画商时常表示同情,不仅十分痛快地答应了,还一再表示感谢。其实,徐悲鸿的一幅马,可以买这样的字画好几幅。为此,徐悲鸿的夫人廖静文不知说过他多少回:"悲鸿,你看着好,自己心里有数不就行了吗?何必要说在嘴上,表现在脸上,自己去抬高想买的画的价钱,你说你傻不傻呢?"徐悲鸿也觉得妻子说得很有道理,便连连说:"夫人说得在理,下次注意,下次注意!"可当他到画摊一看到想买的字画,怎么也挪不动脚迈不动腿了,怎么也掩饰不住激动的心情,照样喜形于色。这样的事多了,日子长了,渐渐地,廖静文也就不再说他了。"生就的骨头长就的肉,他就是这么一个不会说假话的人,提醒他也白提醒,以后我也就没必要再提醒他了。"廖静文深有体会地说,"我争取当个这方面的贤内助就是了。"跟什么人随什么人,后来,廖静文不但不说了,还为自己能嫁给这么个视艺术品为命、把国家利益看得高于一切的大艺术家而深感骄傲和自豪。她经常从别的方面节约开支,多省下点钱,攒着给丈夫买字画用。

在北平琉璃厂,有一些衣服褴褛跑小市的穷字画商,不管是严寒还是酷暑,他们总是夹着一大包或一大捆的字画,东奔西跑找卖家和买家。这些小画商特别喜欢同徐悲鸿打交道。因为徐悲鸿念他们很辛苦,风里来雨里去,挣点钱很不容易,他不仅不计较价钱,还能热情地招待他们。徐悲鸿明白在这些地方想淘点好货不容易。不过,徐悲鸿在小市也有过意外的收获。1948年夏日的一天,徐悲鸿在小市上没还价,用不多的钱,买了件人家都不看好的霉烂不堪的《罗汉图》,经徐悲鸿不厌其烦地查阅资料,请故宫博物院马衡院长等老朋友帮忙,最后终于搞清楚,这件东西竟然是北宋名家真迹。徐悲鸿交给装裱高手刘金涛精心揭裱,恢复了原样,光彩照人。大家都为徐悲鸿的眼力叫好,有人甚至称赞他有着一双识别字画的火眼金睛。从唐《八十七神仙卷》到北宋《罗汉图》,都逃脱不了他的火眼金睛。自然,视画如命的徐悲鸿更是兴奋无比,他挥毫题跋曰:"此定是北宋高手所做,而霉烂已甚,戊子夏日为吾发见,因得救出,灿然生辉,不减李公麟巨迹,诚生平快意之一也。卅七年寒冬,悲鸿呵冻题于北平静庐。"钤印阳文篆字"徐悲鸿"。

显然,此件国宝如果不是被徐悲鸿发现购买收藏,很可能就被扔掉了。

有些收藏家收藏字画,是轻画而重名,拿起一幅字画首先看是谁画的,若是名家画的,即使不怎么样,也会出资买下;若不是名家之作,即使画得再好,也是不屑一顾,弃之而去。徐悲鸿则不然。他收藏字画,重画而轻名。他每当收藏一件字画,首先不看作者是谁,而是看字画本身的艺术价值如何？即使是大名家的,画得很是一般,不过是件没有什么艺术价值的应酬之作,他也不会收藏。假如是件很有艺术价值的字画,即使是无名之辈画的,他也会出大价钱将它购而藏之。

徐悲鸿从1917年到1946年,数次应聘到北京任职。北京是闻名天下的文化古都。徐悲鸿每到北京,都要尽力收藏些字画。他很早就从中国古代字画的各种著录里看到有幅歌颂民族正气的字画,名为《朱云折槛图》。一天,他在当时的北平发现了这幅画。画作已经破旧得没了落款,何人创作的也看不出来了,成了佚名画。但徐悲鸿断定他是北宋人的手迹。他当机立断,买下了这幅难得的历史名画。

汉代朱云上疏皇帝汉成帝,要求赐尚方宝剑,杀掉结党营私的佞臣张禹,最后触怒了成帝,命力士推朱云去斩首,朱云攀住大殿门槛力争,竟将门槛折断。作品表现了朱云死谏的一身正气、汉成帝的震怒和他那不可一世的淫威、力士推朱云去斩首的凶相、左将军辛庆忌向皇帝请求赦免朱云时的争辩及愿以死相争的义气……整个画面讲述了一个可歌可泣的真实的历史故事。徐悲鸿在课堂上,多次充满激情地讲述了《朱云折槛图》这个动人心弦的故事。悲鸿题跋道:"此幅曾入多种著录,实是北宋人华贵手迹……就画而言,诚为中国艺术品中一奇。其朱云与力士挣扎部分,神情动态之妙,举吾国古今任何高手之任何幅画,俱难与之并论,此不待著录考证,始重其声价也。吾八十七神仙卷宣达雍和肃穆韵律,此则传抗争紧张情绪,而此二奇并归吾典守,为吾精神之慰藉,自谓深幸已。"

在徐悲鸿收藏的一些珍贵字画中,有一幅白描人物《八十七神仙卷》,被徐悲鸿视为"生命",盖有"悲鸿生命"钤印。这幅白描人物长卷,画有八十七位神仙,人物形象极其丰富、优美;线条飞舞如行云流水。此画卷被鉴定为我国美术史上的经典传世之作,代表了我国唐代白描绘画的最高水平，是研究我国绘画艺术遗产难得的珍贵资料，无疑是爱画如命的徐悲鸿的生命了。

《八十七神仙卷》是许多艺术家都想收藏和研究的，也是许多国内大画商梦想得到的。说起《八十七神仙卷》，它还有一段动人心弦的传奇故事呢！

82

七七卢沟桥事变后，徐悲鸿为宣传抗日，走出画斋，先后在长沙、广州、香港等地，新加坡、印度等南洋诸国，举办画展筹集支援抗战资金。徐悲鸿到香港举办画展，得到了老友著名作家许地山的帮助。许先生利用他是香港大学中文系教授的身份，把画展安排在香港大学举行，同时邀请徐悲鸿住在自己家中。

正是由于这个机缘，一个极富传奇色彩的故事由此展开，一件价值连城的国之珍宝得以重见天日。

一天，许地山与徐悲鸿闲谈时，忽然想起一件受人托办之事，他说：一位在中国生活多年的德国人临死前遗留了四箱中国古旧字画，但这四箱字画持有人——他的女儿马丁夫人却对中国字画一无所知一窍不通。于是她找到许地山，请他代为寻找买家。许地山并非鉴赏专家，但他知道这些字画的珍贵。他不愿将这些珍贵的中国古旧字画流失异域。他凭着自己一个外行人的眼光，感觉这些字画绝非平庸之作。所以，许教授一直拖延着，想寻求机会，使这些字画经内行鉴定后，最好能从外国人手里回归到国内懂画的专家收藏。他知道徐悲鸿是位非常喜欢中国画的大画家、大美术教育家，如果能将这些宝贵的古旧字画买回收藏，那就再好不过了。于是，许地山将自己的想法悄悄告诉了徐悲鸿。

许地山对徐悲鸿说：马丁夫人的父亲生前曾是德国驻华外交官，在中国生活了几十年，购买了大批中国字画等文物艺术品，其中不乏精品。现在马丁夫人有意将其出售，特意带着四大箱子字画到香港寻找买家。听马丁夫人说，曾经有朋友介绍过几位客人来买过字画，由于价钱问题，最终没谈成。对此，徐悲鸿表现出极大的兴趣，希望许先生能抓紧时间同这位马丁夫人联系，他想尽快去看看她这四大箱子里装的都是些什么字画，也许有他朝思暮想的宝贝。

但当时因为办画展，事情繁杂，行色匆匆。徐当时以为这位德国藏主，并不懂中国画，所收藏的中国古旧字画，未必有收藏价值。

许地山是一个非常重视祖国文化遗产的人。抗战爆发后，郑振铎在上海买下三千多部元、明版善本书籍，但苦于无处可藏。许先生利用香港大学图书馆将这些珍贵古籍保存下来。这次，许地山又自告奋勇去见马丁夫人，向她介绍徐悲鸿其人。马丁夫人对徐悲鸿还一无所知，也许不太信任，当时并没有应允立即看画鉴定。后来许地山又专门邀请马丁夫人去参观正在开幕的徐悲鸿画展，向她认真介绍了徐悲鸿的绘画艺术。而后，许地山又请妻子出面与马丁夫人联系，终于促使马丁夫人下决心请徐悲鸿来鉴赏和挑选她的字画。

许教授办事认真负责，一天，徐悲鸿在教授的引荐和陪同下，前往马丁夫人府上拜访。马丁夫人十分热情地接待了徐、许二位先生。马丁夫人不仅告知徐、许，她所藏的四箱子中国古旧书画，是其旅居中国多年的父亲所遗留下来的，而且还十分痛快地将四大箱子古旧书画全部搬出来摆放在徐悲鸿面前。这是两对约有四尺长、二尺高、二尺宽、古色古香的金丝楠木书箱，制作十分讲究。徐悲鸿看到这么大而讲究的金丝楠木书箱，心里在琢磨着：这位洋夫人怎么会有这么多的中国古代字画呢？她父亲如此喜爱中国书画艺术，准是位热爱中国文化的中国通。徐悲鸿还没看，但他已暗自断定：这箱子里肯定会有他很想得到的古代书画精品。于是，徐悲鸿十分有礼貌地请马丁夫人把箱子一个一个地打开。马丁夫人打开一个箱子说："徐先生，请你尽管看，尽管挑选吧。许教授告诉我你是位大画家、大专家学者，看看有没有你看得上眼的。"

"谢谢马丁夫人！"徐悲鸿说完，就在许先生的协助下，打开一

《八十七神仙卷》局部

件又一件，徐悲鸿接连审视了将近三箱子的古旧字画，似乎并没有表露出想从中选购的意思，这不由得让马丁夫人颇感意外，她担心这位大画家、大专家学者过于挑剔。其实，过目不忘，鉴赏字画具有一双火眼金睛的徐悲鸿，已经看中了第三箱中的一件了。

当徐悲鸿展开这幅白描人物长卷时，眼前为之一亮，目眩神摇，连托着画卷的手都微微颤抖起来，他太高兴了，尽管试图控制自己，还是无法控制住激动的情绪，这幅手卷为深褐色绢本，以白描手法绘有八十七位仙人，虽然没有落款，没有名人题跋，也没有皇室藏印，但所绘八十七位仙人却个个栩栩如生、线条衣纹飘逸疏朗，让徐悲鸿先生顿感欣喜。凭他的博学和眼力，断定这就是被一些大藏家盯上的那幅《八十七神仙卷》。说起来还真是巧极了，马丁夫人此刻正忙着接电话，并没有看到徐悲鸿激动的情绪。当她接完电话回来时，许地山教授向徐悲鸿使了个眼神，他也就不动声色地继续往下看。徐悲鸿盘算着这第四个书箱里，是不是还有他梦寐以求的宝贝。不过，当他把第四个箱子里的货也看个差不多的时候，徐悲鸿已经断定没有他看得上眼的字画了。满腹狐疑的马丁夫人担心徐悲鸿一件也没看中，便轻声问道："徐先生，你看中几件？这么多精品字画，你不会一件都没看中吧？"

"夫人，我没那么多的钱，今天就先拿一件吧。"徐悲鸿说着，伸手拿起那幅没有作者姓名的白描人物长卷。

其实，马丁夫人对于中国绘画一窍不通。不过，她也很聪明，当她知道徐悲鸿是位大名鼎鼎的大画家以后，她断定，只要是他看上的字画，一定很值钱。于是，她紧紧盯住了徐悲鸿：不管这位大画家要什么，她都得卖个好价钱。

"徐先生，还有十来件你还没看，要不然都看完再说？"马丁夫人亲切地看着徐悲鸿说，"没准，还能让你看上一两件。"徐悲鸿看了看马丁夫人，客气地说："马丁夫人，时间不早了，下午我还安排了其他事情，下面的藏品没时间看了，以后再说吧。"

"好的，那就以后再说吧。"马丁夫人微笑道，"徐先生，你喜欢手中的那一件，那就请先生出个价吧。"

"还是请夫人先开个价吧。"徐悲鸿微笑道，"没关系，你就随便开个价吧。"

"徐先生，你是见多识广的大画家、大收藏家，你心里知道它应该值多少钱，还是你给个价吧。"

既然画的主人非要徐悲鸿给个开价，徐悲鸿倒也痛快。从身上掏出随身带的一万余元现金，说："马丁夫人，我就用这些钱购买你这件白描人物画怎么样？"

精明的马丁夫人见如此挑剔的徐悲鸿，从这四箱子中只看上了一件没有落款的白描人物长卷，她立即明白了这件没有落款的古旧字画的价值。这一人物长卷，就是徐悲鸿和一些大藏家到处寻找的《八十七神仙卷》。精明的马丁夫人见此情景，滴溜溜的眼睛转了转，笑着说："徐先生，我实话告诉你吧，已经有好几位买家看上这件人物白描了，想要好东西，又舍不得出钱，总是讨价还价，老想着用最少的钱，买我这件最好的宝贝，那是不可能的。讨价讨来讨去，到后来也就卡了壳。朋友间的交易，也应该讲个公平合理，你说是吧徐先生？有些收藏家太精明了，以为我不了解中国博大精深的文化，不懂中国字画，老想占我这个外国人的便宜，那是绝对不可能的。"

"马丁夫人，徐先生跟别的收藏不一样，他是中国国立中央大学艺术系的教授。他收藏字画，都是为了讲课教授学生绘画用的，是真心实意地想买这件东西。"许地山先生说，"这一万元若是购买明清字画，即使是精品，也能买好几件。我看这样吧，马丁夫，你提出一个比较合情合理的价位，看看徐先生能不能接受，能接受，就成交；不能接受，也没商量余地，那就买卖不成仁义在。"

"既然许先生也这么说了，这样吧，除了这一万元，再加两千元现金。"马丁夫人不慌不忙地说，"另外还请徐先生再送给我五件明清字画。"

"夫人，我不是舍不得给夫人再加两千元现金，是我真的没有现金了。"徐悲鸿非常诚恳地说,"就是你让我回家取,我家里也只有几百元的现金。"

"徐先生,马丁夫人,你们二位都是我的朋友,我是真诚希望促成这件好事。这对两位都好,我这中间人也好。"许地山坦诚地说,"我知道徐先生是真想买这幅画,可苦于手中没有那么多现金;马丁夫人真想卖这幅画,嫌一万元太少。我提个建议,你们看成不成?"

"许先生,你是我的好朋友,有建议就快说吧,还有什么成不成的。"马丁夫人有点着急地说。

"为了促使把这件好事办好,双方都能比较满意。我建议徐先生从自己的藏品中,拿出三两件字画给马丁夫人,就等于顶替那两千元现金。别的要求也就算了。来日方长,交个朋友嘛!"

"许先生,三两件是不是太少了,不成不成。"马丁夫人摇摇头说。

"徐先生,马丁夫人嫌少了点,你的意见呢?"许教授是真心实意地想帮徐悲鸿把这件事办好,他有些提心吊胆。

"马丁夫人,你想要我从收藏的明清字画中拿出几件?"

"除了那一万元,怎么也得再拿五件吧!"

"马丁夫人,是不是多了些?"许先生对夫人说完又问徐先生,"徐先生,您说呢?"

悲鸿和许地山先生,已经从夫人的面部表情上看出来了,再有几件字画,这买卖也就成交了。可是徐悲鸿实在太爱这件没落款的白描人物画了,依他的想法,眼前这位洋夫人再多要几件,他也会满口答应的。于是,着急成交的徐悲鸿,此刻并不在乎几件明清字画了,他向夫人笑了笑,十分干脆地说:"我现在就回去取五件明清字画和一万元现金一起交给夫人,这样你可否满意?"

"徐先生这么大方痛快,我怎能不满意呢!"马丁夫人说,"不过,我希望这五件明清字画,都是精品哟!"

"这个不成问题。"许先生十分肯定地说,"徐先生收藏的字画,件件都是精品,否则,即便是送给他,他也是不会要的。他是大专家、如雷贯耳的大画家。"

"好，徐先生，我喜欢和你这样见多识广的大收藏家打交道。"马丁夫人笑着说，"欢迎徐先生常来做客。"

交易就这样谈妥了。《八十七神仙卷》让徐悲鸿过目难忘，他生怕这件难得的书画珍品再谈，夫人反悔不卖了。其实洋夫人就是坚持加价，徐悲鸿也会答应的。

由于许先生的再三撮合，买卖双方顺利成交，马丁夫人心满意足，悲鸿先生更是喜出望外。

众所周知，以徐悲鸿当时在中外画坛之名望，不说他必须付给马丁夫人的那一万元，就单凭他收藏的那五件明清字画，肯定也价值不菲，而他却毫不迟疑、干脆利落地交给了眼前这位马丁夫人。他如此做肯定是有道理的，它到底是怎样一幅惊世之作呢？

83

这是一幅长292厘米、宽30厘米的白描人物手卷，由于年代久远，画作已呈褐色。在深褐色的绢面上描绘了87位正在列队行进中的神仙。整幅画作虽然没有施以任何颜色，但给人一种"天衣飞扬，满壁风动"的艺术感染力。这就是历代艺术评论家对画圣吴道子所津津乐道的"吴带当风"。

虽然这幅白描人物长卷上没有落款和任何款识，但是徐悲鸿见多识广，他凭借着历代名家鉴定的记载，加上自己多年来鉴定古代名画的经验，基本可以认定这是一件唐代的绘画艺术绝品，其线条明显地具有唐代画圣吴道子的风范，即使不是吴道子之手笔，也必是唐代名家临摹吴道子的粉本。唐代画家吴道子在中国绘画史上久负盛名，有百氏画圣之称。他曾向张旭、贺知章学习书法，作品以宗教题材为最多。他画的人物下笔有神、飘逸洒脱。当年他为长安、洛阳两京寺观所作壁画就有300余间，卷轴画亦不少，被评论家称之为"吴家样"。

这件白描人物长卷，描绘的是一个道教传说。画中所表现的是东华帝君、南极帝君在侍者、仪仗、乐队的陪同下，率领真人、神仙、金童、玉女、神将前去朝谒道教三位天尊的情景。画面上神将开道，压队；头上有背光的帝君居中；其他男女神仙，分别手持幡旗、伞盖、贡品、乐器等，簇拥着帝君从右至左浩荡行进。队伍里，帝君、神仙形象端庄，神将威风凛凛，众多仙女轻盈秀丽。由于年代久远，真迹早已难得一见，如果真是吴道子的真迹，那就绝对称得上罕见的国之珍宝了。

自从心爱之物到手，徐悲鸿一连数日闭门不出，每日里展开画幅不停地观看，想从中看出这幅画的年代和出处。绢面上用明快而有生命力的线条，描绘了87位列队行进前往朝拜元始天尊的神仙。加上亭台曲桥、流水行云等的点缀，画面优美，宛若仙境，赏画间似有仙乐在耳畔飘荡。徐悲鸿反复琢磨，凭着自己多年对古画的鉴赏经验，他感觉这幅画的绘画风格、笔法特点明显带有唐代画圣吴道子的痕迹。他越看越激动，几天以后，他已经确定，购画时的判断没有错——这是一幅极有价值的唐代名家画作。徐悲鸿无比兴奋、激动，将这件事形容为"平生所做的最快意的一件事"，并将一方刻有朱文"悲鸿生命"四个梅花篆字的印章，郑重地加盖在长卷的画面上。为了更加酣畅地表达自己得到这幅画的感受，他揣摩良久，然后为这一白描人物画长卷，挥毫留下了长长的题跋：

此诚骨董鬼所谓生坑杰作，但后段似为人割去。故又不似生坑。吾友盛成见之，谓其画若公孙大娘舞剑，要如陆机、梁鰓行文，无意不宣而辞采娴雅，从容中道，倘非画圣，孰能与于斯乎！

吾于廿六年五月为香港大学之展，许地山兄邀观德人某君遗藏，余惊见此，因商购致流亡之宝，重为赎身，抑世界所存中国画人物无出其右，允深自庆幸也。古今画家，才力足以作此画者，当不过五六人，吴道玄、阎立本、周昉、周文矩、李公麟等是也。但传世之作如帝王相，平平耳。天王像称吴生笔，厚诬无疑，而李伯时如此大名，未见其神品也。世之最重要巨迹，应推比人史笃葛莱藏之《醉道图》，可以颉颃欧洲最高贵之名作。其外，虽顾恺之《女史箴》，有历史价值而已，其近窄远宽之床，实贻讥大雅。胡少石兄定此为《道家三官图》，前后凡八十七人，尽雍容华妙，比例相称，动作变化，虚阑平板，护以行云，余若旌幡、明器、冠带、环佩，无一懈笔，游行自在。吾友张大千欲定为吴生粉本，良有见也。

以其失名，而其重要性如是，故吾辄欲比之为巴尔堆农浮雕。虽上下一千二百年，实许相提并论，因其惊心动魄之程度曾不稍弱也。吴道玄在中国美术史上，地位与飞第亚史在古希腊相埒。二人皆绝代销魂，当时皆著作等身，而其无一确切之作品以遗吾人，又相似也。虽然，倘此卷从此而显，若巴尔堆农雕刻裨益吾人，想象飞第亚史天才于无穷尽者，则向日虚无缥缈，复绝百代，吴道子之画艺，必于是增其不朽，可断言也。为素描一卷，美妙已如是。则其庄严、典丽、煊耀、焕烂之群神，应于飞第亚史之上帝安推挪，同其光烈也。以是玄想，又及落南达芬栖之伦敦美术之素描，安娜与拉斐尔米兰之雅典派稿，是又其后辈也。呜呼！张九韶于云中奋神灵之逸响，醉予心兮，予魂愿化灰尘直上，跋扈太空，忘形冥漠，致美飘举，盈盈天际，其永不坠耶。必乘时而涌现耶。不佞区区典守兹图，天与殊遇，受宠若惊。敬祷群神，与世太平，与我福绥，心满意足，永无憾矣。

廿六年七月，悲鸿欢喜赞叹，题并书一绝：

　　得见神仙一面难，
　　况与侣伴尽情看。
　　人生总是荼菲味，
　　换到金丹凡骨安。

激动万分，换到金丹凡骨安的徐悲鸿日夜揣摩这幅意境缥缈的画，他根据所绘神仙数量,将其命名为《八十七神仙卷》。作者用刚中有柔、遒劲潇洒的线条描绘了一幅风动云飘的神仙境界。对于识货的徐悲鸿来说,《八十七神仙卷》实属难得的神品,地地道道的国之珍宝。众所周知,徐悲鸿是位公认的艺术大师,而对他的鉴赏功力和诸多国宝的收藏,人们却知之甚少。徐悲鸿通过发现《八十七神仙卷》到命名《八十七神仙卷》,令我们真真切切地感受到了徐悲鸿不仅在油画、国画等绘画领域有极高的艺术造诣,而且还是一位独具慧眼的大鉴赏家和收藏家。

1939年元月,徐鸿在新加坡举办了个人画展,大获成功并筹集到了大量捐助抗战的款项,可是他的心中却始终惦念着存放在香港银行里的《八十七神仙卷》,而且总是在梦中梦见这稀世珍宝遭遇不测。随后,徐悲鸿派自己信得过的人去香港将这一珍宝取回,带在身边,这才算睡踏实了。

徐悲鸿在新加坡精心筹备赴美画展之际,太平洋战争爆发了。随即,中国香港、南洋新加坡等地迅速被日军占领,而滞留在新加坡的徐悲鸿,最担心的则是藏在自己身边的《八十七神仙卷》。徐悲鸿再三考虑,决定放弃赴美展览,取道缅甸返回祖国。

懂行的人见了这幅白描人物画卷,无不惊呼:"妙!绝妙!"有人说是"难得的珍品",也有人说是"罕见的神品"。他向前来观看《八十七神仙卷》的朋友介绍说:"我爱画如命,可我藏画本身不是目的,目的是为了能让更多的人更好地学习和研究祖国的绘画艺术。所以,我收藏的字画等艺术品,大家都可以来临摹、研究、学习。"

心地纯洁善良的徐悲鸿,他哪里会料想到,这《八十七神仙卷》早被人神不知鬼不觉地盯上了。

84

1938年徐悲鸿去香港,打算将重新装裱并加题跋的《八十七神仙卷》交中华书局用珂罗版精印。悲鸿担心不慎丢失，所以将画卷存于香港银行保险柜中。但他仍不放心，思来想去，还是取出随身保管。1940年，他应印度诗人泰戈尔之邀访问印度，同时去新加坡办展为抗日募捐，他唯恐此画丢失，将画存于泰戈尔之手。按徐悲鸿以往的做法，他连银行保险柜都不敢相信，怎肯将画托给私人保管？恰恰是这种阴错阳差，使此画卷丢失于新加坡。徐悲鸿在新加坡展出的40幅油画精品，及未及时带走的书画艺术品总共四百余件被毁于战乱。

1942年5月，正是日军轰炸昆明最频繁的时候。为了给抗日将士和烈士家属筹集资金，徐悲鸿来到昆明，在武成路举办劳军画展。从画展开幕的第一天起，空袭警报就接连不断，但是观众依然踊跃。画展当日门票收入就达十万元。为了满足观众的需要，从第二天起，画展时间相应延长，徐悲鸿将这次展览的全部收入都捐给了云南省政府。

5月10日，徐悲鸿在云南大学的办公室整理作品，突然，空袭警报响起。匆忙间徐悲鸿与大家一起跑进了防空洞。等空袭警报解除后回到住地，却发现有人趁乱撬开了寓所门锁，将他珍藏的《八十七神仙卷》和其他三十余幅字画精品，全部盗走。视如生命的《八十七神仙卷》丢失了，徐悲鸿犹如五雷轰顶，面色煞白，眼前一片昏黑，昏倒在地……

国宝失窃，震惊世人。国民党云南省政府接到徐悲鸿的报案后，立即派员侦查并严令限期破案，然而《八十七神仙卷》犹如翩然飞去的黄鹤一般，杳无踪迹。心急如焚的徐悲鸿，血压急剧上升，病倒床上，从此得上了高血压……

85

徐悲鸿因为失去"生命"，终日坐卧不安，像是丢了魂似的，丢三落四。这是他有生以来，遭受的一次最大的不幸。他伤感得吃不下饭、睡不着觉。徐悲鸿为丢失《八十七神仙卷》，烦得他人面憔悴，坐卧不安。

1944年，徐悲鸿举家迁往重庆。这一天，邮差送来一封信，信寄自成都一个陌生的地址。徐悲鸿有些纳闷，心想，这是谁给他寄来的呢？拆开信封一看，是他在中央大学任教时的女学生卢荫寰写来的。卢荫寰在信中告诉老师，在一个偶然的机会，她看到了老师丢失的《八十七神仙卷》。

卢荫寰怎么会知道《八十七神仙卷》同悲鸿老师的关系呢？原来，几年前徐悲鸿在中央大学艺术系任教时，为了让学生们临摹到最高水准的白描作品，特意把自己珍藏的《八十七神仙卷》拍成照片，带到教室给学生们讲解作品的艺术价值和自己得到这幅珍品的经过，让学生们临摹。《八十七神仙卷》给卢荫寰同学留下特别深刻的印象。后来，她得知《八十七神仙卷》在昆明被盗的消息，心里还着实为老师难过了一阵子。两年以后，卢荫寰和丈夫随同一个朋友，到一个不相识的人家里去做客，那个人拿出一幅古代人物白描长卷请客人欣赏。卢荫寰仔细一看，吓了一跳，这不是徐悲鸿老师的心爱之物吗？凭她的印象，这幅画卷就是徐悲鸿老师在昆明丢失的《八十七神仙卷》。卢荫寰不露声色，回家后把这事和自己的想法告诉了老公，她的老公也不免大吃一惊，要她立刻报案。聪明的卢荫寰谢绝了老公的建议。她认为不能打草惊蛇，要先告诉老师，然后想一个万全之策，以保国宝的安全。

所以，她把这事迅速写信告诉了徐悲鸿。徐悲鸿收到卢荫寰的信，兴奋不已。在徐悲鸿看来，卢荫寰的来信，比从天上掉金饼还要珍贵。徐悲鸿丢的命就要找到了。他再也按捺不住激动的心情，恨不得立即赶赴成都找回丢失的《八十七神仙卷》，这是他的命啊！但是，徐悲鸿很快冷静下来，就在一切准备停当之后，他当机立断取消了前往成都索画的决定。原来，徐悲鸿考虑到他去成都的消息一旦泄露，藏画者也许会因惧怕招惹祸端而销赃灭迹！万一出现这种情况，岂不是要留下终生的遗憾吗？徐悲鸿考虑到这里，觉得最好先请一位朋友前往成都探听情况。就在徐悲鸿焦灼不安、左右为难之际，徐悲鸿在新加坡举办画展时结识的那自称刘汉的将军突然登门拜访，他在得知徐悲鸿正在为此事拿不定主意时，刘汉表示甘愿替徐悲鸿前往成都交涉此事。徐悲鸿也以为此举较妥，他当即表示同意。临行时，徐悲鸿再三向刘将军交代，请他先找到持画人，见到这幅画并确认为原作后，再设法与之交朋友，然后再花钱把画买回来。

怎么这么巧呢？！就在那位刘汉将军即将前往成都的时候，又一位刘姓将军突然出现在徐悲鸿的眼前。这位刘姓将军同那位刘汉将军，究竟是什么关系，徐悲鸿暂且没时间管它。

这位刘姓将军把他所知道的情况一一报告给徐悲鸿。徐悲鸿闻听此言，果断地采纳了这位刘姓将军的建议。徐悲鸿请刘汉将军暂时留在重庆，协助他工作。另一位刘将军受徐悲鸿的委托动身去了成都。他到达成都后不久，给徐悲鸿打来电话说，他从成都一个神秘人物那里已经发现了《八十七神仙卷》的踪迹，并且亲眼看到了这一白描人物长卷。当刘将军表示打算购买《八十七神仙卷》的时候，神秘的持有人张口就要银圆 20 万。这时，持有人已经从刘将军的言谈话语中，探听出是赫赫有名的大画家徐悲鸿想购买这件宝物。于是他就来了个狮子大开口，开了个天价。20 万银圆是个什么概念呢？在当时，北京城里一个上好的四合院也不过一万银圆左右。刘将军心里明白，徐悲鸿先生想画心切，听说这《八十七神仙卷》有了下落，他就恨不得马上拿到手。别说 20 万大洋，即使再多要个 20 万，他也在所不惜。还没等刘将军表态，到底是"要"还是"不要"，这位神秘的持有人却马上改变了价码，说："刘将军，你也别犹犹豫豫了，20 万元大洋我不卖了。"

"别别，别呀！"刘将军说，"20 万就 20 万，我要了。"

"你想要了，可我不想卖了。"

刘将军一看对方这架势，一口价咬死了，不得不用商量的口气说："价钱多一点少一点好说，你看我们能不能再好好商量商量？"

"你说怎么商量法？"

"比如，再加点钱什么的。"

"我这个人知足，20万够用了，钱是不用加了。"

"那你还想要点什么？"

"你不说我也看出来了，是赫赫有名的大画家徐悲鸿托你来的。"这位神秘的卖家说，"这样吧，再添加徐悲鸿先生的绘画九幅，其中奔跑的马五幅、人物三幅、山水一幅。若徐先生答应，你就如数带着钱和画来，你一手交给我20万大洋和九幅徐先生的画，记住：只能是徐悲鸿先生的亲笔画。我一手把徐悲鸿先生日想夜盼的《八十七神仙卷》交给你。若不答应，你走你的人，我还是留着我的画。至于我究竟想卖给谁？那就看谁财大气粗了。"

这位神秘的卖家说话的口气很硬，没有商量的余地。刘将军只好如实报告徐悲鸿。徐悲鸿听后，十分坚定地告诉刘将军："只要能把这《八十七神仙卷》拿到手，就是他再要我九幅画，我也会毫不犹豫地答应他。越快越好，因为我担心夜长梦多。"

大家都知道，这可是徐悲鸿的"生命"啊！只要爱画如命的徐悲鸿确定了它就是原作后，他会毫不含糊地接受所有的条件。为了画的安全，徐悲鸿决定不惊动警方，也不追究当初此画遭窃的缘由。徐悲鸿不顾自己体弱多病，白天黑夜忙于作画筹钱。20万现大洋和九幅画很快送到了成都刘将军手里。在刘将军的帮助下，这《八十七神仙卷》不久又重新回到了徐悲鸿手中。

当徐悲鸿从那位刘将军手里拿到《八十七神仙卷》时，激动得两手颤抖，热泪夺眶而出。他用颤抖的双手小心翼翼地打开画卷，只见87位神仙安然无恙地出现在眼前，他们的神情仍然是那么安详、肃穆，体态依旧那么优美、飘逸，仿佛并没有遭受过任何惊扰，殊不知其主人为找回《八十七神仙卷》，快把身体拖累垮了。

经仔细辨别，徐悲鸿发现除了原先钤在《八十七神仙卷》上的那方"悲鸿生命"的印，以及自己精心装裱时所作题跋等已被挖割去之外，可以说画面并无损伤，总算是完璧回来了。

从此，这 87 位神仙又回到了徐悲鸿的身边。尽管徐悲鸿已经得知《八十七神仙卷》失窃之真相，即是那位自称刘将军的刘汉亲自编导的一幕欺天骗局，但是徐悲鸿不仅没有对这个大骗子进行声讨谴责，反而心存感激地说，他毕竟没有将这幅古画彻底毁坏。他亲手把这幅画挂在墙上，仔仔细细看了足足有两个小时，一点不感到疲倦，还觉得没看够。他和这幅画的感情，犹如一个慈爱的母亲刚刚见到了分离多年的孩子，怎么亲也亲不够，怎么看也看不厌！徐悲鸿马上变得喜气洋洋，春风满面，那股高兴劲儿就甭提了。

徐悲鸿不光慧眼识英才，他同样能慧眼识国宝。他坚信《八十七神仙卷》将永存中华大地，成为中华民族引为骄傲的瑰宝。

一天，田汉见到廖静文，便开玩笑说："徐夫人，你这个人本来聪明，可如今为什么傻了呢？"廖静文十分尊重田汉先生，她不会想到这是田汉在同她开玩笑，就不解地问："是吗？田先生，怎见得我傻了呢？"田汉仍是一本正经的样子说："是的，是傻啦，要不，他对你那么不好，你怎么连个抗议都不敢提呢？"田汉先生的话，让廖静文一时丈二的和尚——摸不到头脑，不解地问道："田汉先生，他不是对我很好的

田汉素描像　徐悲鸿作

嘛，我干吗要提抗议呢？"于是，田汉指着墙上挂着的印有"悲鸿生命"印章的画说："你看看，徐先生一直为丢失《八十七神仙卷》吃不下饭睡不着觉，像是丢了魂似的坐卧不安。现在好了，把他的命给找回来了，他更离不开他的命了。你说，他的命给了他那件爱不释手的《八十七神仙卷》了，那他把你这位夫人置于哪里呢？"娴静的廖静文这才恍然大悟：田汉先生是据画上印章在故意同她开玩笑哩！廖静文当然不会嗔怪徐悲鸿半句，反而美滋滋地笑了，笑得很开心，很甜蜜。田汉这时也笑了。

当徐悲鸿再次见到这幅魂牵梦绕的神仙卷时，非常激动。他手捧画卷，感慨万千，经过这次失盗，徐悲鸿更加小心谨慎地守护着《八十七神仙卷》。

北京的金秋十月，是北京装裱字画的最佳季节。1948年9月的一天，徐悲鸿把重新盖上"悲鸿生命"钤印的《八十七神仙卷》，亲手交给刘金涛，在揭裱前，徐悲鸿在《八十七神仙卷》上再次题跋，全文如下：

是年，吾应印度诗翁泰戈尔之邀，携卷出国，道经广州，适广州沦陷，漂流西江四十日，至年终乃达香港。翌年走南洋，留卷于港银行铁箱中，虑有失也，卒取出偕赴印度，曾请囊达拉尔波司以盆敢利文题文。廿九年终，吾复至南洋为筹赈之展，乃留卷于圣地尼克坦。卅年欲去美国，复由印度寄至槟城，吾亲迎之。逮太平洋战起，吾仓皇从仰光返国，日夜忧惶，卒安抵昆明熊君迪之馆，吾于云南大学楼上。卅一年五月，吾举行劳军画展。五月十日，警报至此，画在寓所，为贼窃去，于是魂魄无主，尽力侦索，终不得。翌两年，中大女生卢荫寰告我，曾在成都见之。乃托刘德铭君赴蓉，卒复得之。唯已改装，将"悲鸿生命"印挖去，题跋及考证材料悉数遗失，幸早在香港付中华书局印出。但至卅五年胜利后返沪，始及见也。

> 想象方壶碧海沉,
>
> 帝心凄切痛何深;
>
> 相如能任连城璧,
>
> 负此须眉愧此身。
>
> 既得而愧恨万状,赋此自忏。
>
> 卅七年十月重付装前书

如此珍贵而又破旧的古画,没有高超的技能是绝对不敢接受的。装裱名师刘金涛妙手回春,经他的双手揭裱后,《八十七神仙卷》色彩、模样一如从前。徐悲鸿请米寿(88岁)老人白石老人题写卷名,又特别邀请张大千、谢稚柳两名家前来鉴赏并重新题跋。

张大千先生见到《八十七神仙卷》后,很是高兴,他边欣赏边称赞。他认定,此人物画卷非晚唐人不能为。悲鸿所收者白描,殆出道教,是国之珍宝。大千极为羡慕,叹曰,何以"天壤之间,欣快之事"尽让徐悲鸿拥有。

大千先生饱蘸笔墨,挥毫题跋云:"悲鸿道兄所藏《八十七神仙卷》,十二年前予获观于白门,当时咨嗟叹赏,以为非唐人不能为,悲鸿何幸得此至宝。抗战既起,予自故都避难还蜀,因有敦煌之行,揣摩石室六朝隋唐之笔,则悲鸿所收画卷乃与晚唐壁画同风,予昔所言,益足征信。曩岁予又收得顾闳中画《韩熙载夜宴图》,雍容华贵,粉笔纷披。悲鸿所收者为白描,事出道教,所谓《朝元仙仗》者,北宋武宗元之作实滥觞于此。盖并世所见唐画人物,唯此两卷,各尽其妙,悲鸿与予得宝其迹,天壤之间,欣快之事,宁有过于此者耶。"

谢稚柳题跋则云:"悲鸿道兄所藏《八十七神仙卷》,十二年前予获观于白门,旋悲鸿携往海外,乍归国门,骤失于昆明,大索不获,悲鸿每为之道及,以为性命可轻,此图不可复得,越一载,不期复得之于成都,故物重归,出自意表,谢傅折屐,良喻其情。此卷初不为人所知,先是广东有号吴道子《朝元仙仗》图,松雪题谓是北宋武宗元所为,其人物布置与此卷了无差异,以彼视此,实为滥觞。曩岁,予过敦煌,观于石室,揣摩六朝唐宋之迹,于晚唐之作,行笔纤茂,神理清华,则此卷颇与之吻合。又予尝见宋人摹周文矩宫中图,风神流派质之此卷,波澜莫二,固知为晚唐之鸿裁,实宋人之宗师也。并世所传先迹,论人物如顾恺之《女史箴》,阎立本之《列帝图》,并是摹本,盖中唐以前画,舍石室外,无复存者,以予所见,宋以前唯顾闳中夜宴图与此卷,并为稀世宝,悲鸿守之,比诸天球、河图至宝,是宝良足永其遐年矣。"

由于其珍贵,亲眼欣赏过原件的人极少。

应徐悲鸿邀请前来的几位大师中,张大千是著名的画家和书画藏家,谢稚柳也是书画大家,精通书画鉴别及美术史。大千对中国古代,尤其是唐代绘画颇有研究。他赴敦煌临摹、研究敦煌壁画艺术二三年,他对《八十七神仙卷》的鉴定至关重要。对敦煌壁画造诣精深的张大千随后也对这幅画做了分析:宋朝,在寺院画工群体中流行一种小样制度,样稿在壁画完成后会留下来,作为修缮、补绘的底稿,也是师徒传授的样本。同是宋朝粉本小样,对比之下,《八十七神仙卷》通幅洋溢着豪迈博大、生气勃勃、雄浑健伟、气度开放、质朴刚强、典雅庄重,《朝元仙仗图》虽构图相同,人数一样,但笔力气势显得不足。很可能是武宗元时期的作品,或是临摹吴氏的小样。这幅《八十七神仙卷》应是吴道子的手迹。著述颇丰、精通绘画史的谢稚柳从绘画技法上进行了比较、论述。他认为这幅画卷的画法具有隋唐壁画的典型特征,比《朝元仙仗图》更接近大唐画风。仅从云鬓、虬须的"毛根出肉"的画法上去考察,这幅画的作者非吴道子莫属。

得到众多一流鉴定家的首肯,经过重新揭裱题跋,徐悲鸿更加珍爱被他视为生命的《八十七神仙卷》……

第十二章　绘画与钤印

86

　　同西画相比，传统的中国画区别于其他绘画的突出特点，就是鉴赏一幅绘画，不仅要看画本身，还要看同绘画相匹配的钤印。一方小小的印章，让鉴赏者了解到绘画本身所不能表现出的诸多内容。比如作者或收藏者为何要创作或收藏这幅画？作者或收藏者在什么情况下创作或收藏的这幅画？作者或收藏者是怎样的一个人？如此等等。徐悲鸿所收藏的《八十七神仙卷》用题跋表明了它的来龙去脉和它的艺术价值。用一方小小的收藏印章"悲鸿生命"，十分清楚地表明这幅画在收藏者心中的分量。加上白石老人的卷首题名，张大千、谢稚柳的题跋，在这幅白素描人物长卷上，至少不下七方印章。徐悲鸿作画是很注重钤印的。他在书画上常用的钤印除名章外，主要有：江南贫侠、江南布衣、东海王孙、富贵于我如浮云、困而知之、生于忧患、自强不息、真宰上诉、吞吐大荒、大慈大悲、壮夫所为、居天下之广居、五十后作等十几方材质不同、内容各异、印文不同的印章。徐悲鸿为何对这些印章情有独钟呢？因为每方印章都有它特有的内涵，有些还蕴藏着感天动地的传奇故事。这些故事大都包含着徐悲鸿刻骨铭心的人生阅历和"死不悔改"的人生追求。

徐悲鸿有一方印章,印文看上去怪怪的,上面满满地刻着"真宰上诉"四个阴文篆字。首先,我们要弄清徐悲鸿为何要把"真宰上诉"四个字雕刻在印章上?"真宰上诉"四个字源于何处?是什么意思?这四字源于一句中国古诗词"元气淋漓障犹湿,真宰上诉天应泣"。徐悲鸿博览古今群书,他借用古诗句中"真宰上诉"四个字,来说明一幅元气淋漓的画,在水墨尚未干透、还没有装裱的时候,观众就已经被它感动了。徐悲鸿借此来称赞一幅好画应该好到什么程度。他以为好到画家把对所表现之物的热爱,好到画家对美的深刻理解,不光完全在画家笔下充分表现出来了,而且连老天爷都感动了,感动得泪流不止。

"真宰上诉"表明了徐悲鸿对艺术创作的标准和要求。其实,徐悲鸿在这里所指的天老爷不是真有天老爷,而是他所热爱的人民大众。如果画家的作品能够感动天下大众,那才称得上是最成功最完美的艺术作品。由此我们可以断定,只要是徐悲鸿在画幅上盖有"真宰上诉"印章的,一定是徐悲鸿最为满意,也是大众最喜欢的绘画作品。

徐悲鸿常用的印章,有一方印文是"东海王孙",也是有着深刻寓意的。众所周知,中国人作为龙的传人而著称于世界。龙离不开水,这龙就是东海龙王。在民间有个美丽的传说,说东海龙王把小女儿嫁给人间靠打柴为生的穷孩子王小二。在民间,东海龙王还是不错的。徐悲鸿把自己喻为东海王孙,这表明在徐悲鸿心里,东海从来就是中国的,龙的传人是东海龙王的子孙后代。

一幅美好的画作,有一方相匹配的印章,这画就更有精气神,更能体现作者所想、所思,更能让观赏者很好地观赏、研究。画与印融为一体,谁也离不开谁。如果很好的一幅画没有一方相匹配的印章,这幅画就显得大为失色。齐白石自称"三百石印富翁",可见石印在书画家心目中有着不可替代的特殊作用。在艺术上善于中西贯通的徐悲鸿，造诣深厚宏富，除了在油画、国画、雕塑、板画、书法、民间工艺上，都有推进发展的独到见解外，在金石篆刻艺术创作上的见解和审美观上，也令许多专业篆刻大家折服。素描、彩墨画、书法、速写，徐悲鸿均视作品大小和表现内容而钤印。印章是中国绘画的有机组成部分，也是后人研究绘画、作者和收藏者的重要依据。据粗略统计，徐悲鸿的自用石印（名章、闲章、压角章、吉语章）就多达260方之多，当属制印大师齐白石为他制印最多。印文或阳或阴，或篆或隶，大小得宜，形式各异。徐悲鸿所珍爱的这二百六十多方印章大都出自名家之手。徐悲鸿早年在乡村中学教图画时，便喜好刻印，受父亲徐达章的影响而接受了印章的最初启蒙教育，这可从《徐悲鸿自述》中得到证明："……早岁在乡村教书，日临仓颉、散氏盘，临印数百，每有上佳者，分赠同学……"

从徐悲鸿的自用印来看，除了明代文彭阴文印"松柏四时春"、阳文印"半榻琴书"两方、父亲徐达章所刻阴文印"飞花入砚池""放怀今古"两方，及他自己的几方遣兴之作外，大部分均是当代名家所刻，刻工精良且用料考究，实属少见，除玛瑙、水晶、青田石、寿山石等石料外，还有鸡血、田黄等名贵石章。

徐悲鸿自己所刻印章，少有记述，1931年在给舒新城的信中所钤白文印"道心唯微"，在此印旁注有"此弟客串之作，用散氏盘字"。另有他在早期素描《马》《人体》中所钤白文印"精爽""食古"，二印篆法略参大篆笔意。值得一提的是，徐虽偶尔为之，无意做印人，但从其用字及章法到款识，表现出他力脱明清遗风流绪，食古而化之的创新意识。徐悲鸿任中央大学教授期间，曾在致陈子奋的一封信中历数自己的印坛友人。他说："弟在北平友寿石工、白石名皆齐印人也。又老友杨仲子、乔大壮、陈师曾、简经纶、吕凤子、何秋江、彭汉怀、方介堪、蒋维崧、张寿丞、孔文叔、傅抱石、汤安、宋君方等十余人，均为印坛名手也。"这些人师承不一，风格各异，但在借助出土金石文字而确立印风上，又与悲鸿有着十分相似之处。

从悲鸿的私藏印章中显示，为徐悲鸿刻印最多的制印大家当为齐白石、杨仲子、陈子奋三位。原因有二：一来三家不落前人窠臼，勇于创新的精神与悲鸿的制印思想是息息相通的；二来他们之间交往甚深。

徐悲鸿于1928年夏天应友人邀请到福州做客，一天参观画展，当他看到陈子奋的金石篆刻和绘画作品时，眼前一亮，很是兴奋，然后问及在场的有关人士，陈先生府上地址。二话没说，叫了辆黄包车，奔乌石山麓登门拜访。徐陈相见，犹如他乡逢故知，谈艺甚洽，相见恨晚，从此结下了深厚友情。陈先生为了表示对徐悲鸿先生的敬意，篆刻了三方寿山石印章赠送；徐悲鸿在离开榕城时，画了一幅《九方皋》赠送陈子奋先生。徐在题跋上写道："兹将远别，怅然不释，聊送此图，愿勿相忘。"

徐悲鸿对陈子奋的金石篆刻评价很高，非常喜爱，这从他给陈先生的信中可见一斑："当代印人精巧若寿石工，奇岸若齐白石，典丽若乔大壮，文秀若钱瘦铁，丁佛言、汤临泽等时有精作。而雄浑则无过于兄者。"陈子奋先生曾答应为徐先生制印百方，实际上只制作了六十余方。徐悲鸿先生平常所用的印章，多出自陈先生之手。徐先生曾作小诗一首赞颂陈先生："闽中自古多才子，五行福州识陈子；金石篆刻妙入神，秉性孝悌追古人。……"

陈子奋是徐悲鸿较为器重的画家兼制印人，为徐悲鸿刻有白文印"悲鸿之印"、朱文"天下为公""困而知之"等六十余方印章；而傅抱石为徐悲鸿刻"徐悲鸿""富贵于我如浮云"等印章，颇得徐氏喜爱。

徐悲鸿对齐白石的金石篆刻评价很高，白石翁为悲鸿先后刻有"徐悲鸿""吞吐大荒""江南布衣""荒谬绝伦"等等多方印章。杨仲子是我国著名音乐家，他为徐悲鸿刻"悲""徐悲鸿""字法奇巧""与古为新"等十多方印章。

第十三章 艺坛苦斗

87

1945年8月15日，日本侵略者宣布无条件投降。1946年夏天徐悲鸿还在重庆，因为要去北平接手北平艺术专科学校，行前特意托朋友李宗津带信给上海的吴作人。信中写道："吾已应教育部之聘，即将前往北平接办（原日伪）北平艺专。余决意将该校办成一所真正的艺术专科学校，并已函约黄宾虹、叶浅予、庞薰琹、李桦等先生来校任教。至于教务主任一职，非弟莫属。务希允就，千祈勿却。至盼！"

徐悲鸿和吴作人等相约于8月到北平会面。

自此，在东单附近的东裱褙胡同22号，便经常出现徐悲鸿的身影，一身蓝布裤褂上作画时留下的彩色斑点，惹得路人不由得要多看上几眼。没过多久，徐悲鸿移居位于建国门古观象台近侧的东受禄街16号。这里是个普通的院落，墙根开满了五颜六色的蜀葵，分外讨人喜爱，徐悲鸿因此把这里命名为"蜀葵花屋"。院内牵藤搭蔓的葡萄架很是诱人。画室的一角放着一匹完整的马骨架，显得不同平常。徐悲鸿手书的鲁迅名句"横眉冷对千夫指，俯首甘为孺子牛"对联，悬挂在画室北墙正中间。

　　如何办学呢？徐悲鸿想起了来北平前夕在上海郭沫若寓所，周恩来副主席会见他的情景：

　　那天，徐悲鸿携廖静文一起去拜访郭沫若先生，正要离开时，周副主席进来了。周恩来握着徐悲鸿的手说：徐先生，我们算是老朋友了！你还记得吗？1924年在巴黎公社墙前，我们还合过影，可惜照片全丢失了……记得当时你不停地素描，还摘了两片树叶，悄悄夹在画夹里……徐悲鸿惊讶地说："周副主席，你的记忆力好得惊人！我觉得你比在重庆时更精神了。"

　　"……人逢喜事精神爽，我们的抗日战争终于胜利了嘛！"周恩来和徐悲鸿都笑了起来。

　　接着，周恩来又关切地询问徐悲鸿的生活近况，以及今后的打算等。两人分手，周恩来意味深长地说：徐先生，我们希望你把北平艺专办好，办成一所属于人民的艺术学校，为人民大众培养出有理想、有能力、愿意为人民服务的美术工作者……

　　"我记住了。"徐悲鸿告诉周恩来副主席，"我现在是第三次赴北平上任。第一次是1917年康有为先生建议，北京大学校长蔡元培聘请我为北京大学画法研究会导师，专门为研究会会员讲课；第二次赴北平是1929年，我在蔡元培的引荐下，就任北平大学艺术学院的院长。这第三次赴北平，有了过去的经验教训，又有了周副主席您的教导，我信心很足。"

　　"有信心，还很足，非常好。"周来说，"祝你成功。"

　　徐悲鸿一到任，不仅聘请齐白石为北平艺专名誉教授，还亲自乘车去接齐白石到校讲课。

　　齐家看大门的名叫尹春如，原来是清宫的太监，他一见徐悲鸿来了，高兴得一溜小跑去告诉齐白石："老爷子，老爷子，徐校长来了，来看您老爷子了！"齐白石耳背，没听清。尹春如又对着他的耳朵大声重复了一遍。齐白石听罢，赶忙扶杖去迎接徐悲鸿，并吩咐护士夏

彩墨画《吹箫引凤》。徐悲鸿作

文珠女士赶快泡茶，泡最好的茶。白石老人不光亲迎徐悲鸿校长的到来，还亲自开柜子拿出上好点心来招待他心目中的贵人。

为了办好北平艺专，徐悲鸿除了聘请艺苑名流任教外，他还准备聘请张大千为艺专名誉教授。徐悲鸿是绝不会忘记他赞誉过的"五百年来一大千"的。为了办好北平艺专，凡是能调动的力量，徐悲鸿一定会调动起来。

那时北平艺专的校舍在东总布胡同，十分狭窄。如何解决校舍问题呢？徐悲鸿想起了他的老朋友、北平行辕主任李宗仁先生……

1946年夏日，徐悲鸿上任北平艺术专科学校校长。一上任，徐悲鸿首先看望的，是齐白石和傅增湘两位老先生，并亲自登门聘齐白石老先生为北平艺专教授。时任北平行辕主任李宗仁，设宴为徐悲鸿的走马上任洗尘，祝贺他荣任北平艺专校长。席间两人从广州聊到桂林、聊到重庆、聊到南洋、聊到血战台儿庄、聊到南京、聊到北平，聊得十分投机。好朋友久别重逢，有着聊不完的酸甜苦辣事、说不完的心里话。李宗仁频频为徐悲鸿祝酒时，情不自禁地感慨道："正当中国画坛沉沦在一片黑暗之中的时候，我们的神来之笔悲鸿君，驾驭着天马出现在东方地平线上，迎面飞驰而来。于是，中国的整个画坛顿时变得光明起来……"

李宗仁话音未落，响起热烈的掌声。宴席快要结束的时候，作陪的行辕参议马一民看了李宗仁一眼，说："悲鸿先生，您在桂林给李主任画的许多名画，都在战火中损失了，实在可惜啊！让李主任最为痛心的是被他视为'镇堂之宝'的那幅《雄鹰图》。一直到现在，李主任一想起您为他画的《雄鹰图》，就赞不绝口，后悔莫及，还说对不起您。徐先生，假如您方便的话，能不能给……"

没等马参议把下面的话说出来，徐悲鸿便微笑着把他想说的话给说了出来："只要德公喜欢，鄙人现在即可作画。"马一民再三表示感谢。酒宴结束，马参议领着徐悲鸿来到李宗仁的书房。只见纸、墨、笔、砚都准备好了。有人研墨，有人押纸，徐悲鸿当即挥毫作画，只见他饱蘸笔墨，迅速挥洒，不到一个时辰，站立在巨石之上的雄鹰，展翅欲飞。站在一旁观看的马参议鼓掌叫绝，李宗仁则满面喜色。这时，徐悲鸿又从随身带来的提包里取出一幅彩墨画，向李宗仁谦逊地笑了笑，说："李主任，这是今年春天，我在重庆为您画的一幅画，不知您喜欢否？实在不成敬意。"

李宗仁接过画展开一看，实在妙不可言！这是一幅小写意仕女画《吹箫引凤》，在画幅的右边从上到下题了两行字："卅六年春日为德公上将补壁　悲鸿客重庆"。

李宗仁喜上加喜，笑得连嘴都合不拢了，特别高兴地说："还是我的老友好友，在战火纷飞的日子里依然忘不了为我作我最喜欢的画！"

"应该，应该啊！"徐悲鸿说，"热爱中华民族绘画艺术，支持我为中华民族培养绘画人才的德公，您需要我做什么，只要我能做的，我一定在所不辞！"

在李宗仁请徐悲鸿品茶闲聊的时候，徐把希望李主任帮忙解决校舍过于狭窄的事说了出来。徐悲鸿理解李主任的难处，他这个北平行辕主任，蒋介石没给他那么大的权力。他知道这个问题解决起来不那么容易。即便如此，在北平，他也只有找李宗仁了。李宗仁痛快地答应了，过了没多久，他果然给艺专拨了一所宽大的校舍。这让徐悲鸿确实感动，他原以为校舍问题解决起来没那么容易。为了感谢李宗仁，徐悲鸿便把正在北平的张大千请到家里。聪明的张大千心里也明白，徐悲鸿为什么要把他请来。大千进门一坐下，便捋了捋胡子欣然笑问："悲鸿，你让我来府上有何贵干，就请尽管盼咐。"

"大千先生，我把你请来，是因为有件小事需要与你商议。"悲鸿很坦率地说，"无非是想请大千先生，画幅画送给北平行辕主任李宗仁。"

"你让我画，好，那我就画。"大千先生十分痛快地说，"悲鸿，你就说吧，说说你想要我给李主任画幅什么画？"

"画荷花怎么样？大千先生，你画荷花敢为天下先，写莲能入莲塘，忍剜朱耷（八大山人）之心。"徐悲鸿称赞道，"你笔下的荷花是天下一绝，我想，李宗仁不会不喜欢的。"

画案上笔墨纸砚印泥皆有，徐悲鸿话音未落，只见大千先生从画案上抓起一支大笔，饱蘸水墨，在一张六尺宣纸上挥挥洒洒画了起来……

大千作画不影响同客人聊天，谈笑间，一幅《西湖荷花别样红》的画便跃然纸上。大千画好荷花后，问道："悲鸿先生，你看行不行？你满意的话，我可就题款了；不满意的话，我再接着画，一直画到徐校长点头满意为止。"

悲鸿说："大千先生画荷花天下一绝，天下无人不称赞。大千你这幅荷花，画得好，画得实在好啊！当属神来之品。"

就在这一天，徐悲鸿向张大千提及请他到艺专当名誉教授一事。坐在沙发上的大千先生，用手捋着胡须微笑道："悲鸿，我还能当艺专教授吗？"

"大千先生，你可不能推辞哟！"悲鸿说，"我知道你忙，所以请你做名誉教授。你就用不着到学校授课了，一个学期给学校寄上一两张画就行了。"

大千先生听罢，依然捋着胡子，笑了笑说："悲鸿仁兄，既然你看得起我张大千，我就不推辞了。"

说完，便开心地哈哈大笑起来。张大千就这样，被徐悲鸿聘请为北平艺专名誉教授。

徐悲鸿广招人才，招聘了一批名誉教授和教授。李桦、叶浅予、庞薰琹等人主持版画、国画、工艺美术各系的教学工作；油画、雕塑等由吴作人、冯法祀、王临乙等人执教。后又陆续聘请董希文、李可染、李苦禅、蒋兆和、艾中信、李瑞年、滑田友、高庄、宗其香、戴泽、李斛、韦启美、梁玉龙等多方面的名家，展抒才艺，共同办学。

旧艺专没有教职员工宿舍，为了方便生活，有利教学，徐悲鸿托人多方联系，又解决了宿舍问题。

彩墨画和油画不一样，不光要画得好还须装裱得好。"完美还须看裱工"！张大千笔下的《西湖荷花别样红》，经裱画师刘金涛的精心装裱，西湖荷花更加美妙无穷了。徐悲鸿趁给行辕主任李宗仁登门送画的机会，一方面表示感谢，另一方面还请李主任继续支持艺专的工作。李宗仁当即表示，他对徐悲鸿来北平接办艺专，极为高兴，再三表示，只要能做得到的，他一定会办，全力支持以徐悲鸿为校长的北平艺术专科学校。

徐悲鸿嘴里没说，心里清楚：李宗仁虽然是行辕主任，但蒋介石并不信任他。蒋介石已委派亲信陈继承担任北平警备司令，牵制李宗仁的所作所为。悲鸿心想："不管怎么说，有李宗仁支持我，这个北平艺专就好办多了。"

徐悲鸿心里很清楚，艺专能否办好，关键是教师队伍，校舍宿舍次之。悲鸿上任不久，解聘了一些与国民党特务勾勾搭搭的教师。有人拍手称快，有人惊讶得瞠目结舌。

1947年的春节到了，徐悲鸿像往年一样，携夫人廖静文一起去齐白石、傅增湘府上拜年。徐悲鸿敬重齐白石，世人皆知，但他为何如此敬重傅老先生呢？

这得从徐悲鸿第一次到北京说起。康有为的大弟子、著名诗人罗瘿公读完康有为的信，拜读了徐悲鸿随身带来的绘画，十分推崇徐悲鸿，他当即写信给时任教育总长的傅增湘，向他推荐徐悲鸿到法国留学深造。当时傅总长掌握着官费留学生名额。他在面见徐悲鸿后，确认徐悲鸿是位很有培养前途的绘画艺术人才，诚恳表示，待第一次世界大战结束就帮悲鸿实现到法国留学的愿望。于是，徐悲鸿把好消息告诉了太太蒋碧微，两人都十分高兴地期待着。可是让傅总长没有想到的是，此事一波三折，当教育部公布派往欧洲的留学生的名单时，却没有徐悲鸿的名字。年轻气盛的徐悲鸿也没弄清原因出在哪里，就写了一封措辞十分不满的信，质问傅增湘总长。徐悲鸿的这种做法弄得推荐人罗瘿公面子上很难堪。事实上徐悲鸿的这封信冤枉了傅总长。傅总长就是傅总长，他是很理解徐悲鸿的，完全没把这封无理指责的事放在心里。关于此事，徐悲鸿在他1930年所写的《悲鸿自述》中有所记载。徐悲鸿是这样写的："旋闻教育部派遣赴欧留学生仅有朱家骅、刘半农两人。余乃函责傅沉叔（增湘）食言，语言尖利，骂之泄愤而已。"

1918年11月11日宣告世界大战结束，教育部决定继续派留学生出国学习。蔡元培为徐悲鸿赴欧洲留学一事不容分说给教育部总长傅增湘写信。傅总长不计前嫌，帮徐悲鸿实现了官费留学欧洲的愿望。这让做梦都没想到能这么快留学的徐悲鸿，感到很是内疚、惭愧。当他向傅总长深表感谢时，这位教育总长只是轻描淡写地说了句："没什么值得感谢的，只是不失信而已。"

徐悲鸿在自述中说："余飘零十载，转走千里，求学之难，难至如此。吾于黄震之、傅沉叔两先生，皆终身感戴其德不忘者也。"

从那之后，每年春节，只要徐悲鸿在国内，他总要带着好吃的或拿着贺年书画去给傅先生拜年。这事在傅先生的日记中有所记载，例如所记：甲戌（1934）年除夕……下午二点后徐悲鸿来写小像。乙亥（1935）年初二上午徐悲鸿来……

1948年春节，徐悲鸿携夫人廖静文一起去傅先生家拜年，带的是一只鸭子。傅先生见徐悲鸿来拜年了，高兴地说："正想吃鸭子呢，悲鸿给我们送来了。"后来傅先生夫人夸奖悲鸿说："经傅先生的手，不知选派了多少出国留学生，没有人像悲鸿这样看望过他的。"

徐悲鸿就是这样，从不记得自己为别人办的好事，但别人为他做的好事，他都记在心里，滴水之恩涌泉相报。比如，1940年徐悲鸿为支持抗日救国，赴南洋筹集资金时得到了新加坡华侨林师万先生的大力支持。1943年林先生带着家人一起回广东老家，带着家人和礼品到重庆看望病中的徐悲鸿先生。徐悲鸿非常感动，当即为林先生作《八骏图》。徐悲鸿在画幅上题款："师万先生教正卅二年大暑写于重庆斋

中　悲鸿"。

徐悲鸿的办学活动，引起国民党控制的艺专训导处的不满。他们如同污泥池里常常要泛起泡沫一样，不时鼓噪"倒徐活动"。一身傲骨的徐悲鸿，更加藐视国民党当局。

开学不久的一天下午，一个家伙找到徐悲鸿的家门，歪戴着帽子斜楞着眼，质问徐悲鸿："你为什么要解聘原有的名教授？"接着说出了那人的名字。徐悲鸿正色道："现在的教授牌子，有挣来的，有买来的，也有混来的！我是校长，我要看真本事，不能拿学生的前途开玩笑，照顾人！"

"你，你，哼！徐悲鸿，你小心一点！"来人气冲冲地边走边回头威胁徐校长。

事隔不久，国民党南京政府教育部收到了北平的中统特务组织送去的黑名单。黑名单上不仅有徐悲鸿的名字，还有教务主任吴作人、教授冯法祀以及其他一些进步师生的名字。不过，这份黑名单刚送到南京不久，徐悲鸿便拿到了一份手抄件。徐悲鸿为了研究对策，一天，他悄悄把吴作人找来，指着桌上一份材料说："你看看这东西。"吴作人看后吃惊地说道："徐先生，这是黑名单呀！你怎么得来的？"徐悲鸿微微一笑说："让你看看，心中有个数，不必多虑，我自有安排。至于怎么来的，我可以告诉你，我中既然有他们的人，他中也就会有我们的人嘛！"

徐悲鸿说的这个"我们的人"，其实就是沙孟海先生。沙孟海是国民党南京政府教育部的机要秘书，他和徐悲鸿有着深厚的交情，不过当时一般人都不知道就是了。徐悲鸿掌握了这个情况以后，就特地找李宗仁转弯抹角地说出了这件事。李宗仁同这批特务也有着很深的矛盾。"我们是老朋友，情况我知道了，你就不必多虑了。"李宗仁安慰徐悲鸿说，"徐校长，你可以相信我，有我在，你放心地搞你的艺术事业就是了。"

由于李宗仁对徐悲鸿的关照，使他免去了许多麻烦。

徐悲鸿、吴作人、冯法祀等经常聚在一起商议办学问题，研究如何对付国民党特务。一天晚上，徐悲鸿对妻子感慨地说："静文，19年前，我在南国艺术学院讲课时，就曾对我的学生说过：'学习艺术，本来就是一件冒险探奇的事业。'我也向你多次说过：'为了中华民族的艺术事业，我是甘愿在这条危险的探奇道路上苦斗一辈子的，直到我的心脏停止跳动。'我希望你是我苦斗中最好的伴侣和助手。"

廖静文听了丈夫的话，眼里闪着感动的泪花，一把抓住徐悲鸿的手，柔情地说："悲鸿，你最了解我，我也最理解你。在为民族艺术事业奋斗的道路上，如果我能为你做点有益的事，那就是我最大的愉快……"

"谢谢你，静文。"悲鸿叹息一声说，"我的身体不是太好，这个我心里清楚，如果我早走了的话。你一定要把我收藏的这些艺术品，捐赠给我们的人民政府。让人民政府保管，这些富贵的艺术品才会世世代代发挥它应该发挥的作用。"

"悲鸿，你可别那么说，可别那么说啊！"廖静文眼含着热泪说，"有我在，你不会……"

88

人们不会忘记，1929年徐悲鸿来北平任北平艺术学院院长，仅仅三个月，就被保守势力排挤走了。这次他来北平任北平艺术专科学校校长，不仅面对着十分猖狂的保守势力，而且还有他们的后台——国民党政府。他们诬蔑徐悲鸿改革国画是"消灭国画"。徐悲鸿如同他笔下的一匹奋进不息、个性倔强的奔马，保守派和国民党特务反对得越厉害，他就愈加斗志昂扬奋进不息。1946年底，他与被国民党控制的北平市美术协会针锋相对，成立了北平美术家协会，由吴作人任会长，徐悲鸿则担任名誉会长。到了1947年，那些家伙更是嚣张地散发了《反对徐悲鸿摧残国画宣言》，提出"要为古人而战"，"要超现实的艺术"。接着，国民党的一些报纸对徐悲鸿展开了围攻。北平市社会局某局长在一家报纸上以《徐悲鸿重谈现实主义滥调》为大字标题，公开说徐悲鸿包庇共产党，"摧残国画"。"罪状"之一，就是把国画系改为彩墨画系……面对反对派蜂拥而至的攻击和诽谤，徐悲鸿理直气壮地回敬说："彩墨画系叫国画系，那么版画、木刻算不算国画？粉彩画算不算国画？中国人用西画工具创作出的具有自己民族风格的油画算不算国画？难道不管是外国产的还是中国产的火柴，就只能叫洋火吗？中国生产的线袜子也只能叫洋袜子吗？中国生产的煤油也只能叫洋油吗？某些人简直是当洋奴当惯了，处处看不起自己！为什么非要把中国画的框子划得那么小？路子走得那么狭窄？"

徐悲鸿的主张受到了北平艺专绝大多数师生的拥护，也得到了行辕主任李宗仁的支持。李宗仁说："我看徐先生见识不凡，他的主张很有道理。既然有道理，我们就应该支持！"

1947年4月20日，北平爆发了"反饥饿、反内战"的学生运动，艺专的一部分师生也参加了这次游行大示威。而后，通货膨胀越来越严重。上海、北平物价飞涨，到处是排队抢购粮食、抢兑黄金、抢兑银圆的人群。头像是蒋介石的金圆券面额已经扩大了一百万倍，当时美元对金圆券的比值已经到了1∶95000000。官方汇率为400万金圆券兑换一块银圆。一天晚上，参加游行的师生有人得到可靠消息：国民党要在近日对参加游行的师生进行大逮捕。这可怎么办？天色这么晚了，到哪里去避一避呢？为首的几个人一商议，便跑到了徐校长的家里。徐先生先把大家安置好，便立刻给行辕主任李宗仁打电话说："德公，国立艺专是艺术至上，这您是知道的，艺专怎么会有共产党呢！我看就不必叫他们来这里搜捕人了吧。"李宗仁当即应允，并马上给市党部主任委员挂了电话，叫他们通知宪兵队，不要去北平艺专干扰他们的正常教学。

其实，李宗仁心里早就做好了准备，为这些事徐悲鸿经常会打电话找他帮忙。就在前些日子，李宗仁正在客厅独自观赏徐悲鸿为他重新画的那幅展翅欲飞的《雄鹰图》时，顾问甘介侯悄悄走了过来，低声说："李主任，据我了解，徐悲鸿有包庇赤色分子、私通共产党之嫌疑，我看，以后还是多多提高警惕，早日同他断绝来往为好……""甘先生，我看你还是不要胡言乱语噢！"李宗仁白了他一眼，有些不耐烦地说，"不要草木皆兵，不要胡乱怀疑这人那人都同共产党有关系。徐悲鸿是一位留过洋的堂堂正正的大艺术家，连蒋介石都敬重的艺术大师，我们怎能动不动就把一些政治大帽子随便扣在这样一位艺术家的脑袋上呢！以后我可不愿意再听到从你的嘴里说出这样不负责任的话。徐悲鸿是我的朋友，我了解他。"

其实，李宗仁在对甘顾问说这番话的时候，他心里很清楚，徐悲鸿利用他这行辕主任的名声，在保护进步学生。至于他们是不是同共产党有联系，虽然他不一定清楚，但他根本不想去弄清楚。对这样的事，李主任是睁一只眼闭一只眼，看到的也装着没看见，揣着明白装糊涂罢了。

李宗仁到北京后，其实也是郁郁不乐。徐悲鸿是他的老朋友，私交甚厚，所以一有空，就请徐悲鸿到他的府上做客，有时还捎带着请齐白石、陈半丁、于非闇、溥心畬等著名画家一起去。有一次李宗仁又请徐悲鸿到家中做客，喝了几盅酒，李宗仁醉意蒙眬，他对徐悲鸿说："徐先生，你哪里知道，我这个行辕主任没多少实权……"

1947年的北平已不是1929年的北平，如今的徐悲鸿也不是当年的徐悲鸿了。徐悲鸿革新国画的主张和他的艺术思想，逐渐为人们所了解、所认识，再想挤走徐悲鸿可没那么容易了。徐悲鸿在北平艺专广大进步师生的坚决支持下，陆续在报章杂志上发表了《新国画建立之步骤》《当前中国之艺术问题》等重头文章，无情地批驳了北平市美术协会对他的诬蔑和攻击。

在这场进步与倒退、光明与黑暗的斗争中，徐悲鸿终于胜利了。

徐悲鸿面带胜利的微笑，出现在讲坛上，向同学们讲授关于中国绘画的革新与方向问题。徐悲鸿正讲得起劲的时候，老传达忽然急匆匆跑进教室，禀告徐校长："一位自称是警备司令的代表在传达室等校长你的接待，先生你是不是去见见他？"徐悲鸿说："你去问问他，是来参观学校，还是找我另有别的事？"说完，又继续讲课。一会儿老传达又来了："徐先生，他说是顺道来看看你的。"徐悲鸿说："那好，请你告诉他，就说徐先生正在讲课，他很感谢，看他就不必了。"过了片刻，老传达又跑来了："他就是不走。我问他到底有啥事，他说司令的母亲将过六十大寿，想请你挥挥大笔，作一幅画送给他祝寿。"徐悲鸿一听就火了："请你告诉那位司令大人的代表，就说徐悲鸿是这么说的：他作画全凭自己的心愿，从不拿自己的画去溜须拍马，讨好别人！"

那位司令的代表见徐悲鸿对他如此"无礼"，非常难堪，但又无可奈何，只是喃喃地说了句："他妈的，司令看在你徐悲鸿的面上，放了你那三个肇事的学生，如今算是白放了！……"

那么，这三个肇事的学生是谁呢？

原来，前几天韦江凡和两个同学一道在东单一带进行室外写生。三人走到十字路口，看到东北角上有一个衣衫褴褛的孩子，正给一个头发油亮、叼着烟卷的胖子擦皮鞋。骨瘦如柴的小孩，屈着腿坐在两块断砖上，而那个粗壮如熊的家伙，却得意忘形地把大脚搁在小孩的瘦腿上。

这个活生生的镜头，正是当时社会的一个侧面，韦江凡等同学忙走上前去，打开画夹，从不同角度，对这一以大欺小的情景抓紧写生……这可就招致了那个家伙的注意，只见他把烟头一丢，三脚两步走到写生同学面前，一把揪住了一个同学的衣领。韦江凡跨过一步说："哎，先生，你这是干什么？"那个家伙一声吹哨，立刻围上五六个便衣警察，不由分说，把他们三个人带到监狱里，关押起来。

徐悲鸿得知了这个消息，拍案骂道："卑鄙，卑鄙！在光天化日之下把我的学生抓走，岂有此理，岂有此理！"他给行辕主任李宗仁挂了个电话后，便立即要司机把汽车开到警备司令部。前门警卫横端着上了刺刀的步枪,直挺挺地拦住了去路。

"我是徐悲鸿,要找你们司令,快去报告,别耽误了我的事!"徐悲鸿很不耐烦地说,并把名片亮给了警卫。

警卫兵看看小汽车,听到来人自称是徐悲鸿大画家,又看看名片,不敢怠慢了,忙跑去打电话向里面报告。转身回来,警卫兵挥挥手,让汽车开进了院门。

一名副官出来接车,把徐悲鸿领进司令的小客厅里。司令就是陈继承,佩戴着中将军衔,一堆横肉的脸上架着一副金边眼镜,故意拉长腔调说:"大画家徐先生光临,欢迎欢迎!"他指着沙发让坐后,又说,"我猜想,徐先生大驾光临警备司令部,定然是有什么要事相谈啰!"

徐悲鸿不愿多说废话,他控制住激动情绪,把他的三个学生无辜被抓的事说了一遍。

陈司令听了,眨巴着圆溜溜的眼睛,推推鼻梁上的眼镜,并故作惊讶地问:"哦,竟有此事?"他偏着身子,拿起电话说,"我是陈继承……你到我的客厅里来一趟。"没过几分钟,稽查处处长进来了,毕恭毕敬地给陈继承敬了礼,站在那里。"把徐先生的三个学生放了!"陈继承慢腾腾地说。

"放了,还没……刚抓就……"处长吱歪着。

"就什么?放了,执行命令!"

"是!"处长退走了,徐悲鸿愤怒地望着他的背影。

……

很快,徐悲鸿就见到了韦江凡等三名同学。他们有点内疚,觉得给徐校长添了麻烦。徐悲鸿却喜滋滋地招呼他们上了车子,最后自己才坐上去,他和三名学生一块儿回校了。

陈继承此时托着腮帮子的疙瘩肉,心里打开了小算盘:"我放了你的三个学生,你还能不为我画幅画!"

陈司令不了解徐悲鸿的脾气秉性,所以,陈继承错打了如意算盘!

一日,徐悲鸿书写了"艺术至上"四个十分醒目的大字,挂在校门口。开始，有人很不理解，认为徐先生写这几个字挂在校门口是多余的。后来，人们渐渐明白了，徐先生这样做是醉翁之意不在酒，而在维护进步同学的反蒋爱国活动。

89

有多少达官显贵要出重金购买徐先生的画，而徐悲鸿对这些人却往往"拒之门外"；但对真诚的朋友，他总是慷慨相赠。学校教学急需一具人体骨骼，市面上又无处可买，怎么办呢？徐悲鸿请艺专教授宋步云先生托北平市第三市立医院院长徐政闻先生帮助解决。徐政闻院长便将自己私存的一具人体骨骼送给了艺专。徐悲鸿为之感动，挥毫泼墨画了一帧四尺整纸奔马图，装裱后派专人送到徐院长家中。徐悲鸿对朋友说："礼尚往来，赠我以桃，报之以李。"

学生画马无真马作教具，一位先生家中有一匹高头大马骨架，作教具很合适，但要价相当高。马的主人说："当然，也可以分文不要，我久仰徐校长之盛名，能否请徐先生为我画匹马？"徐悲鸿一笑允之，随即作奔马一帧，换得了那匹真马骨架，解决了学生上课用的教具困难。

徐先生心里不仅装着教学，装着师生，也装着许多的劳苦大众。

大画家徐悲鸿，是一位出身于江南水乡的贫民，他一直扎根在劳苦大众的土壤之中，对劳苦大众的疾苦，自然深有体会。他总是力所能及，尽力帮助解决。

1948年末，一天上午，东单出现了一张海报。海报说：徐悲鸿先生为救济东北流亡学生，特定于明日上午九点，在王府井大街大甜水井×号大厅，当场作画，当场出售……

身为北平艺专校长的徐悲鸿，为何要贴出这样的海报呢？

1948年，东北大片沃土即将解放，国民党反动派便在东北一些城市里的大、中学生中散布流言蜚语，说什么"到北平去，那里招待食宿，组织联校"。在这种欺骗和裹胁下,四千多名学生跋涉千里,徒步入关。这批学生到达北平后,由于国民党北平当局置之不理,不但读书求学之事成了泡影,而且食宿也没有着落。

北平艺专校长徐悲鸿知道了这件事,敲着桌子痛骂国民党政府:"祸国殃民,误人子弟!"他在家里听到东北流亡学生派了代表来求见,便立刻接见。学生们谈到他们的处境:缺吃少穿,山穷水尽,不得不找一些同情学生的知名人士给予帮助……徐悲鸿听后皱着眉头说:"同学们,请你们不必着急,钱会有的,工人可以握锤子做工,农民可以拿锄头种地,而我徐悲鸿嘛……"他伸手从案头拿起一支毛笔,继续说,"愿以我手中的这管毛锥,为你们略效微薄之力。"徐悲鸿的亲切态度和风趣的话语,把同学们脸上的愁云驱散,一个个展现了笑容。

这样,东单的街面上很快贴出了那张海报。消息不胫而走,一传十,十传百,当天就传遍了北平的大街小巷。人们谁不喜爱徐悲鸿笔下的水墨奔马,因而谁都想去亲眼看看他是如何作画,特别是如何画马的。

第二天上午,刚到一点半,大厅里已经挤满了人,而且中外来宾还从四面八方络绎不绝地往这儿奔。徐悲鸿已经预料到会有些慈善的外国人来,所以,他特别聘请了一位英文翻译。

当时钟即将敲响九点钟声的时候,徐悲鸿先生出现在大厅进门处,人们呼啦一下子站起来,目光都一齐集中到大厅的入口处——徐悲鸿先生来了。"徐悲鸿!徐悲鸿!……"人们欢呼着他的名字,顿时,整个大厅响起了一片掌声。人们自动地闪出一条道来。

徐悲鸿亲切地向人们微笑着,紧走在他身后的,是司机曹复山和裱画师刘金涛。

徐悲鸿走到事先准备好的画案前停住了脚步。他向中外来宾拱手作了个长揖,然后大声说:"我感谢诸位先生和女士们光临!中国东北流亡学生在北平,少吃缺穿,没有地方住,经济上遇到了严重困难,我徐悲鸿愿为苦难的穷学生当场作画义卖。乐于帮助东北流亡学生的一切善良的中外人士,欢迎先生们、女士们能慷慨解囊……"

这时，刘金涛、曹复山已经摆好笔、墨、纸、砚，正忙着研墨、理纸。徐悲鸿稍微挽了挽袖口，拿起笔，蘸饱墨，笔如游龙，吸引着在场众多人的目光。顷刻之间，一匹四蹄生风、飞越险阻的奔马活脱于纸上。面对即将破纸冲出的奔马，有人喊"妙！"有人叫"绝！"人群中一片欢腾。

已经站在高处的刘金涛，把这幅刚刚画好，墨迹未干的奔马高高举了起来……

徐悲鸿还没来得及说价钱，人们就争起来了：

"这匹神马我要了，徐先生您说多少钱吧！"

"这匹骏马应该卖给我，我是专为买徐先生的奔马特意从天津赶来的……"

"你们谁也别争了，还是应该首先卖给我！"一位鹰钩鼻子的法国人，操着生硬的中国话说，"徐先生在巴黎留学时，我就爱上他用中国的毛笔画的马了。不管多少钱，这画我都要了。"说着，抢上前去，把画买下了。

徐悲鸿怀着一腔家仇国恨的感情，接连画了两幅奔马。然后又画了麻雀、雄鸡、向日葵等小幅画作。

徐悲鸿身体不好，他为救助流亡学生，今天是带病作画义卖的。徐悲鸿的笔端无不倾注着他对青年学生的热情关怀，同时也宣泄了他对制造灾难的人的憎恨。

徐悲鸿带病所创作的七件绘画作品，很快就被义卖光了。因为要求买画的人太多，有许多想买的人没能实现自己的愿望，便很遗憾地离开义卖现场。

在争取北平和平解放这一重大历史事件中，何思源坚决支持那些爱国知识分子和平解放北平的要求。他们在解放军围城期间，频繁互访，互通消息，并一起为古都北平的和平解放而竭力劝说傅作义将军……

第十四章　解放北平

90

　　1948年是国民党反动派土崩瓦解的一年,徐悲鸿几乎每天晚上都要收听陕北新华广播电台的广播。9月24日晚,他回家,走到收音机前刚刚扭开开关,收音机里便道出"晚安"二字。徐悲鸿未听到广播,觉得怪遗憾的,正要关闭收音机,突然又听到异常的播音:"听众注意,请不要关机,现在加播号外……"徐悲鸿赶忙坐下来细听,"……陕北新华广播电台!各位听众:人民解放军今天下午五点全部解放济南,守敌全部歼灭,无一漏网,战果正在清查中!……"

　　这个号外由男女播音员轮番播出,连续地播了七遍。

　　"啊!太振奋人心了!我敢断言:北平城内的国民党要员,将更加乱作一团,解放北平的日子很快就会到来的!静文,快拿酒来!"

　　徐悲鸿举杯一饮而尽,顿时画兴大作。廖静文十分了解丈夫,她赶忙在旁研墨理纸。他挥笔画了一幅《奔马》,以庆祝济南大捷,画上还写下一行字:"济南解放之际兴奋写之"。

　　一天下午,徐悲鸿把吴作人、冯法祀、艾中信、戴泽等艺专进步老师找来，大家兴奋地谈论时局的发展，商讨今后如何团结更多进步老师，为和平解放北平多做点事。大家正谈得起劲的时候，突然一声震耳欲聋的巨响，使整个房屋猛烈地颤动一下，随后，窗户上的玻璃发出一阵乒乒乓乓的碎裂声。有人以为是人民解放军发起了攻城。当大家跑出去一打听，才知不是攻城，而是炸了南苑机场的火药库。只见天际升起了一股巨大的黑色烟柱，直冲云霄，浓烟在天空中翻滚着，随后，一团蘑菇云渐渐散开……

北平城内到处都在议论着，说解放军已经占领了南苑机场，马上就要炮轰北平城。国民党上上下下的军政官员，吓得掉了魂似的到处躲藏，凡是有点办法的人，都在慌慌张张地料理行装，准备南逃。南京政府也深感北平不可能守住了，于是下令北平各大专院校尽快南迁。徐悲鸿在收到电文之前就已同吴作人、冯法祀等商量好了，不仅他们自己和家属不离开北平，而且整个北平艺专也决不南迁。为了取得大多数师生的支持，徐悲鸿亲自主持召开了校务会议，专门讨论学校是否南迁的问题。徐悲鸿首先发言，提出了不迁校的主张："南迁实无出路，我也征求过许多教师的意见，大多数人都反对南迁……"他的发言顺从了民意，立即获得了吴作人、艾中信、李桦、叶浅予等进步教师和学生代表的热烈拥护，他们相继起来发言。与此同时，也有少数人表示反对。徐悲鸿提出举手表决，结果绝大多数人都"唰"的一下子高高地举起右手。几个开始发言赞成南迁的人，现在也变得胆小起来，他们都是你看我，我看你，顺从民意，大势所趋，到了这个时候谁也不肯带逆潮流而动的头了。

于是，校务会议通过了学校不南迁的决议。

没过几天，南京国民党教育部又发来急电，通知学校迅速南迁，同时汇来一笔"应变费"，作为迁校费用。徐悲鸿面对来自南京的急电，如何是好？眉头紧皱着的徐悲鸿，突然把电文往桌上一扔，在校长办公室里来回踱步，苦苦思索着。他急中生智，终于有了主意：做好护校的准备，把这笔钱分发给全校师生员工购买粮食，实际是迎接解放呢！徐悲鸿的建议获得了全校绝大多数师生员工的赞同。

曙光就在眼前，黎明即将到来，徐悲鸿为和平解放北平，从早到晚忙得不亦乐乎……

1948年12月4日，人民解放军开始围困京城。

北平城内的国民党军政要员和某些社会名流，像群没头的苍蝇，嗡嗡叫，东撞西窜，纷纷南逃。

时任北京大学校长的胡适，慌了神，丢下学校，慌忙乘飞机飞赴南京。接着，12月21日，国民党南京政府派来两架飞机，企图裹胁徐悲鸿等一批社会名流去南京。第一架飞机到达北平时，南苑机场已被中国人民解放军的强大炮火牢牢封锁，飞机在机场上空绕了两圈，便一溜烟儿飞回了南京。于是，在南京政府的命令下，国民党军队把东单广场周围的树木全都砍光，抢修了一个临时机场。第二架飞机便降落在东单临时机场，北平某些著名人士自愿或被迫登上了这架飞机。但这架飞机没有马上起飞，这不是因为飞机出了故障，而是有人命令驾机人员等候一个人。这个人就是徐悲鸿。国民党教育部部长朱家骅从南京特地打来了长途电话，劝说徐悲鸿，但徐悲鸿回答得很干脆："谢谢朱部长的关照！我徐悲鸿没有离开北平去南京的打算。"说完就把电话挂断了。南京当局无可奈何，停留在东单临时机场的这架飞机，只好起飞。

自然，国民党南京当局对徐悲鸿还会纠缠不休。一天，南京派的人突然对徐悲鸿进行恫吓。恐吓不成又变换手法，改用金钱、出国等手段进行利诱，说什么"如果徐先生愿意离开北平这个危在旦夕的危险地方，去南京同我们合作，我们不仅可以马上派专机来接你，而且还可以立即拨出一大笔外汇，让你到印度等地去自由自在地举办个人作品展……"

徐悲鸿虽然非常乐意再次赴印度进行文化交流、观摩那里古老辉煌的艺术品。但是，他决不会同国民党南京当局合作，选择这个非常时期出国访问。现在，人民需要他留下来，将要重新走向繁荣富强的祖国更需要他留下来！所以，徐悲鸿冷冷地笑了笑说："出国办展览，现在不是时候，我徐悲鸿没这个打算！"

1948年12月23日，人民解放军围歼了新保安傅作义将军的嫡系部队35军；24日又解放了张家口。傅作义看到形势急转直下，急得如坐针毡，心神恍惚。他独自一人在房间里来回踱步，半晌不发一言。突然，他收住脚步，自言自语地说："我决定邀请北平社会各界贤达、学者、名士征询意见……"他又重复了一遍，然后向站在旁边的副官命令道，"以我个人的名义邀请，注意，请不要漏掉北平艺专校长徐悲鸿先生！"

会议在中南海举行，由傅作义亲自主持会议，他在致辞中说：北平形势日趋紧张，下一步怎么办，我想听听在座的社会各界诸位贤达名士的高见。

傅作义致辞后，在座的诸位大都是你看我，我看你，谁也不肯第一个发言。因为谁也猜不透他葫芦里卖的是什么药。自然，不少人担心的是祸从口出。忽听有人咳嗽了一声，立马打破了会场的沉默。原来是徐悲鸿站起来说话了。只见他目光炯炯、慷慨激昂地说："傅作义将军和在座的诸位先生都知道，北平是一座闻名于世界的文化古都，有诸如故宫、天坛等世界罕见的、无比宏大的古典建筑的典范，它们既是属于我们中国的无与伦比的珍贵艺术品，也是属于世界的珍贵的艺术珍品，值得我们中华民族骄傲……为了保护这些优秀的古代文化免遭毁坏，也是为了保护北平人民的生命财产免受损害，我诚恳地希望傅作义将军顾全大局，顺从民意……"

人们的目光都集中到徐悲鸿身上，十分钦佩他的胆识，同时也为他捏着一把汗。

人们时刻都在注视着傅作义的面部表情，见他态度平和，屏气静听，紧张的气氛渐渐缓和下来了。

徐悲鸿有些激动了。他停顿了一下，又接着说："如今，人民解放军已兵临城下，以鄙人之见，我们唯一的光明出路，也是全市民众所衷心仰望的，就是同共产党开诚谈判，不动刀枪，和平解决北平问题……"

人们的脸上绽开了笑容，会场气氛由缓和转为活跃起来。

接着发言的是徐悲鸿的老朋友、故宫博物院院长马衡，然后生物学家胡先骕、历史学家杨人楩等纷纷发言，相继支持徐悲鸿的意见，诚恳希望傅作义将军以全北平市民的利益为重，通过谈判和平解决问题。杨人楩教授说："徐先生说出了我们几位想了很久而又没说的心里话。如果傅将军能为北平免于炮火而做出重大贡献，我作为一个历史学家，将来写历史时，一定要为傅将军大书一笔。"

傅作义认真听完了发言，用一句话结束了会议："我本人非常感谢诸君直言不讳的发言，容我好好考虑考虑。"

客人走后，他又来回踱步……

91

故宫博物院院长马衡在会上的发言，让徐悲鸿特别高兴。

马衡是徐悲鸿的老朋友。早在1918年，徐悲鸿与马衡二人同时受北京大学校长蔡元培之邀，在北京大学不期而遇，由于他们对人生有着共同的追求，一直互相认同。徐悲鸿离开北京社会贤达名流座谈会，马院长同他紧紧握手，一再称赞他的发言精彩、感人，非常有说服力。马院长诚邀徐校长到他家做客。徐悲鸿感慨道："马院长，我们是30年的老朋友了。我一直想登门拜访院长阁下，只因一天到晚地瞎忙，总抽不出空来。这回不管怎么忙，我都要登门拜访……"

"好，我就等着徐校长的这句话呢！"马院长说，"我马衡恭候徐校长光临寒舍！"

没过几天，徐悲鸿只身走进东城小雅宝胡同马院长府上，直奔北屋马衡先生的"凡将斋"。此时屋里没人，展现在徐悲鸿眼前的，是散发着墨香的一排排书橱上的线装书，再有就是墙上悬挂着的那幅徐悲鸿在 1932 年为马衡画的素描肖像。徐悲鸿近前看着画幅的题款："壬申春仲写，叔平（即马衡）老友。悲鸿。"钤印"悲鸿"。该画所钤之印，正是马衡先生为徐悲鸿篆刻的。作画时间与《春山驴背图》《老柏图》同为"壬申春仲"即 1932 年 3 月。画中的马衡先生侧坐在客厅的白沙发座椅上，右手搭扶在椅子扶手上，左手中、食指间夹着一支雪茄，双眼凝视，仿佛在思考着什么。徐悲鸿看到这里，突然想起来了，为避日寇劫掠，当时马老先生正在忙于故宫古物馆文物装箱，准备国宝南迁一事……

"悲鸿先生，你怎么一个人悄悄进来了呢！"马衡惊喜地说。他一走进房间，看到徐先生正在看当年为他画的那幅素描肖像画。

"马院长，我到你这里来还得打鼓敲锣吗？"悲鸿回头笑道，"屋里没人，你做什么去了？也不怕小偷溜进来，把你的宝贝偷走。"

"没想到你来得这么早。再说，校长出门应该坐小轿车，来了小轿车声会通知我的，谁知道，我到厢房找书这一会儿，你悄悄进来了。"马衡解释说，"小偷不会光顾我这里，我除了书，没别的。我知道，小偷不偷书。"

"那可不好说，我要是小偷，就专门来偷你的书。"徐悲鸿半开玩笑地说，"这善本图书，那可是十分宝贝呀！"

"我说小偷不会光顾我这里，那也不完全是这样。因为我这里还有镇宅之宝呢！"马衡也半开玩笑地说，"我若是小偷的话，会直奔这镇宅之宝而去……"

"马院长，你有什么镇宅之宝快拿出来让我一饱眼福。"

"我的镇宅之宝你刚才已经大饱眼福了。"马院长笑道，"它就是墙上悬挂着的，你当年给我画的素描肖像呀！这是我的房间里最珍贵、最值钱的无价之宝。"

"马衡兄喜欢同悲鸿小弟开玩笑，你堂堂故宫博物院的大院长把我画的肖像画说成是镇宅之宝，是不是在取笑小弟我呀？"

"否，否也。悲鸿这个名字在中国，已经确确实实地如雷贯耳了。

你是绘画大师,中国最著名的绘画艺术大师。人们常说'墨宝',你画过的片纸,在我的眼里,可都是墨宝哟!我的一位法国朋友看了你笔下的中国画感慨道:'无论是油画、水粉画、水彩画、素描画,让观众看到的都是作画者的构思、布局和技法。而徐悲鸿笔下的绘画,给了我更加广阔的欣赏空间,给了我对邪恶的愤慨和对美好未来的向往、追求。'我很赞赏这位法国朋友的说法。"

旧时文人墨客常有雅聚,杯酒壶茶,侃侃而谈,话题随意,多与艺术相关。今天,徐悲鸿和马衡相聚,虽没饮酒,也是越谈越畅快,越谈话越多。他们谈到了齐白石、谈到了陈绵。马衡还特别谈到了1932年他陪同徐悲鸿浏览故宫御花园的情景。他说:"悲鸿你浏览故宫御花园回来后,创作了一幅长108厘米、宽53厘米的水墨画。画的是故宫御花园的老柏。主干遒劲,写出了几百年老树的沧桑;枝叶疏密有致,看得出松柏常青的寓意;树前树后的地面上,间或点缀的小草,与传统国画不同的是把西画透视理论有机地融进了中国水墨画。你画完后,自我欣赏道:'我试将西画透视技法,融入中国水墨之中。'你自我感觉不错,便把这幅《老柏图》送给于右任先生,请他指正。于老看后,很是赞赏。齐白石老先生目睹了你创作的《老柏图》后,他甚佩之。几天后,你又画了一幅《老柏图》送给你在巴黎留学的同学陈绵(字伯早)。我还清楚地记得,你落款是:'伯早仁兄雅赏。悲鸿写故宫老柏,不能忘马君叔平(即马衡)导游之惠也。壬申岁春日。'你钤印两枚。白石老人看后,更是大加赞赏,于是欣然在画上落款,并说出了这幅《老柏图》是'效仿'送给于右任那幅《老柏图》而作的来龙去脉:'壬申暮春之初,余见悲鸿为于君右任画故宫老柏,尔甚佩之。此为伯早君作,余大畏之。一步一进何其速也。记之,以效悲鸿之后来。白石山翁齐璜。'……"

马院长继续说:"画上有款两则。一则你写的、一幅新作。至今,我还记忆犹新,在场的白石老人听了,便问道:'我们如何能看到此画呢?'你说:'那我就以此画意,再作一幅,择日请你们雅正吧。'

你那位在巴黎的同学陈绵先生戏问：'那幅画你送了于老，这幅送谁呢？'你说：'就送你吧。'若干年之后，你徐悲鸿名震四海，曾画了一幅与真马一般大的丈二奔马图，气势恢宏，上面题写'空前绝后'四个大字，落款钤印。陈绵得到后并没有装裱，但一直用图钉按在学院胡同的平房住宅的书房里。陈绵解释说，徐悲鸿题这四个字，是说以前没有画过这么大的奔马，谓之'空前'；以后也不画比这幅再大的马了，是'绝后'。以此表示两人的友谊之深厚之长久。"

这幅创作于1932年的《春山驴背图》，纵36.5厘米，横455厘米，是徐悲鸿唯一一幅手卷作品。长卷描绘出北京西山之金山风光，见一古装骑驴者和一荷担者正缓缓地步入深山，各种秀美景致随即在观者眼前铺陈开……饱览过这4米半长的画卷，人们无不被那出神入化的北京西山美景带入一种欢欣愉悦的境界。而当时中国社会的实况是东北沦陷于日寇之手，华北、北平危急。作者在创作《春山驴背图》时，其心境实在难以做到与金山秀丽风光完美的统一；只得无奈地把日前所观处于危亡之际的祖国大好"春山"景色，通过"驴背"上的古装者，倒转时空数百年。

《春山驴背图》引首由马衡先生篆书，大师齐白石先生、篆刻家寿石工、美学家邓以蛰等名家作以数百字的题跋。悲鸿先生在题款中说明了此卷的创作背景："途间忽忆翌日将应半农老友之命，为生平破天荒之工作，遂未能尽兴观山，匆匆而归，今日既画又窘思索，乃两失之，殊可笑也。"

如今，校长徐悲鸿和院长马衡又一起应邀出席在中南海举行的由傅作义将军亲自主持的座谈会。当天晚上，徐悲鸿作完画已经夜深人静了，可他还毫无倦意。突然响起一阵急促的电话铃声，妻子廖静文赶忙拿起听筒，里面传来一个陌生男人的叫声："你是什么人？我要徐悲鸿亲自接电话！"还不等廖静文回答，对方又恶狠狠地说，"你告诉徐悲鸿，要他小心脑袋！"说罢，咔嚓一声，将电话挂上了。这是国民党特务打来的匿名电话。显然，徐悲鸿的处境变得很危险。

"无耻,无耻!"徐悲鸿激动得嘴角的肌肉抽动着,脑门也涨红了。他把捏紧的拳头往桌子上一击,说:"垂死挣扎,看来他们快完蛋了!"

徐悲鸿坐下,目不转睛地注视着墙上的条幅"横眉冷对千夫指",镇定地说:"要是怕他们,我就不说了!既然说了,我就无所畏惧!"

徐悲鸿让廖静文把窗户打开。廖静文的心还在为刚才的匿名电话突突跳着,她去打开窗户,一股凛冽的寒风吹了进来,接着不远处传来一阵警车的瘆人的尖叫声……

风声越来越紧,北平城内越来越混乱。齐白石也坐不住了,在护士夏文珠的陪同下,一日两三次坐着三轮车往徐悲鸿家里跑,催请徐悲鸿快快拿主意。一天下午,徐悲鸿见齐白石有些慌慌张张地进家来了,他赶紧安慰老先生说:"齐先生,不要担心,要沉住气,谁爱走谁走,你该干什么还是照样干什么,反正我们不走。听我的没错!"

"好,听了你说的这番话,我心里总算踏实了。"齐白石高兴地说,"你是我的主心骨,听你的错不了!"

92

1948年冬,在军事包围与和平谈判的同时,中共中央开始进行接管北平的各项准备工作。

1948年12月13日,中共中央军委发出《关于战役部署及平津地区党政军负责人任命的电报》,同时中共中央和华北局决定建立中共北平市委员会,建立在平津前线司令部指挥下的北平军事管制委员会。彭真任中共北平市委书记、叶剑英任第一副书记、北平市军管会主任兼北平市市长。

1949年1月1日,市长叶剑英、副市长徐冰签署发布北平市人民政府布告,宣布北平市人民政府成立。从此,北平市人民有了自己的政府。

这是一个静悄悄的深夜。当时北平已处于临战状态,气氛紧张。

1948年徐悲鸿作《奔马》赠送何思源
本图由何思源子女提供

徐悲鸿家的窗户遮掩得很严实。枣核大的一点烛火在桌上摇曳，发着昏黄的光。灯影里，坐着徐悲鸿和妻子廖静文，还有冯法祀教授，他们静静地在听着一个人小声说话。

说话的人是徐悲鸿的好友田汉。他是经过化装以后，从解放区悄悄潜入北平的，带来了很多鼓舞人心的好消息。田汉首先转达了毛主席和周恩来同志对徐悲鸿的嘱托，希望他在任何情况下都不要离开北平，并尽可能地在文化界多为党做些工作。

徐悲鸿顿时感到心明眼亮，热血奔涌。他更加急切地盼望着黎明的曙光赶快到来。

在中国共产党的政策感召下，在何思源为首的和平谈判代表团坚定不移的努力下，傅作义将军毅然接受和平解放北平的条件，率部起义。

这难忘的一天，终于盼到了！徐悲鸿觉得自己仿佛年轻了许多，浑身充溢着青春活力，他率领青年学生走上街头，摇旗欢呼，准备欢迎人民解放军进城……

1949年1月31日，中国人民解放军入城接管防务。

1949年2月2日，北平市军管会和北平市人民政府进城办公。

1949年的2月3日上午10时，人民解放军举行了隆重的入城式，人们扭秧歌、打腰鼓、欢庆解放。徐悲鸿画兴大发，展纸挥笔，画了一张题为《奔向太阳》的奔马，以表心迹、欢庆胜利。

古老的北平城，被人民庆祝胜利的欢呼声震撼着……

1949年2月17日，就在全市人民欢庆解放的时候，凌晨三点左右，突然一声巨响，华北七省市议会推举为和平代表团的首席代表、北平市原市长何思源的住宅突然爆炸。

何思源1946年10月23日上任北平市市长，由于他坚决反对国民党当局用武力镇压学生运动，1948年6月22日被免职，尔后他更加积极地为北平和平解放四处奔走。当北平被人民解放军包围后，国民党政府决定从北平撤走外国在华人士和有关政要，何思源一家，拒不离开北平。当时，主持此事的国民党航空运输大队长衣复恩是何思源的学生，其父是何思源老友，两家是世交。衣复恩到北京接人时特地给何家打电话，何思源不在北平，其妻何宜文拒不离开北平。无奈，衣复恩只好驾机飞回南京。毛泽东称赞何思源是"真正代表了民意""为人民做了第一件大好事"。

何思源的行为激怒了南京政府，特务头子计划用定时炸弹暗杀何思源一家。何思源一家六口，小女当场被炸死，何思源夫妇和其他三个孩子全都受伤。

何思源是徐悲鸿的老朋友，他们两人先后脚到北平任职。徐悲鸿和何思源都居住在东单附近，经常见面。何思源刚被免去北平市市长时，徐悲鸿紧紧握住他的双手说："老兄，你这个市长不当也好！"徐悲鸿感慨道，"我没有别的好送你的，就送你一匹马吧。你我都在为北平的和平解放而奔跑。"

"徐先生，这可是我最想得到的礼物哟！"何先生感慨道，"这是件最为贵重的礼物，我可就收下了。"

何思源虽然号称一介书生，但他对书画并不内行。他打开一看，觉得这个纸怎么像他老家糊窗户用的高丽纸呢！他暗想，徐悲鸿如此大的画家，难道连买纸的钱都没有了？不会吧！于是，他半开玩笑道："徐校长，你用糊窗户的纸画马，是不是府上没作画的纸了？"

徐悲鸿一听哈哈大笑起来。何思源被徐悲鸿的大笑笑愣了，问道："悲鸿，你笑什么？是不是我说了外行话，让你笑话了？"

"思源老兄，你不知道，用高丽纸画马，是我徐悲鸿画马的一大创造。"徐悲鸿得意地说，"用高丽纸画出来的马，格外精神奔放，笔墨趣味也异常深厚。这幅奔马图，是从若干幅中挑出的我最满意的一幅。"徐悲鸿边说边打开奔马图，"你看这笔墨，没有一丝败笔。题款，上方是'槎仙老兄　宜文夫人惠存'。我没用思源，我觉得这样更显得亲切。下方才是我根据这匹马的形象和气势，题写了'天马行空'四个字，然后写时间'戊子夏'，最后写'悲鸿写于北平'。通常这样的画我只用一方印'悲鸿作画'。这幅画,我又多加了一方'东海王孙'印。"

经悲鸿这么一说,何先生彻底明白了。

1949年的春天——北平解放后的第一个春天降临了。大地生辉,春意盎然。

为庆祝北平和平解放,周恩来在北京饭店宴会厅举行盛大宴会,被邀请的客人纷至沓来。徐悲鸿也步履轻捷、满面春风地来到宴会厅。他走到窗前,遥望天安门,遐想联翩……

掌声骤起,徐悲鸿赶忙回到座位上,只见周恩来走进来了。他不停地和人们握着手,向客人一一问好。周恩来一见徐悲鸿,笑容满面地说:"悲鸿同志,我们又见面了!"徐悲鸿高兴得一时没说出话来,只是连连点头。周恩来索性在徐悲鸿身边停下来,说:"我正准备找你,今天在这里先见面了。我们胜利了,人民把建设祖国的新任务交给我们。悲鸿同志,你看,假如把艺专改为美术学院,你就任院长好不好?驾轻就熟嘛!很多工作会压到你肩上,我想,你不会拒绝吧?……不过,我记得你患有胃病,听说你的肾也不是太好。我们新中国是人民当家做主,尽管前进的道路会有这样或那样的诸多困难,但前途是十分光明的。人民需要你、国家需要你啊!悲鸿同志,希望你抓紧时间去医院好好检查,做个彻底治疗。我们现在有自己的医院和大夫了嘛……"

徐悲鸿在他一生的风风雨雨中,从未有过今天这般的愉快和欢畅,他时刻挂念的灾难深重的祖国,终于挺立起来了!他看着致辞祝酒、谈笑风生的周恩来,心想:为了今天的喜庆,这些最优秀的共产党人和他们领导的革命队伍,奋斗了多少年啊!……正巧,宴会将要结束时,徐悲鸿收到一张便条:"悲鸿同志:请稍留步。周恩来。"徐悲鸿一阵心热,这正是他所盼望的啊!

周恩来和徐悲鸿很随意地交谈着,周恩来说:"你的作品继承了中国绘画的优秀传统,也吸收了西画的技法,融汇中西,使它和民族的绘画相结合,别出新意,创造出自己的独特风格……"徐悲鸿赶紧说:"在艺术问题上,我也是在学习、探索,离时代的需要还差得很远呢,你的评价太高了。"周恩来说:"我很赞成你的探索精神,没有这种精神,就不会创造出么多深受人民群众喜爱的作品来。我们希望你坚持下去……开拓出更美好而宽广的艺术道路来!"

周恩来还说起他很喜欢国画《风雨如晦,鸡鸣不已》,说它代表了当时重庆的政治气氛,把握了时代的脉搏。他还提到徐悲鸿手书的一副对联:"横眉冷对千夫指,俯首甘为孺子牛。"总理称赞道:"你徐悲鸿就有这种精神。"总理还特别提高嗓门说,"毛泽东同志看到你创作的国画《逆风》的时候,十分高兴地赞扬这是一幅很具有时代感的绘画艺术作品。这幅画作于1935年,当时革命处于低潮,它反映了弱小力量敢于顶风前进的精神。毛泽东说,对于我们那些正在起来战斗的人民大众来说,具有很大的鼓舞作用!有这样的艺术作品鼓舞着我们,星星之火是肯定能够燎原的,革命是一定能够获得胜利的……"

当周恩来问及他今后有何打算时,徐悲鸿回答说:"我以为美术作品如同戏曲电影,一定是劳动人民喜闻乐见、能表现他们的愿望和追求的东西才好。所以,以后在美术教学和创作上,我打算往这方面去努力。"

周恩来点头表示赞同。

徐悲鸿目送周恩来上了汽车。随后他也离开北京饭店,乘车沿长安街向东驶去。人虽离开宴会厅了,可他那颗兴奋的心还未平静下来。他继续沉浸在幸福的旋流里……

汽车在奔驰,徐悲鸿打开了车窗,深深吸了一大口新鲜空气。他忽然发现一个有趣的场景,马路上的一盏盏路灯像一串串巨大的珍珠迎面扑来。这使他产生了一种联想:"我们的生活征程,也应该像这串珠一样又长又亮。这美丽的串珠是由盏盏明灯组成的,如果有哪一盏明灯突然熄灭了,那里将是一片黑暗,影响行路,也影响美观。一个人的人生道路，虽不可能像长安街这样笔直，但不管道路怎么弯曲，如何坎坷，也应该像由盏盏明灯组成的串珠一样，最美的人生就是在人生的道路上不要有一盏明灯熄灭……"

93

1949年3月29日，从北平开往莫斯科的列车缓缓离开北京站，列车上坐着出席拥护世界和平大会的中国代表团。团长是郭沫若，团员包括徐悲鸿在内共13人。周恩来总理非常关心这次出国的代表，担心他们年纪比较大，受不了西伯利亚的严寒，除派有医生和护士外，还特地让有关部门为每人做了一件皮大衣。

在列车上，有人说笑，有人看书，有人观看车窗外祖国美丽的北国风光。这时的徐悲鸿，正在细心观察一位把头发扎成两把刷子的列车员。她个头不是太高，脸上绽放出发自心灵的微笑。她一会儿擦地搞卫生，一会儿拎着一只开水壶，挨个给乘客倒水，嘴里还总是哼着轻快的歌儿："解放区的天是明朗的天，解放区的人民好喜欢……"徐悲鸿轻轻地取出炭笔和速写纸，寥寥数笔，便把这位手脚勤快、满脸堆笑的列车员，活现在速写纸上。她高高的鼻梁，薄薄的嘴唇，两颊上那一对深深的酒窝，洋溢着令人难忘的甜蜜微笑。她手拎着冒着热气的开水壶，笑盈盈地朝你走来。

这位列车员姑娘，在徐悲鸿笔下顿时变得更加可亲可爱了。

当这位只忙着工作，没有注意到有人给她画像的列车员经过徐悲鸿身边时，徐悲鸿十分客气地笑道："列车员同志，我想把这件礼物送给你，你喜欢吗？"

"谢谢您，同志！"她微笑道，"我们有纪律，列车上的任何工作人员，都不能随便接受乘客的礼物。"

"我要是送刚才给你画的像给你呢？"徐悲鸿说着，便把手中的一张人物速写递给她，倒开水的列车员打开一看，画中的人物正是她。

她高兴地笑了。

"这件礼物我要,您一定要给我!"她面对着这张速写人物,抿着嘴笑着、看着,上面写着一行清清楚楚的字:"美丽的姑娘——北京开往莫斯科列车上的服务员　徐悲鸿"。

这位姑娘立即惊喜地叫了起来:"徐悲鸿!大画家徐悲鸿……"

她一嚷不要紧,整个车厢轰动了。

"姑娘,你这一说,这张画还没最后完成,缺少一枚印章。"于是,徐悲鸿又挑选了一枚恰到好处的朱文篆刻印章"徐悲鸿"和朱文篆刻印章"江南布衣",认认真真地盖上。

代表团在莫斯科短暂地停留后,又从莫斯科起程到了布拉格。

在布拉格举行的拥护世界和平大会上,中国代表团受到了格外热烈的欢迎。徐悲鸿曾在欧洲八年之久,可只有今天,他才感到中国人民在国际上真正有地位了,在世界上昂首挺胸地站立起来了,过去那种受洋人欺侮的日子已经一去不复返了!4月下旬的一天,会议正在紧张进行中,突然传来了"南京解放"的消息。会场内外,顿时一片欢腾。各国代表团的朋友们纷纷拥向中国代表团,同中国朋友热烈拥抱,表示祝贺。徐悲鸿和同志们被外国朋友们簇拥着,有人还被他们狂热地抛起来。这时,他感到无比幸福,无比自豪,周身热血沸腾,禁不住热泪滚滚。他立刻产生了作画的欲望,一定要用画面来记录这个有着重大历史意义的情景。于是,他把眼前的热烈场面,一幕幕摄入了他的脑海,攫取到他的速写纸上……

大会结束后,代表团在归国途中,又到了莫斯科,并应邀参加了庆祝五一节的盛大庆典活动,还参观了列宁格勒的文化古迹。徐悲鸿曾在1934年访问过这里,所以,这里对他并不陌生。当代表团成员大都外出游览或去市场上购买生活用品时,徐悲鸿则陪同古元来到了旧图书市场。在一个旧书画摊上,古元发现了一本画册,他爱不释手,可身上已无卢布了。这时,一旁的徐悲鸿从口袋里掏出卢布,笑着说:"这本画册蛮好,我把它买下来。"古元非常高兴地说:"徐先生能买回去，那太好了。"古元哪曾想到，徐悲鸿付了钱，拿过画册，掏出钢笔便在画册的扉页上写道："与古元兄同游列宁堡购送纪念。悲鸿。"古元接过徐悲鸿题过字的画册，兴奋地说："徐先生，你做的比我想的还要周到。我太感谢您对我一贯的热情扶植和慷慨帮助了！"

徐悲鸿在莫斯科还买了一件专为教学用的马的解剖石膏模型。他认为这是踏破铁鞋无觅处的好东西。

5月10日，代表团满载着世界人民的友好情谊，乘坐飞机回到了北平。

在机场，艺专的宋步云从欢迎的人群中抢先走到徐悲鸿面前，从他怀中接过石膏模型。徐悲鸿一再叮嘱说："步云，这件东西对教学很重要，千万要保护好啊！"

代表团的任务圆满完成了，可徐悲鸿依然在紧张地忙碌着。经过他夜以继日的奋斗，一幅记载着光辉历史的画卷——《当南京解放的消息传到拥护世界和平大会以后》诞生了。展现在人们面前的是一大幅立轴中国画，多么激动人心啊！中国人民的伟大胜利，使各种肤色的人们欣喜若狂！

徐悲鸿完成了这幅划时代的画卷之后，由于极度劳累，生病了。但他并没有因此放下工作。中华人民共和国很快就要成立的好消息使他精神振奋，他又参加了制定国旗、国徽、国歌的工作。

1949年7月，徐悲鸿出席了中华全国文学艺术工作者首次代表大会，并当选为全国美术工作者协会主席。在这次代表大会上，他最难忘的是7月6日晚上。这是一个幸福的时刻：7点20分，毛泽东在周恩来的陪同下，健步走进中南海怀仁堂，看望出席全国文代会的全体代表，并发表了鼓舞人心的即兴讲话。对于人民的艺术事业，毛主席非常重视；对于人民的文艺工作者，毛主席给予了很高的评价。徐悲鸿听了很受感动。后来，毛泽东谈到在音乐上中西结合的问题时，特别举了徐先生的绘画作为范例。毛主席说，徐悲鸿先生既保持和发展了中国文化艺术的传统，又能够吸收西方优秀的东西，把两者结合起来融为一体，并取得了杰出的成就。

10月1日，徐悲鸿应邀参加了中华人民共和国开国大典的庆祝活动。

毛主席同站在天安门城楼上的各界人士一一握手。当毛主席笑嘻嘻地把手伸向徐悲鸿时，徐悲鸿看着毛主席那慈祥、含笑的脸，连忙伸出双手握住了毛主席那双手。毛主席笑着说："文如其人，我看你是画如其人。看到你笔下那奋进不息一往无前的奔马，仿佛看到你作画时的那种气势、那种神态，听到你那落笔声和马蹄声交汇在一起，组成了激动人心、美妙无比的交响乐《祖国进行曲》。我想，这里面是不是藏有辩证法……"毛主席说完，呵呵大笑起来。徐悲鸿也被毛主席诙谐幽默的话语逗笑了。毛主席又问："学校办得怎么样？"徐悲鸿心里有许多话想给毛主席说，可一时又不知从何说起，忙回答："……我们师生自己动手，在操场四周种了好多菜……"毛主席笑道："好哇，你把延安抗大精神用在北平艺术专科学校了。好哇，理论联系实际。"

毛主席走开了，但毛主席的笑容仍闪现在他的脑海，毛主席的趣语仍响在他的耳边……

在雄壮的国歌和震天动地的礼炮声中，毛泽东主席亲自按动电钮，把五星红旗高高升起在天安门广场。

接着，毛主席走到扩音器前面，用庄严洪亮的声音，向全国、全世界庄严宣告："中华人民共和国中央人民政府成立了！中国人民从此站立起来了！"

天安门广场欢声雷动，30万人振臂欢呼："中国共产党万岁！""毛主席万岁！""中华人民共和国万岁！"……

天安门广场沸腾了，整个北京城沸腾了！毛主席英姿勃勃地站立在天安门城楼上，笑着不停地挥着手……

徐悲鸿口袋里装着速写本，手中捏着炭笔，他一直在注视着毛主席。他急忙掏出速写本子，用炭笔迅速、准确而又生动地把毛主席的笑貌画了下来。

在这以后的日日夜夜里,徐悲鸿把千言万语倾注于笔端,展现在纸上……他开始创作《毛主席在人民中》。为了画好毛主席,光毛主席的笑眼、笑眉、笑脸就画了十多张速写稿。

怎样构图才能完美地表现作品的主题思想呢?这是徐悲鸿思考再三的问题。他打好了一张草图,又为新的设想所取代,翻来覆去不知打了多少张草图。有的草图,毛主席周围是工农兵;有的草图,毛主席周围则是其他各阶层的代表人物……最后,他终于比较满意地打好画稿,准备创作大型油画《毛主席在人民中》。

徐悲鸿是一位严肃认真的大画家,凡重要的创作,他总是听取多方的意见,特别是一些行家的评论。一天,徐悲鸿把王朝闻、王士廓、董希文等诸位教授请来,征求他们对《毛主席在人民中》的意见。教授们面对着油画,认真地评议着,非常佩服徐悲鸿的油画功夫。都说,画面上所有的人物画得都非常成功,对自己的领袖爱戴无比,对在领袖领导下建设新生活充满胜利的信心。特别是毛主席的笑,画得简直是意境无穷,谁看了谁都叫绝!董希文感慨地说:"我看了徐先生的这一油画新作,更加真切地感到了毛主席是最了解人民,最热爱人民的人民领袖……"但是,对于徐悲鸿为何要这样构图,却有不少先生难以理解。因此,有人提问道:"徐先生,在毛主席身边只有很少的工农兵,多数是穿着讲究的其他各阶层代表人物和少数民族的代表,工农兵都被挤在这些人的后边了,这样构图合适吗?"徐悲鸿笑了笑,说:"诸位同志能把自己的看法提出来,这很好。我一开始构图也是这样想的,可后来仔细推敲起来,总觉得那样安排人物还不能充分地表现出领袖和全国人民的血肉关系。诸位都明白,毛主席本来就来自工农兵,广大工农群众拥护他、爱戴他,那是非常自然和毫无疑义的。这幅画所要表现的不仅仅是工农兵,而是表现全国各民族、各阶层的人民群众都热爱毛主席;工农群众放在后景,自然更显得毛主席在他们中间,为他们所拥护和热爱了。你们看,这样构图是不是更能表现出全国各族人民的心愿——毛主席是自己的伟大领袖呢！"

教授们听了徐悲鸿这些具有独到见解的话，打心眼里更加佩服徐悲鸿了。

94

办好美术院校，为祖国培养美术人才，这是徐悲鸿长久以来的心愿。新中国诞生了，中央美术学院成立了，徐悲鸿的心愿终于得以实现了。他在1950年4月1日的《美院成立献辞》一文中写道："我国数千年受专制封建长期统治，人民无幸福可言。但在文化部门造型美术上是有成绩的，诚如周扬同志所说，皇宫虽是皇帝要盖的，但它是由劳动人民的手建造成的。我以为对于我国文化大半可以用如此看法。现在人民做了主人，一切为人民服务。毛主席指示我们首先应为工农兵服务，因为世界是他们创造的。我们又有共同纲领'启发人民的政治觉悟，鼓励人民的劳动热情'。方向明确，我们再来整理、批判、承继我国祖先遗产以及吸取世界遗产，以创造出大众的科学的民族的新中国美术，这已是我们必须肩负的责任。……应当有进步的收获，更辉煌的成就，以迎接新中国的胜利和文化建设高潮的到来。我以无限兴奋和愉快的心情庆贺中央美术学院成立，并预祝其中工作同志及全体同志有光辉灿烂的前途。"

徐悲鸿身为中央美院院长、全国美协主席，事情多，工作忙，但他总是要亲自参加制订教学计划，亲自批改学生作业，亲自讲授素描、美术欣赏、美术史和美术理论课，亲自带领学生深入生活。他从没离开教学岗位。

1950年4月1日，中央美术学院宣告成立，北平艺术专科学校的校门口油饰一新，挂上了毛主席亲笔书写的"中央美术学院"的牌子。被任命为第一任院长的徐悲鸿，在学院入口处正面墙上亲手笔录手书——毛主席《在延安文艺座谈会上的讲话》中的一句名言："缺乏艺术性的艺术品，无论政治上怎样进步，也是没有力量的。"

徐悲鸿为创作《毛主席在人民中》画了大量的速写和构图。徐悲鸿在创作巨幅山水画《毛主席在人民中》时，他的身体已经很衰弱，但是，他依然一清早就起来，站在凳子上不停地作画。周总理知道后，去看望了徐悲鸿。他对徐悲鸿说："你创作《毛主席在人民中》，想法很好，如果早一点告诉我，我们一起来研究，好好计划一下，可以早一些如愿以偿。"听了周总理的一席话，徐悲鸿非常高兴，受到很大鼓舞。徐悲鸿终因身体不支，没能画完这一巨幅油画。

徐悲鸿尽管身体虚弱，可他心里仍然关心着教学。他像往常一样，拖着沉重的身子，准时走进教室，登上讲坛——

"……据说，秦桧的书法也是蛮好的，但留下来的却极少。为什么呢？因为世人皆恨其诬陷忠良，谋杀岳飞父子。所以，世人见其墨迹便愤而毁之，唯恐玷污了手与目。艺术作品本是情感所致，人品恶劣者，是不会使艺术品步入真境、善境、美境的。人有人品，画有画品，这是一点都不错的。一个热爱祖国、热爱人民的艺术家，他的作品势必表现人民大众的精神面貌、愿望要求和时代精神。要做到这一点，那就要认真做人，要有坚实的绘画基础；要读万卷书，行万里路，体察民情，洞察万物……一个画家胸中有了万物，他就有了创作万物的特殊本领。我们可以'改造万物'，但绝不为万物所驱使……"

春去夏来——

身穿夏布裤褂的徐悲鸿，衣服上还带着作画时留下的斑斑墨迹，他站在讲坛上，正为他的学生讲新课：

"意在笔先，这是前人作画的经验。心中有数，自然就容易画得好些。但要做到心中有数，就得多观察、多思考、多写生。任伯年的人物画为什么特别讨人喜欢？这是因为他平常非常留心各种人的起居动作、音容笑貌，一经他的笔墨运化到画面上去，便达到了惟妙惟肖的境地……"

同学们聚精会神，专心听讲。课堂内静得出奇，只听见"唰唰"

记笔记的声音。

"我是主张学习古人的，但希望不拘成法，反对泥古不化，在艺术上要有自己的创造，乐于勤师造化，自辟蹊径，决不能人云亦云。我也反对矫揉造作，而力求浑然天成……学习艺术还要注意向民间艺人学习。对于出自历代民间艺人之手的壁画、雕塑、金石镂刻、陶俑、民窑瓷器、年画、剪纸等，我们都有认真研究学习的必要。民间艺人在旧中国受歧视，如今已逐渐恢复了他们应有的社会地位。他们也是中华民族的艺术家……

"从事人民的艺术工作，在艺术进修上要力戒画地为牢、孤陋寡闻地拒绝外来的优秀艺术。我推崇欧洲文艺复兴时期的大师们，诸如达·芬奇、拉斐尔、提香……我赞成博采众美，对文学、诗词、音乐、书法、戏曲、摄影等都要广为涉猎……"

徐悲鸿那生动具体、富有情感的讲演，使同学们听得入神。他稍微停了片刻，环视了同学们一眼，又谈心一般地继续说道：

"我学画时，不论是在国内，还是在国外，都是很困难的，别说买纸，经常是连买擦纸的橡皮钱都没有。所以，我比起那些有钱的学生来，对自己的画改得总要少些。昨天，我在一个教室里发现半个馒头扔在地上，实在太可惜了，赶忙把它捡了起来。你们都是新中国成立后的第一批大学生，应该懂得，今天这样好的学习条件，确实来之不易啊！是千千万万的革命先烈用鲜血和生命换来的。我们没有理由不珍惜今天的一切……"

徐悲鸿说到如何使用炭笔，便做起了示范。他随便拿起一支没有削刮炭芯的炭笔，把一张素描纸夹在一个大型的画板上。只见他举起右手，一次落笔，画了讲坛下一个同学正在全神贯注听课的形象。虽然只是疏疏落落的几笔，但是人物轮廓、形象、神态特点，以及阴暗交界线的主要部位勾勒得十分准确。同学们个个惊叹不已。一个同学突然举手问道："徐院长，您可不可以告诉我们，一个人究竟要画多少张速写、素描习作，才能达到像您那样高的艺术境界呢？"

徐悲鸿笑着招呼这位同学坐下，然后回答说："……不一定拿我做比较，有造诣的画家很多……主要看每个人的具体情况，没有一个像做一道数学题一样的肯定答数。以我个人观察，你们就朝两千张到三千张努力吧！"

"啊？！"这个同学吐了吐舌头，简直以为自己听错了。

其实，这有什么可大惊小怪的？三十多年来，徐悲鸿本人所画的素描少说也有四千多张，仅是有关马的素描，就在一千三四百张以上。

徐悲鸿一看有些同学听他这么一讲，产生了畏难情绪，便马上用事实鼓励同学们："我国有句俗话，叫作'铁杵磨成针，功到自然成'。画两三千张素描，这对于一个立志从事新中国美术事业的年轻人来说，是没有什么了不起的，更没有什么可怕的。搞艺术的人，不怕笨，就怕虚伪。往往笨人能成功，架不住玩命地干！而虚伪的人往往自己糊弄自己，那怎么能获得成功呢？"接着，徐悲鸿又举齐白石为例："齐老先生如果60岁前去世的话，在艺术上也就默默无闻了……可老先生60岁以后，每天早晨六点准时起床，简单的早点之后就开始作画。午饭后只休息半小时，说是睡觉，实际上只是打个盹，接茬又画起来。就是这样不停顿地干，一直干到夜里12点。这就是齐老先生成功的诀窍吧！齐老先生几次对我说：'搞艺术是件累心的事，有时为了出点新意，真是吃不香，睡不着，好比登山，越登越难。'……"

徐悲鸿越说越起劲，越说越动情。跟着，他就拉开中国历史的幕布，举司马迁和李时珍两人为例，说司马迁写《史记》，整整花了15年；而李时珍尝百草写下的《本草纲目》，几乎用尽毕生精力，写了27年……世界上凡是要干一番大事业的人，几乎没有一个不付出艰苦卓绝的长期劳动的。我们搞美术的人，怎能例外。你们都很年轻，希望全在你们身上！

为此，激情燃烧的徐悲鸿，挥毫作昂首奋进的奔马一幅，在画幅上题了一行字："铲尽崎岖大道平，不用扬鞭自奋蹄。"他语重心长地鼓励美院的同学们："新中国已经为你们铲尽了崎岖，铺平了道路，同学们，你们就跃马扬鞭，向着更加美好的未来奔驰吧！"

同学们兴奋、激动、鼓掌。徐悲鸿意味深长地说："同学们，我们要想干一番事业，就要勇于吃苦、不断地吃苦，就要敢于拼搏，不间断地拼搏。因为一个人光有美丽的梦想是远远不够的，把美丽的梦想变成现实才是最为重要的。要想把美丽的梦想变成美丽的现实，就得不怕吃苦、不断吃苦、不断拼搏。我以为，美丽的梦想在我们努力奋斗之中诞生，更是在努力奋斗中变成现实！"

徐悲鸿在课堂上的言谈话语，如同阵阵温暖的春风，吹进同学们的心里。同学们口服心服，人人胸怀美丽的梦想，手挽手奋斗在充满无限希望的祖国大地上……

第十五章　奋进不息

95

　　1950年，新中国诞生不久，朝鲜战争爆发，中国人民志愿军雄赳赳气昂昂地跨过了鸭绿江，奔赴抗美援朝前线。中央美术学院院长徐悲鸿召开全院师生大会，动员青年美术工作者到朝鲜战场去，到中国人民志愿军的行列中去，把手中的画笔变成抗美援朝、保家卫国的战斗武器。他情不自禁地发表了慷慨激昂的演讲："同学们，同志们，一把刀不用就会生锈的道理，人人都明白。我们的人民艺术工作者应该到抗美援朝的第一线去，在战斗中磨炼不但可以退锈，而且可以更加锋利……现在我们正面临着严峻的考验，艺术家不应往后退缩，应该拿起艺术这个武器，为新中国的生存、成长、壮大而斗争！经不起考验的人，就是艺术战线上的逃兵……"

　　他的讲话好似一团火，在师生的心中燃烧，激起了广大师生的爱国热情……

　　在欢送青年教师赴朝大会上，徐悲鸿院长亲自为他们披红戴花……

多少年来，徐悲鸿总是在实践着鲁迅的"横眉冷对千夫指，俯首甘为孺子牛"这句话。为了当好人民大众的牛和马，他紧握手中的画笔，做一名冲锋在前的战士。他经常要求自己的学生，也经常告诫自己："生活好比酿酒，不经常丰富生活感受，创作出来的作品就好比在酒里掺了水，淡而无味。"他亲自带领师生员工，到北京郊区农村参加土地改革运动。1950年9月至10月，全国战斗英雄、劳动模范大会在北京召开，他多次到大会驻地采访，为战斗英雄邰喜德、荀富荣、子弟兵母亲戎冠秀等画像。

1951年春末，徐悲鸿从广播里听到山东整沭导沂水利工程动工的消息，他不顾别人的劝阻，丢下刚把草图勾到画布上的《鲁迅和瞿秋白》，带着画具和行李卷，和青年教师梁玉龙一起坐硬席卧铺车，长途跋涉，抱病来到了山东整沭导沂水利工地。

处于鲁南苏北交界的黄河支流，经常泛滥成灾，危害甚大。为了根治这一水患，使一千五百多万亩农田免受水灾，必须疏导沂河，引

1951年抱病到山东整沭导沂水利工地为农民工画像

入沙河归海，另外开凿一条长达两百公里的沂河灌溉良田，变水患为水利。这是一项要动员近百万人民群众参加的、极为艰巨的水利工程。规模之大，是新中国成立后改造旧中国山河的第一大工程。火热的工地，对于文学艺术工作者来说，是一个难得的创作源泉。

徐悲鸿一来到工地，就受到了欢迎。许多人久闻他的大名，纷纷来访。有人求画马，有人求画像，有人请他签名留念。徐悲鸿虽然很劳累，但他总是有求必应，对于求画的，他总是痛快地满口答应，然后留下他们的名字。

在工地写生、作画是很辛苦的，常常被太阳晒得汗流浃背。但为了把这些来自农村、勤劳淳朴的民工形象收入画稿，血压有时高得惊人的徐悲鸿只顾埋头作画。

胃病是徐悲鸿在30年前就时常发作的老毛病，由于工地生活艰苦，饮食、居住条件较差，致使老毛病又发作了。他时常痛得吃不好饭，也睡不好觉，但他把这些全置之度外，照常工作。痛得实在没有法子了，只好用持续用了几十年的老办法——多吃姜少喝水。这些，陪他一起来的青年教师梁玉龙，都看在眼里记在心里，他不得不向老师提出："徐院长，您可不能再这样干下去了！您的体质本来就差，胃又有老毛病，血压还那么高，这样不要命地干下去，要出大事的呀！"可徐悲鸿并不听话，他仍然不在乎，笑了笑说："没事，我哪有那么娇气！来到这里，我们都是战士，都是水利大军的十万分之一，要在此安营扎寨，有点小病算不了什么！"他说完，还乐呵呵地补充道，"我曾画过传奇故事中的《愚公移山》，而今天，当我亲眼看到这真正的愚公移山造河，觉得这比传奇故事中的愚公移山更生动感人。机不可失，时不再来，一切有作为的艺术家，都应该紧紧抓住这个难得的创作机会呀！"

徐悲鸿被沂蒙人民这种气壮山河建设家乡的精神感动了。夜间，他在一间遮风避雨的小工棚里，就着一盏光线微弱的小油灯，在给妻子廖静文写信：

"……吾中国人民原有愚公移山之理想，到了毛泽东时代真的看到了。吾所身居其中的水利工地，论气魄，论场面，论其现实意义，都是画面上的'愚公移山'所不能比拟的，犹如奇迹，令人神往……吾热爱生活，热爱我们勤劳智慧的人民群众……这里到处热气腾腾，用龙腾虎跃来形容，是再恰当不过了。静文，你不必担心我的身体，吾的头脑从来没有这么充实，吾精神上的胜利完全可以战胜吾身体上的软弱。现在，吾有着强烈的创作欲望，吾正在构思一幅崭新的《愚公移山》图——《导沂水利工程的万分之一》，并在为此抓紧写生……"

徐悲鸿身背画夹，风尘仆仆，在两个月的时间里，整个工地上到处都印有他勤奋的足迹。有一个叫任继东的劳动模范，身高力大，每天挖土十立方米，号称"任十方"，是个典型的山东魁伟大汉，形象很好。徐悲鸿喜爱战斗在工地上的人物，为他们分秒必争地画像。

为了不影响任继东的劳动时间，徐悲鸿放弃了中午休息的时间，碗筷一撂，立刻就抄起炭笔，在画夹上画起来。梁玉龙上前劝阻，他生气了："你看这是什么时间，还顾得上休息！"就是这样，徐悲鸿为任继东、吕芳彬等许多模范人物画了像。这些画像有一个突出之点，那就是非常准确地把当代愚公的人物气质和新时代赋予他们的个性淋漓尽致地表现出来了。

一幅气势宏大的画卷《当代愚公移山》在徐悲鸿的头脑里逐渐形成……

艰苦的生活和过度的劳累，使徐悲鸿的身体日益衰弱起来。在众人的一再劝说和工地领导的关心下，他不得不非常遗憾地回到了北京。

一天晚上，徐悲鸿在画室里忙着绷油画布，打算尽快开始创作大幅油画新作《导沂水利工程的万分之一》。画布绷好后，又准备勾图，想一气呵成。但画稿还没来得及勾到画布上去，忽然感到一阵头晕，浑身很难受，只好摸索着躺在床上……

快要黎明的时候，他觉得脑子里猛然抽搐了几下，不知怎么回事，竟连话也说不出来了，四肢也不灵便了。平常，他为了便于作画，不影响妻子的休息，常常一个人睡在画室里。这时，他躺在画室里的单人床上，想叫妻子快过来一下，可舌头发硬，已经发不出声音了。幸亏妻子廖静文警觉，当黎明时她还没听见丈夫起床的习惯响动时，便穿衣起身，悄悄走进画室，到了丈夫窗前，发现情况异常：徐悲鸿躺在那里说不出话来，一动也不能动……她，吓得一阵晕眩，及至稍稍稳住了神，急忙给人民医院挂了电话……

96

1951年7月21日凌晨，一辆呼叫着的急救车，划破寂静的晨空，驰向西四人民医院……

周总理指示：要挑选最好的医生组成医疗小组，由院长钟惠澜先生任组长。医疗小组要尽最大的努力抢救徐悲鸿同志……

天气闷热得使人透不过气来。

医生会诊结果，说他患的是脑溢血。

徐悲鸿缓缓地睁开疲惫的双眼，却很快地又闭上了，嘴唇在颤抖。他想说点什么，但没能发出声音。多少年来，他如同一匹从来不知疲劳的战马，日复一日地驰骋在疆场上，从未想到停下来喘口气，歇歇脚；今天，他不得不停下来。

一天过去了，又一天也过去了，周总理在百忙之中时时关心着徐悲鸿的病情……

深夜，万籁无声。刚刚入睡的医疗组长钟惠澜，突然被一阵急促的电话铃声唤醒。他探身抓起话筒，即刻立起身子："……噢，周总理，我是钟惠澜，按您的指示，经医疗小组的努力抢救，徐先生已经脱离了危险……是，是，请总理放心……趋向好转。是，是，我们一定注意……"

第二天上午，国务院副秘书长齐燕铭同志来到了人民医院。他带来了周总理送给徐悲鸿的一束生意盎然的鲜花。徐悲鸿慢慢地睁开眼睛，凝视着花瓶里一大束五彩缤纷的鲜花。在徐悲鸿的眼前，鲜花怒放，花儿越来越多越来越大，似乎整个房间都是盛开的鲜花。护士低声告诉他："这束美丽的鲜花，是周总理送来的。"徐悲鸿微笑着，眼睛湿润了……

两个星期以后，经钟院长批准，可以短时间探视徐悲鸿了，但最长不得超过五分钟，而且不准同病人说话。

郭沫若受周总理委托，前来医院看望徐悲鸿。徐悲鸿一天一天地好起来。

一天，廖静文轻轻走进病房，到了丈夫床前。她用温柔的目光，久久凝视着徐悲鸿那憔悴的面容。

徐悲鸿看到妻子，他说的第一句话就是问："我那绷好的油画布有人动过没有？"

廖静文没言声，只是轻轻地摇摇头，并且用手势告诉他，医生不许可同他说话，要他静静地躺着。

徐悲鸿不再说话了，嘴角露出一丝微笑。

后来，钟院长允许她同丈夫说话了，但每次不得超过十分钟。她问丈夫："悲鸿，你感觉怎样？"

"感觉蛮好。"徐悲鸿笑着对妻子说。

廖静文掏出素洁的手绢，擦着滚到面颊上的泪水。

徐悲鸿有意平静气氛，装出乐观的样子说："静文，你知道我，我是不喜欢流泪的，也不喜欢看到别人在我面前流泪……《鲁迅与瞿秋白》只是个画稿，等待着我赶快去完成，油画《当代愚公移山》我还没来得及动手画，新中国的艺术事业正需要我……我怎么会轻易地死去呢！"廖静文呢，也真像个听话的大孩子，尽力压制自己内心百结的愁肠，迅速转成笑脸。她剥了一只橘子给徐悲鸿吃，徐悲鸿勉强吃了两瓣，又说："刘勃舒、蔡亮、韦江凡他们还常来家吗？叫他们要抓紧时间学习、作画，多掌握一些为人民服务的本领。叫他们不要来医院看我……对孩子要求要严，教育要严……"

徐悲鸿病重，女儿丽丽知道了，她星夜赶到北京，想见爸爸，等待一个多星期，因为医生不准见，她就天天在病房外面等着。一直等到爸爸的病好了些，能开口说话了，这才允许她走进病房看爸爸。丽丽告诉躺在病床上的爸爸，她在金陵女大上学的时候，受地下党的影响，参加了金陵女大地下党的外围组织"读书会"。在读书会里，丽丽读了不少进步书刊，懂得了不少革命道理，从而看清了国民党政府的腐朽没落。她在1948年初冬的一天，写了一篇揭露批判张道藩的文章贴在女大的墙报栏里。一时间，轰动了金陵女大。

从此，丽丽成了大学生中的风云人物。可她的这一举动，遭到了张道藩和妈妈蒋碧微的指责。张道藩逼着要丽丽说出幕后是谁指使的，还叫她必须检查承认错误。丽丽对爸爸说："我就不检查。爸爸，您最爱我和哥哥，在人民解放军渡江解放南京前夕，是您通过地下党组织，把我悄悄地接到了江北，送到野战军里培养锻炼的……"就在这年的1月2日，徐悲鸿给女儿的信中还语重心长地告诫说，一定要努力学习，关心政治，事事要想到党的利益、人民的利益，个人的前途要靠自己的奋斗……

当丽丽一眼看到父亲苍白无力地躺在病床上，鼻孔里还插着一根细细的管子时，那颗心仿佛就要碎了！她泪水止不住地往外涌！一下子扑到父亲身边，喊了声"爸爸！"就哽咽得什么也说不出来了。"丽丽，我不是蛮好吗，爸爸可从来不乐意看到你们在我面前流泪哟，你已是革命队伍中的一员。"徐悲鸿抚摸着女儿的头发，亲切地笑着，又说，"丽丽，我知道平常对你关心照顾很不够，关心哥哥也很不够。你正在成都念高中的哥哥，16岁自作主张参加了孙立人将军的新一军，他随军远征缅甸，和日本侵略者展开了浴血奋战……直到抗战胜利后回到我身边。你哥哥参加抗日，表现不错，让我很高兴。现在也很好。说真的，爸爸要做的事情太多了，一工作起来，我也就顾不上你们了。我从你的来信中，看到了你从革命队伍里学到了不少东西。你已经成长为一名革命战士了，我感到很高兴……"

丽丽不哭了，她抬起头来看着父亲慈祥的面孔。她拿起父亲枕头边的那块老怀表，问："爸爸，你现在还用它呀？"

爸爸说："用它，看来还可以用个十年八年的。"

丽丽又说："爸爸，我现在工作了，自己也挣钱了，让我给你买块手表戴吧，大画家哪有不戴手表的！再说，我送给爸爸，也算是女儿对你的孝敬。"

"不，丽丽，自己有薪水了也得注意节约。我们新中国才成立不久，国家穷，干什么都得用钱。作为国家的一位公民，应该时时想着节约，想着艰苦奋斗。"徐悲鸿说，"这块老怀表，自打跟你母亲东渡日本买了它以后，已经为我服务三四十年了。它已经成了我忠实的伙伴，我是不会把伙伴丢掉的。丽丽，我的好女儿，爸爸说得对吗？"

"爸爸，从发扬艰苦奋斗的优良传统来讲，爸爸的做法是对的。"丽丽深情地看着爸爸说，"爸爸，我参加工作了，有钱了，女儿丽丽给爸爸买块新手表，把老怀表留作纪念收起来，也不能说不对呀！女儿了解爸爸，知道你不会同意女儿这么做的。"

徐悲鸿有气无力地说："丽丽，今天不讨论怀表的事了，你说说别的吧。爸爸看到你，心里真高兴。"

"爸爸，你还想吃点什么，告诉女儿，让女儿给你买；需要带些什么，也告诉女儿，女儿我给你带来。"丽丽深情地说，"爸爸，你苦了一辈子了，现在累病了，需要好好休息，女儿工作了，有钱了，不能再让苦了一辈子的爸爸，再那么苦着自己了。"

"丽丽，我知道你心疼爸爸，你从小就懂事。你哥哥和你不一样，大大咧咧的。不过后来也很懂事，刚16岁就知道抗日救国了，很好。你已经有了一份革命工作，要好好工作，不必挂念爸爸。爸爸的生活，你继母照顾得很好。现在我躺在医院里，让那么多人关心着我，想着我，连周总理都在挂念着我，爸爸心里已经很过意不去。赶快好了，出去好好工作。丽丽，有许多工作在等着爸爸去做。今天来之不易，要倍加爱惜，加倍工作，这是爸爸最大的心愿。"

"爸爸，你的丽丽过去听你的话，现在听你的话，今后永远听你的话。女儿知道，你是这个世界上最好的爸爸，心里装着许多许多事，装着许多许多人，就是没有装着自己，这让你的女儿有些不放心。哥哥对我说过，有一回妈妈问哥哥是爸爸好还是妈妈好？哥哥白了她一眼说：'那还用问，当然是爸爸好了！'……"

丽丽说着说着哭了，她抽泣着，泪流不止……

"丽丽，过去的事就别说了，向前看，我希望大家都好！当初你妈妈也是很爱我们的。就是到了后来，你哥哥没告诉父母，自作主张当兵抗日去了，你妈妈也是很着急地到处找他。"悲鸿说到这里，眼睛也情不自禁地湿润了。

父女情深，在场的护士、大夫都被感动得流泪了。怕影响徐悲鸿疾病的治疗，在大夫和护士的劝说下，丽丽不得不一步一回头，恋恋不舍地走出病房。

第二天，丽丽又跟着继母廖静文，一起带着徐悲鸿要的东西来到医院。廖静文刚在徐悲鸿身边坐下，丈夫就问妻子："静文，你去打听打听，我这次住院总共花了多少钱？记清楚回来告诉我！"

"悲鸿，你是公费医疗，没有必要去打听花多少钱……"

"静文，不，你快去吧，我知道是公费医疗。"徐悲鸿向妻子解释说，"我一定要知道国家究竟为我这次住院治病已经花了多少钱，要知道，我对新中国并没做过多少贡献，可得到的照顾却是这样多。等我出院以后，我一定要加倍工作，来补偿国家为我治病所花的这一笔款子。这回，要不是病在共产党领导下的新中国，我徐悲鸿即使有两条命，恐怕也要上西天了！"

听了丈夫的一席话，廖静文只好到了住院处，问清楚住院费的事，临走时，徐悲鸿还一再叮嘱她："静文，一定要把收到的信件、画稿都妥善保管好。待我同钟院长商量商量，只要他点头了，你就把这些送到医院来让我亲自处理……"

自然，钟院长是决不会同意的，因为这样有碍身体康复。

夏去秋来，徐悲鸿已经住院三个多月了。10月初，徐悲鸿刚能下地走动走动，就急着要求出院。钟院长态度婉转，措辞却不容分辩："徐先生，你的脾气我知道！可我受周总理的委托，不能不对你的健康负责呀！"

不管徐悲鸿怎么说，都无济于事。到了11月中旬，他要求出院更坚决了，甚至说了这样的话："我徐悲鸿为事业而活着，你们就快点让我去干我的事业吧，否则会把我憋死在这里的！"

是的，徐悲鸿已急得神魂颠倒，简直无法睡觉了。无奈，钟院长经请示周总理，这才勉强同意徐悲鸿出院。消息传来，他乐了，自言自语地说："还是周总理了解我。"然后，他扶着楼梯的扶手，慢慢地走进院长办公室，催钟院长快让他出院。

钟院长只好点头同意，不过，院长向他郑重提出要求："出院以后，你可以到疗养院疗养。以后没有医生的同意，你不能继续工作，也不能接受任何作画的任务。因为，作为医生，我们必须对你的健康负责！"

徐悲鸿点头称是，终于出院了。

97

徐悲鸿出院，他对钟院长的承诺便打了折扣，他没有去疗养院疗养。身体虚弱的徐悲鸿在家里躺了几天，即使躺在床上的这几天，他也总是在不停地指挥着妻子帮他做这个做那个。徐悲鸿在医生的细心治疗下，加上有妻子的精心照料，1952年的五一节，他总算能拄着拐棍在院子走动走动了。能走动了，徐悲鸿高兴了，他又在思考着下一步的工作安排。他是个急性子，刚刚能活动，就迫不及待地叫妻子搀扶他到美院去看看教学。妻子不同意，一再劝他说："医生可是再三嘱咐我不许你离开家门口的呀！我可不能同意你去学校。"徐悲鸿一听，火了，立刻扔掉拐棍，睁大眼睛嚷道："怎么，你要把我闷死在家里是不是？要是只听医生的话，我现在还只能躺在医院里呢！我徐悲鸿是从泥巴里滚出来的、苦水里泡大的，长的是装山芋的肚皮，没那么娇气！"

廖静文拗不过固执的丈夫，无可奈何，只好依着他，答应他第二天搀他去学院。

第二天是星期一。天刚亮，徐悲鸿就早早地起床了，他走到窗前拉开窗帘，抬眼一看，明朗的晴空一片暖洋洋的。他打开窗子，深深吸了一口清新的空气，感慨道："啊！蓝天白云，北京今天的天气真好，我的心情太好了。"

他吃完早点，又服了药，便一手拄着拐棍，一手扶着妻子，一步一步慢慢往前走，徐悲鸿走路尽管拄着拐棍，还是比较艰难的。从他的家到美术学院，其实并不算远，可他吃力地走了好长的时间，才走到学院大门口。正是上课时间，学院里静悄悄的。老传达一眼看到徐院长在夫人的搀扶下，气喘吁吁地走进学院，又高兴，又心疼，赶忙上前去搀扶……

"徐……徐院长，多日不见，您可瘦多了。您怎么不打个电话，要辆车呢！……"

老传达说话时，感动得眼泪都流了出来。

"他们还不允许我到学院来。"徐悲鸿有些吃力地说，"我这也是练练腿。"

徐悲鸿先走进绘画系蔡亮所在的班级。正在作业的学生们抬头一看，徐院长被师母和老传达搀扶着走了进来。学生们又惊又喜，赶紧站起来，拼命鼓掌。同学们突然发现，徐院长的白发增多了，额头的皱纹也更深了，一脸病容、弱不禁风的样子。

"请同学们坐下。"徐悲鸿手扶讲台，亲切地看着大家说，"我今天是来检查检查教学的，请同学们把最近两周来的素描作业拿出来，放在课桌的右边，我要一个一个地看一看。"

同学搬过椅子，请徐院长坐下休息休息。他谢绝了。

同学们把素描作业都拿了出来，整齐地放在课桌右上角，等他们敬爱的徐院长过目。

徐悲鸿不让别人搀扶，他一手拄着拐棍，从一张课桌走到另一张课桌。他拿起一个同学又一个同学的作业，只见他眉头渐渐地皱成两个大疙瘩。他生气了，从第一张课桌，直看到最后一张课桌，然后又回到讲坛，气得他把手中的拐棍捣得地板"咚咚"作响，厉声说："看看你们都画了些什么？千篇一律，就像一个模子印出来的，一点生活气息都没有，丝毫的艺术特点也没有，实在令人丧气！我们的民族风格哪里去了？！"

廖静文见他气得手有些颤抖，怕他高血压症复发，便赶忙去搀扶他。谁也不知道他从哪里冒出那么大的劲，随手把妻子推开，并大声说："不要管我！"说完，他难过得流下了泪水，痛心地哭了。同学们看到这种情景，一个个也感动得流下泪，惭愧地哭了。他们都在担心着徐院长的病，可谁也不说什么，只是注视着敬爱的老院长，默默地让眼泪流着……

"蔡亮！"

"有！"蔡亮站立起来。

"你去把你们的任课老师叫来！"徐悲鸿说，"就说我请他们有重要事情商量！"

蔡亮同学按照徐院长的吩咐，叫老师去了。一位同学赶忙搬起一把椅子，扶徐悲鸿坐下。

徐悲鸿总算坐下了，同学们这才松了一口气。

不一会儿，董希文等几个主要老师进来了。一个个向徐悲鸿问候后，都恭恭敬敬地在一旁站着。徐悲鸿看了他们一眼，毫不客气地说："形式主义是泥坑，你们现在的这个教学法，也是泥坑！无论如何，是绝对不能用形式主义来教授我们新中国的学生的！你们看看，他们的素描画成什么样子了？"

……

徐悲鸿回到家里，感到异常疲倦，难受得饭也不想吃，只喝了一小碗稀粥。但他没有休息，也平静不下去，刚在床上躺了几分钟，就又坐了起来，开始翻箱倒柜，从他收藏的数千张世界美术图片中，精心挑选出一部分，亲自写说明文，指出这些不同流派的风格和优缺点。对形式主义的作品，他进行了猛烈的批判。他准备把这些美术图片和说明文，放在学院展览橱窗里面，供学生学习和批判用。

徐悲鸿伏案疾书，整整花了三天的时间，总算把一沓画片的说明文写完了。有好些说明文他是查了很多资料，花费了很大气力才写成的。当他把这些写好说明文的画片，在妻子的协助下，亲手放进学院美术作品展览橱窗以后，累得他骨架子都要散了，一动也不动地躺在床上。徐悲鸿不仅没有叫苦叫累皱眉头，反而为自己又办完了一件有意义的事情，微笑着眯起双眼，借以养神……

98

徐悲鸿心里在想着教学，在想着工作，在想着还没有完成的绘画……还有需要他笔下奋进不息的奔马。

徐悲鸿从小就爱画动物，特别是日常生活中见到的马。有人说，徐悲鸿偏爱画马，说他画马有瘾，对马有一种无法割舍的情结。其实，徐悲鸿在欧洲留学时，特别是在德国那段时间里，他在动物园里画马的写生，简直达到了疯狂的地步。从1930年起，徐悲鸿开始以水墨画画马。现存最早的画作于1931年完成。这幅水墨马，纵68厘米，横110厘米，画中的马没有马鞍，没有缰绳，在原野上狂奔，给人以势不可挡、一往无前、催人奋进的感觉。这幅画还表现了奔马的驯良、坚毅、敏捷等性格特征感觉。画上无题款，只有"东海王孙"钤记。

徐悲鸿在1931年的"九一八"事变和1932年的"一·二八"上海淞沪抗战后，他不断通过他笔下的马，寄托自己忧国忧民的情思。徐悲鸿曾在一幅"骏马悲嘶"的战马图上写着"哀鸣思战斗，回立向苍苍""秋风万里频回首，认识当年旧战场"等诗句，用以激励国人不畏强暴，大胆抗击日寇的侵略。

郑板桥画竹，齐白石画虾，徐悲鸿画马。徐悲鸿画马，笔墨淋漓潇洒，无论是奔马、立马、走马、饮马、群马，都赋予了强大的生命力。更为可贵的是，徐悲鸿的水墨奔马图，用笔泼辣凝重，间掺西法。徐悲鸿曾在1940年创作的一幅群马图上题款云："昔有狂人为诗云，一得从千虑，狂愚辄自夸，以为真不恶，古人莫之加。悲鸿时客西马拉雅之大吉岭。"由此，在徐悲鸿的笔下，一匹匹骏马扬蹄奋进在广袤的原野上，有的腾空飞起，有的蹄下生烟，有的回首顾盼，有的一往无前，给人破纸而出的感觉。徐悲鸿笔下各种神态的马，受到人们的普遍喜爱和追捧。

1940年，徐悲鸿应泰戈尔的邀请在印度国际大学讲学并举行画展，游历了喜马拉雅的大吉岭。在那里，他第一次看到了罕见的高头、长腿、宽胸、皮毛闪光的骏马，他曾骑着这些骏马远游，并由此了解其剽悍、勇猛、驯良、耐劳、忠实的特点。此间他对着骏马做了大量的写生，反复捕捉其各种神态，从而塑造出千姿百态的奔马，达到了"尽妙"之境界。徐悲鸿说，他画马真正的成就，"始自此次印度之行"。

说到徐悲鸿画马，他曾深有体会地说："我曾爱画动物，皆对实物用过极长时间的功。即以马论，速写稿不下千幅，并学过马的解剖，熟悉马的骨架、肌肉、组织。又然后详审其动态及神情，乃能有得。"在画马工具上，他对毛笔颇有感受，毛笔太软，画不出鬃尾的质感和劲力。所以，他常用硬笔扫出鬃尾，使之纤毫毕露，而呈现出扬鬃飞驰，给人以力的美感。在绘画技巧上，徐悲鸿不断寻求突破，力图塑造骏马的各种雄姿。尤其可贵的是，他所画的水墨奔马，无羁，尚桀骜，发胸中块垒，扬民族精神。而在心理学的意象分析上，马是力量、速度、自由、耐力的化身，令人神思飞越，并生发出朝气勃勃、奋发向上的力量。这也是徐悲鸿心理上的向往与艺术追求。由此，人们不难看出徐悲鸿为何画马，又为何他笔下的马画得如此令人称颂。马最能反映徐悲鸿的个性，最能表达他奋发向上、不屈不挠的思想感情。而在中国人的心目中，马最能表现我们中华民族振奋的精神，更是我们中华民族兴旺发达的人才象征。

尤为值得称道的是，徐悲鸿不像古人那样热衷于画体肥毛顺的鞍马，而是喜欢画勇往直前的战马、野马，表现战马和野马的豪放不羁的气质，借以抒发自己的情怀。所以，1940年，徐悲鸿在游历克什米尔大吉岭时，创作了精品长卷《天马由来万匹强》。

画中没有马的奔腾之姿，那几匹背向的马仿佛听到了什么，正竖耳警觉地凝视着远方，表面是那样平静，但却蕴含着内在的动力。他以粗重有力的线条表现出马匹坚硬的骨骼和有力的马腿，以生动的墨色表现出风中拂动的马鬃和马尾，更强化了那静中之动的魅力。

徐悲鸿笔下的马大都是奋进不息的战马、野马，要么奔驰在坎坷崎岖的道路上，要么奔腾在荒原无际的大漠上。徐悲鸿用中国笔墨大写意画出如此受人喜爱的各种神态的马，是他的独创，前无古人，开辟了一代画马新风，他笔下的马，是中国绘画史上的一个里程碑，也可以说一座丰碑。

1941年秋，第二次长沙会战期间，抗日战争正处于敌我相持阶段，日军想在发动太平洋战争之前彻底打败中国，故而他们倾尽全力发动长沙会战，企图打通南北交通之咽喉重庆。二次会战中我方一度失利，长沙为日寇所占。此时，正在马来西亚槟榔屿办画展，为支持抗战募捐的徐悲鸿，得知第二次"长沙大会战"打得十分激烈，心急如焚，夜不能寐。他连夜研墨挥毫，以笔下的《奔马图》抒发一位中国人的爱国情怀。他在这幅《奔马图》的右边题道："辛巳八月十日第二次长沙大战忧心如焚，或者仍有前次之结果也，企予望之　悲鸿时客槟城"。

徐悲鸿运用大写意的手法，寥寥数笔，一匹融入了徐悲鸿全部激情、一幅所向无敌的奔马跃然纸上。他充分运用墨色勾勒头、颈、胸、腿等大转折部位，并以干笔扫出鬃尾，使浓淡干湿的变化浑然天成。马腿的直线细劲有力，犹如钢刀，力透纸背，而腹部、臀部及鬃尾的弧线很有弹性，富于动感。整体上看，画面前大后小，透视感较强，前伸的双腿和马头有很强的冲击力，似乎要冲出画面……

99

在画架上绷着的那幅油画稿《鲁迅和瞿秋白》，时时牵动着徐悲鸿的心，使他夜不安寝。这是一幅未完成的画，他总想尽快完成，可是，因为身体太虚弱，力不从心，只能待休养好身体后再去完成。

徐悲鸿总是放心不下。因为在他心里，这是一幅多么重要的作品！

徐悲鸿对廖静文说："鲁迅先生和瞿秋白同志的形象时时在我的脑海里闪现，他们都不在人世了，但他们却永远活在人们的心里。作为画家，我不能通过绘画把他们的形象和友谊留在人间，我就食不甘味！怎奈手足不争气，拖到何时何日啊——"妻子劝他不要着急，待身体好点再画。他感慨地说："瞿秋白在上海同鲁迅合作领导文化运动，有两年时间。在那段时间，瞿秋白为了逃避敌人的追捕，多次在鲁迅家中避难，他们一起战斗，一起写文章，结下了深厚的友谊。后来，瞿秋白不幸被捕，慷慨就义，牺牲时才36岁啊！"

徐悲鸿十分感慨地继续说："鲁迅对瞿秋白的死，我以为'哭是无益的，最好仍是有一分力，尽一分力'。1936年10月，鲁迅在病逝前夕，还为亡友瞿秋白编辑了遗著《海上述林》。"

第二天的晚上，徐悲鸿在灯下默默地看着《海上述林》，心里暗暗下决心说："在我生前，一定要完成《鲁迅和瞿秋白》这一表现珍贵革命友谊的人物画，这是美术工作者义不容辞的责任啊！"

其实，徐悲鸿早就在费尽苦心了，为了画好这幅油画，他访问了瞿秋白的夫人杨之华、鲁迅的夫人许广平和胞弟周建人等。对于鲁迅和瞿秋白的衣着、身材、性格、生活习惯，以及两人在一起时的习惯动作、表情等，都分别做了详细的记录。他于1950年4月下旬动笔

1941年悲鸿客居马来西亚心系长沙会战，作《奔马》

作画，先后作画稿达20张，头像十余张。最初的画稿，鲁迅是坐着的，瞿秋白站着。他在往画布上勾绘定稿时，却毅然把瞿秋白由站着改画成坐着的了。

有人问：为何要做如此改动呢？徐悲鸿做了这样的解释："开始打画稿时，由于只是考虑到鲁迅比瞿秋白年长18岁，所以画瞿秋白站着，后来再深入一想，那样考虑是片面的，鲁迅先生如果健在，也是不会同意的。要知道，在历史上的伟大人物中，忘年之交是很多的啊，何况他们是革命战友。特别在思想方面，鲁迅受瞿秋白的影响不算小，鲁迅本人也是很尊重瞿秋白的。"到7月中旬，徐悲鸿便用炭笔把画稿勾到长149厘米、宽126厘米的油画布上，遗憾的是，这幅油画稿和其他未定的画幅一样，被耽搁了下来，成为徐悲鸿一生中留下的重大遗憾。

徐悲鸿在画马

1950年,抗美援朝战争爆发,在这期间,徐悲鸿尽管身体状况很差,他还是满怀激情地抱病为在朝鲜半岛作战的中国人民志愿军创作了多幅奔马图,激励他们为保家卫国而英勇战斗。徐悲鸿从自己画的《奔马》中,先后挑选了六幅送给了最可爱的人——中国人民志愿军,并在一幅图上题写:"山河百战归民主,铲尽崎岖大道平。"他还亲自写了一封信诚恳地说明:"五个月前,我就开始为你们画马,由于气力不够,不能使人满意;现在寄上我最近画的一幅奔马,自恨不够好,又怕你们久待,以后当陆续再画,挑选好的寄给你们。我再一次向你们说,我以能为你们服务而感到荣幸。"志愿军战士收到徐悲鸿的奔马,兴奋地写道:"祖国人民热爱咱,给咱寄来了'千里马'。跨上千里马,冲锋陷阵啥也不怕……"

徐悲鸿本人如同一匹永不停息的奔马。但他终于累病了……

徐悲鸿先后给毛主席写过三封信,而毛主席则给徐悲鸿写过四封信。新中国刚刚成立不久,徐悲鸿请毛主席为中央美术学院题写院名。毛主席复信时写道:"悲鸿先生:来示敬悉。写了一张,未知可用否?顺颂教祺。毛泽东。1949年11月29日。"

毛主席在1951年1月4日的复信中写道:

悲鸿先生:十月十三日给我的信并附石永懋先生所书二本均已收到。同意先生的意见应对石先生予以照顾。最好在先生所办的学校予以位置,如不可能则请持此信向中央文教委员会接洽酌定解决办法。此复。

  顺致

敬礼

           毛泽东

徐悲鸿把自己对党和新中国的无限深情,全部凝聚在笔墨中,为毛主席精心画了《奔马》一幅,题诗句云:"百载沉疴终自起,首之瞻处即光明。"寓意灾难深重的伟大祖国,只有在中国共产党和毛主席领导下,才能自立于世界民族之林。展望祖国的未来,前途无限光明……他还为毛主席书写了"言论文章放之四海皆准;功勋伟业与日月同光"的对联。徐悲鸿准备在12月26日毛主席生日时,送给毛主席。

100

徐悲鸿收藏中外艺术品,同一般的收藏家不大一样。一般收藏家只是对名家的作品感兴趣,而徐悲鸿则不然,不管是名家的,还是非名家的,只要画得好,有特色,有价值,他都收藏。再大的名家,只要作品一般,他也贵贱不买,更谈不上收藏了。

很少有名收藏家收藏自己学生的作品的,徐悲鸿却收藏了他的学生韦江凡等人的画幅。有人问他为什么要这么做,他不假思索便说:"这个问题很好回答,因为我收藏的是有价值的艺术品,而不是名家的牌子。名家的作品固然好,但不是都好;非名家的作品不一定有名家的好,但不是都不如名家的好。作为一个收藏家,他首先应该是一位不迷信名家的鉴赏家。如果他不能鉴别艺术品之优劣,只慕名而收藏,那他不是真正的收藏家。"因此,徐悲鸿在填写自己履历表的"专长"一栏里,写的不是"擅长绘画",而是"能鉴别古今中外艺术品之优劣"。

徐悲鸿对于自己花钱买来收藏的中外艺术品,固然看得很重,但他不像有些收藏家那样,把收藏品锁在箱底,不给别人看。他收藏字画,一方面基于对艺术品的热爱,更重要的,是为了供研究和教学用。所有他喜欢的东西,没有不乐于和他的同事与学生共享的。他时常把这些藏品拿出供自己的学生和从社会各方来向他求教的青年人看,还给他们讲解,并让他们临摹。有时候,正赶上他要外出,可这时他的学生来看他收藏的书画了,他便对年轻的客人交代道:"我走我的,你们看你们的,厨房里有吃的,饿了就自己去拿。"他还时常叮嘱妻子:"要把这些东西妥善保管好,这是为后人、为国家而收藏的,将来会有大用处的,一定要珍藏好!"

徐悲鸿为收藏好这些字画,付出了不知多少心血和精力,从国外带到国内,从南方带到北方,不论在任何艰难困苦的条件下,他宁可舍弃任何别的东西,但绝不舍弃金石字画。1942年他在南洋举行画展,正要回国时,新加坡形势危急起来,他所带的艺术品难以运回国内,怎么办?他说:"金石字画运不回国内,我就要同这些艺术品共存亡!"

北平和平解放前夕,解放军兵临城下,城内国名党政要都纷纷转移财产,准备南逃。而一天到晚为和平解放北平而奔波的徐悲鸿,最关心的私事却不是自己的生命和什么钱财,而是收藏的大量艺术品……

徐悲鸿把心爱的艺术品,作为自己的"生命",可属于他自己的生命,经过这场脑溢血的大病后,情况又怎样呢?

徐悲鸿出院以后,他的妻子、朋友、同事和学生,是多么担心他由于过度劳累而导致旧病复发呀!的确,他的自我感觉也不好。此时此刻,徐悲鸿担心的不是旧病复发,而是怕为人民服务的时间不多了。所以,他总是千方百计挤时间,竭尽全力投入工作:关心学院的教学工作;也抓紧时间整理自己一生收藏的艺术品。

一个夜晚,他郑重其事地把廖静文叫到自己画室,指着自己抄写的艺术收藏品部分目录,叮嘱道:"静文,我一生都是为祖国作画,办教育,搜集艺术品,到了时候,我们一定要把这些收藏品献给国家,让它继续为祖国培养人才服务。这本是我当初搜求时的目的,用心良苦你也是知道的……"廖静文一时说不出话来,点头之时实际上已经如饮苦汁,心肺肝胆苦透了,眼眶里的泪水,顷刻间挂满两腮,但她任其滴落。廖静文强抑悲痛,劝他不要胡思乱想,注意身体,好好养病,身体是会慢慢好转的……要他放心,她肯定会照他的嘱咐去做的……

清晨，他起床后办的第一件事，还是像往常一样，回复来自国内外的信件，批阅一卷一卷来自全国各地作者的画稿。

早饭后，他继续让妻子搀扶着走进学院大门。

晚上，画室里闪现着他作画时那全神贯注的身影……

徐悲鸿突然走了，带着他心中那个多年的美好的，却没来得及实现的心愿，非常遗憾地走了。假如徐悲鸿在天有灵，他应该感到宽慰：他的遗愿由第三任妻子廖静文帮他实现了：将他生前大量遗作和收藏品捐献国家，其中包括与徐悲鸿演绎过一段生死奇缘、价值连城的国之瑰宝——《八十七神仙卷》。

一代巨匠徐悲鸿谢世后，他的家人、他的友人、他的同事、他的学生，无不悲痛欲绝。毛泽东主席对这位大艺术家的逝世甚为感念，在1953年的12月23日，他在给徐悲鸿的夫人廖静文的一封复信中写道："十月间的信和徐先生所绘奔马，早已收到，甚为感念。兹派田家英同志询问你们的情况，如有困难，请告知为盼！毛泽东。"

当蒋碧微得知徐悲鸿去世时，她悲痛得泪流如珠……

晚年生活孤独悲凉的蒋碧微，把上百件名家字画和悲鸿手迹，一并捐赠给台北历史博物馆。1978年12月16日，蒋碧微患脑溢血，在台北凄凉而孤苦地逝世，享年79岁，身边没有一个亲人。一直想见见儿子伯阳、女儿丽丽，但她始终未能见到。

徐悲鸿的学生孙多慈，一位终生钟情于老师的女画家，1948年随夫许绍棣去了台湾。但她那颗深深爱着徐悲鸿的心，却留在了大陆。1953年9月，当孙多慈从蒋碧微那里得知徐悲鸿逝世的消息以后，悲痛欲绝，一下子昏厥过去……

孙多慈终于从昏厥中醒来，她想起徐志摩的一首诗《枉然》：

你枉然用手锁住我的手，
女人，用口擒住我的口，
枉然用鲜血注入我的心，

火烫的泪珠见证你的真；

迟了！你再不能叫死去的复活，
从灰里唤起原来的神奇；
纵然上帝怜念你的过错，
他也不能拿爱再交给你！

孙多慈为了表达对徐悲鸿真挚的爱情，她为徐悲鸿默默戴孝三年……

徐悲鸿同蒋碧微生有儿子徐伯阳、女儿徐丽丽。母亲蒋碧微在台湾去世，伯阳曾遵照母亲的遗嘱去了台湾，然后定居香港。丽丽是个很听话的女孩，从金陵女大出来后参加了革命队伍，加入了中国共产党，后来成为安徽农学院的教授，长期从事教学工作。而徐悲鸿同廖静文生有一男徐庆平、一女徐芳芳。他们两人一直在徐悲鸿第三任妻子廖静文身边长大。子继父业，徐庆平1981年赴法国留学学习绘画，回国后在中央美院工作，现为中国人民大学徐悲鸿艺术学院院长；女儿徐芳芳1981年自费赴美国留学，先在美国加州大学读了本科，又上了丹佛大学管理学院，1985年拿到硕士学位证书，在美国一家公司任职。2011年10月，徐芳芳在美国丹佛市丹佛艺术馆为父亲徐悲鸿举办画展：《徐悲鸿——现代中国绘画的开拓者》。

这个画展让我想起了发生在1939年的一天，徐悲鸿接到美国援华总会从美国发来的函电，邀请他赴美举办画展。到美国举办画展，既能展示中国的国粹，博大精深的绘画艺术，又起到了促进中美两国人民间的文化交流；既能通过绘画作品向爱国侨胞宣传抗日，又能通过书画义卖为抗日筹集资金。这是一举多得的大好事。徐悲鸿便愉快地接受了这一邀请。但是，出乎人们预料的是，1941年12月太平洋战争爆发，战争彻底割断了徐悲鸿赴美国办画展的美好愿望。

70年后的2011年10月，徐悲鸿赴美国办画展的愿望，由女儿芳芳帮他实现了。

公元 2018 年元月 25 日,中国美术馆隆重推出《民族与时代——徐悲鸿主题创作大展》。《愚公移山》《田横五百士》《傒我后》《九方皋》《八骏神驰》《保卫世界和平》等巨幅国画、油画,及《巴人汲水》《逆风》《箫声》《长空雄鹰》《空山怒吼》《醒狮回眸》《红鬃烈马》《吹箫引凤》《寒梅》等,共计展出 118 件作品。这次大展,是国内外第一次围绕徐悲鸿美术主题创作进行的全方位策展。徐悲鸿既是 20 世纪中国最杰出的绘画艺术大师,也是一位 20 世纪中国最杰出的美术教育家。他既是难得的千里马,又是发现培养千里马最多的伯乐。周恩来总理在北京画院成立大会上的讲话,是这样评价徐悲鸿的:"徐悲鸿的中国画能融合中西,是继承民族优秀传统和吸收西洋科学技术的范例,我们应该向他学习。徐悲鸿是他生活年代的一位大师。"

徐悲鸿主题创作大展,吸引了全国各地的美术爱好者,在中国美术馆售票窗口排长队购票,都想尽快一饱眼福,亲眼看到盼望已久的大师绘画精品……

公元 2018 年元月 28 日于北京

增订本后记

20世纪80年代由人民文学出版社出版的《笔下千骑》一书，经过30多年的沉淀，又充实了许多新内容、新史料，进一步加工提炼，由人民文学出版社重新出版增订本《大师徐悲鸿》。

帮助和支持我出版这本书的专家学者很多。首先应该感谢的是时任中国美术家协会主席、中央美术学院院长吴作人先生和时任《北京日报》总编辑的王立行同志，还有戴泽、李苦禅、鲁少飞、程思远、王临乙、叶浅予、韦江凡、刘勃舒、蔡亮、宗其香、韦启美、梁玉龙、尹瘦石、常任侠、张安治、黄胄、罗世安、朱丹、孟伟哉、赵正经等诸位老师。

另外，不能不提到的还有用书信为我提供材料的徐悲鸿长女徐静斐（丽丽）教授。

当时我是《北京日报》记者。1976年10月，刚刚粉碎"四人帮"，百废待举，人才奇缺。作为一名记者，我只是想写几篇稿子，在报纸上系统介绍徐悲鸿爱祖国、爱艺术、爱人才的感人事迹。但是，让我没有想到的是，第一篇稿子写成后，满心欢喜地送到一位年轻的部主任那里审稿签发稿子时，他大笔一挥，把稿子"枪毙"了。理由是：

"活人你还没写完，写什么死人。"签发稿子的权力掌握在主任的手里，他说"不行就是不行"，行也不行。我无可奈何，只好"忍"了。尔后，我去采访吴作人先生，闲聊中他问起这篇稿子，我如实告诉了吴老。"不签发你写的文章也好，写本书不是更好嘛！"吴先生说，"我建议你为徐先生写本书。"

"给徐先生写本书？！"我既惊喜又胆怯地说，"我能写得了吗？"

"你怎么写不了呢？"吴先生鼓励我说，"你是记者，还是作家，不给徐悲鸿这样的艺术家树碑立传，还能给谁树碑立传？你写吧，我支持。"吴老是徐悲鸿的大弟子，他鼓励我说，"不光我支持你，还会有很多人支持你。因为我也深深感到了，我们的国家非常需要徐悲鸿这样的艺术家！"

说心里话，我本来心里就有一种写书的念头，由于有顾虑，没敢说。经吴老这么一点拨，胆子就变得大了起来。我鼓了鼓勇气说："行，有吴老您的支持，我写！"

"郑理同志，我可以告诉你，徐先生既是名垂青史的大画家，更是桃李满天下的大美术教育家！"吴先生鼓励我说，"周总理称赞徐先生，继承了中国绘画的优秀传统，吸收了西画的技法，融汇中西，使它和民族的绘画相结合，别出新意，创造出自己的独特风格……像徐悲鸿这样的艺术大师，在我们社会主义中国，除了徐悲鸿还能有谁呀！我们这个时代需要徐悲鸿，我们中华民族需要徐悲鸿，人民大众需要徐悲鸿。现在还没有人为徐先生树碑立传，好好写写徐悲鸿。徐悲鸿是位在风风雨雨斗争中成长起来的艺术大家，有写不完的许多感人肺腑的传奇故事。我希望你能把徐悲鸿传写好，把一个真实的徐悲鸿献给广大读者。"

吴老说到做到，并身体力行。不仅为这本书题写了《徐悲鸿传》和《笔下千骑》两个书名，还亲自陪我坐着他的小汽车，不分白天晚上，登门拜访一些老画家、老朋友。1978年夏天，吴先生利用休息日，两次陪我从西郊老虎庙到居住在朝阳门内的鲁少飞老先生府上拜访。

鲁老是20世纪30年代的著名画家，他深居简出，平日很少接待客人。鲁老看在老朋友吴先生的面子上，把他所能记忆起来的一些事情，尽可能地提供给我。而后，鲁老还陆续把回忆起来的事，多次写成文字材料给我。1978年9月21日在他给老朋友吴老的一封信中写道："作人老友，我又想起一件经过的事情，可否给郑理同志作参考用？写这封信作补充，请你把此信转给他，甚为感盼。"

在吴作人先生的帮助下，我认识了许多徐悲鸿的大弟子、大画家，诸如留学法国的雕塑家、中央美院雕塑系主任王临乙，党的地下工作者、油画家、美院油画系教授冯法祀，油画系教授张安治、戴泽，中国美术学院年轻的油画教授蔡亮，中央美院教授、东方美学教授常任侠，中央美院教授、著名画家李可染，中央美院教授、著名画家叶浅予，中央美院副院长、著名油画家艾中信、侯一民，民国四大公子、著名收藏家张伯驹，中央美院教授、著名山水画家宗其香等等。他们纷纷为书稿创作插图。例如：戴泽教授的素描《在达仰老师室中的徐悲鸿》，徐悲鸿最小的得意门生刘勃舒教授作彩墨画《徐悲鸿在创作〈九方皋〉》，韦启美教授作国画《一九四五年二月五日徐悲鸿在〈陪都文化界对时局进言〉上签名》，梁玉龙教授作国画《徐悲鸿给老农民画像》，艾中信教授提供了油画《徐悲鸿在东受禄街十六号故居》。再如北京画院老画家韦江凡作水墨人物画《周总理与郭沫若、徐悲鸿在一起》，宗其香在徐悲鸿在重庆工作过的地方作山水画《磐溪》。中国美术学院蔡亮教授素描《徐院长教勃舒画马》。这些老师还为我写书提供了十分宝贵的材料。蔡教授当年作为徐悲鸿的学生，是油画系的高才生。他创作的油画《延安火炬》《红军三大主力会师》《铜墙铁壁》等，已成为中国油画经典。蔡亮比刘勃舒稍大一两岁，也是悲鸿先生最器重、最小的学生之一。身为中国美术学院著名教授的蔡亮，为我写好徐悲鸿，他曾在1980年5月8日、6月30日、7月5日，三个月内接连给我写了三封信。他在第一封信里写道："……得知你们准备写文章宣传徐悲鸿先生，并嘱我提供有关材料，作为曾经有幸身受悲鸿先生亲自教导的小学生，我有责任并极乐意完成你们提出的任务。我近日手边也有一点工作须急办，所要材料请容缓数日即写了寄上……"

第二封信写道："郑理同志：我到云南去了一个多月，回来读到你的文章，很高兴。但我是很惭愧的，想到徐院长便会觉得懒散和无能，有负于他的教导。我过几天要去宁夏，路过北京时当来看望你，我们好好聊聊……"

第三封信写道："我于七月十日到北京，下车后便去找你，但知道你已南下，并于前几日曾打电话给宁夏驻京办询问我们的行踪。这次又没见着，实在不巧。好在八月下旬和九月下旬我将两次过京，届时前来看望。你回京后是否还要外出？望空时掷我一信，请寄：银川西桥巷66—5张亚军转！"

我第一次拜访戴泽老先生，他给我留下特别深刻的印象。他满脸堆笑地嘿嘿一笑，说："听说你在写徐先生，我忒高兴了。你需要我做什么，尽管说，我会尽力去做的。"朴实无华的两句话，让我很是感动。以后，不管什么时候，只要我提出要去拜访他，他总是乐哈哈地说："我知道，写徐先生是件大事，不容易，有事打个电话告诉我一下就成了，能帮上忙的我一定帮。"

曾在南京中央大学任教、后来被徐悲鸿聘为中央美术学院教授的常任侠先生，他特别细致认真，把当年徐悲鸿与蒋碧微感情不断恶化的一些鲜为人知的情况告诉我，还把师父派和师母派的起因和形成也都有根有据地做了介绍。而李宗仁的秘书、全国人大副委员长程思远，通过他再三回忆，把徐悲鸿和李宗仁间的深厚友情形成的过程，向我作了比较详细的介绍。还有徐悲鸿的女儿徐静斐，"文化大革命"前，她已经是安徽农学院的副教授，我们通过书信往来，她向我提供了有关她父母亲的第一手材料。徐悲鸿的第三任妻子廖静文住在虎坊桥时，也向我提供了一些情况。

最早的师友李苦禅和徐悲鸿最小的弟子刘勃舒，他们这一老一小，分别为该书作了序言。

在这些好心人的大力帮助下，我经过两年的努力，于1981年夏日，终于写出了一部20万字的书稿。时任《北京日报》总编辑的王立行，一天晚上把我叫到办公室，很认真地问我："最近有人向我反映，说你在写书，有此事吗？"

总编辑这么说，问题一定很严重。想到这里，我心里咯噔一下，胆怯地说："有此事。"我解释道，"我可是用休息时间写的。"

"这方面，你们的老主任王相同志向我做了介绍。"王总编问，"是不是写徐悲鸿？"

"是。"

"写到什么程度了？"

"按照编辑的意见，初步做了修改。"

"哪个出版社？"

"人民文学出版社。"

"人民文学出版社出书，要求可高啊！"王总编说，"有多少字？"

"20万字左右。"

"好。我作为报社的总编辑，支持你在圆满完成工作的前提下，挤时间写书。报社需要名记者，我鼓励记者出名。要让记者出名，就得给记者创造一个比较良好的写作环境。"王总编微笑道，"你乐意的话，可以把书稿拿给我看看。我对徐悲鸿多少还有些了解，我可以给你把把关嘛！"

王总编的话，让我激动不已。第二天，我便把一大摞书稿送到王总编的办公室。他接过书稿笑道："我争取用个多月的业余时间看看你的大作。"

尔后，我经常看到王总编的办公室夜晚灯火通明，他一手摇着蒲扇，一手拿着毛笔，在埋头看我的书稿《徐悲鸿》。我很感动。

《北京日报》原副总编辑、时任北京市广播电视事业局局长赵正经，有一天见到我，他第一句话便问我最近又在写什么？我回答说："我在吴作人等书画艺术家的支持下，正在撰写《徐悲鸿》。"

"好！郑理同志，只要你能把这本书写成功，你就算为我们中华民族做了一件大好事。"赵局长非常高兴地鼓励我说，"一个民族的文化，离不开它的代表人物。那些大画家、大作家、大科学家、大发明家，他们都是我们记者、作家要尽力书写的人物。像鲁迅、曹雪芹、徐悲鸿等这些中华民族骄傲的文化名人，值得大写特写啊！"

这些支持我撰写《徐悲鸿》的专家学者和领导，给了我无穷无尽的写作动力。

增订本在原来的基础上，尽可能地把徐悲鸿写得更贴近实际、更接地气一些；我力所能及地把蒋碧微、孙多慈、廖静文三位同徐悲鸿关系密切的女性，写得更贴近些、更真实些。

我把增订本的书名改为《大师徐悲鸿》，也更接近吴作人先生生前的希望。

1983年，当《笔下千骑》的第一部分"傲骨"在《当代》同读者见面后，便立即受到读者欢迎；人民文学出版社出版成书后，更是得到读者的认可。我永远不会忘记亲爱的读者读后的来信，一位年轻姑娘写信给我说："是徐悲鸿给了我活下去的勇气和力量，我再也不会自杀了。我要活下去，要好好地活下去……"广东省连州市第四中学高级教师闲客（笔名）在网上发表了一篇题为《〈笔下千骑〉改变了我的一生》的文章，全文两千余字。文章写道："记得上世纪八十年代，我从连州师范毕业后就到与瑶山和湖南相邻的乡村小学教书，看到艰苦的工作环境，抱怨领导长材短用，业余时间就绘画。有一年邮购了郑理的《笔下千骑——绘画大师徐悲鸿》这本书来看，阅读时几乎到了废寝忘食的地步，甚至还在美术课时，把徐悲鸿大师的故事讲给学生听，学生们从此更喜欢美术课……"

闲客最后写道："二十多年来，我之所以从一位农民的孩子成为中学语文高级教师、中国民间文艺家、省作家，是因为阅读《笔下千骑》后受到徐悲鸿大师的影响，也以'人不可无傲骨，但不可有傲气'为座右铭，时时以此激励自己，实现理想人生。"

我作为本书的作者，人生最大的幸福莫过于写的书获得了读者的称赞，满足了读者的需要。敬爱的读者，是徐悲鸿这匹为实现中华民族伟大复兴而永远不停蹄的奔马，在鞭策着我、激励着我。整个写作过程，也是我不断受教育的过程。当我写到徐悲鸿被逼得要跳黄浦江的时候，我情不自禁地从内心深处大声呼唤："徐悲鸿，你不能死！读者需要你，祖国需要你！伟大的艺术事业需要你！"当徐悲鸿与蒋碧微在离婚书上签字时，我又情不自禁地流泪了，而且泪流不止。一对曾为追求自由而不得不私奔东瀛的患难夫妻，最终因志趣不同而分道扬镳。他们夫妻二人，为何就不能为对方稍微退让一步呢？徐悲鸿适当陪陪妻子，而蒋碧微也尽可能地支持支持丈夫所从事的事业。

　　我写徐悲鸿，是我心灵的呼唤，是我人生的追求，只要读者需要，我心甘情愿地跟随着徐悲鸿的脚步，一次又一次地写下去。读者的需要，永远是我的需要！

2018 年 2 月 28 日

第一版后记

面对书稿,虽如释重负,但提笔作后记,又心潮难平……

俗话说"万事开头难"。《笔下千骑——绘画大师徐悲鸿》是我撰写的第一本书。我是在徐悲鸿强烈的爱祖国、爱艺术、爱人才精神的鼓舞下,怀着一种强烈的责任感写这本书的。

坦率地说,我本来没有想到写书,更没想到要写关于徐悲鸿的书。作为一名新闻工作者,我原不过采写一点关于徐悲鸿的文字,供我所在的报纸刊用。稿子写成后,由于某种原因,被搁置下来。但是,我无法把它丢进废纸篓里去,因为,在采写过程中,我被徐悲鸿的奋斗精神深深感动了。我觉得,我们的时代,我们的社会主义事业,需要这种奋斗精神!应该把徐悲鸿介绍给我们的人民,特别是青年人。在单位领导同志和美术界一些老同志的鼓励下,我脑海里萌发出写一本书的念头。

可以说,困难重重……我广为搜集材料。徐悲鸿逝世多年,搜集之难,可以想见;同时,我是初写长篇文学传记,常感笔不从心;加之人届中年,"后顾"之忧颇多……在我遇到一个个困难和挫折的时候,是徐悲鸿的奋斗精神在激励着我;已经离开报社的我的一位老领导也热情鼓励我，他和报社的一位主要领导同志还忙里抽空，仔细阅读了我的书稿，提出宝贵的修改意见。到1980年9月，我终于写出了近15万字的初稿，送出版社征求意见。

尔后，在出版社编辑同志的热情指点下，又经过多次的修改，终于形成了现在这本书。

我在搜集材料和写作过程中，曾得到美术界吴作人、李苦禅、蒋兆和、王临乙、艾中信、尹瘦石、朱丹、冯法祀、陈晓南、宗其香、黄养辉、刘汝醴、刘勃舒、戴泽、韦江凡、蔡亮、韦启美、梁玉龙、刘金涛等等名家以及程思远先生、罗世安先生的热情帮助和支持。他们分别为本书作序言，题书名，挥毫作画（见本书插页），提供宝贵资料……许多同志不仅介绍生动材料，甚至将珍藏的资料和画片等借我选用……还有徐悲鸿先生的夫人廖静文、长女徐静斐副教授，也给予了有益的帮助。在此，我谨向他们表示诚挚的谢意！

在写作过程中，我遇到的难题之一，就是有些情况众说不一，甚至已经发表的一些文字（包括港、台和海外的资料）也有出入。尽管曾就教育专家和有关人士，又经过自己的考虑，从中采取了一说，也仍难免有这样那样的疏误。我恳切希望了解情况的读者给予纠正。

另外，我特别说明：在写本书过程中，我参考采用了蒋碧微回忆录《我与悲鸿》中的一些内容和文字，这是因为"史实如此"，我也不便非换一种说法不可。此外，我也参考了其他一些有关资料。

至于本书是否反映出徐悲鸿的奋斗精神，我将悉心聆听行家指教，在再版时弥补。

作者

一九八三年春